OS AFEGÃOS

ÅSNE SEIERSTAD
OS AFEGÃOS

TRÊS VIDAS DE UM PAÍS
MARCADO PELO TALIBÃ

TRADUÇÃO
LEONARDO PINTO SILVA

1ª edição

EDITORA RECORD
RIO DE JANEIRO • SÃO PAULO
2024

CIP-BRASIL. CATALOGAÇÃO NA PUBLICAÇÃO
SINDICATO NACIONAL DOS EDITORES DE LIVROS, RJ

S46a

Seierstad, Åsne, 1970-
    Os afegãos : três vidas de um país marcado pelo Talibã / Åsne Seierstad ; tradução Leonardo Pinto Silva. - 1. ed. - Rio de Janeiro : Record, 2024.

    Tradução de: Afghanerne
    ISBN 978-65-5587-728-1

    1. Afeganistão - História. 2. Afeganistão, Guerra do, 2001-. 3. Talibãs - Condições sociais. 4. Direitos das mulheres - Afeganistão. 5. Jihad. 6. Religião e política. I. Silva, Leonardo Pinto. II. Título.

23-87237

CDD: 958.1
CDU: 94(581)

Meri Gleice Rodrigues de Souza - Bibliotecária - CRB-7/6439

Título em norueguês:
Afghanerne

Copyright © 2022, Åsne Seierstad

A autora recebeu, para a escrita deste livro, o apoio da Fundação Fritt Ord e do Fundo Literário Norueguês de Não Ficção.

Todos os direitos reservados. Proibida a reprodução, armazenamento ou transmissão de partes deste livro, através de quaisquer meios, sem prévia autorização por escrito.

Texto revisado segundo o Acordo Ortográfico da Língua Portuguesa de 1990.

Direitos exclusivos de publicação em língua portuguesa somente para o Brasil adquiridos pela
EDITORA RECORD LTDA.
Rua Argentina, 171 – Rio de Janeiro, RJ – 20921-380 – Tel.: (21) 2585-2000, que se reserva a propriedade literária desta tradução.

Impresso no Brasil

ISBN 978-65-5587-728-1

Seja um leitor preferencial Record.
Cadastre-se no site www.record.com.br
e receba informações sobre nossos
lançamentos e nossas promoções.

Atendimento e venda direta ao leitor:
sac@record.com.br

Esta tradução foi publicada com o auxílio da NORLA,
Norwegian Literature Abroad.

Nota da autora

Este é um relato documental, baseado em testemunhos que aqui procurei apresentar da maneira mais direta possível, sempre com o objetivo de manter a perspectiva da personagem que narra a própria história. O leitor interessado em saber mais sobre meu método de trabalho antes de começar a leitura pode ir direto ao capítulo final, "Assim nasceu este livro".

Sumário

PARTE 1

13 Vontade
23 Tumulto
29 O deserto da morte
37 Um clarão intenso e branco
41 A base
47 Só uma brincadeira
57 Ler por conta própria
69 Tentativas
79 Nas asas

PARTE 2

89 Nós que veneramos a morte
99 Em casa
111 Nasce um guerreiro
123 Fogo na tenda
129 Pais e filhos
141 ABC
155 Ela primeiro se apaixonou pela voz dele
173 Conquistando corações
179 A onda
201 A melhor
209 A ministra dos mártires
221 O prisioneiro
241 O grande jogo
257 *My heart will go on*

PARTE 3

267 Colapso

285 O vitorioso

293 O desgraçado

305 Exílio

313 Tempo de ternura

323 Quer encontrar o Talibã?

335 O reitor Barba-Ruiva

347 Visitando os mortos

361 Eclipse solar

377 Quatro vestidos e um telefone celular

391 A fugitiva

401 Os garotos estão chegando!

415 Emergindo das sombras

419 As mulheres e o Califa

431 Morro acima

447 Uma nova vida

463 Assim nasceu este livro

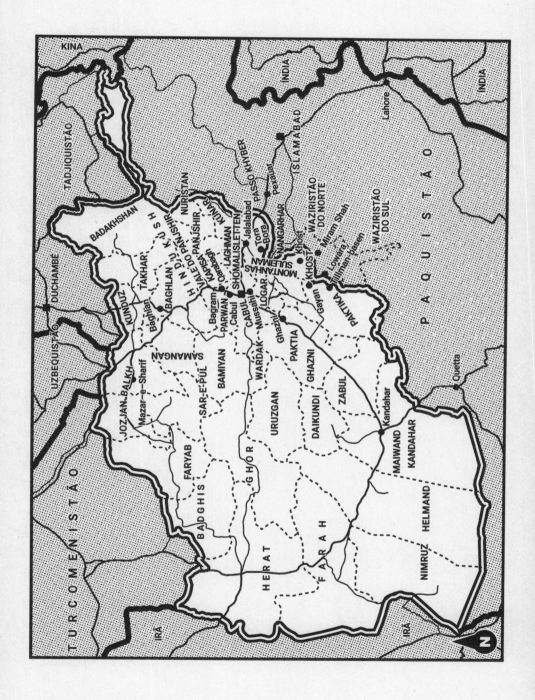

PARTE 1

Vontade

A febre aumentou.

Será que iriam mesmo perdê-la?

As bochechas da garotinha estavam vermelhas. A testa estava úmida, o olhar, vazio.

O xamã aplicou ervas e amuletos no peito da criança. Também escreveu versos em pedacinhos de papel que Bibi Sitara deveria pôr de molho em água. E ela que não se arriscasse a ler o que estava escrito neles até beber a água, pois desse modo não fariam efeito. A recomendação era inútil. Bibi Sitara não sabia ler.

A gravidez foi difícil, ela sentia as forças se esvaindo do corpo. Foi preciso recorrer ao xamã. Naquela ocasião, ela queria saber se a criança estava saudável e sobreviveria. Ele recomendou que tivesse paciência. Tudo ficaria bem, contanto que bebesse a água miraculosa.

O xamã revelou que ela estava grávida de uma menina que seria o orgulho da mãe e deveria ser chamada de Jamila — "A linda".

Ele tinha razão. A bebê nasceu saudável e era mesmo linda, com olhos castanho-acinzentados profundos, pele clara e rosto em forma de coração. Até a febre interromper a brincadeira, ela era a boneca das irmãs mais velhas. Costumava ser vestida, carregada de colo em colo, embalada e mimada. Agora, com o corpo envolto em trapos de um lençol e atado com fitas bordadas, ela mal podia se mexer.

As irmãs assistiam a tudo com apreensão.

Bibi Sitara teve a impressão de que a criança estava desaparecendo, exatamente como havia temido durante a gravidez.

Ela mandou chamar outro homem santo, desta vez um mulá local. Ele sentou-se ao lado da criança doente e recitou versículos do Alcorão até a noite cair. Assim como o xamã, recebeu uma bela gratificação em dinheiro.

O mulá se despediu, e a mãe não desgrudou mais da filha. O xamã tinha lhe dito outra coisa quando ela estava grávida: que a garota seria extraordinária. Bibi Sitara recusava-se a pensar assim, não queria ter uma filha que chamasse a atenção. Pelo contrário, queria uma filha tão comum quanto qualquer pessoa.

Passada uma semana, a febre cedeu. A mãe agradeceu a Deus. Tudo saiu como *Ele* quis. *Alhamdulillah.* Deus seja louvado.

Depois de um tempo, até esqueceram que a menina um dia esteve mal.

As irmãs retomaram a brincadeira. Jamila ganhou vestidos, colares, brincos nas orelhas. Talvez por ser tão mimada e não passar necessidade, ninguém jamais tenha se dado conta de que ela nunca erguia o corpo. Ficava deitada, rolando pelo tapete, ou sentava apoiada nas almofadas. Se quisesse algo, apoiava-se no chão com os braços ou rastejava feito uma cobra.

Certo dia, ao trocar-lhe a fralda, a mãe reparou que a menina tinha uma perna mais fina que a outra. Ela vai conseguir se equilibrar, pensou. Pouco tempo depois, teve a impressão de que a perna também era um pouco mais curta.

Ela a levantou e a perna desabou sem resistência.

Mais uma vez o xamã foi convocado. Mais orações, amuletos e peda-cinhos de papel. Mas não adiantou. Uma perna simplesmente não acom-panhava a outra.

A mãe ainda estava convencida de que Alá tinha um plano.

O que ninguém sabia era que um vírus havia atacado o sistema nervoso da menina. O vírus invadiu o tronco cerebral e afetou a medula. Primeiro a infecção enfraqueceu a perna, depois a paralisou. A doença tinha um nome: poliomielite.

Jamila nasceu em 1976. A pólio já estava erradicada na maior parte da Europa, mas, no Afeganistão, o vírus ainda causava estragos, alastrando-se em condições miseráveis e infectando pessoas por meio de água contami-nada, fezes e gotículas de saliva.

Não há cura para a poliomielite, apenas uma vacina, que nunca foi oferecida aos pais de Jamila. Eles tampouco consultaram um médico, isto é, aquilo que sua mãe chamava de "doutor", em oposição a um *malang*, que curava com bendições e imposição de mãos. As tradições perpetuadas pelas gerações dos xamãs não eram consideradas incompatíveis com os ensinamentos do Alcorão, pelo contrário, um *malang* era alguém a quem Alá concedera o dom da cura.

Depois da descoberta da mãe, as irmãs e primas continuaram a brincar com a linda e frágil bonequinha. A casa sempre estava cheia de crianças. Seu pai e os irmãos, com suas famílias, dividiam várias casas ao redor de um grande pátio. A mãe reagia ao menor gemido da filha, para que nunca lhe faltasse nada, para que ela não passasse a mínima necessidade. Jamila completou 2, 3, 4 e 5 anos sem se levantar, arrastando-se com agilidade atrás das outras crianças, exceto quando elas corriam para a rua e ela se via obrigada a ficar onde estava, apoiada no peitoril da janela. Ela bem que tentava esconder a perna torta. A calça larga sob o vestido, que escondia a perna quando ela se sentava, estava puída e tinha furos na altura dos joelhos — joelhos que faziam as vezes das plantas dos pés.

— Você deveria pedir que um médico examine essa menina — disse uma tia à mãe. Talvez houvesse uma cura. — Ela se transformará num fardo para você. Do jeito que está agora, ela nunca vai se casar.

Ninguém dava a mínima se Jamila ouvisse o que diziam. Achavam que, uma vez que havia uma parte do corpo doente, talvez a mente e a cabeça também estivessem afetadas.

— Ninguém vai querer uma *langak*! — suspiravam as tias. Aleijada, sim, era isso que ela era, sentada sobre uma almofada com as pernas arqueadas. Devia ser um castigo por algo que a família havia feito, imaginaram os pais, uma punição pelos pecados cometidos pelos antepassados. Nada nesta vida era acidental, toda e qualquer ação teria um retorno, como se o mal afligisse alguém gerações depois de ter sido perpetrado. Era assim que Deus operava a justiça, ainda que arbitrariamente.

Havia também algo que fugia ao controle até de Deus — a feitiçaria. Alguém poderia ter lançado sobre ela um *mau-olhado*, alguém que quisesse prejudicar a família. Perversidade assim só poderia ser curada por um xamã.

Jamais um médico se aproximará da filha, determinou o pai. Exceto pelas orações sussurradas e por um pouco de água da fonte sagrada de Meca, a perna não recebeu nenhum tipo de tratamento.

Quando Jamila tinha 5 anos, seu irmão mais velho teve uma filha. Certo dia, observando a sobrinha, ela percebeu como a menina de apenas 1 ano esticava os braços em direção à borda da mesa, firmava-se sobre as pernas e se erguia. Mais tarde, discretamente, Jamila tentou fazer o mesmo. Segurou firme na mesa, contraiu os músculos do braço, endireitou o corpo e lentamente se levantou.

Um dia, ao apoiar-se na mesa com as mãos espalmadas na superfície lisa, aconteceu: ela ficou de pé.

Ela se exercitava, incansável. Os músculos da perna saudável se fortaleceram. O equilíbrio melhorou. Finalmente, ela conseguia soltar-se da borda da mesa.

Na visita seguinte, ela observou como a menina de 1 ano, depois de se levantar, segurava na borda e se movia, instável, ao longo da mesa.

Sempre que estava sozinha, ela imitava os movimentos da sobrinha. De repente, a mãe surgiu pela porta. Jamila tropeçou e caiu no chão.

— Você não precisa fazer isso! — gritou a mãe, assustada com aqueles movimentos desengonçados. — Eu posso pegar para você.

Jamila cresceu numa família em que as meninas não podiam ter vontades, não podiam ter desejos. Quanto mais passivas, melhor. Deve-se viver a vida de mãos abertas, repetia a mãe. Sem jamais se apossar ou exigir algo. As filhas só podiam pegar aquilo que os outros não seguravam e deixavam escorrer entre os dedos.

Depois que viu o mundo de pé, ereta, Jamila não queria mais saber de engatinhar. Ela se firmava na perna sã ou mancava. A sobrinha ganhou um andador e Jamila implorou para ter um igual. Tanto insistiu que a mãe pediu a um carpinteiro que fizesse um para a menina. Era de madeira, com rodinhas na base e uma alça para as mãos. Para usar dentro de casa somente. O mundo lá fora não era para aleijados.

Todas as manhãs, enquanto os irmãos vestiam o uniforme escolar, arrumavam as mochilas e saíam, as irmãs permaneciam reclusas. A leitura perturba a mente e causa frustrações, provoca pensamentos que meninas não deveriam ter, o conhecimento gera angústia. O valor que tinham para um eventual casamento diminuiria. Tudo girava em torno disso, afinal. O valor delas. O valor de mercado.

Um casamento arranjado tradicional era uma transação financeira. Em jogo estavam as qualidades das meninas: idade, aparência, habilidades. Família, clã, bens materiais. Honra, reputação, status. Tudo somado resultava no preço que os pais poderiam negociar com a família do pretendente.

Ibrahim tinha ambições em relação aos filhos e a tudo que poderia conseguir com eles. Quanto às filhas, preocupava-se em como seu valor de mercado poderia formar alianças, do modo como famílias e clãs vinham fazendo ao longo dos séculos.

Até a idade de casar, o importante era maximizar o valor das filhas. Sobre determinados fatores, como clã e status familiar, pouco se pode fazer. Assim sendo, era fundamental ressaltar as qualidades sobre as quais se pode exercer algum controle. O recolhimento consolidava a pureza das filhas. Nenhum homem poderia sequer *ver* as irmãs de Jamila. Nenhum homem poderia sequer *escutar* suas vozes. Ninguém poderia saber nem mesmo seus *nomes*. Se o nome de uma mulher fosse conhecido, ela já teria uma nódoa. Foi assim que o pai de Jamila ensinou seus filhos. Quando recebia convidados, eles sentavam-se em silêncio ou sussurravam em outra parte da casa.

Nascido em Ghazni, uma cidade governada por um clã no planalto montanhoso a sudeste do país, Ibrahim era um homem rígido e fiel às tradições. Criado na pobreza, sem escolaridade, começou a vida curtindo couro no chão de terra batida de sua casa. Antes de chegar à adolescência, abriu uma banquinha diante do casebre onde vivia com a família, colocando à venda um produto de primeira necessidade: caixões.

Era um verdadeiro *self-made man* afegão. Também sempre haveria demanda de roupas, de vestidos e xales. Ele expandiu os negócios vendendo produtos agrícolas, depois bicicletas, motocicletas, carros e carroças. No fim, apostou no lucrativo negócio que chamava simplesmente de *importação-exportação*. Exportando melancias, romãs e uvas, importando aparelhos de ar-condicionado, secadores de cabelo, concreto e cimento. Arrematou lojas inteiras, grandes lotes de terra nua onde imaginou poder construir centros comerciais. O menino pobre, que nunca aprendeu a ler e escrever corretamente, aproveitou a bonança depois da Segunda Guerra Mundial, quando o Afeganistão ganhou seu primeiro banco, sua primeira usina de energia elétrica, novas pontes e melhores estradas.

Os pais de Jamila mudaram-se de Ghazni para Cabul, onde Ibrahim acreditava estar o futuro. Ele empregou dois secretários indianos responsáveis por administrar o dinheiro e os contratos. O rei — Zahir Xá — que governava desde 1933, sabia explorar com maestria a posição do país em relação às duas superpotências mundiais, ambas responsáveis por construir e armar o Afeganistão. Uma rodovia foi iniciada pela União Soviética numa extremidade e concluída pelos Estados Unidos na outra. Os soviéticos construíram uma moderna base aérea em Bagram, enquanto os norte-americanos inauguraram barragens e pontes. Nos contrafortes do Hindu Kush, engenheiros soviéticos explodiram toneladas de rocha para que o túnel mais alto do mundo ligasse o norte e o sul.

A imaginação do rei não tinha limites. Ele contratou engenheiros norte-americanos para transformar o deserto rochoso de Helmand num oásis. O plano era construir uma cidade-modelo com bulevares arborizados, piscinas, cinemas, quadras de tênis e escolas mistas para meninos e meninas, tudo movido por hidrelétricas das enormes barragens que seriam construídas. De início, tudo correu até bem. Na "Pequena América", como era chamado o lugar, os fazendeiros plantavam algodão e trigo usando a água da represa. Mas a camada de terra era rasa. O sal infiltrou-se e arruinou as colheitas. Sem o devido manejo, a erosão deteriorou o solo e o investimento se perdeu. Gradualmente, os fazendeiros passaram a cultivar papoulas em vez de grãos, enquanto o deserto engolia o oásis.

Ibrahim havia se tornado um empresário influente em Cabul.

Jamila o admirava a distância. Ela sabia que era motivo de vergonha, alguém de quem ele não poderia gostar nem se orgulhar. Era exatamente assim. Ela ansiava por ser reconhecida, mas raramente o via. Uma das coisas de que mais gostava era sentar-se ao volante de um dos carros estacionados no pátio, carros nos quais as crianças podiam brincar, se tivessem cuidado. Um Mercedes, um Rolls-Royce, um Ford azul. Tantas vezes ela sentou-se ali, sonhando acordada, brincando de dirigir, até que seus irmãos voltassem da escola e ela precisasse sair do banco do motorista.

Escondida, Jamila às vezes se esgueirava para espiar as mochilas dos irmãos enquanto eles estavam fora. Remexia nos livros. Primeiro admirando as fotos, depois os belos desenhos formados pela caligrafia do alfabeto persa.

Ela fechava os livros antes de ser descoberta. Ela sabia qual era o plano.

Para as irmãs, casar-se.

Para os irmãos, herdar os negócios do pai.

Para ela, viver com os pais enquanto eles vivessem.

Depois que morressem, a responsabilidade recairia sobre os irmãos. Como um fardo. Ninguém precisava dela para nada. À medida que a renda do pai aumentava, ele contratava empregados, domésticas e jardineiros.

Que serventia *ela* teria?

Por muito tempo, ensaiou a caminhada sem muletas. Movendo uma perna para a frente, arrastando a outra com as mãos, firmando o corpo antes de mover a primeira perna novamente. Primeiro deu um passo, depois outro. Obrigando-se a mancar o mínimo que conseguisse. Um passo, dois passos, três passos, dez!

Um corpo tão pesado que as pernas mal davam conta de suportar.

Ela caminhou.

Ela andava!

Agora, que conseguia ficar de pé e até caminhar sozinha, ela não aguentava mais esperar. Sabia o que queria. Queria ir para a escola, como os irmãos. Atrás das imagens, atrás dos desenhos, havia um mundo oculto, disso ela tinha certeza.

Ibrahim apenas balançava a cabeça.

— Não é para você!

— Deixe-me tentar! — ela implorava.

— Está fora de questão!

— Por favor!

O pai não admitia ser contrariado. Os irmãos não costumavam reclamar, apenas seguiam o curso que o pai lhes havia traçado. As irmãs nunca pediam nada.

Langak! Langak! Aleijada!

O pai finalmente surpreendeu a todos e cedeu. Jamila poderia acompanhar os irmãos e ir para a escola.

Aleijada!

Ela rapidamente se acostumou a ouvir calada as provocações das crianças da vizinhança.

Os adultos não davam a mínima. As crianças viviam num mundo só delas. Ninguém as ensinava a não humilhar quem era diferente. Qualquer deficiência física ou demonstração de fraqueza era motivo de humilhação. Melhor seria manter distância de alguém que padecesse de mau-olhado, vingança de Deus ou o que quer que fosse. Os irmãos não a defendiam, pelo contrário, ficavam constrangidos por ela mancar desamparada e por acompanhá-los à escola. Será que poderiam pedir ao pai que voltasse a proibi-la de frequentar as aulas? A irmã só causava incômodos. Constrangimentos. O que ela queria indo à escola?

Mas o pai sustentou a promessa. Jamila frequentaria a escola até aprender a ler.

De cabeça erguida, com dificuldade Jamila seguiu adiante arrastando a perna deficiente. Os livros, as canetas, os professores. Como ela os amava!

Logo se tornou a melhor aluna da sala. No final do ano, voltou para casa com um boletim que ofuscava o dos irmãos.

— Muito bem — sorriu o pai no fim do ano letivo. — Você já sabe ler e escrever.

Quando o próximo ano letivo começasse, o plano era que Jamila ficasse no pomar de casa com a mãe. Fazendo compotas de ameixa. Debulhando feijão. Quebrando amêndoas. Ela não estava nada satisfeita com isso. Queria seguir para o segundo ano.

— Não me aborreça mais — pediu o pai.

Jamila ergueu o indicador e o encarou suplicante.

— Mais um ano, só mais um ano, só mais um...

Ninguém sabia bem dizer por quê, mas Ibrahim cedeu. Mais notas boas no boletim.

Cada ano era a mesma coisa. Ela erguia o dedinho como se fizesse uma prece.

Cada ano era *só mais um ano.*

Tumulto

Mesmo antes de Jamila nascer, a agitação começou a se espalhar pelo país. Em meados dos anos 1960, entrou em vigor uma nova constituição progressista. Foram instituídos partidos políticos, a imprensa pôde atuar com liberdade, as mulheres foram empregadas no serviço público, no qual as burcas foram proibidas. O rei Zahir Xá mencionava palavras como "democracia" e "igualdade" em seus discursos.

As reformas começaram de cima. Inauguraram-se escolas secundárias, cujas salas de aula ficavam lotadas de jovens filhos das elites, que depois eram enviados para estudar no Ocidente ou nas escolas técnicas de Moscou. A Universidade de Cabul atraiu uma vasta gama de intelectuais.

A vida noturna na capital afegã rapidamente ganhou fama, paquistaneses chegavam em viagens de fim de semana para beber uísque, xeques do Golfo para dançar. A juventude ocidental fazia uma pausa na *hippie trail* da Índia para fumar o ópio e o haxixe do lugar.

Cabul mirava o Ocidente. A cena urbana, as revistas de moda e até a rebeldia juvenil eram inspiradas em Paris, enquanto apenas um em cada dez afegãos sabia ler e escrever. A cidade era uma bolha. Penteados modernos, minissaias e blusas sem mangas eram certamente uma realidade, e ainda assim uma ilusão.

Cidade e campo eram dois mundos separados. Enquanto o jazz estava em alta na capital, grandes áreas do país careciam de água potável. Pessoas morriam de fome, crianças morriam de doenças comuns. O país não era um só país. Os contrastes se transformaram em conflitos.

No final dos anos 1960, o descontentamento aumentou. Vários jornais passaram a exigir uma mudança de regime. Os stalinistas e trotskistas afegãos, beneficiados com a iniciativa real de estabelecer uma democracia que agora eles mesmos queriam abolir, saíram às ruas. O nascente Partido

Comunista rachou em facções em meio a grandes divergências internas. Estudantes atiravam pedras nos policiais.

Uma agitação mais profunda e silenciosa se espalhava pela zona rural, apoiada pelos jovens intelectuais islâmicos das cidades. O que se passava em Cabul estava de acordo com os preceitos do islã?

Os mulás diziam que não.

Enquanto os jovens em Cabul curtiam os Beatles, os habitantes da zona rural viviam da mesma maneira que seus antepassados nos últimos séculos. Plantavam as mesmas culturas de seus ancestrais, nozes, damascos e cenouras, e levavam uma vida apertada. Ovelhas e cabras pastavam nas encostas das montanhas.

A vida cotidiana das mulheres acontecia atrás de grossas paredes de barro. Ali dentro elas nasciam, ali dentro morreriam. Somente duas vezes na vida uma mulher deveria sair de casa, em ambas vestida de branco: quando acabava de se casar e era levada para a casa do marido. E quando de lá saía envolta numa mortalha, dentro de um caixão.

O rei, por seu turno, tinha uma orientação mais ocidental do que socialista. À medida que os protestos se espalhavam, ele recorria ao outro lado do Atlântico em busca de ajuda, mas os Estados Unidos estavam fartos da guerra no Vietnã. Assim, o regente afegão aproximou o país da União Soviética, tanto militar quanto economicamente.

No início da década de 1970, quando a seca se agravou sem que Zahir Xá parecesse se importar muito — nada fez de concreto para mitigar o sofrimento dos súditos, pelo menos —, o trono foi abalado.

Em um dia quente de julho de 1973, enquanto o rei estava em consulta com seu oftalmologista na Itália, seu primo invadiu o palácio real. O príncipe Daoud havia sido demitido do cargo de primeiro-ministro dez anos antes, quando Zahir restabeleceu a regência direta. Ele agora ensaiava um retorno.

Sem derramar uma gota de sangue, num golpe liderado por um punhado de oficiais, destronou o regente que governava desde a adolescência.

TUMULTO

Daoud dissolveu a monarquia e estabeleceu uma república. Os marxistas apoiaram o golpe e conseguiram mais cargos no governo, do qual, aos poucos, foram sendo expurgados. Ao mesmo tempo, o novo governante reprimiu os islâmicos temendo que pudessem sabotar o regime. Os líderes da Irmandade Muçulmana foram presos ou fugiram para o Paquistão.

Ibrahim tinha as bênçãos da administração real. Como o rei não retornou da Itália após o golpe, o pai de Jamila voltou sua lealdade para os novos governantes. O governo de Daoud não era exatamente uma má notícia para os negócios. Fosse uma monarquia ou uma república, o país precisava dos produtos que Ibrahim vendia.

A nova Constituição de 1977 obedecia à retórica revolucionária, e a política acenava com medidas como reforma agrária e nacionalização, mas na prática o regime continuou como antes: centralizado, autocrático e opressor. O poder estava nas mãos dos militares e dos burocratas.

Enquanto os negócios de Ibrahim continuavam a crescer, a imprensa, anteriormente livre, passou a ser reprimida, a liberdade de expressão desapareceu, os dissidentes foram silenciados.

Ainda preocupados com sua própria guerra no sudeste asiático, os Estados Unidos constantemente diminuíam a ajuda ao país. Na tentativa de se distanciar da influência soviética, Daoud aproximou-se de países não alinhados, como Índia, Irã e Egito. Durante uma visita que fez a Moscou, o secretário-geral Leonid Brejnev abordou essa mudança de orientação. O ex-príncipe teria respondido rispidamente que cooperaria com quem quisesse, pois não admitia ser comandado por ninguém.

Tamanha ousadia ajudou a selar seu destino. O Kremlin estava por trás dos marxistas afegãos, liderados pelo poeta Taraki, que tomaram o palácio presidencial em abril de 1978. Depois de horas de combates intensos, Daoud e toda sua família — 27 pessoas — foram executados, da mesma forma que os bolcheviques se livraram da família tsarista após a revolução de 1917.

Os massacres continuaram e se alastraram por todo o país. No campo, os comunistas avançavam com mão pesada. Mulás e seus seguidores eram presos, torturados e mortos.

O novo governo não durou muito. Com pouco mais de um ano no poder, em setembro de 1979 Taraki foi morto a tiros no mesmo palácio que ele invadira. Seu primeiro-ministro, Amin, de quem Moscou realmente queria se ver livre, assumiu o poder.

Com o regime de Amin surgiram as primeiras dificuldades para Ibrahim. O capital privado passou a ser malvisto e foi submetido a restrições. Uma reforma agrária radical foi posta em marcha para limitar a quantidade de terras e bens que uma família poderia possuir. Tudo o que excedia a norma era confiscado, e Ibrahim perdeu muitas propriedades. Esvaziando o poder da burguesia, o governo conquistaria o apoio popular, acreditava Amin. Mas as reformas não eram nem populares nem produtivas. Com a sucessiva quebra de safras, a escassez de alimentos levou a tumultos.

Leonid Brejnev, que chefiava o Politburo — o poder executivo da União Soviética — queria instaurar novos governos fantoches. A despeito das claras advertências de seus generais, decidiu invadir o vizinho ao sul.

Na véspera de Natal de 1979, as tropas soviéticas desembarcaram no aeroporto de Cabul.

A estratégia do Kremlin era viabilizar um novo regime e retirar as tropas depois de algumas semanas. Seriam primeiro ocupadas as cidades nas quais o apoio aos comunistas era mais forte, em seguida o exército afegão receberia munições e apoio logístico para esmagar a resistência nas áreas rurais. A ideia nunca foi envolver os próprios soldados soviéticos em hostilidades.

O golpe em si foi rápido. Como seus predecessores, Amin foi morto a tiros no palácio de Arg, tendo sido antes envenenado por seus cozinheiros russos.

A superpotência havia se apoderado de um país independente e não alinhado, assassinado o presidente e instalado novos fantoches. De todos os erros cometidos pelo senil líder do Politburo, a invasão do Afeganistão foi o mais fatal. Ele não antevira a disposição dos afegãos de se defenderem. A Guerra Fria estava prestes a esquentar.

"Operação Ciclone" era o codinome do programa da CIA para armar os guerrilheiros afegãos. A mais dispendiosa operação secreta que a agência de inteligência dos Estados Unidos jamais realizou foi posta em prática pelo presidente Jimmy Carter em 1980. Ela se estenderia para além de seu mandato e seria herdada por Ronald Reagan. O legado veio com o conselheiro de segurança de Carter, que havia prometido ao presidente "dar à União Soviética seu próprio Vietnã".

Os gastos aumentaram sob Reagan, que respondeu assim quando o conselheiro de segurança o questionou sobre a quantia disponível: "*There are no budgets* [Não há orçamento]."

A invasão começou enquanto a vida de Jamila se desenrolava sobre um tapete no chão. O combate se intensificou enquanto ela se sentava atrás da janela voltada para o quintal. Quando começou a frequentar a escola, e depois pediu *só mais um ano*, e outro, e outro, o Afeganistão havia se tornado o palco de uma batalha ideológica entre as duas superpotências mundiais. Mas a guerra de verdade ainda não havia afetado as crianças em Cabul. Os soviéticos protegiam o regime na capital, havia paz nas ruas e brincadeiras nos pátios das escolas. Os foguetes atingiam somente as montanhas e o campo. Lá, as crianças eram mutiladas. Os pais, mortos. As mães, sequestradas.

Não que as crianças em Cabul não percebessem. Nas manhãs não havia mais o credo islâmico, e meninos e meninas passaram a frequentar salas mistas. As meninas não podiam mais usar lenços sobre a cabeça. Quem se inscrevia nas atividades infantis dos comunistas tinha direito a benefícios e ganhava um lenço vermelho de pioneiro. Jamila fez de tudo para evitar aquele lenço. Era seu jeito de protestar.

Na aula, não era mais possível saber quem era amigo ou inimigo. Os pais de uns trabalhavam para os ocupantes soviéticos, outros tinham pais que queriam expulsar os estrangeiros.

A invasão trouxe a Jamila, pela primeira vez, a sensação de que havia algo maior por trás daquilo. Numa noite de fevereiro, no primeiro inverno após a invasão soviética, as pessoas se reuniram em torno daquele que simbolizaria a resistência: Alá.

Um movimento silencioso de homens desafiava o toque de recolher, saía às ruas ou subia nos telhados planos das casas. As mulheres iam para os quintais e erguiam os olhos para o céu. Jamila tinha a impressão de que estavam cantarolando, mas não era uma música, era uma prece. Resistiam. Como um grito de guerra dirigido aos aviões que passavam sobre suas cabeças.

A noite inteira ecoavam as vozes. Allahu Akbar. Allahu Akbar. *Allahu Akbar*. Deus é grande, Deus é maior, Deus é o maior!

A garotinha muito especial se arrastava até o parapeito da janela e ficava ouvindo as orações que convergiam para um só destino, vozes que se erguiam uma após a outra.

Naquele momento, ela sentiu que Deus estava ouvindo.

O deserto da morte

Você se levanta, liga o aquecedor, põe água na chaleira, talvez queira esquentar o pão de ontem e, de repente, está morto. Alguém que não sabe quem você é ordenou um ataque. Estilhaços brilhantes de uma bomba atingem sua aldeia antes do amanhecer, penetrando os corpos das pessoas, dilacerando corações, perfurando pulmões. Estilhaços de metal quente como lava esmagam crânios, decepam dedos ou um braço inteiro. Interrompendo tudo, um sonho, um bocejo, uma linha de pensamento, uma palavra proferida pela metade.

A morte geralmente vinha de cima. Quando se ouvia o barulho do avião, ou o silvo cortando o ar, já era tarde demais. O avião despejava sua carga. As bombas perfuravam telhados e tendas e atingiam os moradores dentro de casa. Famílias que tentavam correr durante um ataque eram carbonizadas; grupos inteiros de crianças amontoados atrás dos casebres eram reduzidos a cinzas. Aldeias eram totalmente arrasadas para que o exército rebelde não se escondesse ali.

Alguns demoravam um pouco mais para morrer. Se a artéria principal da perna fosse cortada, o corpo levaria dois minutos para perder uma quantidade de sangue que o impedisse de sobreviver. Se fosse o braço, seriam dez minutos para perder a consciência. Os foguetes, as bombas, as balas punham fim a vidas que mal começavam, vidas que levavam outras vidas dentro de si, vidas que conseguiam viver por um breve instante.

Multiplique isso por um milhão.

E ainda estamos apenas na metade da guerra.

A morte também vinha do chão. Minas terrestres eram ardilosamente instaladas em locais nas encostas das montanhas, ao longo de estradas e margens de rios. Agricultores perdiam pernas e mãos nos campos, crianças ficavam cegas ao mexer em explosivos que pareciam brinquedos. Lavouras que não podiam mais ser cultivadas, pastagens onde os animais não podiam mais pastar — mais um crime de guerra somado a tantos outros.

A morte estava em toda parte, era só uma questão de se acostumar com ela.

A primeira vez que Hala olhou nos olhos do marido foi quando ele estava deitado no pátio com dois buracos na testa.

Os dentes estavam quebrados. Os membros, rijos. O peito estava coalhado de tiros. Os olhos estavam bem abertos.

Hala teve a impressão de que o chão estremecia. Ela correu para o pátio assim que viu os outros o carregando, sem se importar que aqueles homens não fizessem parte da família. Na morte, Deus era misericordioso, assim como os vizinhos. A intensidade do tremor sob seus pés aumentou. O chão ondulava, ela balançava.

Enquanto tentava manter o equilíbrio, Hala olhava nos olhos do marido. Nenhum soluço, nenhuma lágrima. Finalmente ela podia encará-lo sem sentir medo.

Ela o segurou pelo braço. O sangue havia tingido sua pele, ele estava coberto de cascalho e areia, sua túnica estava marrom, empapada de sangue. Durante a vida que tiveram juntos, seus olhares sempre se evitavam. Se ele a olhasse, ela desviava o rosto; se lhe dirigisse a palavra, ela abaixava a cabeça. Só quando tinha a certeza absoluta de que ele não a encarava ela se atrevia a olhá-lo, só quando seu rosto estava voltado para outra direção. Com cuidado, sempre com muita cautela. E nunca olhava nos olhos.

Ela tinha 10 anos quando se casaram. Wasir era muito mais velho, tinha 30, talvez, ou 40 anos. Ela não sabia ao certo. Demorou algum tempo para que tivessem filhos. Seis, ao todo. Quatro homens — Hassan, Yaqub, Raouf e Bashir — e duas mulheres, cujos nomes nenhum estranho conhecia. Agora, todos eram órfãos de pai. De agora em diante, só teriam a ela.

Hala se lembrou da voz dele. O marido costumava recitar o Alcorão todas as manhãs e noites, às vezes durante horas. Era tudo tão bonito. Ela sempre quis pedir que ele a ensinasse a recitar, mas jamais se atreveu a tanto. Agora ele jazia ali. Agora era tarde demais.

O DESERTO DA MORTE

Na noite anterior, ela deixara o jantar pronto, à espera de que ele chegasse em casa. Arroz e vegetais assados, da lavoura que tinham. Era Ramadã, e do nascer ao pôr do sol nada sólido ou líquido deveria passar por seus lábios. O jejum serviria para purificá-los, limpar suas mentes, aproximá-los de Deus.

Ela estendeu uma toalha no chão e colocou o prato de arroz entre eles. Ele abençoou a refeição antes que a família começasse a comer. O arroz era moldado com os dedos ou misturado com um pouco de molho e enrolado num pedaço de pão. Depois do jantar, o marido foi à mesquita fazer a prece noturna.

Os fiéis não lhe eram estranhos. A maioria dos homens em Mussahi, uma aldeia que consiste em algumas casas que margeiam um riacho numa terra árida, se juntara aos *mujahedins* — os combatentes que iniciaram a luta contra a União Soviética. A palavra *mujahed* deriva de *jihad*, guerra santa.

A aldeia tornou-se importante para a resistência, pois estava estrategicamente localizada a 30 quilômetros ao sul dos limites da cidade de Cabul. Rente às paredes da casa, a leste, ficava o sopé das montanhas, a oeste, as lavouras e, atrás destas, a estrada principal para Cabul. Mais a leste estava a província de Logar, que passou a ser conhecida como *Portal do Jihad*. Importantes linhas de abastecimento atravessavam a árida província, grandes quantidades de armas eram contrabandeadas desde o Paquistão.

Em Mussahi, mujahedins e aldeões eram, às vezes, as mesmas pessoas. Eram irmãos, pais, primos. A resistência nasceu — e permanecia controlada — por redes tribais e líderes de clãs, eles *eram* a aldeia.

Mulás, escribas e eruditos constituíam o verdadeiro tecido da resistência. Poucas famílias com homens aptos a lutar permaneceram em casa. A maioria dos homens que frequentavam a mesquita eram jovens e velhos, que por vezes exerciam papéis importantes na luta contra os soviéticos. O mulá Wasir costumava receber dos mujahedins listas com pedidos de comida, roupas e equipamentos, e então despachava homens para tentar obter esses recursos. Hala costumava cozinhar para os guerrilheiros, eles desciam das montanhas à noite para comer, e depois desapareciam novamente na vastidão do deserto.

Os mujahedins não podiam prescindir das aldeias. Elas eram a linha vital da resistência.

Alguns dias antes, os guerrilheiros haviam realizado um ataque bem-sucedido contra a posição soviética mais próxima. Alá os ajudou. Vários infiéis foram mortos, ela ouviu dizer.

Depois que o marido saiu para a mesquita, Hala amamentou o bebê e colocou as outras crianças na cama. O marido gostava de beber chá quando chegava em casa, então ela encheu de água a chaleira e a colocou no fogo para tudo estar pronto a tempo. Mas ele se atrasou.

Afinal de contas era Ramadã, um mês sagrado, talvez ele tivesse decidido se demorar na mesquita rezando. As preces durante o jejum renderiam mais bênçãos no paraíso, então talvez ele até pernoitasse por lá.

Não havia ninguém a quem perguntar, pois era noite e Hala não podia sair de casa.

Ela ouviu o barulho de tiros não muito longe, e então o silêncio. Não vinham da direção da mesquita, então não se preocupou mais com isso. Por fim, decidiu se recolher.

Na manhã seguinte, o marido ainda não havia retornado. Hala queria sair para colher *shaftal*, um vegetal semelhante ao espinafre que crescia na lavoura, além do muro do pátio. Ela havia preparado massa e queria fazer *bolani* para quebrar o jejum com o marido depois do pôr do sol. Em seguida picaria a cebola e o shaftal para refogá-los ligeiramente em óleo, depois colocaria o recheio verde em finas fatias da massa, que então douraria em ambos os lados para servir imediatamente, ainda quentes.

Hala saiu assim que o dia raiou. Nem vestiu a burca, era muito cedo e atrapalhava a colheita. Ao se aproximar da lavoura, percebeu um grupo de homens mais adiante, e rapidamente cobriu o rosto com o xale e olhou de lado. Mesmo assim, percebeu que eles a observavam. Era muito estranho. Os afegãos jamais agiam assim. Os homens resguardavam o olhar e, principalmente, jamais encaravam a esposa alheia.

Os homens pararam de falar. Aconteceu alguma coisa?

O DESERTO DA MORTE

Ela pegou alguns maços de shaftal e voltou correndo para casa, sem voltar o rosto na direção dos homens.

Eles sabiam o que ela não sabia, mas nenhum deles poderia lhe contar, pois não eram parentes.

Ela foi até a cozinha, verificou se tinha cebolas suficientes e pôs as folhas de molho para limpar a terra. Ao mesmo tempo, ficou atenta para ouvir os passos do marido, que poderia voltar para casa a qualquer momento.

Mas quem chegou foram os irmãos de Wasir.

Os homens do *Touro* foram buscá-lo na mesquita.

Wasir sempre foi cuidadoso em seus sermões. Disfarçava sua mensagem em versículos do Alcorão; poderia haver espiões entre os fiéis. Os traidores também tinham que agir com cuidado, pois os aldeões suspeitavam quem eles eram. Suas famílias eram conhecidas, supunha-se que fossem pagos em dinheiro ou com cargos no governo. Eles apareciam de vez em quando para a oração da sexta-feira, vestidos tão humildemente quanto os outros, em velhas túnicas cinzentas, marrons ou azul-escuras com calças largas por baixo. Era possível enxergar em seus olhos, pensava Wasir, que sua intenção era se afastar da casa de Deus, fugir para Cabul, para a cidade grande, onde as estradas eram pavimentadas, onde a água corria das torneiras.

Se alguém o havia dedurado, não se sabia. As forças de segurança haviam recebido ordens de executar homens para vingar o ataque ocorrido dias antes. Levaram consigo o mulá e os fiéis que permaneceram na mesquita após a prece; outros foram capturados em casa. Um se recusou a acompanhá-los e foi executado sumariamente, diante do portão de casa — o tiroteio que Hala ouvira na noite anterior.

O mulá Wasir e os outros homens foram levados para o deserto.

Lá, foram perfilados um ao lado do outro, fuzilados e abandonados. A vingança estava completa.

Quando se morre como mártir, o corpo não deve ser lavado. A vítima deve encontrar-se com Deus da forma como está. Não havia caixão, apenas uma mortalha para envolver o corpo.

34 OS AFEGÃOS

Hala ficou de pé, assistindo a tudo. A terra continuava a se mover sob seus pés. O solo rachava. O marido apenas jazia inerme.

Logo ele, de quem ela tinha tanto medo, diante de quem era tão tímida, tão recatada, o homem a quem em dezesseis anos ela nunca ousara perguntar se poderia ensiná-la a recitar. Ela adorava a voz dele, era grave, cheia, calorosa.

Ela nunca o tinha visto assim. Completamente indefeso, pacífico. Ela percebeu que corava. Mesmo morto ele ainda exercia esse efeito sobre ela.

Touro, era assim que o chamavam, o homem que liderava as forças de segurança nos ataques de vingança. O presidente Najibullah, que governava desde 1986, era um homem alto e musculoso, resultado de horas e horas praticando luta livre e levantamento de peso. Enquanto estudava medicina em Cabul, na década de 1970, ingressou no Partido Comunista Afegão. O partido se fragmentou em inúmeras facções que regularmente cometiam atentados umas contra as outras. Em 1979, depois da invasão, o médico recém-formado se ofereceu para servir aos novos detentores do poder. O Touro ingressou na polícia secreta e rapidamente galgou ao topo da hierarquia. A capacidade que demonstrava eliminando suas vítimas valendo-se da tortura provou ser mais útil do que sua habilidade em nutrir, curar e reparar.

Um ano após a invasão, Najibullah foi nomeado chefe da KHAD, a polícia secreta, que tinha o serviço de inteligência soviético como modelo e a brutalidade como método. Dezenas de milhares de guerreiros sagrados islâmicos, comunistas da facção errada, vítimas inocentes e aleatórias jamais saíram vivos da infame prisão de Pul-e-Charkhi, nos arredores de Cabul, onde o levantador de peso podia usar sua força na prática. Ele próprio gostava de torturar os prisioneiros, muitas vezes até o fim. Sua especialidade era chutá-los até a morte, transformando-os numa poça de sangue, ou então deixar que os recrutas os usassem como cobaias. Os carcereiros arrancavam lentamente unhas, cabelos, barbas ou mesmo outras partes do corpo enquanto extraíam informações sobre rotas de abastecimento e esconderijos.

O DESERTO DA MORTE

A morte de Wasir foi mais misericordiosa. Alguns tiros, então a vida chegou ao fim e uma nova ascensão teve início.

Aos portões do céu. Era para lá que ele iria agora.

Os mártires tinham acesso direto a *jannah* — o paraíso. A eles estavam assegurados os melhores lugares, perto do trono de Deus.

A vida tinha sido dura, mas agora ele seria recompensado por seu trabalho árduo, era o que lhe reservava o além. Se antes teve uma só esposa, agora teria 72 virgens. No céu, mártires como ele seriam celebrados, era o que ele mesmo pregava, então deveria saber melhor do que ninguém.

Seis crianças dormiam na casa de Wasir quando os tiros foram disparados. O caçula tinha três meses.

A ele deram o nome de Bashir, *mensageiro da alegria*.

O pai das crianças ainda pequenas foi sepultado no mesmo dia. Nada restou dele além das roupas e do Alcorão. Nem mesmo uma foto, nem um objeto que lhe pertencesse. Tudo que Hala herdou foram as crianças. O bebê foi seu conforto. Ela deixou-se aquecer e acalmar pelo corpinho que não podia prescindir dela, e que lhe sugava os seios com avidez. Não queria largar aquele filho que, ela sabia, seria seu último. Ela jamais voltaria a se casar. A morte era preferível a separar-se dos filhos, o que era provável num novo matrimônio. Submeter os filhos à mesma criação desarraigada que ela teve depois de perder o pai aos 2 anos de idade estava fora de questão. A mãe de Hala foi logo assumida pelo tio do falecido marido e teve que abrir mão dos filhos. Eles pertenciam a seu meio-irmão. Mais tarde, este meio-tio casou Hala com outro homem a fim de poder contrair outro matrimônio. O dote foi de 12 mil afeganes; a moça desejada como segunda esposa era considerada mais bonita e mais habilidosa e, portanto, mais valiosa do que a órfã de apenas 10 anos de idade.

Uma viúva tinha um certo grau de autonomia. E ela estava disposta a usá-lo.

A casa estava cheia de mulheres chorando. A mãe de Wasir, irmãs, primas, tias. Ela mesma não derramou uma lágrima. O marido não teria gostado de vê-la chorando, pois como haveria de estar triste por ele ter finalmente alcançado o martírio, e com isso conquistado um lugar ao lado do trono de Deus?

A massa que preparou havia fermentado e estava pronta. Os maços de shaftal ainda estavam sobre a bancada. Alguém começou a picar cebolas e verduras, temperou-as com um pouco de sal, deixou que dourassem na panela. A esposa de um vizinho ajudou a abrir a massa. Outra acrescentou o recheio e dobrou a massa. Um aroma delicioso tomou conta da cozinha à medida que vários *bolani* iam sendo assados no forno de pedra.

As crianças estavam com fome. Elas receberam a porção que caberia ao pai.

Porque a vida continua.

Um clarão intenso e branco

O pai de Jamila sentiu no bolso a diferença. A guerra destruiu estradas, pontes, armazéns de tratores, fertilizantes e ração. O produto interno bruto do país caiu vertiginosamente. Viajar ficou difícil, o comércio estancou. Seus negócios foram dizimados. Os dois secretários indianos que analisavam os documentos, tomavam notas e cuidavam das contas trataram de embolsar uma boa quantia antes de desaparecerem de vista.

O exército afegão, financiado pelo Kremlin, era inútil. Expurgos, execuções e deserções antes da invasão reduziram o corpo de oficiais pela metade. Durante o primeiro ano de ocupação soviética, o exército encolheu para um quarto do tamanho que tinha antes da invasão. Unidades inteiras se amotinaram e juraram lealdade aos mujahedins.

Com isso, começou o alistamento forçado. Primeiro vinha a convocação. Depois os recrutadores surgiam batendo à porta.

Ibrahim e Bibi Sitara começaram a temer pelos filhos. Até então eles tinham conseguido driblar o serviço militar, mas a quantidade de jovens recrutados à força só aumentava. O alistamento valia a partir dos 19 anos. Uma vez recrutados, qualquer tentativa de fuga era considerada deserção e era punível com a morte. Após cinco anos de ocupação, os conscritos deviam servir por quatro anos, e as bolsas de estudos oferecidas após o serviço militar não atraíram os irmãos de Jamila.

Ibrahim tinha um dilema pela frente. Teria que escolher entre os filhos e o dinheiro. Se salvasse a pele dos filhos, cairia em desgraça com o governo. Exceções eram concedidas apenas a membros do alto escalão do partido e a estudantes em países do bloco comunista, ou mediante o pagamento de suborno.

O sangue pesava mais que as moedas. Ibrahim deixou o primogênito seguir em viagem para o Paquistão com o pretexto de tratar de negócios.

Com ele, enviou dinheiro suficiente para comprar uma casa, para onde o restante da família poderia fugir depois, se fosse necessário.

Muitos dos contatos de Ibrahim haviam partido, mas o comerciante preferiu ficar onde estavam seus negócios. Talvez pudesse se adaptar às vicissitudes da guerra. Já havia se adaptado antes.

Foi então que os seus também começaram a ser levados. Primeiro um primo foi preso, depois um tio, depois outro. Ao todo, sete parentes foram aprisionados pela polícia secreta. Quando soube que seriam executados, decidiu agir.

Várias anciãs apareceram para cortejar as filhas em nome de filhos, sobrinhos, netos.

Como animais, resmungou Jamila. Arrumados e enfeitados. Os animais não tinham nome. A primogênita das irmãs era rês vermelha, a segunda mais velha era a rês verde, e, para a festa de casamento, compareceram com vestidos vermelhos e verdes.

Um dos pretendentes pertencia à elite comunista. Era sobrinho do chefe da inteligência do regime. Melhor partido não havia.

Ibrahim usou a rês vermelha como moeda de troca para conseguir a libertação dos familiares. Eles foram libertados após o noivado ser formalizado. O casamento deu a Ibrahim algum respiro.

Jamila ficou chocada com a decadência da festa de casamento, na qual, por causa do conservadorismo de Ibrahim, mulheres ficaram apartadas dos homens. A menina de 10 anos ficou de olhos arregalados admirando os vestidos brilhantes de decotes pronunciados. Sem xales, despudoradas e barulhentas, as mulheres da elite comunista dançavam ensandecidas. Esses pecados seriam punidos, Jamila tinha certeza. Antes que elas se dessem conta.

A rês verde foi oferecida pelo pai a um empresário com boas conexões com o regime. Nenhum desses novos maridos provinha de famílias que ele respeitava de verdade, Jamila sabia. Homem profundamente religioso, ele odiava os comunistas. Ela estava desapontada. As duas reses, que na infância a embalavam como se fosse uma boneca, foram sacrificadas por um bem maior.

UM CLARÃO INTENSO E BRANCO

Com o passar do tempo, as alianças estabelecidas deixaram de ser suficientes para proteger Ibrahim e sua família. Ele despachou o segundo filho, e depois o terceiro, assim que completaram 19 anos. Em seguida, o quarto foi para o Paquistão. Por fim o quinto. Ibrahim temia o castigo. Tinha visto outros caírem em desgraça.

Sua vez estava chegando. Agora ele, Bibi e Jamila também precisavam partir.

A rota terrestre para o Paquistão estava cheia de bloqueios soviéticos, era impossível seguir por ela. Os filhos haviam percorrido as trilhas dos guerrilheiros através do passo Khyber, mas escalar as montanhas como faziam os cabritos era uma tarefa impossível para Jamila.

Os pais decidiram enviá-la com um tio sob o pretexto de que viajava para um tratamento médico, e só quando todos os filhos estivessem seguros no Paquistão eles partiriam. O pai mandou vir um carro com motorista, acomodou o tio no banco da frente e Jamila no de trás. Com o tio seguran-do o atestado médico na mão, o carro deixou Cabul a toda a velocidade.

Os engenheiros soviéticos haviam projetado uma sólida estrada até Jalalabad. Uma mureta feita de pedra separava a via sinuosa dos precipícios e encostas íngremes. No caminho, o carro precisou desviar de enormes rochas e crateras abertas no pavimento. Pela primeira vez, Jamila viu de perto a destruição da qual havia sido poupada em Cabul.

Havia blindados carbonizados nos dois lados da estrada. Veículos militares passaram pelo carro de Jamila. Num determinado trecho da estrada, ela percebeu que um tanque se aproximava sinalizando. O mo-torista ignorou, ou pelo menos não reduziu a velocidade, e em vez disso acelerou para ultrapassar o blindado. Logo os dois veículos estavam lado a lado. Jamila virou-se para trás e viu o pesado veículo fazer uma curva. Da torreta despontava o cano de uma metralhadora de grosso calibre, girando lentamente na direção deles. O cano da metralhadora apontava diretamente para ela. Jamila olhou para o vão.

A última coisa de que se lembrava era a luz. Um clarão intenso e branco.

*

Ela acordou sentindo frio. Percebeu que estava molhada, mas não conseguia enxergar nada. Estava escuro. Então esfregou os olhos. As pálpebras estavam coladas por algo pegajoso.

O carro acelerava numa velocidade vertiginosa. Jamila apurou a vista e viu que as janelas estavam quebradas. Cacos de vidro ainda presos balançavam. Havia sangue espalhado por toda parte. No assento. Nela. Na parte de trás do banco da frente. Ela tentou dizer alguma coisa.

O motorista se virou.

— Alhamdulillah, você está viva! — ele exclamou.

Uma pontada de dor atravessou sua cabeça. Ela levou a mão ao ouvido, onde o sangue estava coagulando.

Só então ouviu o murmúrio no banco à frente.

— *Baba*! — gritou ela.

Ninguém respondeu.

O projétil da metralhadora do tanque destroçou a janela traseira e dilacerou a orelha direita de Jamila, raspou o córtex cerebral, perfurou o banco da frente do carro, alojou-se na nuca do tio e despedaçou o crânio dele. *Baba* morreu instantaneamente; o ruído provinha daquele corpo sem vida.

Depois que o projétil atingiu o carro, o motorista, que não estava ferido, virou-se para os dois passageiros tombados e achou que estava transportando dois cadáveres.

A cabeça de Jamila foi enfaixada na aldeia seguinte. O corpo do tio foi resgatado por parentes. De acordo com o costume muçulmano, os mortos devem ser lavados, encomendados e enterrados no mesmo dia.

Enquanto o soldado soviético levou a culpa por ter tirado uma vida, Deus recebeu louvores de gratidão por ter poupado outra.

A base

Quando os pais de Jamila enviaram a filha mais nova para longe de casa, um quarto da população afegã havia emigrado. Alguns milhões para o oeste, para o Irã, e outros tantos mais nas direções leste e sul, rumo ao Paquistão. A guerra já entrava em seu oitavo ano. Um milhão e meio de afegãos haviam perdido a vida. Milhões estavam mutilados.

Jamila e o tio passaram a fazer parte das estatísticas. Um morto. Uma ferida.

Eles se estabeleceram na cidade fronteiriça de Pexauar, que crescia vertiginosamente. As planícies ao redor da cidade haviam se tornado um grande campo de refugiados. Barracões eram amontoados, feitos de barro, pedra, plástico, papelão, o que quer que estivesse disponível. Um fluxo contínuo de refugiados se fixava num país já superpovoado. O Paquistão não precisava deles, nem de sua força de trabalho nem de suas ideias; eles eram supérfluos.

Vidas eram perdidas a cada semana. Pessoas eram executadas em plena rua. Bombas eram detonadas em conflitos internos. A rivalidade entre os grupos de mujahedins e entre os islâmicos e o regime comunista provocou, aqui, mais baixas entre chefes de milícias afegãs do que no campo de batalha, em assassinatos perpetrados pela KGB soviético, pela KHAD do Touro, pelo serviço de inteligência paquistanês ou pelo eterno inimigo: o próximo.

Ao mesmo tempo, o fluxo ilegal de dinheiro e armas levou a um *boom* econômico. O narcotráfico prosperou como nunca. Pedras preciosas e tesouros pilhados do Museu Nacional de Cabul foram parar nas mãos de novos proprietários.

Depois de fugir para o Paquistão, o pai de Jamila ficou ensimesmado e irritadiço, sujeito a explosões repentinas de raiva. Perdera muito dinheiro em Cabul e não se sentia à vontade em Pexauar, essa fervilhante usina de boatos que, durante a guerra, havia se transformado em coração e cérebro da resistência à União Soviética.

A família de Jamila escapou do sofrimento diário e das privações nos campos. Eles haviam se mudado para uma casa ampla, cercada de eucaliptos e magnólias e protegida por muros altos, bem ao lado do quartel-general do professor Burhanuddin Rabbani, que havia fugido antes mesmo da invasão soviética, após uma tentativa de golpe islâmico contra o presidente. As ruas, na verdade todo o bairro, fervilhavam de homens sexualmente excitados e ávidos por lutar na guerra, que tornavam o ir e vir quase impossível. Poucas garotas podiam transitar pelo local.

O pai balançou a cabeça. Frequentar a escola nessas circunstâncias estava fora de cogitação.

Os irmãos o apoiaram. O bom nome da família estaria em risco caso Jamila insistisse em ter uma vida fora de casa. Eles eram uma família distinta, uma família honrada, e isso exigia observar valores como reclusão e isolamento, manter-se afastados da política e da guerra. Nenhum dos irmãos se alistou na resistência; o estabelecimento de relações comerciais levou um bom tempo. Os irmãos mais velhos não tinham com que se ocupar e maldiziam tanto o próprio destino quanto aquela da família que se recusava a aceitar o seu: Jamila.

As pessoas chegavam em levas buscando refúgio. Primeiro, vieram os islâmicos que estudaram a sharia em Cabul nos anos 1970 — as primeiras vítimas dos expurgos dos marxistas. Eles detinham o poder nos campos e dirigiam as ações da resistência. Logo depois, assim que o regime comunista também começou a encarcerá-los, vieram os mulás das aldeias. No final, chegaram aqueles que queriam simplesmente fugir da guerra.

O estudioso da sharia na rua ao lado liderava o maior grupo mujahedin, Jamiat-e-Islami. O partido era dominado pelos tadjiques, o segundo maior grupo étnico do Afeganistão. Enquanto os pachtos representavam cerca de metade da população, pouco menos de um terço eram tadjiques, habitantes sobretudo das áreas a oeste e norte do país. Os uzbeques e os

A BASE 43

hazaras eram os dois grupos étnicos seguintes, cada um representando cerca de um décimo da população.

Vários alunos de Rabbani formaram seus próprios grupos rebeldes. Em meados dos anos 1980, cerca de duzentos grupos de milícias viviam na cidade e, para aproveitar ao máximo a cadeia de abastecimento das doações, vários realizavam trabalho assistencial nos acampamentos. O caos imperava. A maior parte do apoio financeiro aos rebeldes provinha da inteligência paquistanesa, do Golfo Pérsico e da CIA, e seguia para os sete maiores grupos de resistência, chamados de "Peshawar Seven". As autoridades sauditas contribuíam com meio bilhão de dólares por ano para o jihad afegão, chegando perto da soma oferecida pelos Estados Unidos. A cooperação com o presidente do Paquistão, o autoritário e fundamentalista Zia ul-Haq, fez com que os jihadistas dominados pelos sunitas recebessem mais apoio do que os grupos de resistência menos ideológicos.

O médico egípcio Ayman al-Zawahiri também chegou a Pexauar depois de ter sido preso por cumplicidade no assassinato do presidente egípcio Anwar al-Sadat. O disciplinado cirurgião operava jihadistas feridos em batalha e liderava a organização al-Jihad. Não tinha um tostão no bolso e tentava obter algum tipo de apoio.

Um rico saudita chamado Osama bin Laden veio em seu socorro. Por meio de seu pai, que havia reformado mesquitas em Meca e Medina e tinha morrido num acidente de avião a caminho de buscar mais uma noiva adolescente, Bin Laden travou contato direto com a família real saudita e os petromagnatas do Golfo.

Ele dirigia o Maktab al-Khadamat (MAK) — Agência de Serviços —, que coletava pilhas de notas de dólar de xeques do Kuwait e joias de ouro de mulheres abastadas de Jedá, enquanto o príncipe herdeiro saudita Abdullah fornecia caminhões e as mesquitas do Golfo enviavam malas cheias de dinheiro.

O MAK funcionava como albergue para combatentes árabes e como sede do jornal *al-Jihad*. Em cofres fortificados, Bin Laden guardava o montante recebido. Ele foi o indivíduo, entre os chamados "árabes afegãos", que mais arrecadou dinheiro, armas e combatentes para o país.

Osama bin Laden oferecia passagens de avião, alimentação e hospedagem, bem como um benefício de trezentos dólares por mês por família que se dispusesse a imigrar. Além disso, oferecia treinamento, doutrinação e acesso à sua biblioteca teológica.

Foi o chefe da CIA, William Casey, quem convenceu o Congresso dos Estados Unidos da necessidade de fornecer a eles os mais recentes mísseis portáteis, leves o bastante para serem carregados nos ombros e poderosos o suficiente para abater aviões e helicópteros. Depois que a CIA equipou os mujahedins com mísseis Stinger e instrutores norte-americanos treinaram os jihadistas para usá-los, eles finalmente conseguiram contrabalançar o avassalador poder aéreo dos soviéticos, o fator mais importante para virar a sorte da guerra em favor dos rebeldes.

Casey era um firme defensor do recrutamento de muçulmanos radicais de todo o mundo para lutar ao lado dos mujahedins afegãos. O presidente Ronald Reagan os chamou de *Freedom Fighters.* No final de 1987, chegou até a convidar um grupo de líderes mujahedins para visitar a Casa Branca, elogiando-os por sua argúcia. Dirigindo-se aos rudes guerrilheiros, sentados em cadeiras macias na Sala Roosevelt, Reagan chamou a atenção para as novas armas, as táticas e a coordenação dos mujahedins. "Vocês são uma nação de heróis. Deus os abençoe", concluiu.

O medo da guerra em si, além da promessa que fizera à mãe de não participar dos combates, fez com que Osama bin Laden se mantivesse do lado paquistanês da fronteira. Somente cinco anos mais tarde, durante o Ramadã, ele foi ao Afeganistão, onde achou tudo muito ruim — armas, estradas, trincheiras — e pediu perdão ao Todo-Poderoso. "Senti que havia pecado desde que dei ouvidos aos que me aconselharam a não ir", disse ele. Deus só o perdoaria se ele se tornasse um mártir, ele pensou, fascinado pelo voo rasante dos aviões, pela violência das bombas despejadas e por se sentir abençoado quando foguetes caíam ao seu redor sem detonar, como "pedras negras". Ele se sentia mais próximo de Deus do que nunca, disse a seus companheiros.

Osama bin Laden e o ideólogo por trás dos guerreiros sagrados dos anos 1980, o palestino Abdallah Azzam, tinham um conceito para promover: o

A BASE

martírio. Ele permeava livros, panfletos e cassetes vendidos em mesquitas e livrarias. O próprio diário de Azzam, *al-Jihad*, baseava-se no culto à morte. Foi ele quem formulou a tese de que era dever de todo fiel — *fard al-ayn* — travar uma guerra santa cada vez que um país muçulmano fosse atacado. Os jovens eram mobilizados em nome de todos os praticantes da religião, numa justa causa contra um poder de ocupação ímpio. Se os eruditos definissem um conflito como *fard al-ayn*, não era necessário pedir permissão ao pai, à mãe ou ao imã, mas apenas partir! A morte honrosa atraía o pecador, a senda da retidão enchia de esperança o apático. Um homem pobre poderia estar destinado a ser coroado no céu, desfrutar de carne, frutas e vinho, e sobretudo das lendárias virgens — castas como pérolas escondidas.

Ao lado do ideólogo palestino, Osama bin Laden criou a organização Al-Qaeda, *A base*. Pouco tempo depois — em 1989 —, Azzam e seus dois filhos foram mortos pela explosão de um carro-bomba a caminho das orações de sexta-feira, em Pexauar. Quem foram os mentores do assassinato permanecia um mistério, seus inimigos eram muitos.

A base, porém, estava destinada a se tornar mundialmente conhecida.

Só uma brincadeira

A lembrança mais antiga da infância de Bashir, de início um pequeno trauma que depois se tornou motivo de risos, foi sua mãe abotoando o vestido e dizendo: "Agora você está grande."

Ponto final na amamentação.

Bashir tinha então 3 anos. No ano seguinte, já estava noivo.

Sua prima Yasamin tinha acabado de completar 1 ano. Foi obra de Hala. No afã de controlar aquilo que podia, ela quis dar um rumo para a vida dos filhos desde o início. A mãe havia feito um acordo com o pai de Yasamin, irmão de seu falecido marido, que os dois filhos deveriam noivar assim que possível.

Hala arrumou esposas para todos os seus filhos enquanto ainda eram pequenos. Assim, poderia acompanhar o crescimento das meninas e corrigi-las desde pequenas, se necessário. Tudo era uma questão de virtude. De honra. Qualidades em que era mestre.

Quando lhe perguntaram se não gostaria de casar-se novamente, ela respondeu que preferia se cobrir de andrajos e sujar-se de terra do que encontrar um outro homem. Hala não estava para brincadeira. Muitas coisas mudaram depois que ela ficou viúva. Tomava suas próprias decisões, criava os filhos sozinha, tudo dentro da estrutura do *pashtunwali*, o código de honra pachto transmitido de geração em geração, e os preceitos básicos de hospitalidade, retribuição pelo bem e retaliação pelo mal, honra, coragem e lealdade.

Hala era rígida com os filhos, algo que o código de conduta também promovia, e dava-lhes palmadas em vez de abraços. Temia que os filhos se desviassem, abraçassem o hedonismo, consumissem ópio, a envergonhassem a ponto de as pessoas comentarem: "Lá vão os quatro órfãos de pai."

Em todo caso, havia vários outros a quem poderiam chamar de *baba*. As crianças cresceram no quintal dos irmãos de Wasir, os tios eram muitos e estavam sempre por perto.

Bashir nunca sentiu falta de um pai, pois como poderia sentir a falta de algo que não sabia o que era?

No que dizia respeito a Hala, apenas um homem ainda a intimidava — seu marido. Sempre que seu nome era mencionado, ela baixava a cabeça e escondia o rosto.

A cada ano, as perdas humanas eram mais numerosas que no ano anterior. A grande maioria eram civis. Para o Politburo, em Moscou, a perda de prestígio era o que mais importava. A invasão foi um fiasco. A União Soviética estava atolada no pobre país vizinho.

Se ao menos o Politburo tivesse se familiarizado melhor com a história das guerras antes da invasão... Ciro, o Grande, Dario, o Primeiro, Alexandre, o Grande — ao longo dos milênios, célebres comandantes de exércitos tentaram conquistar os afegãos, e todos encontraram forte resistência. No final, prevaleceu o poder de Alexandre, que dividiu para reinar, torturando e executando inimigos. Mas a muito custo. Segundo a lenda, os macedônios teriam perdido num só dia a mesma quantidade de soldados que tombaram nos quatro anos que levaram à conquista dos territórios entre o Mediterrâneo e a Pérsia. Após a morte do conquistador, os guerreiros começaram a se digladiar entre si. O povo da montanha revidou — como os soviéticos vieram a saber mais de 2 mil anos depois — a partir dos penhascos e das encostas íngremes.

Somente no século XIII, um comandante militar conseguiria assegurar sua conquista. Gengis Khan e suas hordas mongóis já haviam devastado várias civilizações entre o mar Cáspio e a China. As tropas massacraram milhares em Cabul, Kandahar e Jalalabad. Em Helmand, seguindo-se à rebelião, todos os homens foram decapitados e as mulheres, escravizadas. Os herdeiros de Gengis Khan mantiveram o poder por trezentos anos, até que os mongóis também tiveram que ceder aos afegãos.

SÓ UMA BRINCADEIRA

Ao longo da história, os ocupantes nunca dominaram os afegãos. "Toleramos a discórdia, toleramos ataques, toleramos o sangue derramado", dizia-se, "porém jamais toleraremos o jugo de um senhor".

Se ao menos o Politburo tivesse estudado melhor os mapas... Até os nomes testemunhavam a violência. Hindu Kush — *Matador dos Hindus* —, um teste de força no verão e obstáculo intransponível quando as massas de neve bloqueavam as passagens. Rochedos, penhascos e encostas eram lugares ideais para emboscadas. Apenas no norte e no sudoeste havia planícies; mesmo assim, em grandes altitudes e fustigadas pelo clima, com nomes como Dasht-e-Margo, *Deserto da Morte*.

Se ao menos o Politburo se importasse com a vida dos seus... Os soldados soviéticos eram mal equipados e malvestidos, raramente bem treinados para manusear armas pesadas. Mil deles sucumbiram só no primeiro mês. Quando o filho voltava para casa num caixão, a família enlutada enfim aprendia. Externar algum tipo de luto nos locais de trabalho por um filho que deu a vida pela pátria era considerado prejudicial à sociedade; medidas disciplinares poderiam ser adotadas, ou talvez os pais fossem internados à força para um tratamento psiquiátrico.

Não havia estatísticas públicas, nenhum registro conhecido. Os meninos simplesmente não voltavam para casa. Ou então regressavam em caixões de zinco, aparafusados e lacrados com solda. Jamais poderiam ser abertos. Os pais não deveriam ver o que a guerra fizera a seus filhos, nem mesmo saber se aquele peso no caixão era um filho seu. Depois de grandes batalhas, restos de ossos, cabeças, alguns membros e outras partes do corpo podiam ser distribuídos nos caixões para que ficassem suficientemente pesados e pudessem ser lacrados.

Na lápide só era permitido escrever as datas de nascimento e morte. Só as datas, nada de local, jamais o Afeganistão.

Se ao menos...

Em 1986, um ano antes da morte do mulá Wasir, Mikhail Gorbatchov chamou a guerra de "ferida que sangra". A superpotência dava sinais de mudança. Quando o novo chefe do Politburo lançou a *glasnost* e a *perestroika*

50 OS AFEGÃOS

— abertura e reestruturação —, termos como paz e retirada faziam parte da equação. Como ele teria êxito sem perder apoio? O governo fantoche no Afeganistão provavelmente cairia, os interesses estratégicos dos soviéticos viriam por terra. Tamanho recuo poderia aumentar a autoconfiança interna e provocar rebeliões nas repúblicas soviéticas muçulmanas ao sul, sedimentando uma derrota ideológica para o comunismo.

Os soviéticos ainda tinham um enorme poder de ataque, centenas de milhares de soldados em brigadas terrestres, forças especiais e esquadrões de caça, além da KGB, conselheiros militares e mercenários civis. Contavam também com uma grande quantidade de tanques e blindados, mas, encurralado nos vales estreitos, o exército era uma presa vulnerável a ataques que partiam das encostas das montanhas. Os soldados soviéticos os chamavam de *dukhi* — espíritos —, guerrilheiros que surgiam do nada, atacavam e logo desapareciam. Os mujahedins costumavam abandonar as áreas sob ataque, levando os soviéticos a acreditar que teriam vencido a batalha. Então, na calada da noite, os *dukhis* retornavam, talvez alguns dias depois, ou na semana seguinte, quando os soldados acampados já tinham baixado a guarda.

A ferida aberta continuava a sangrar — sangue fresco e jovem.

O custo de permanecer superava o custo de se retirar. Não havia perspectiva alguma de vitória militar.

Gorbatchov convocou o presidente Najibullah ao Kremlin. Os afegãos deveriam se preparar para governar o país sozinhos e adotar uma política de reconciliação nacional. Moscou prometeu apoio maciço, tanto financeiro como técnico e militar. Um ano após a morte do mulá Wasir, em abril de 1988, o acordo foi assinado em Genebra.

Em fevereiro de 1989, o último soldado soviético deixou o Afeganistão. Em Moscou, o Politburo continuou a apoiar Najibullah até que a União Soviética se dissolvesse em quinze repúblicas independentes, em 1991. O fluxo de rublos abruptamente chegava ao fim. O presidente foi forçado a renunciar e imediatamente colocado em prisão domiciliar em Cabul.

*

SÓ UMA BRINCADEIRA

O Afeganistão também foi dividido em pequenos domínios em que os senhores da guerra lutavam, traíam, subornavam, faziam alianças, trocavam de lado e voltavam a lutar. Os mujahedins não tinham mais um inimigo comum para enfrentar. Quatro das maiores facções islâmicas se digladiavam ferozmente, empregando armamento cada vez mais pesado pelo poder em Cabul. Em 1992, a guerra civil era um fato.

Quatro poderosos comandantes mantinham controle sobre setores da cidade e se atacavam mutuamente de diferentes lados da montanha. Pessoas comuns eram vitimadas em meio aos bombardeios. Certo dia, o telhado da casa de Bashir também desmoronou quando pedaços de um foguete despencaram no andar de cima.

A brincadeira das crianças espelhava a realidade. Enquanto nos anos 1980 eles capturavam russos, nos 1990 fingiam que eram islâmicos de vários matizes. O irmão mais velho de Bashir, Hassan, sempre escolhia ser do Hezb-e-Islami, o grupo de Gulbuddin Hekmatyar, que tinha parentes em Mussahi. Outros preferiam ser soldados do Leão de Panjshir, Ahmad Shah Massoud, ou o aliado de Osama bin Laden, Abdul Rasul Sayyaf. Quem tinha menos sorte acabava sendo o infame e brutal Abdul Rashid Dostum. Ele era uzbeque, e não havia gente assim em Mussahi.

Os meninos atiravam com estilingues e usavam bastões nos combates corpo a corpo. Como era um dos mais jovens, Bashir recebia ordens, mas queria mesmo era comandar emboscadas, retiradas e novos ataques.

A espiral de violência parecia interminável. A anarquia era absoluta. Mujahedins orgulhosos faziam o que bem entendiam. Sequestravam, estupravam, massacravam; meninos e meninas eram abusados. Os vitoriosos anexavam casas e lavouras, escorraçavam os que ali viviam, confiscavam-lhes as propriedades. Os bens públicos, quaisquer que fossem, pertenciam a todos e a ninguém, as pessoas serravam postes telefônicos para roubar o cobre dos fios, invadiam as bancas do mercado e vendiam as mercadorias roubadas para sucateiros. Muitos dos que não haviam fugido do país até então decidiram finalmente partir.

*

Depois que o Comitê Sueco do Afeganistão construiu uma escola em Mussahi, Hala enviou seus filhos para lá. Primeiro os três mais velhos, Hassan, Yaqub e Raouf, depois o queridinho. Ela nunca escondeu que Bashir era seu favorito. O caçula tinha uma cabeça melhor do que os irmãos, Hala pensava, ele tinha aprendido a falar muito cedo e sempre pensou grande, tinha ambições maiores do que os outros, ela comentava.

Havia agora duas escolas na aldeia, uma *maktab*, a escola sueca que lecionava matemática, ciências e persa, e um madraçal, a escola corânica, voltada à oração, recitação e gramática árabe. Por fim, a mãe tirou Bashir e os irmãos da escola construída pelos suecos. Eles frequentariam a mesquita em tempo integral para que se tornassem mulás como o pai. As duas filhas não tiveram permissão de frequentar nenhuma das escolas, não precisavam de livros didáticos para aquilo que estavam destinadas a ser. Para as esposas, educação não era pré-requisito, pelo contrário. A escola poderia contestar a autoridade dos pais, e nunca se sabe ao certo o que as crianças acabam aprendendo com os outros. Além do mais, Hala também desconfiava que os rostos ficassem descobertos na sala de aula.

As filhas eram mantidas sob rédea curta. A partir dos 9 anos, não podiam brincar além do portão da casa. Se precisassem sair para fazer alguma coisa, tinham de cobrir o corpo inteiro, ir exclusivamente até o destino e retornar para casa sem demora. Brincadeiras e folguedos chegavam ao fim após os primeiros anos da infância.

Os meninos tinham mais liberdade.

Quando não estavam na escola ou na mesquita, jogavam críquete no campinho diante da aldeia. A bola era feita de trapos enrolados, os tacos eram galhos serrados de um tronco.

Mas as brincadeiras tinham a ver sobretudo com a guerra. Durante o primeiro ano de Bashir na escola, um novo grupo de guerreiros passou a fazer parte do imaginário. Os adultos falavam deles com muita expectativa. O imã os elogiava nas pregações. Os mulás da escola do Alcorão os citavam como exemplos. Eles, sim, poderiam trazer a paz. Eram os guardiões da moral. Os estudantes de Deus. Soldados de Alá. Eles se autodenominavam talibãs.

SÓ UMA BRINCADEIRA

Talib em árabe significa "estudante". Não um aluno qualquer, mas um aluno de um madraçal, aquele que busca o conhecimento do islã. Com o Alcorão em mãos, o grupo de estudantes queria varrer e purificar a sociedade. O objetivo era explícito: alcançar a paz. Desarmar a população. Introduzir a sharia. Os talibãs tinham passado a infância em escolas corânicas. Lá, aprenderam sobre a sociedade pela qual o profeta Maomé lutou, no século VII. Era esse o ideal que queriam colocar em prática.

Tudo começou com um mulá caolho montado sobre uma motocicleta. Ele perdera a visão de um dos olhos durante um ataque soviético, atingido por estilhaços de uma granada. A bochecha e a testa ficaram desfiguradas na mesma explosão e, até perder o olho, o mulá da aldeia tinha fama de ser um atirador habilidoso. Enquanto a guerra civil se intensificava, ele teve uma epifania. O profeta Maomé surgiu em sua frente e lhe ordenou que estabelecesse a paz no país.

O mulá Omar pegou uma motocicleta emprestada e percorreu as escolas corânicas em busca de alunos. Poucos se deixaram seduzir, mas ele conseguiu por fim arregimentar cerca de cinquenta homens. Esses primeiros cinquenta, entre eles vários mulás de aldeias, executaram dois comandantes locais, um dos quais tinha um harém de meninos. Um terceiro comandante lhe deu dois jipes e um caminhão, além de mais cem homens. A primeira conquista foi o distrito de Maiwand, nos arredores de Kandahar, onde o líder da milícia local anunciou sua adesão a Omar. Assim, de repente, o mulá arregimentou um pequeno exército com milhares de combatentes, vários tanques, um grande arsenal, alguns helicópteros e um avião de combate.

Depois de um ano, em 1995, o Talibã contava com 25 mil homens armados. Eles se movimentavam rapidamente e em bandos, em caminhonetes equipadas com metralhadoras, bazucas, artilharia antiaérea, baterias de foguetes e aviões de carga cheios de homens. Como o serviço de inteligência paquistanês estava cada vez mais aborrecido com o caos criado pelos vários grupos mujahedins, todo o apoio passou a ser direcionado para o Talibã.

Inúmeros eram os relatos sobre o exército de homens tementes a Deus que não parava de crescer. Eles eram protegidos por Alá, as balas não os matavam, eles eram invencíveis. Muitos comandantes se rendiam sem lutar.

O movimento surgiu em Kandahar, no sul do país, mas rapidamente abriu caminho rumo ao norte. Poucos imaginavam que viesse a tomar a capital, mas, em setembro de 1996, Jalalabad capitulou, e o caminho para Cabul estava aberto. Dois dias depois, a cidade foi atacada pelo sul, leste e norte. O ataque-relâmpago forçou Ahmed Shah Massoud, que governava Cabul, a recuar na direção do vale do Panjshir. Ele deixou apenas um pequeno grupo de homens para explodir depósitos de armas e munição, a fim de que não caíssem nas mãos do Talibã.

O Touro estava em prisão domiciliar no prédio da ONU, em Cabul. Ele pediu ao quartel-general em Islamabad que reforçasse a guarda. Apenas três guardas estavam de plantão dentro do prédio, além do próprio Najibullah, seu irmão, um secretário e um guarda-costas.

O ex-chefe de inteligência demorou demais para se dar conta de quão vulnerável era a situação, depois de ter recusado a oferta de Massoud para juntar-se a ele no norte. Um pachto não fugiria com um tadjique, não daria certo. Ele apostou que poderia negociar com o Talibã, que pertencia à sua própria etnia.

Certa manhã, no final de setembro, quando o estampido de tiros já ecoava na periferia da cidade, os três guardas fugiram. As mensagens de Najibullah eram de alguém desesperado. Mas era tarde demais. Uma unidade especial do Talibã de seis homens havia chegado ao prédio da ONU. Encontraram Najibullah e seu irmão, espancaram-nos e os levaram ao palácio presidencial às escuras e em ruínas após os bombardeios, o mesmo palácio onde Najibullah havia morado. Ali eles o castraram, amarraram seu corpo a um jipe e deram várias voltas ao redor do palácio antes de executá-lo a tiros. O irmão recebeu o mesmo tratamento. Depois penduraram ambos os cadáveres em postes de luz. Enfiaram cigarros entre os dedos e notas de dinheiro em seus bolsos, para simbolizar sua depravação moral e fazer uma advertência clara à população de Cabul.

SÓ UMA BRINCADEIRA

Em menos de 24 horas, o Talibã introduziu o sistema social islâmico mais rígido do mundo. Hastearam sua bandeira branca e declararam o país um *emirado*. O regime que governaria a capital era formado por mulás e escribas das aldeias, mas também por homens cuja trajetória remontava ao "Peshawar Seven". Nenhum deles tinha experiência em governar um Estado, nenhum deles era de Cabul, vários deles nunca haviam pisado na capital. Mas não havia necessidade, eles erradicariam o mal da cidade e lhe devolveriam a glória que um dia teve, guiando a sociedade de volta a um mundo semelhante àquele em que viveu o profeta, nas profundezas do deserto da Arábia.

Agora todos os rapazes de Mussahi queriam ser talibãs. Bashir tinha completado 9 anos e não queria apenas *fingir* que era um deles: queria ser como eles. A primeira vez que experimentou uma demonstração do poder que tanto o fascinou foi quando ele e sua mãe estavam embarcando no ônibus para visitar parentes. Dois talibãs subiram a bordo e olharam em volta. Todas as mulheres vestiam burcas. Os estudantes de turbante na cabeça, entretanto, repararam em algo que os desagradou.

— Arranque já isso! — ordenaram ao motorista, apontando para a foto de uma estrela de cinema indiana afixada à janela. Sem ameaças, sem agressões, a foto foi rapidamente removida. Hala apertou forte a mão de Bashir, exultante.

De agora em diante, ele passava horas a fio na mesquita, lendo. Queria memorizar o Alcorão do começo ao fim. Queria seguir os conselhos do profeta. Queria se tornar tão fiel quanto aqueles homens no ônibus. Queria ser um *talib*.

Ler por conta própria

— São anjos!

Um tio de Jamila foi a Pexauar visitá-los. Os estudantes religiosos haviam conquistado a província de Ghazni, onde ele morava, já no inverno anterior, e agora que também haviam tomado Cabul, finalmente era seguro viajar pela estrada. O Talibã havia reprimido a pletora de gangues que controlavam cada trecho da via e ameaçavam, roubavam e espancavam os viajantes que se recusavam a entregar parte do que levavam consigo.

Finalmente ele podia visitá-los. O tio era só elogios.

— Deus os enviou para nos livrar dos mujahedins corruptos. Os talibãs são verdadeiras entidades. Eles vêm do céu, são anjos!

A família de Jamila ficou maravilhada ao escutar o relato desse fenômeno em sua terra natal. O mais importante era que alcançassem a paz, disse o tio, e fossem governados de acordo com o verdadeiro islã. Eles concordaram que o Talibã parecia ter boas intenções. Talvez finalmente pudessem voltar. Vários prédios comerciais de Ibrahim em Cabul foram destruídos durante a guerra civil. Ele pensou em voltar para casa e deixar sua família para trás, em Pear. Como tinha saudades do seu lugar!

Jamila tentou entender quem eram esses anjos. Talvez fossem portadores de boas-novas. Contanto que quisessem governar de acordo com o verdadeiro islã, tudo bem.

Jamila ouviu então os relatos sobre as burcas. Sobre escolas femininas sendo fechadas. Sobre alunas sendo mandadas de volta para casa. Açoitadas e apedrejadas. As mulheres não podiam mais trabalhar fora, também não podiam sair de casa sem a companhia de um tutor masculino. Não podiam nem mesmo calçar sapatos que fizessem barulho!

Ela, que lutou tanto contra os irmãos e foi tão obstinada contra o pai, perderia agora a oportunidade de usar, no lugar em que nasceu, tudo que aprendeu e conquistou a duras penas?

Não, isso não parecia uma boa-nova trazida por anjos celestiais.

A adolescência era a época de preparar as garotas para o casamento. Como isso não se aplicava a Jamila, ela poderia ter outros sonhos: *high school*.

Ela ergueu novamente o dedinho:

— Um ano. Por favor. Só mais um ano!

— Se levantar esse dedo mais uma vez eu corto ele! — ameaçou o pai.

Jamila continuava insistindo. O pai continuava ameaçando.

Pouquíssimos afegãos em Pexauar matriculavam seus filhos em escolas paquistanesas, pois não tinham dinheiro nem para uniformes nem para livros; em vez disso, mandavam as crianças estudar em escolas na zona rural, nas quais o professor só precisava de um livro — o Alcorão — e um pedaço de giz. Para as meninas, a oferta era limitada. Em todo caso, não era uma escola corânica que Jamila gostaria de frequentar.

— Só um ano!

Por fim o pai cedeu. Jamila aprendeu um inglês rudimentar em casa e passou nas provas de admissão.

O desafio seguinte era locomover-se até a escola, que não ficava longe. Os soldados na rua vizinha diariamente montavam bloqueios, e nunca perdiam a oportunidade de zombar quando ela se aproximava mancando.

— Para onde você vai?

— Para a escola.

— Para quê?

Eram poucos os soldados que tinham alguma escolaridade.

— Aprender. Para ajudar o povo afegão — ela sempre respondia.

— Olhe só para você! Não, volte já para casa, para ficar com sua mãe!

Toda vez, essa mesma importunação. Toda vez, eles a deixavam passar.

O ano passou. Ela absorvia conhecimento, lia até altas horas na cama e novamente ficou entre os primeiros da turma quando os boletins foram entregues. Os irmãos reclamavam dizendo que ela era motivo de vergonha para a família. Alguém a tinha visto confrontando e discutindo com soldados. O pai já estava farto. Não admitia que lhe viessem com comentários maliciosos. Não haveria mais escola.

Os negócios dos irmãos melhoravam gradativamente e eles estavam sempre ausentes. O pai passava a maior parte do tempo no trabalho. O irmão mais novo, o mais hostil deles, deu ordens aos seguranças da família para que Jamila não saísse de casa.

— Se ela sair, vamos matar vocês — ameaçou.

Os guardas prometeram manter o portão fechado.

Jamila ficava no quarto, remoendo pensamentos ruins. Os dias se arrastavam. Presa em casa, sentia a vida abandoná-la. Escola, lições de casa e leitura eram as únicas coisas que a faziam feliz, que faziam a vida valer a pena.

O socorro veio então de onde menos esperava. Indiretamente, da parte dos irmãos: as cunhadas. Nenhuma delas jamais teve aulas, aprendeu a ler ou escrever, e agora a batalha de Jamila era também a delas, que queriam que a menina visse e experimentasse um mundo do qual elas mesmas haviam sido excluídas.

As cunhadas nunca ousariam desobedecer aos maridos. O plano precisava ser executado em segredo. Valeram-se de ardis para fazer com que os guardas ignorassem as ordens expressas que haviam recebido.

— Prometo chegar em casa antes dos meus irmãos — implorou Jamila. — Eles não vão nem perceber.

Por fim, Jamila subornou os funcionários com o dinheiro que havia recebido para comprar joias.

Todas as mulheres, até a mãe, fingiam que Jamila realmente havia largado a escola. As cunhadas desconversavam caso os irmãos perguntassem pela menina. Respondiam que estava dormindo, que não estava se sentindo bem, que estava na cozinha, que estava no aposento destinado às mulheres. Para evitar que ela tivesse que bater à porta, procuravam ficar no jardim, bem rente ao portão, na hora em que ela costumava voltar para casa.

Para dar a impressão de que Jamila fazia as tarefas que lhe eram designadas, as cunhadas debulhavam o feijão por ela, picavam legumes, moíam temperos. Em troca, ela cuidava com carinho dos sobrinhos, lendo, cantando, contando histórias para todos.

Ela temia que cada dia de liberdade fosse o último. A qualquer momento, poderia ser exposta e trancafiada. Embora os irmãos não tivessem ideia do que estava acontecendo, ela se sentia vigiada. O irmão mais rigoroso tinha um carro branco. Havia dias em que todos os carros pareciam brancos.

A metralhadora em cima do tanque girou lentamente para ela. Por vezes a fio ela era tomada por essa lembrança. Sentia ainda a dor do projétil raspando a lateral do crânio e dilacerando a orelha. O estado de choque que tomou conta de si. Muitas noites ela foi despertada por aquele clarão branco. Pelo barulho das rajadas. O episódio ficou gravado na consciência. O sangue coagulado no pescoço do tio. Seu vestido ensopado e tingido de vermelho. O trauma estava nítido na retina, nos nervos. A memória física não o deixava ir.

Muitas vezes ela acordou achando que estava banhada em sangue, quando era apenas suor. E apenas uma única vez lhe apontaram uma arma e dispararam. O que dizer daqueles que sobreviveram a ataque seguido de ataque, a exemplo de tantas crianças na zona rural, como conseguiam pegar no sono à noite?

Comparada a isso, a experiência pela qual ela mesma passou não era nada.

Foram dois anos de clandestinidade. O pai e os irmãos só descobriram o que aconteceu depois que ela terminou a *high school.*

Quando o segredo de Jamila foi revelado, ela já havia prestado o vestibular e sido aprovada no Jinnah College for Young Women.

— Você nos desonra!

Os irmãos estavam furiosos.

LER POR CONTA PRÓPRIA

— As pessoas sabem disso? Viram você por aí?

As cunhadas seriam punidas. Que traição! Era um vexame para os irmãos não ter controle sobre as próprias esposas, era motivo de vergonha que as pessoas vissem a aleijada da família saindo sozinha pela rua sem que os chefes da casa percebessem. Como iriam punir Jamila? Como eles recuperariam a honra perdida?

Eles gritavam ensandecidos. Apenas Hashim, o terceiro dos irmãos, ficou em silêncio.

Quando todos se acalmaram, quando o último punho esmurrou a mesa, o rosto de Jamila estava sombrio. As lágrimas rolavam.

— O que vou fazer da minha vida se não estudar? Não sei lavar, não posso carregar peso, não posso cozinhar. Ficar em casa, fazendo nada, sem serventia, é isso que querem, que tipo de vida é essa?

Os irmãos se exaltaram novamente, voltaram a praguejar e amaldiçoar. Desobedecer aos pais era contra o islã. O Alcorão pregava a obediência. As mulheres deveriam ficar dentro de casa. Viver longe dos olhos de estranhos. Como ela poderia se aventurar sozinha por aquela cidade sem lei?

Hashim pediu que outros se acalmassem.

— Chega — disse ele. — Você não será punida. Vamos esquecer isso. Mas você já tem educação suficiente. De agora em diante, não sairá mais daqui.

Decidiram que ela daria aulas às crianças pequenas em casa. Assim teria alguma serventia, já que ser útil era tão importante para ela. Jamila aceitou. Enquanto os irmãos estavam trabalhando, ela ensinava não só às crianças pequenas, mas também às cunhadas, a ler e escrever.

Jamila se perguntava sobre muitas coisas. Por exemplo, sobre as referências dos irmãos ao Alcorão em relação a algo que ela poderia ou não fazer. "Está no Alcorão", sempre repetiam.

Ela não se importava tanto com o que o Alcorão tinha a dizer sobre como deveria levar a vida. Queria aprender francês. Poderia ser importante para a carreira com que sonhava. Ela queria trabalhar na ONU, ou quem sabe numa grande organização humanitária. Teria então que saber falar bem inglês e francês. Ela queria estudar relações internacionais, talvez pudesse se tornar diplomata, mediar conflitos?

Mas o Alcorão a proibia. Havia tanta coisa que não podia fazer por causa dele.

Nas aulas corânicas, era ela quem mais fazia perguntas. Não que pudesse discordar de alguma coisa. Ir de encontro ao islã era *haram* — pecado. Era preciso seguir rigorosamente o que o imã pregava na mesquita, o que os eruditos diziam. Mas Jamila suspeitava que algo estava muito errado. Esse sentimento ficou preso no seu íntimo, ela sentia que algo não estava certo.

Se alguém realizasse boas ações, seria recompensado na outra vida. Se alguém realizasse o jihad — com a espada, com a caneta, com a mente ou com as mãos nuas — isto é, travasse uma guerra santa por Deus, os homens "estariam em boa companhia" no paraíso, era o que ensinavam. Ela teve uma professora de quem gostava muito e que podia ser questionada.

— Que tipo de companhia? — Jamila quis saber.

Eles passariam dias e noites com 72 virgens. Elas tinham lindos olhos escuros e estavam dispostas a satisfazê-los como gratidão por seu sacrifício.

Depois de ouvir isso várias vezes, ela se atreveu a perguntar:

— E as mulheres, o que ganham?

— Terão de volta o marido — respondeu a professora.

E se não estivessem felizes com o marido?, Jamila se perguntou. E se tivessem sido abusadas por ele? Se morte era considerada sinônimo de paz eterna e liberdade, como poderiam ter de volta o mesmo marido? Na prática nem era possível, pois os homens estariam ocupados com as virgens. O que Deus queria com isso? Não, não fazia sentido.

— Ah, Jamila, você tem tantas dúvidas, temos que pesquisar, devemos buscar o conhecimento — continuou a professora. Mas ela apenas se esquivava das perguntas, achava Jamila.

Mais tarde, quando a mandaram ficar em casa, ela tentou encontrar as respostas nos livros, mas tudo que encontrou foram as mesmas explicações. Aqueles que interpretavam os textos apenas concordavam entre si e seguiam na mesma toada.

LER POR CONTA PRÓPRIA

À medida que a escola domiciliar das crianças pequenas foi avançando, ela foi autorizada a ter aulas com um ancião erudito durante algumas tardes. A permissão só veio porque o tema era o islã.

— Você é uma criança tão difícil! — reagiu ele ao ser questionado sobre as interpretações do Alcorão. Mas ela gostava das aulas, que lhe abriam uma porta para aquilo que tanto queria descobrir. Às vezes, tentava falar com ele em particular, para que os outros da classe não ouvissem suas perguntas. Como era um homem mais velho, uma conversa a sós não lhe metia medo.

Por fim, ele disse:

— Aprenda árabe! Leia o Alcorão você mesma! Metade do conteúdo e a maior parte da beleza se perdem nas traduções — suspirou. — Leia por conta própria!

Precisava ler o original. E o original foi revelado numa noite do mês de jejum do Ramadã, quando um homem de 40 anos chamado Maomé adentrou uma caverna nas montanhas ao redor de Meca, para onde gostava de se retirar para orar. De repente, o arcanjo Gabriel surgiu diante dele. Segurando um pano de seda, ele lhe ordenou:

— Lê!

— Não sei ler — gaguejou Maomé.

— Lê! — insistiu o anjo. Três vezes ele pediu que lesse, e então o próprio Gabriel teve que ler e pedir a Maomé que repetisse o que dizia:

Lê em nome do teu Senhor, Aquele que criou,
que criou o homem do sangue derramado!
Lê! Teu Senhor, o Misericordioso, é Aquele,
o que ensinou pela pena,
o que ensinou ao homem aquilo que ele ignorava.

Então o anjo desapareceu. Maomé voltou direto para casa, para sua esposa.

— O que aconteceu, Maomé? — perguntou Cadija. Ao ouvir a resposta, ela saiu para consultar um monge e voltou do sábio trazendo uma mensagem esperançosa.

— Alegra-te, amado. Acho que és o profeta dos tempos.

64 OS AFEGÃOS

Este foi o ponto de partida para o Alcorão, que seria revelado noite após noite por meio do arcanjo. O Alcorão era a voz de Deus, e Deus falava árabe. Foi exatamente assim.

Jamila precisava encontrar um professor, missão difícil para alguém que não tinha permissão para sair de casa. O erudito com quem ela estava autorizada a ter aulas morava longe, em Lahore, e raramente vinha a Pexauar.

Ela tomou coragem. Não havia mais dedos para erguer, ela precisou levantar as duas mãos.

— Papai, só árabe, é só árabe!

Ele não teria como negar que ela aprendesse o idioma de Deus. Claro que não.

Acontece que uma amiga do curso de francês que ela frequentou tinha acabado de começar a ter aulas de árabe.

— Venha comigo! O professor é excelente.

As duas seguiram juntas para a rua Arbab, onde os cursos de idiomas eram ministrados em instalações precárias. A maioria dos jovens queria aprender inglês e informática, poucos se matricularam no curso de árabe. As aulas de árabe geralmente aconteciam em locais completamente diferentes, em mesquitas e em escolas corânicas ao redor delas.

Conseguiram vaga numa turma de oito alunos. As outras meninas eram diferentes de Jamila e a amiga, que haviam frequentado escolas seculares e sonhavam com a universidade. Essas meninas estudavam num madraçal desde o primeiro ano e haviam sido submetidas a uma rigorosa educação islâmica. Jamila ficou impressionada com seu conhecimento, o domínio que demonstravam das récitas, sunas e hádices do profeta.

A gramática árabe era vasta. Lembrava matemática. Havia flexões, regras e exceções. Cada palavra árabe tinha uma raiz que designava um significado e, a partir desta raiz, novas palavras eram formadas. Era tudo tão bonito. Jamila adorava essas aulas.

Interessavam-na sobretudo as flexões de gênero e número. A gramática deixava bem claro: quando o Alcorão — ou seja, a voz de Deus, isto é, o próprio Deus — dizia algo, isso valia para todos. Não apenas para homens

LER POR CONTA PRÓPRIA

ou só para mulheres. Se dizia "Lê!", a mensagem valia para todos. Se ordenava "Escreve!", a ordem era para todos. Para homens *e* mulheres.

Para ela foi uma revelação.

Nas traduções para o persa, a mensagem era implicitamente destinada apenas aos homens. Quando liam, só eles podiam ler. Mas quando Jamila leu o Alcorão em árabe, a impressão era de como se o texto fosse dirigido a ela. Em nenhum dos capítulos importantes ela identificou alguma mensagem destinada especialmente para os homens, e tampouco apenas para as mulheres. Sim, às vezes havia recomendações diferentes, mas não para o mais básico, pelo contrário, a maioria dos versículos era igual e valia para todos.

Quando se lê sobre os castigos impostos por Deus aprende-se que eram os mesmos para homens e mulheres. Se as mulheres fossem menos valiosas e menos capazes, conforme lhe ensinaram durante toda a vida, por que Deus castigaria ambos de maneira igual? Se as mulheres fossem mais fracas, intelectualmente ou fisicamente, as punições não teriam que ser menores? Mas não, pelo contrário, não eram!

Ocorre que as traduções do texto foram feitas por homens, as interpretações foram escritas por homens. Assim, todos estavam equivocados. Havia pouquíssimas mulheres eruditas, foi a conclusão a que ela chegou.

E assim Jamila seguiu. Em casa. Na sala de aula. Entre amigos. Diante do professor.

Ela estava satisfeita com ele. Kakar era um homem bonito, de olhar profundo e ligeiramente melancólico. Era gentil, um pouco tímido, e ficava exercitando flexões e conjugações verbais diante das oito meninas. Era também receptivo. Estava aberto ao conhecimento. E gostava de desafios. A garota rebelde o intrigava.

Jamila era sempre muito inquisitiva.

Quando descobria algo novo, imediatamente argumentava com o professor, que dava sua opinião e a encorajava a pesquisar mais. Ela resolveu compartilhar o que havia aprendido com os irmãos.

— O que vocês dizem está errado! Vocês entenderam mal!

— Herege! — respondiam eles.

Ela discutia com todos.

— Você não deve questionar assuntos religiosos — repreendiam os irmãos. — Você tem que se submeter ao que seus antepassados disseram.

— Não, não está certo, não é justo. Olhem aqui!

Ela também levava sua interpretação do Alcorão a encontros familiares estendidos, com a presença de tios, primos e primas. Sempre havia discussões.

— Digamos que amanhã seja o Dia do Juízo — disse ela a uma das cunhadas — e Deus pergunte: "Eu lhe dei a vida, como você a usou?" Que resposta você dará?

A própria Jamila respondeu:

— Eu lavei a roupa do meu marido, limpei a cozinha, troquei as fraldas dos meus filhos — disse ela imitando a voz da cunhada. — Deus não ficará satisfeito com essa resposta, tenho certeza! "Eu lhe dei o universo", ele dirá, "ar, água, um mundo para viver. O que você fez com seu tempo?" Quando você responder: "Fui empregada do meu marido, do meu cunhado, do meu avô, preparei uma boa comida", então Deus vai rir! Ele vai achar que você não se valoriza, que está desperdiçando o que recebeu. Temos uma grande responsabilidade diante da humanidade, é isso que nos distingue das outras criaturas: nosso intelecto. Seu objetivo na vida não pode ser apenas lavar, passar e cozinhar para um homem!

À medida que o conhecimento de Jamila sobre o islã crescia, também crescia sua vontade de compartilhá-lo com os outros.

No Dia do Juízo, todos responderão a cinco perguntas de Deus. Ela continuou:

— E então vocês terão que respondê-las! — insistiu ela, impressionando suas cunhadas. — Vocês serão cobradas sobre a vida, como a desperdiçaram, como usaram sua energia juvenil, seu talento, os dons que Ele lhes deu. E as riquezas que Ele lhes deu, como vocês as usaram? E então Ele perguntará: "Como cada uma usou seu conhecimento?" E por último: "Com o que contribuiu para a sociedade, qual é a coisa mais importante que você deixou para os outros?"

Idealista, ela acreditava numa revolução de costumes.

— Esta vida é uma dádiva que recebemos de Deus — explicou ela. — Não devemos desperdiçá-la e desonrá-Lo. A juventude, o melhor momento, é aqui e agora. Alguns irão vivê-la cantando e dançando, entregando-se às drogas ou à mesquinharia. Mas eu lhes pergunto: como podemos aproveitar este que é o melhor momento de nossas vidas?

Quando Jamila finalmente conseguiu ler o Alcorão em árabe, a beleza do texto a encantou. Ela se sentiu iluminada e radiante. Alguns versículos eram tão bonitos que ela os lia com os olhos marejados.

Ao aprender mais sobre o próprio profeta, ela percebeu que o condutor de caravanas que vivia no meio do deserto no século VII era mais progressista do que os homens de sua própria família no final dos anos 1990. Ela havia aprendido que a mulher era propriedade do marido. Que só a ele caberia aprovar o que ela fazia, cada mínima saída de casa, as companhias que tinha, as roupas que vestia. Se ele não quisesse que ela trabalhasse, ela não trabalharia. Se ele decidisse que ela não poderia visitar a própria família, ela não iria. Agora entendia: essas regras estavam na cultura, não na religião.

Ela passou a encarar a poliomielite e a perna atrofiada como uma bênção. Foi por causa da doença que seu pai lhe permitiu que frequentasse a escola, aprendesse a ler, progredisse nos estudos, de modo que um mundo totalmente novo se abriu para ela. Jamila amava a liberdade que a deficiência lhe trouxera, o fato de que seu pai nunca foi capaz de sacrificar o bem-estar da filha em favor de uma boa rede de relacionamentos. Ela foi poupada de ter um marido e de todas as preocupações decorrentes do casamento.

A princípio, ela se autodenominava uma revolucionária. Agora ela descobrira que também era isso: uma feminista.

E mais, uma feminista islâmica. Para ela, o Alcorão tinha um poder libertador. Era uma ferramenta para a liberdade das mulheres, foi a conclusão a que chegou, e assim deveria ser encarado. Para ela, as histórias sobre as esposas do profeta tinham um grande potencial libertador. Cadija era uma mercadora de sucesso, que continuou a trabalhar depois de casada. Quando se conheceram, Cadija tinha 40 anos e era viúva, Maomé trabalhava fazendo bicos e tinha 25 anos. Ela o empregou como condutor de caravanas e, com o passar do tempo, casou-se com ele. Ela se tornou sua conselheira mais próxima e vice-versa, e quando o arcanjo anunciou que seu marido era o mensageiro de Deus, foi a primeira a lhe dar ouvidos. A maioria das pessoas em Meca lhe virou as costas, debochando daquele tolo a quem Deus jamais escolheria para ser seu mensageiro. Cadija era seu sustentáculo enquanto ele passava dia após dia dentro da caverna recebendo as revelações. Usando seu prestígio, ela fez com que mais e mais pessoas o seguissem.

O Alcorão foi revolucionário para a época, à frente de muitas outras religiões, Jamila acreditava. Homens e mulheres eram iguais aos olhos de Alá. O Alcorão dava às mulheres o poder para que fossem financeiramente independentes. Nada no islã impedia as mulheres de estudar. O ponto fundamental era esse, e ela fazia questão de deixá-lo muito claro.

O islã era mal interpretado — de propósito — para atender aos interesses dos homens que o interpretavam. Isto é, de quem tinha o poder de interpretá-lo. Deus desejava a igualdade, mas era confrontado pela pequenez humana. Disso ela não tinha dúvidas.

Seu pai, o teimoso e rígido filho do curtumeiro, não tinha nada contra sua amada filha. Ela conquistara o direito de ter a última palavra.

Tentativas

Ibrahim nasceu em meados da década de 1920, sem saber ao certo em que ano. Na época, o Afeganistão tinha um casal real que tentava libertar o país do atraso. O príncipe Amanulá assumiu o trono depois que seu pai foi baleado dentro de uma tenda de caça, em Jalalabad. Ser assassinado era o destino mais comum para um governante afegão, mas o autor do atentado que invadiu a tenda real e o assassinou durante a fatídica caçada nunca foi descoberto. Um irmão, um primo? Os britânicos? Os bolcheviques?

Seu filho preferido assumiu o trono assim mesmo, depois de superar um tio e dois irmãos mais velhos. Um irmão podia ser um aliado, mas também um adversário dos mais ferozes. Assassinar um parente às vezes era o caminho mais rápido para chegar ao poder. Em pachto, a palavra para primo paterno é a mesma que designa "rival" e "inimigo".

Enquanto o pai ainda vivia, Amanulá conheceu Soraya, de 14 anos, filha de uma proeminente família intelectual que havia retornado do exílio. Soraya havia frequentado as melhores escolas de Damasco. Ela era culta e transbordava de ideias modernas. O jovem príncipe caiu de amores por ela já na primeira vez que sua família esteve em audiência no castelo — e vice-versa. Foi um raro casamento por amor numa selva em que só havia alianças pelo poder.

A primeira coisa que Amanulá fez ao assumir o trono, em 1919, foi enviar uma mensagem a Lênin desejando relações pacíficas. Então enfatizou ao vice-rei britânico da Índia que o Afeganistão estava disposto a firmar acordos comerciais, mas como Estado livre e independente. Amanulá era impulsivo, impaciente e ambicioso. Proclamou independência e foi à guerra contra a Grã-Bretanha — a terceira entre os dois países em menos de um século. Meses depois, o Afeganistão tornou-se um país independente e soberano.

Amanulá implementou a primeira constituição nacional, que na prática abandonou a sharia em favor de um código penal secular. Os tribunais passaram a ser independentes, as leis teriam que ser aprovadas por uma *loya jirga*. Em pachto, *loya* significa "grande" e *jirga* significa "conselho" ou "reunião". O sistema foi introduzido pelos governantes de Cabul no século XVIII para legitimar o próprio poder. Quando assuntos importantes precisavam ser debatidos ou leis demandavam aprovação, uma assembleia de chefes tribais, eruditos e líderes militares era convocada. O próprio rei costumava governar por decreto, sem ouvir ninguém.

Soraya se tornou a primeira rainha afegã a dar o ar da graça diante dos súditos. Até então a consorte de um rei nunca havia aparecido em público. Soraya caçava, cavalgava, acabou tomando parte em reuniões do governo e tornou-se uma corregente reconhecida.

— Eu sou vosso rei, mas a ministra da Educação é minha esposa, vossa rainha — declarou Amanulá na reunião de chefes tribais e eruditos.

Em 1921, dois anos após o casal assumir o trono, Soraya inaugurou a primeira escola feminina do país. No mesmo ano, fundou uma revista e uma organização femininas. Também abriu as portas de um albergue para mulheres vítimas de agressão — o primeiro do gênero na região.

Os regentes estimulavam as mulheres a descartar o véu, como Soraya havia feito. Como parte do programa de reformas, inspirado pelo turco Kemal Atatürk, Amanulá anunciou o fim da *purdah* — a segregação entre homens e mulheres. Dissolveu o harém de seu pai, libertou as escravas e dispensou as guardas de cabelos curtos que se vestiam como homens.

Em 1926, no sétimo aniversário da independência do domínio britânico, Soraya fez seu primeiro discurso público, algo que nenhuma rainha afegã havia feito antes.

— Vós pensais que nossa nação precisa apenas de homens a seu serviço? — questionou. — As mulheres devem participar, como fizeram nos primeiros anos do islã!

A independência era um bem de todos. O país só poderia se desenvolver por meio da educação — um direito universal —, e as mulheres deveriam adquirir "o máximo de conhecimento possível".

TENTATIVAS

Ofendeu.

Provocou.

Os líderes dos clãs cuspiam fogo.

Os mulás estavam em polvorosa.

Soraya calmamente colocava mais lenha na fogueira.

Após oito anos de reinado, o casal real fez um *Grand Tour* pela Europa e Oriente Médio para cortejar investidores e obter novas ideias. Nenhum governante em Cabul jamais havia se aventurado além da Índia, enquanto o casal real se inspirou em países muçulmanos como Turquia, Irã e Egito, que debatiam ideias e reformas seculares.

O jovem e exótico casal foi aplaudido em recepções, visitas a fábricas e inspeções em usinas elétricas. A rainha Soraya fez um discurso para os alunos em Oxford, foi destaque na ópera de Berlim. Deixou-se fotografar sem véu, com vestidos que deixavam à mostra os ombros e os braços. O casal real ficou entusiasmado com o que viu em Paris, passando por Moscou e Teerã, e ressentiu-se de como o Afeganistão era subdesenvolvido em comparação com aqueles países. Era preciso acelerar a modernização!

Depois de oito meses viajando, era hora de colocar as ideias em prática. Amanulá decidiu pegar a estrada voltando de Teerã até o palácio no volante do Rolls-Royce recém-adquirido. Desanimados com o que viram de seu próprio país ao longo do caminho, os regentes decidiram que não era só de reformas que precisavam, mas de uma sociedade inteiramente nova.

Logo após o retorno, o rei exigiu que os mil representantes da *loya jirga* comparecessem à reunião seguinte vestidos de terno com colete, gravata e paletó, sapatos pretos, cabelo e barba aparados. Diante de uma assembleia tão variada, anunciou uma constituição ainda mais liberal do que a anterior. Além disso, introduziu uma série de novas regras que proibiam, por exemplo, os funcionários públicos de ter mais de uma esposa, estabeleciam a idade mínima de 13 anos para o casamento e proibiam a troca de esposas como meio de resolução de conflitos. Em algumas zonas da capital, passou a ser obrigatório o uso de roupas ocidentais.

O Estado interveio drasticamente na sociedade, na tributação e no serviço militar, e promoveu mudanças radicais na estrutura familiar. A fervura nos bastiões do poder, os quais não paravam de perder privilégios, pegou fogo. Quando os líderes religiosos decidiram que as ideias do rei eram contrárias ao islã, começaram os tumultos. Os opositores tiveram tempo de sobra para conspirar enquanto os regentes estavam fora. Boatos de que o rei Amanulá e sua rainha eram apóstatas, que haviam se tornado católicos na Europa e que o consumo excessivo de carne de porco e álcool os havia deixado loucos tomaram conta do país.

As rebeliões cresceram, abrindo espaço para um desertor do exército apelidado de Bacha-e-Saqao — "filho do carregador de água" —, que se converteu num líder de gangue. Espécie de Robin Hood afegão, ele prometia comida e poder aos pobres e, gradualmente, foi abrindo caminho até Cabul. A tentativa de Amanulá de barganhar o apoio dos clãs contra o arrivista falhou. Após dez anos no poder, em janeiro de 1929, a realeza fugiu de Cabul a bordo do mesmo Rolls-Royce.

A caminho de Kandahar, com Bacha-e-Saqao liderando uma cavalaria em seu encalço, o carro de Amanulá ficou preso num monte de neve. Sua Majestade abdicou e escapou por pouco de ser morto, deixando o trono para seu meio-irmão, que só governou por três dias, até ser morto por Bacha-e-Saqao. O arrivista governou graças ao terror e à pilhagem, para ser derrubado, nove meses depois, pela mesma elite que o conduzira ao poder. Do caos emergiu Nadir, um dos generais de Amanulá, que se aliou aos irmãos para tomar o poder com a ajuda dos britânicos.

O arrivista foi enforcado, enquanto os regentes revolucionários asilaram-se na Itália.

As ideias de Soraya encontraram solo estéril ainda nos limites da cidade de Cabul.

Em meio a tudo isso, Ibrahim curtia couro em Ghazni. O garotinho passava o dia raspando gordura, sangue e tendões. Limpava pelos, cortava, rasgava, arrancava e enxaguava tudo com salmoura. Suas mãos eram ásperas e doloridas, suas costas doíam. Ao lado dele, no chão, sentavam-se

TENTATIVAS

os pais. A família só tinha um quarto. Nele todos dormiam, comiam, curtiam o couro.

Irmãos nasceram e irmãos morreram. Apenas um irmão mais velho sobreviveu ao desalento que assolava o país além dos muros dos palácios. Enquanto o último regente permitia que a vida intelectual florescesse nos salões de Cabul, a situação dos pobres se mantinha inalterada.

O próprio Ibrahim só foi sentar num banco escolar ao completar 30 anos. Para ele, o alfabeto era apenas um amontoado de sinais, pois não existiam escolas nos bairros miseráveis ao redor de Ghazni. A cidade ficava na rota que por milhares de anos foi a principal artéria entre Cabul e Kandahar e, para o oeste, unindo Herat ao Irã, mas por ela transitavam apenas uns poucos bens e mercadorias, as novas ideias nunca vinham.

A tentativa de modernização foi rejeitada, os salões de beleza foram fechados, e até a sede da organização feminina, menina dos olhos de Soraya. Jornais e revistas voltaram a ser censurados. As burcas voltaram. O novo regente devolveu o poder aos clãs e líderes religiosos. A revolução chegava ao fim.

Enquanto isso, os irmãos do filho do curtumeiro morriam. Alguns chegavam a completar 1 ano, outros apenas 2 meses. E então eram sepultados. Ibrahim detestava o trabalho que herdara, o sangue fresco, os tendões endurecidos, a banha rançosa. Sentia náuseas do fedor da podridão, da carne azedando, e não suportava o toque das cascas de árvore com que limpava o couro, os minerais que manipulava para curti-lo, a gordura com que o besuntava para amolecê-lo.

Ele observava como os pais começavam o dia cada vez mais sofridos, encurvados por causa do trabalho em que passavam horas sentados de pernas cruzadas. O menino queria se levantar daquele chão. Quando estava crescido o suficiente, pediu permissão aos pais para largar o trabalho no curtume e tentar a sorte nos negócios. Foi quando começou a vender caixões. Eles mal davam lucro, mas um dia um comerciante apareceu. Ele havia reparado no vendedor de caixões, um menino bonito, alto e bem constituído.

— Você, um rapaz tão forte, por que está aqui neste pequeno barraco? Se quiser, posso lhe fornecer lona para vender.

O comerciante estimou que o menino precisaria de um mês para vender o tecido. Ibrahim vendeu tudo em apenas uma semana. Ele então lhe deu tecidos para cerzir vestidos, os quais também revendeu num piscar de olhos. Xales coloridos, véus brancos, burcas azul-celeste, tudo sumiu das prateleiras. Numa viagem que fez, o menino percebeu as diferenças de preço de damascos secos, passas e figos. Ele enxergava oportunidades por onde passava. Cada novo produto adicionado ao negócio representava mais dinheiro entrando. A pilha de cédulas só aumentava. A autoconfiança também.

Certa tarde, carregando a carroça abarrotada de mercadorias, desviou do caminho e se perdeu entre as vielas estreitas. Gradualmente, as casas foram ficando maiores, as ruas e calçadas foram se alargando. Os transeuntes vestiam túnicas luxuosas e calçavam sandálias. Ele, porém, andava descalço.

De repente, ele ouviu um grito. Em seguida, sentiu a pedrada no ombro.

— Suma daqui! Saia da nossa área!

Até tentou manobrar a carroça, mas foi atingido por mais pedras. Apurou os olhos na direção da voz e se deu conta de que quem o insultava era apenas um menino.

— Vá embora daqui, seu andrajoso! — a voz ecoou pelo ar.

Ibrahim ficou com raiva e quis enfrentá-lo. Tentou encontrar pedras para atirar no patrulheiro da rua. Ninguém poderia ofendê-lo assim.

O menino atrevido usava uma túnica recém-passada com calças largas por baixo. As roupas eram brancas, a cor usada pelos ricos. A túnica de Ibrahim era puída e cinza. Ele apanhou uma pedra.

— Não se atreva! Não chegue perto de mim! — gritou o garoto.

Ibrahim arremessou.

Assim que a pedra acertou o alvo, algo lhe aconteceu. Nada que tivesse visto, apenas algo que sentiu.

O garoto deu meia-volta e saiu correndo. Ibrahim o perseguiu. O filho do rico era mais rápido, sempre sabia aonde daria o passo seguinte. Assim

TENTATIVAS

que estava prestes a perdê-lo de vista, Ibrahim viu o garoto desaparecendo atrás de um portão, que imediatamente se fechou. Ibrahim ergueu os olhos. Devia ser uma das propriedades mais magníficas da região — um *qala*, castelo feito com paredes de argila seca. Árvores altas se erguiam além do muro, lá dentro devia haver um jardim exuberante.

Ibrahim recuou, mas ficou curioso para saber quem morava na mansão. Descobriu que era ninguém menos que um dos líderes tribais de Ghazni.

— Mas infelizmente ele só tem filhas — disse o homem a quem ele havia perguntado. — Não importa com quantas esposas se case, ele não consegue ter filhos.

Agora ele tinha certeza. O menino vestido de maneira tão elegante que ele encontrara não era o filho de um homem rico. Era uma das filhas.

E ela seria sua.

Com isso a liberdade de Bibi Sitara chegava ao fim.

Ela era uma *bacha posh*, que significava "vestida como um menino". Não era raro que famílias sem filhos escolhessem uma filha, muitas vezes a caçula, para viver como menino e cumprir os deveres de um filho homem. Assim, as famílias podiam despachá-la para dar recados, pastorear o rebanho, vender frutas no mercado. Uma viúva que tivesse apenas filhas não teria ninguém para agir em nome da família além do portão de casa. Uma delas devia então se comportar como menino. Se alguém desse a uma filha a aparência de menino, aumentariam as chances de a mãe dar à luz um filho, rezava a lenda. Meninos atraem meninos.

Uma *bacha posh* era um segredo de polichinelo para os familiares mais próximos, às vezes até para os vizinhos. Algumas eram até motivo de troça, mas costumavam ser tratadas de acordo com as roupas que vestiam — como meninos.

Bibi Sitara sentia-se forte. Sabia decidir. Como filha do líder da tribo, era ela quem decidia o que fazer a cada esquina, obedecendo à própria vontade, no próprio ritmo. Às vezes, o pai a levava ao mercado ou às negociações. Cuidava das outras irmãs, caso precisassem sair de casa. Elas, cobertas por burcas, ela de cabelos curtos, envergando uma túnica de menino e calçando sandálias. Enquanto vestisse calças, ela seria a dona do próprio nariz.

Normalmente, a vida de menino terminava antes que a menina atingisse a puberdade, e essa era a condição que agora afetaria a vida de Bibi Sitara.

Uma vida, até ali, segura e invulnerável, ao menos era o que ela achava. Agora, sentia-se como uma prisioneira. Era só vestir as roupas das meninas e, num passe de mágica, a liberdade desaparecia. Tinha então que se proteger nas dobras do vestido, se esconder, não ser vista, não ser ouvida. Tomada pela tristeza, ela cumpriria o papel que cabia a seu gênero. Obrigando-se a aceitar a submissão. Baixando a cabeça. Passando a encarar os perigos e não as oportunidades.

Os pretendentes tornaram-se mais numerosos quando ela se afastou das ruas. O filho do curtumeiro era um deles.

Certa manhã, a mãe de Ibrahim levantou-se do chão e largou as peças de couro ainda por curtir. Lavou-se bem, vestiu roupas novas e bordadas que seu filho lhe havia comprado. A tradição ditava que uma mulher da família deveria formalizar o pedido de casamento, de preferência a matriarca, mãe do esperançoso pretendente. Ao mesmo tempo, Ibrahim conseguiu pessoas que pudessem recomendá-lo ao líder tribal e defender sua causa. Homens negociavam com homens, mulheres com mulheres. A esposa do curtumeiro tinha que ser astuta, já que a família não tinha condições de competir pelo dote da noiva. Podia ser uma família trabalhadora, mas não tinha um nome para ostentar.

Ela conseguiu uma audiência na bela mansão, mas a mãe da menina permaneceu em silêncio.

O curtumeiro gabou-se do filho, do talento, do negócio, do dinheiro que começava a ganhar.

A mãe da menina assentiu educadamente, mas não disse palavra.

Então a fiel escudeira de Ibrahim desembainhou a espada mais poderosa que tinha: o Alcorão.

— Vocês não nos reconhecem — disse ela à abastada esposa entregando-lhe o livro sagrado, um presente que não se podia recusar. — Vocês são ricos, nós somos pobres. Mas vocês reconhecem o Alcorão, e todos nós

TENTATIVAS 77

amamos a Deus. Agora que aceitou meu Alcorão, estamos conectados. Tenha misericórdia de nós.

Foi um lance ousado, ousado até demais, mas funcionou. O Alcorão os conectou. O islã os uniu.

Talvez os pais de Bibi Sitara tenham enxergado algum potencial no belo e bem constituído pretendente. Eles tinham o dote e a filha, ele tinha o poder e a vontade.

Bibi odiava a ideia de ser barganhada. Abominava ainda mais intensamente a hipótese de se casar logo com *ele*. Desleixado, sujo, miserável. Mas ninguém lhe perguntou nada. Ela não era alguém que devesse ter opiniões, muito menos externá-las. De agora em diante, que guardasse seus pensamentos para si mesma, obrigada a reassumir a vida que nascera para viver.

Antes do casamento, Bibi teve que aprender a cozinhar, costurar, lavar, coisas das quais havia se apartado enquanto se vestia de menino. Decisões independentes passaram a ser vagas lembranças. Alternativas evanesceram a partir do momento em que ela vestiu uma saia. Após a cerimônia, quando deixou a casa do pai, os privilégios com os quais ela havia nascido também desapareceram. Por muito tempo, ela censurou os pais por terem aceitado o pobre menino de espírito livre. Ela detestava a nova vida, abarrotada de afazeres para os quais sua família tinha um séquito de criados. Além disso, Ibrahim era rigoroso. Ele imediatamente a meteu numa burca, e lá ela ficou.

A única distração era um pedaço de terra no quintal. Ela se pôs a refletir sobre o que fazer com ele. As sementes, ela até poderia escolher sozinha.

Os produtos de exportação mais importantes do Afeganistão eram tudo que a terra dava. A década de 1940 continuou favorecendo a agricultura, e o país registrou um superávit da ordem de 100 milhões de dólares. Depois da Segunda Guerra Mundial, justamente o couro e as peles eram os itens que mais rendiam dinheiro ao Tesouro, e Ibrahim conhecia essa indústria como ninguém. Os ganhos foram particularmente bons no caso da *pele persa*, bastante popular em Nova York e Paris. Pouco antes de parir, as ovelhas eram abatidas com os borregos ainda na barriga. Os cordeirinhos

OS AFEGÃOS

eram tosados assim que o abdômen da mãe era aberto. O pelame resultava em chapéus, casacos e regalos exclusivos.

Ibrahim estava construindo um império comercial.

Só havia um problema.

Bibi Sitara não tinha filhos. Um ano se passou, dois, três, dez anos. Nada de dar à luz. Frutos, só no quintal. Todas as primaveras, as flores rosadas das amendoeiras espalhavam pelo ar sua fragrância, sementes vingavam, brotos verdes surgiam do solo que ela semeava. Ela colhia alface, hortelã, cebolinha. Já em junho, damascos doces e avermelhados cobriam o chão, maduros e roliços.

Porém ela continuava estéril.

Após dez anos de infertilidade, Ibrahim negociou uma segunda esposa. Era seu pleno direito. Ele precisava de herdeiros. Ele precisava de filhos. Para Bibi Sitara, não disse nada. Pouco antes de o noivado ser anunciado, procurou um xamã. Queria saber o que o adivinho via em seu futuro.

— Você despreza o próprio destino! — anunciou o adivinho. — Quem era você quando conheceu sua esposa? E quem é hoje? Ela é o seu amuleto da sorte! Se tomar outra como esposa, perderá tudo!

Ele cancelou o noivado.

Bibi Sitara engravidou.

Jamila seria o oitavo bebê do casal.

Nas asas

O Talibã trouxe uma espécie de paz a Mussahi. Hala podia cultivar seu pedaço de chão sem olhar para o céu à procura de nada além de chuva. Os fazendeiros podiam transportar suas colheitas para a cidade sem serem atingidos pelo fogo cruzado. As pessoas se reuniam na mesquita sem medo de ser delatadas. A mudança do poder deu a muitos ali um sentimento de vitória. Eles agora eram governados por seus pares.

O império de crimes da guerra civil subitamente terminava. As novas penalidades eram severas. Olho por olho, dente por dente. Vida por vida. Às vezes, o Talibã punia gangues inteiras cortando o braço direito e o pé esquerdo de cada um dos membros. As partes do corpo eram penduradas em árvores ou postes e ali ficavam até apodrecer.

A Rádio Cabul, agora renomeada Rádio Sharia, anunciou que o adultério seria punido com a morte por lapidação. Quem quer que consumisse álcool seria açoitado. Antenas parabólicas, aparelhos de televisão, videocassetes, música e todos os jogos — incluindo xadrez e futebol — foram proibidos. Até empinar pipas de papel era *haram*. Porém os meninos de Mussahi ainda podiam jogar bola e brincar de guerra.

Para as mulheres da aldeia, pouca coisa mudou. Quase ninguém trabalhava fora de casa, menos ainda eram as que mandavam as filhas para a escola. Elas já cobriam o corpo inteiro desde pequenas. Quanto às novas leis e regras que proibiam sapatos com salto, maquiagem, esmalte de unha e roupas apertadas, as pessoas simplesmente já não usavam coisas assim nas vielas lamacentas ao redor de Mussahi.

Hala ficou muito satisfeita. Ela detestava se embelezar, tinha um enorme desprezo por tudo que era pomposo e sempre achou que sandálias rasteiras de plástico que podiam ser facilmente lavadas eram os melhores calçados. Ela elogiava o Talibã, de quem esperava até alguma ocupação para os filhos.

Hassan queria ser construtor. Yaqub queria ser alfaiate. Raouf queria ser mulá. E Bashir, bem, o mais novo teria direito a mais tempo para brincar.

Ao mesmo tempo, o país estava imerso numa profunda crise. O Afeganistão liderava o ranking dos países mais pobres do mundo. A taxa de mortalidade infantil era a mais alta do mundo. Uma em cada quatro crianças morria antes de completar 5 anos. A mortalidade materna estava nas alturas. A expectativa média de vida mal passava dos 40 anos.

A infraestrutura estava em ruínas, quase nenhuma tubulação de água estava intacta. As pessoas careciam de comida, abrigo e aquecimento. Milhões de minas terrestres tornavam arriscadíssimo o trabalho de limpar as terras agricultáveis cujo abandono havia sido forçado pela guerra.

A elite educada abandonara o país havia muito tempo. Alguns se foram durante a guerra contra a União Soviética, outros quando a guerra civil eclodiu, o restante partiu quando o Talibã chegou ao poder. Quase não restaram técnicos ou gente com formação profissional. Não havia eletricistas, encanadores e mecânicos. As minas careciam de engenheiros, geólogos, equipamentos e até mesmo eletricidade. A única coisa que abundava no país eram explosivos.

O Afeganistão só era mesmo autossuficiente nas papoulas que produziam ópio e raramente exigiam água ou maiores cuidados. A despeito da retórica do Talibã contra a interferência ocidental, a verdade é que grandes setores da população viviam dos alimentos doados por organizações humanitárias estrangeiras.

Dois anos após a mudança de regime, o norte do país foi assolado por três grandes terremotos. No sul foram as inundações. Houve uma epidemia de fome.

O cerco do Talibã aos hazaras também levou à fome generalizada. O grupo étnico constituído principalmente por muçulmanos xiitas foi submetido a violentos abusos pelas forças talibãs. Em várias aldeias, os hazaras foram expulsos de suas casas, que foram tomadas pelos pachtos.

Somente após o terceiro ano do Talibã no poder a produção de alimentos aumentou em comparação com os piores anos da guerra. Pelo menos uma coisa os estudantes religiosos tinham em comum com os senhores da guerra que derrotaram: a mais completa desconsideração pela vida de cada afegão.

Na esteira do Talibã vieram os velhos aventureiros de sempre. Osama bin Laden estava de volta ao Afeganistão com uma nova missão: o jihad global.

Quando estourou a guerra civil, em 1992, o saudita mudou-se para o Sudão com as quatro esposas e os dezessete filhos. Lá, estabeleceu-se como empresário, proprietário de terras, agricultor e criador de cavalos. Mas uma obsessão abalou aquela existência pacífica. Os ímpios soldados estadunidenses estavam estacionados no solo sagrado da Arábia Saudita. Durante os anos no Sudão, a mira de Bin Laden estava voltada para seu novo arqui-inimigo: os Estados Unidos.

Da África, ele acompanhou o avanço do Talibã em direção a Cabul. Em maio de 1996, ele aterrissou a bordo de um avião fretado em Jalalabad, ainda controlada pelas forças do governo de Rabbani. O saudita foi a convite dos velhos amigos mujahedins — Hekmatyar, Sayyaf e Haqqani — na esperança de que pudesse ajudá-los na luta contra o Talibã. Um dos mujahedins presentes lhe avisou: — Você é nosso convidado e ninguém lhe fará mal. Se algo acontecer com o Talibã, diga, mas se eles o alcançarem, há pouco que possamos fazer...

Meses depois, já no poder, os talibãs o preferiam fora do país. O saudita enviou sucessivos convites ao mulá Omar, mas o religioso caolho levou meses para aparecer. O líder do Talibã estabeleceu uma condição para que Bin Laden ficasse: tinha que prometer que não planejaria ataques contra os Estados Unidos enquanto estivesse em solo afegão.

O Talibã queria ser reconhecido pela comunidade internacional. Suas ambições de poder não ultrapassavam as fronteiras nacionais. Eles queriam governar em paz. Osama bin Laden era procurado pelo FBI depois dos ataques aos alvos norte-americanos na África e no golfo de Áden. Para que a liderança do Talibã continuasse a protegê-lo, ele não poderia chamar a atenção.

Bin Laden evitou fazer qualquer promessa, contentando-se em responder ao líder caolho — que sempre virava a cabeça ligeiramente de lado ao encarar as pessoas — que o jihad contra os Estados Unidos era *fard al-ayn*, um dever individual. Era simplesmente impossível desistir de um jihad assim.

Podia ser só uma figura de linguagem. Podia ser um plano secreto. O mulá Omar optou por fechar seu único olho e deixar o saudita ficar.

Tanto o Talibã quanto a Al-Qaeda mantinham campos de treinamento em inúmeros locais do Afeganistão e nas áreas tribais do Paquistão. Bashir de Mussahi queria conhecer um. Já havia ouvido falar deles, já havia sonhado com eles, imaginando o companheirismo, as missões gloriosas.

Aos 12 anos, ele invadiu a despensa de sua mãe e roubou um saco de cereais. Arrastou-o consigo para o bazar e vendeu os grãos. O dinheiro era suficiente para comprar duas passagens de ônibus, uma para ele e outra para o primo.

Quando suas mães perceberam que eles haviam partido, os dois já estavam no ponto de ônibus na saída da aldeia. O ônibus parou para que ambos subissem, eles pagaram as passagens diretamente ao motorista e se foram.

Rumo à vida real, eles tinham certeza.

Hala ficou fora de si de medo quando Bashir não voltou para casa para jantar. Ele sempre chegava pontualmente para as refeições, que se seguiam às orações. Ela os havia disciplinado muito bem. Onde ele poderia estar? Mandou que os irmãos fossem procurá-lo, e eles descobriram que o filho da tia também estava desaparecido. Os irmãos ouviram dizer que alguém tinha visto Bashir e o primo embarcando no ônibus rumo ao leste. Eles ligaram os pontos. Há tempos ele mencionava a vontade de ir para o campo de treinamento e se tornar um guerreiro sagrado. Sua mãe tinha respondido que ele era muito jovem para isso.

Em Mussahi não havia telefones, simplesmente não havia linhas até lá, e os celulares ainda não haviam chegado ao país. Tentar encontrá-lo seria inútil. Ele teria que se virar sozinho. Restava aos familiares o consolo de crer em Alá.

NAS ASAS

A cunhada revoltou-se:

— Só pode ter sido ideia de Bashir. Ele levou meu filho. Você não tem controle sobre ele! Se algo acontecer com eles a responsabilidade é sua!

Hala teve que admitir que, a princípio, ela tinha razão, provavelmente a ideia teria sido de Bashir. Logo em seguida, pensando melhor, achou que todas as pessoas tinham livre arbítrio, inclusive o primo. Por fim, concluiu, a responsabilidade era de Alá. A morte de toda criatura humana estava escrita no firmamento, quando, onde e como. As grandes linhas do destino eram determinadas de antemão, mas no fundo cada um era responsável por escolher o caminho da retidão.

Seus temores de que algo pudesse acontecer com Bashir se acalmaram quando, em oração, ela pensou ter ouvido uma voz dizendo-lhe que poderia confiar o destino de seu filho nas mãos de Deus.

— Eles só têm 12 anos, não vão conseguir passar muito tempo longe de nós — conformou-se Hala. — Logo estarão de volta.

Nos fundos da casa, a única pessoa que não lamentou a fuga de Bashir foi Yasamin, que já tinha 9 anos. Que alívio que ele se foi.

Quando eram menores, costumavam brincar juntos no quintal como irmãos. Demorou anos para ela descobrir que estava noiva de Bashir.

Certo dia, quando ela estava pendurando a roupa, a prima disse:

— Olhe, lá vem o seu marido!

Ela apontou para Bashir, que acabava de entrar pelo portão.

Yasamin saiu correndo atrás dela. A prima continuou a provocá-la.

— Olhe como é lindo o seu marido! Ele não é bonito?

Yasamin foi reclamar com os pais.

— Ela só está brincando — sorriu a mãe.

Mas o pai não deixou dúvidas:

— Não, é verdade. Prometi você a Bashir.

Ela imediatamente começou antipatizar com o primo de longos cabelos cacheados e risada estridente. Ele era nojento e pegajoso. Ela o detestava e se ressentia pelo fato de ter se comportado de maneira tímida e desajeitada diante de alguém com quem nunca se importou. Afinal, ele era da família.

84 OS AFEGÃOS

De repente, tudo ficou muito embaraçoso. A partir de então, sempre que Yasamin encontrava um dos primos ou cunhados no quintal, virava-se de lado e encobria o rosto com o xale com um rápido movimento de mão.

— A esposa de Bashir! A esposa de Bashir! — implicavam as primas quando iam e voltavam juntas da mesquita. Assim que as meninas atingiam a idade escolar, eram enviadas para o madraçal, não para aprender a ler ou escrever, mas para assimilar os ensinamentos do islã.

O aprendizado mesmo se restringia a cozinhar, fritar, picar, cortar, limpar, assar pão, lavar, varrer, ensaboar, obedecer. Tantas vezes teve que trocar a água do arroz para deixá-lo absolutamente perfeito que ficou boa nisso.

Mas agora Bashir não estava mais lá. Sua esperança era de que ao menos ele pudesse se tornar um mártir.

Os dois primos foram parar num acampamento localizado numa área tribal autônoma na fronteira entre o Afeganistão e o Paquistão.

Ambos foram rejeitados. Para ser admitidos, os aspirantes não podiam ser imberbes, mas os meninos conseguiram vaga numa das escolas corânicas locais.

Já a partir de meados dos anos 1970, Jalaluddin Haqqani, amigo íntimo e mentor de Osama bin Laden, construíra ali sua infraestrutura religiosa e militar. No inverno, quando a temporada de combates arrefecia, ele treinava jovens recrutas ideologicamente motivados.

Aos campos de treinamento no Afeganistão acorriam jovens de todo o mundo muçulmano, muitas vezes persona non grata em sua terra natal. Era lá que extremistas se encontravam pela primeira vez. Eles estudavam, viviam e treinavam juntos. Os campos funcionavam como pequenas universidades para futuros fundamentalistas.

Um grupo de jovens sauditas também havia chegado. Depois de algum tempo, foram enviados aos Estados Unidos para fazer curso de pilotagem. Ainda no Afeganistão eles souberam por que precisavam ser treinados para pilotar grandes aeronaves de passageiros.

Eles eram os escolhidos.

No alto das montanhas afegãs, receberam os agradecimentos antecipados de Osama bin Laden, enquanto o mulá Omar nada sabia da *operação aérea*.

Depois de um ano convivendo com as ideias desses homens, os rapazes regressaram a Mussahi. Bashir estava mais inspirado do que nunca a prosseguir com os estudos, mas a mãe, que finalmente soube de seu paradeiro, o queria em casa.

Tarde da noite, Hala ouviu uma algazarra no pátio. Já estava escuro. Os filhos estavam conversando animadamente lá fora.

Ela reparou no quintal. Um grupo de jovens estava rente ao portão.

O vozerio foi crescendo em júbilo e agradecimentos a Alá.

— Allahu Akbar! — era o que se ouvia em vários lugares da aldeia.

— O que aconteceu? — gritou ela de longe.

Os filhos não lhe deram a mínima.

Alguém na aldeia tinha escutado algo no rádio.

Allahu Akbar! Deus é grande, Deus é maior, Deus é o maior! repetiam os gritos.

— A-mé-ri-ca — ela os ouviu dizendo.

Então saiu.

— Quem? — perguntou ela.

Eles estavam agitados demais para responder. A-mé-ri-ca. A-mé-ri-ca. Não paravam de repetir. Ela nunca tinha ouvido aquele nome estranho antes. Quem era? Ou o que era? Um animal, talvez um pássaro? Ela conseguiu entender uma ou outra palavra. Comentavam algo sobre asas. Teria sido um pássaro que voou para dentro de uma casa?

Havia muitos mortos, diziam.

Deus seja louvado!, urravam.

O filho mais velho finalmente teve tempo para contar a Hala o que sabia.

— A América é um lugar, mãe, é um país. Um país muito grande. Do outro lado do oceano.

Dois aviões haviam se chocado contra duas casas bem altas lá.

Pois muito bem.

Hala voltou para dentro de casa. Por isso toda aquela algazarra? Ela já tinha visto coisa pior na vida.

PARTE 2

Nós que veneramos a morte

Um homem alto e magro perscrutava as encostas íngremes do alto das montanhas Suleiman, no extremo sudeste do Afeganistão. Abaixo se espraiava a grande cidade de Khost, e desde lá uma estrada estreita e sinuosa serpenteava até o topo. O homem estava parado na entrada de uma caverna. Ele gostava de cavernas, elas tinham um simbolismo muito especial para ele. As paredes de pedra o protegiam. Elas o envolviam, lhe transmitiam uma sensação de paz. As cavernas lhe davam uma sensação de estar conectado, de certa forma, ao profeta Maomé, que todos os dias, ao longo de anos, escalava uma caverna nas montanhas de Hira, nos arredores de Meca, para orar e meditar. Por fim, Deus se revelou a ele, como era esperado.

Osama bin Laden havia deixado sua mansão em Kandahar naquela noite. Uma dúzia de guarda-costas iemenitas abasteceram o carro com equipamentos: um gerador, uma antena parabólica, dois pequenos computadores, uma pequena televisão, um receptor e alguns cabos. Passaram o dia inteiro ajustando o enorme disco a fim de sintonizar os satélites corretos. A parabólica foi sendo carregada de uma colina para a outra, e finalmente fixada a rochedos na encosta da montanha, no meio de arbustos. Mas nada do sinal. A tela permanecia preta.

Horas depois que o sol atingiu o zênite sobre os picos de Suleiman, uma mensagem foi captada pela frequência de rádio de Osama. Mohammed Atta, o líder dos sequestradores, havia passado pelo controle de segurança e embarcado no voo 11 da American Airlines.

Osama estava ansioso. Estava lá para acompanhar a *operação aérea*. E agora não poderia assisti-la?!

O homem de 54 anos mantinha os nervos sob controle com preces a Deus e chá adoçado. Envolto num xale de lã, ladeado por seus filhos adolescentes Othman e Muhammed, ele sentou sobre o fino colchão que os guardas haviam estendido no chão. Bem ao lado estava o fuzil que tomou de um soldado soviético após uma batalha, como ele mesmo gostava de dizer. Às vezes ele se levantava e admirava o céu, ou acompanhava o movimento dos guardas que mexiam e remexiam na antena parabólica. Não importava para onde a apontassem, as altas montanhas interfeririam na recepção.

Eles ligaram o rádio.

Apenas um punhado das pessoas mais próximas de Osama conhecia os detalhes da operação aérea. Metade do núcleo interno da Al-Qaeda no Afeganistão chegou a votar contra ela, o que gerou um conflito no grupo e, para alguns, uma ruptura com o líder terrorista. Era uma medida por demais extrema, levaria a uma guerra direta com os Estados Unidos. *A base*, no entanto, manteve-se unida apesar do dissenso. Nenhuma informação vazou.

A operação também foi conduzida em segredo até para os talibãs. O mulá Omar também não fora informado. Até quem sabia dos planos recebeu ordens expressas de bin Laden para nem mesmo sonhar com eles, pois o mulá Omar conseguia decifrar sonhos.

Então, finalmente, a notícia irrompeu nas ondas do rádio.

Um avião — dois aviões — três aviões — quatro aviões.

A América foi atingida no coração. *Alhamdulillah.* Deus seja louvado.

Agora o mundo iria ouvi-lo, eles *teriam que ouvi-lo*.

Bin Laden enviou um mensageiro para procurar um jovem pregador do Kuwait de quem ouvira falar recentemente. A missão era persuadir o pregador a ajudá-lo, não importa o que pedisse em troca. Como outros do círculo mais próximo, o jovem kuwaitiano também ouvira o boato de que uma grande operação estava para acontecer, mas não fazia ideia do que se tratava. Agora, sentado no assento de um carro que subia a encosta da montanha, ele era parte da ação.

Já era noite quando o kuwaitiano viu a silhueta delgada de Osama na boca da caverna.

— Já soube da *novidade*? — quis saber o terrorista assim que o convidado desceu do carro. — O que achou?

O kuwaitiano descreveu as cenas de Nova York da maneira como as ouviu pelo rádio. Osama sorriu para ele.

— Fomos nós! Conseguimos. *Nós* estávamos por trás da operação aérea!

Ele então perguntou ao pregador qual seria, em sua opinião, a reação dos Estados Unidos.

— Os Estados Unidos só desistirão depois que o eliminarem e derrubarem o Talibã — respondeu Abu Ghaith.

— Você é muito pessimista — desdenhou Osama bin Laden.

Em 11 de setembro de 2001, dois aviões colidiram com ambas as torres do World Trade Center. Menos de uma hora depois, os dois arranha-céus desmoronaram. Um terceiro avião colidiu com o Pentágono e provocou um incêndio numa ala do prédio. A quarta equipe de sequestradores dirigia-se para o Congresso ou para a Casa Branca, mas caiu num terreno na Filadélfia. Os passageiros foram avisados sobre o ocorrido em Nova York e Washington, e teriam tentado assumir o controle do avião.

Um total de dezenove homens, quinze dos quais eram sauditas, cometeram os ataques suicidas. Armados com estiletes, abridores de lata e spray de pimenta, eles transformaram aviões de carreira em mísseis de ataque. Quatro dos sequestradores fizeram curso de pilotagem nos Estados Unidos; os outros terroristas mal falavam inglês.

Eles arrastaram consigo 2.977 pessoas para a morte.

Em Kandahar, as pessoas saíram às ruas para comemorar. Em Khost, atiraram para o ar. Em Cabul, o Talibã se perguntava como sair dessa enrascada.

Nas montanhas Suleiman, os homens foram descansar. Osama designou o pregador para redigir e transmitir a mensagem ao mundo. Deveria ser algo de acordo com os princípios islâmicos. Osama planejou o ângulo da câmera, a roupa que vestiria, como seria o fundo. A gravação tinha que ser perfeita.

Ainda era tarde na América. O presidente George Bush estava a bordo do Air Force One. Nenhum lugar no solo era seguro o suficiente para o comandante supremo dos Estados Unidos, e o avião ficou voando em círculos.

Três dias após o ataque, o Congresso dos Estados Unidos, com exceção de um único deputado, votou pela autorização do presidente a usar a força necessária contra aqueles que "planejaram, autorizaram, executaram ou colaboraram" com os ataques terroristas. A deputada que votou contra, a democrata Barbara Lee, da Califórnia, pediu aos políticos que tivessem moderação, sobretudo militar, a fim de não agravar uma situação já tensa. Ela foi imediatamente chamada de terrorista e traidora.

Após autorização do Congresso, George Bush exigiu que os líderes do Talibã entregassem Osama bin Laden e todos os demais membros da Al-Qaeda.

O mulá Omar estava em apuros. O saudita o tinha ludibriado. Ao mesmo tempo, o código de honra *pashtunwali* o proibia de expulsar um convidado. No entanto, o código exigia reciprocidade, e o hóspede teria que demonstrar respeito ao anfitrião retirando-se voluntariamente. O conselho de líderes do Talibã em Kandahar sugeriu deportar Osama para um país muçulmano, terceirizando o dilema de entregar um muçulmano fiel aos incréus ianques. A solução não interessava a Washington; a ideia era pôr as mãos em Osama bin Laden imediatamente. Assim, ele permaneceu onde estava.

George Bush exortou o mundo a apoiar a vingança dos Estados Unidos afirmando textualmente: "Ou você está conosco ou está com os terroristas." O presidente também lançou o conceito de *guerra global contra o terror*. Pela primeira vez, a Otan implementou o Artigo 5: um ataque a um aliado significa um ataque a toda a aliança.

Na noite de 7 de outubro, um esquadrão de bombardeiros invadiu o espaço aéreo afegão. Mísseis Tomahawk foram lançados de grandes altitudes, destruindo bases de treinamento, acampamentos e depósitos de armas do Talibã e da Al-Qaeda.

O líder terrorista passou a noite rodeado por três de suas esposas e a maioria de seus filhos no interior de uma casa às escuras em Cabul. Sua esposa mais velha, que sabia da operação aérea, implorou ao marido para deixar o Afeganistão antes de o plano ser levado a cabo. Osama exigiu manter as crianças com ele; com ela, só ficaram os dois mais novos e o primogênito, que era autista e dependia dos cuidados da mãe. Enquanto os foguetes iluminavam o céu, Osama bin Laden lia calmamente uma mensagem num vídeo. Finalmente, ele arrastava os Estados Unidos para a guerra. Ele não era um inimigo qualquer, mas o inimigo número um dos Estados Unidos.

A sorte sempre lhe sorria, porém. A CIA podia até saber exatamente qual era seu paradeiro — mas, de repente, ele mudava de planos, ia para outro lugar, dava meia-volta, ou então os prédios em que se abrigava eram bombardeados poucos minutos depois que ele deixava o local. Várias vezes os Estados Unidos estiveram a minutos ou a poucos metros de eliminá-lo.

Quanto mais duramente os talibãs fossem atingidos, mais cedo desistiriam dos sauditas, era a lógica. Capturar Osama bin Laden era prioridade máxima.

Após uma semana de ataques aéreos, o Talibã mais uma vez se dispôs a negociar a extradição de Osama bin Laden para um terceiro país. Em troca, exigiram que o bombardeio cessasse.

— Eles talvez não tenham entendido: não há o que negociar — respondeu George Bush do gramado da Casa Branca. — Apenas o entreguem!

E assim Osama bin Laden salvou o pescoço mais uma vez. Mas, nas semanas seguintes, milhares de soldados de infantaria alcançaram a graça suprema que ele pregava: o martírio.

— A América ama a vida. Nós amamos a morte — era seu mantra.

Bashir tinha completado 14 anos. Eram tempos agitados, eram tempos inflamados. Como nenhuma casa era segura, eles poderiam muito bem subir no telhado e ter uma vista privilegiada dos combates aéreos. Ouvir o guincho dos tomahawks passando rente a suas cabeças, acompanhar os

94 OS AFEGÃOS

drones atacando. Eles viam o clarão no céu quando um alvo em Cabul era atingido. *Allahu Akbar, Allahu Akbar, Deus é Maior!*

Os meninos mais brilhantes do madraçal de Mussahi haviam conseguido vaga numa das escolas do Talibã na periferia norte de Cabul. Com direito a alimentação, alojamento e disciplina rígida. Havendo ou não guerra, a primeira aula começava às 4 da manhã, horas antes do desjejum. Durante o dia inteiro e à noite eles faziam lições. Aqueles que não aprendiam rápido o suficiente levavam bordoadas nas mãos e beliscões. Ajudava-os a memorizar.

Durante esse tempo, Bashir tornou-se um *hafiz* — alguém que sabia o Alcorão de cor. Posteriormente, ao ouvir a tradução do árabe para o pachto, ele decifrou o conteúdo dos versículos e se familiarizou com as interpretações. Tudo de acordo com a escola Hanafi, reconhecida e professada pelo Talibã.

Os meninos admiravam seu professor, um jovem mulá com quem passavam a maior parte de suas horas de vigília. Além das lições do Alcorão, ele lhes incutiu a noção de que o jihad não era apenas parte integrante do islã, mas um estilo de vida. O Alcorão não podia ser questionado. O professor recorria ao livro para reforçar a mensagem e explicar a diferença entre aqueles que debandavam para guerra e os que decidiam permanecer onde estavam.

Não se igualam os ausentes do combate, dentre os crentes não inválidos, e os lutadores no caminho de Allah, com suas riquezas e com si mesmos, era o que Bashir e seus companheiros aprendiam ao recitar o versículo 95 da quarta sura do Alcorão. Deus dá aos combatentes mais prestígio do que àqueles que ficam em casa. *Allah prefere os lutadores, com suas riquezas e com si mesmos, aos ausentes, dando-lhes um escalão acima destes. E a ambos Allah promete a mais bela recompensa.**

Todos os meninos da classe nasceram na guerra. Como Bashir, eles haviam perdido pais, tios ou primos na luta contra o regime comunista, ou

---

* A tradução dos versículos do Alcorão é de Helmi Nasr, *Complexo do Rei Fahd para Imprimir o Alcorão Nobre*, Medina, RAS, 2004. [*N. do T.*]

na guerra civil que se seguiu. Desde tenra idade, vinham sendo instilados com a noção de guerra santa. Entraram na adolescência tendo o profeta como modelo e Osama bin Laden como ídolo. Tudo era como antes, exceto por uma superpotência que tomara o lugar da anterior como inimiga.

À noite, o professor os acompanhava ao telhado para ver os foguetes iluminando o céu como fogos de artifício. Eis que finalmente chegava a eles a verdadeira guerra. Agora, só precisavam demonstrar como eram corajosos.

Só que não tinham idade suficiente. Era humilhante. O Talibã só admitia combatentes de barba — com pelo menos um palmo de comprimento. Alguns colegas de Bashir tinham um discreto buço sobre o lábio superior, mas isso não bastava.

Estavam no coração da gloriosa guerra que a tudo consumia e, ainda assim, excluídos dela. Os alunos debatiam entre si quanto tempo o conflito duraria, receosos de perdê-lo. Ao mesmo tempo, decoravam o Alcorão.

Por certo, aos que renegam a Fé e são injustos, não é admissível que Allah os perdoe nem os guie a vereda alguma. Exceto à vereda da Geena; nela, serão eternos, para todo o sempre, Bashir leu na quarta sura. *E isso, para Allah, é fácil,* estava escrito.

[...] matai os idólatras, onde quer que os encontreis, e apanhai-os e sediai-os, e ficai a sua espreita onde quer que estejam, dizia a nona sura.

Alá resolveria as coisas, claro, eles só queriam ajudá-lo.

Agora eram *eles* quem estavam em casa, e Deus dissera que tinham menos valor do que os combatentes. Os meninos sentavam-se no chão da mesquita com as pernas cruzadas e o Alcorão repousado sobre uma almofada à sua frente, com a sensação de que a vida estava em outro lugar.

Então, um dia, o professor trouxe uma notícia. Eles sairiam para um passeio.

Pelo front de batalha!

Alhamdulillah. Uma excursão escolar para a conhecer a guerra de perto.

A linha de frente mais próxima ficava na aldeia de Qarabagh, na planície de Shomali, ao norte de Cabul. Os talibãs se mantinham em grupos menores e ágeis, difíceis de detectar para quem fornecia as coordenadas aos pilotos de caça. Eles coabitavam com os aldeões ao longo do front, dormiam em camas e colchões pelos quintais.

O calor do verão perdurava. Desde a primavera não chovia forte, e nem uma gota havia caído do céu desde o início da guerra. O ar seco se tingia de amarelo quando as bombas caíam e remexiam a areia; foguetes deixavam enormes crateras na paisagem.

Bashir e seus colegas tinham poucas esperanças de poder enfrentar os norte-americanos corpo a corpo. Os Estados Unidos enviaram um número limitado de forças especiais para coordenar os ataques com a Aliança do Norte, baseada no vale de Panjshir, ao norte da planície de Shomali. Seu líder, o lendário *Leão de Panjshir*, foi morto dois dias antes dos ataques terroristas nos Estados Unidos. Ahmad Shah Massoud foi ludibriado por dois homens da Al-Qaeda disfarçados de jornalistas, com explosivos escondidos em sua câmera. Osama bin Laden queria eliminar o herói mujahedin antes de a guerra chegar ao Afeganistão.

Agora, a Aliança do Norte, dominada pelos tadjiques com forte apoio dos uzbeques, apoiaria as forças terrestres norte-americanas. Combater o Talibã era um problema deles, Bashir ponderava, mas subjugar-se aos infiéis, ah, um verdadeiro muçulmano jamais o faria! Os traidores seriam derrotados de qualquer maneira. Era impossível imaginar que os talibãs não fossem os vitoriosos no final das contas. Eles não contavam a graça de Deus?

Do outro lado do Atlântico, a missão de George Bush também era claríssima. Deus lhe disse: "George, vá e lute contra esses terroristas no Afeganistão." Foi exatamente o que ele fez.

Pelo menos numa coisa Bush e Bashir podiam concordar — existia um Deus.

Ambos diziam que Ele estava do seu lado.

A excursão da turma pela linha de frente acabaria se prorrogando por tempo indeterminado, sem que os pais fossem avisados. Nenhuma das

NÓS QUE VENERAMOS A MORTE

famílias dos meninos tinha telefone em casa, então os alunos apenas empacotaram algumas mudas de roupa, seu Alcorão, um cobertor e pronto.

Combater pressupunha antes de tudo saber esperar, eles descobriram. Primeiro se espera pelo inimigo, depois se espera pelas ordens. Enquanto isso, o combatente passa o tempo lustrando sua arma, cozinhando, dormindo e fervendo água para o chá ao acordar. Os meninos ajudavam na cozinha e, como era época, eram mandados para os mercados de uvas. Quando diziam que eram emissários do Talibã, muitas vezes levavam as frutas sem pagar. Mas, antes de tudo, eles estavam numa viagem de estudos. Os adolescentes marchavam ao longo do front e encontravam grupos de soldados descansando à sombra, calçando sandálias e vestindo túnicas imundas, esperando que a guerra viesse aonde estavam.

Semana após semana, os ataques aéreos ficavam cada vez mais intensos, com armas que os talibãs nunca tinham visto antes. Não havia reação possível, uma vez que o inimigo os bombardeava de grandes altitudes.

Acampamentos, mesquitas e ministérios foram atingidos. O mesmo sucedeu com clínicas e escolas da aldeia, bem como com a fazenda do mulá Omar e com vários esconderijos de Bin Laden.

Enquanto os dois líderes escapavam, sua infantaria arcava com as consequências. Braços e pernas eram decepados pelo impacto das bombas, corpos iam aos ares em pedaços. As ondas de choque causavam sangramento nas orelhas e no nariz. As trincheiras se transformavam em valas comuns; quase não sobrava alguém para enterrar os mortos.

O Talibã sentia o amargo gosto da derrota.

Semanas depois da visita de Bashir, o front ao norte de Cabul já não existia. Os talibãs que lá restaram jaziam como cadáveres. As bases foram destroçadas pelas bombas. Qarabagh caiu na mesma noite que Cabul, em 13 de novembro de 2001.

Mesmo assim, muitos dos soldados que os adolescentes haviam encontrado conseguiram escapar vivos usando uma velha tática afegã: trocar de lado. Um guerreiro afegão não pode ser possuído, apenas alugado, dizia o boato. No front em que Bashir estivera em viagem escolar, o Talibã percebeu sua inferioridade e negociou uma rendição. Em vez de se defender, os combatentes batiam em retirada e ganhavam algumas horas de vantagem na fuga. Outras vezes, passavam para o lado vencedor ou regressavam para a aldeia de onde vieram.

Pior para a Al-Qaeda. Os árabes não tinham para onde ir. Muitos eram proscritos e procurados em seu próprio país; os egípcios foram fuzilados assim que voltaram à terra natal, os sauditas desapareceram sem deixar vestígios. O Afeganistão tinha-lhes servido de refúgio. Eles estavam determinados a lutar até o último homem. Em alguns lugares, os comandantes do Talibã comunicavam aos soldados afegãos sobre a rendição, deixando que os árabes no front fossem alvejados pelas costas, a fim de que não causassem problemas durante a debandada.

Em meados de novembro, pouco restava do Talibã em Cabul além de cadáveres recém-sepultados e lembranças macabras. Os barbeiros saíram às ruas com tesouras e facas. Os salões de beleza foram reabertos. Ouvia-se música em todos os lugares. Pôsteres dos mais recentes galãs de Bollywood eram pendurados para atrair a atenção de possíveis clientes. Em geral, as mulheres ainda usavam burcas, pois para elas todo cuidado sempre era pouco.

Osama bin Laden havia desaparecido nas montanhas cobertas de neve de Tora Bora, que significa Caverna Negra. Ainda na época da guerra contra os soviéticos, ele começou a equipar o complexo de grutas nos arredores de Jalalabad. As cavernas foram dotadas de sistemas de ventilação, entradas minadas, saídas secretas e até um gerador de eletricidade. Lá, o líder terrorista ensinou seus filhos a conhecer cada rocha, cada riacho, cada trilha, pois um dia suas vidas poderiam depender disso.

Em casa

Jamila pegou papel e caneta e sentou-se para escrever.

Do lado de fora da janela, trepadeiras verdes subiam pela cerca, contrastando com o colorido intenso das flores do jardim da mãe. O outono em Pexauar estava escaldante, com mais de trinta graus de um outubro seco. Com o ventilador no máximo, o quarto de Jamila até que ficava bem agradável.

O que os terroristas fizeram foi abominável. Mesmo assim, ela estava indignada. Por que os afegãos deveriam ser punidos pelo que o terrorista saudita fez?

Os afegãos já haviam sofrido o suficiente. Primeiro foram dez anos de guerra contra a União Soviética; depois, quatro anos de guerra civil; depois, cinco anos sob o Talibã e agora as bombas norte-americanas. Todas as manhãs ela acompanhava pela TV quais alvos haviam sido atingidos. O que a deixava mais aflita ainda era o fato de viver confortavelmente no Paquistão enquanto muitos não podiam nem mesmo fugir. Somente os mais pobres tinham ficado por lá.

Ela precisava dar vazão a essa indignação.

Jamila escreveu rapidamente, a mensagem era simples: os Estados Unidos tinham que parar de bombardear seu país. Conseguiu os endereços e enviou cartas aos jornais que conhecia. Na tela da televisão, viu os corpos sem vida de combatentes espalhados pelo chão como se fossem moscas. Casas destruídas. Civis feridos. Por toda parte.

Ela esperou em vão por uma resposta dos editores aos quais enviara a pequena crônica. Evidentemente, não foi publicada. Ela não era ninguém. Quem se importava com o que ela pensava? A guerra iria se arrastar por muito tempo, ela temia, como todas as guerras que vivenciara até então.

Mas de repente acabou.

A combinação de poder aéreo superior, informações da CIA, pequenas unidades de forças especiais e forças terrestres com conhecimento local superou todas as expectativas. A perda de vidas norte-americanas foi mínima.

Durante o Ramadã, algumas semanas após a retirada do Talibã de Cabul em novembro, Kandahar, seu bastião de poder no sul, caiu. Os Estados Unidos levaram menos de quarenta dias para derrubá-los. Agora era só expulsar Bin Laden da Caverna Negra.

O mundo do terrorista estava reduzido a um labirinto de cavernas e túneis. E diminuía cada vez mais. Tora Bora era alvo de centenas de ataques aéreos diários. Uma das bombas era tão pesada que precisava ser lançada do maior avião de transporte dos norte-americanos. O estrondo e o tremor podiam ser sentidos a quilômetros de distância. As massas de rocha atingidas e as camadas que se escondiam abaixo delas eram pulverizadas.

Será que finalmente o pegariam?

Enquanto os norte-americanos continuavam a caçá-lo, a ONU interveio para buscar a paz. A comunidade internacional queria estabelecer um governo de transição no Afeganistão. Uma cúpula em Bonn procurava traçar um novo rumo para o país. Além de um punhado de diplomatas dos Estados Unidos e da Europa, foram convidados representantes do Paquistão, Irã, Índia, Rússia e países vizinhos da Ásia Central. Duas dúzias de afegãos — um grupo heterogêneo composto por senhores da guerra e velhos mujahedins, afegãos exilados, monarquistas e ex-comunistas — estavam entre os convidados. Em volta das sólidas mesas de reunião alemãs, eles teriam que estabelecer as condições de como o Afeganistão seria governado dali em diante.

Ainda corria o mês sagrado de jejum do Ramadã, e, até o sol se pôr, os delegados afegãos não permitiam que líquidos ou sólidos passassem por seus lábios. Carne suína foi retirada do cardápio do hotel para a ocasião. A carta de vinhos só era providenciada caso solicitada com antecedência.

Rapidamente encontraram um líder.

O pachto Hamid Karzai foi contatado pela repórter Lyse Doucet, correspondente da BBC, em seu telefone via satélite:

EM CASA   101

— Como se sente ao ser nomeado o novo líder do Afeganistão?
— O quê?!

Ela repetiu a pergunta.

— Se for verdade, fico muito feliz — respondeu Karzai.

O que ele não disse foi que se encontrava ferido numa clareira de uma floresta na província de Uruzgan, no sul, após um ataque aéreo norte--americano. Ele e sua comitiva foram confundidos com talibãs em fuga.

Hamid Karzai não era um candidato óbvio, mas de repente tornou-se uma escolha perfeita, na qual os Estados Unidos em particular insistiam. Ele descendia de um ramo nobre da tribo Popolzai, cujas ligações com os soberanos da dinastia Durrani datam do século XVIII. Karzai, o mais velho, tinha sido amigo íntimo do último rei, pai e filho apoiaram os mujahedins na guerra contra a União Soviética. Quando o Talibã chegou ao poder, em 1996, a família Karzai se mostrou simpática e considerou a possibilidade de cooperação. Mas a ideia não avançou, e o pai de Hamid foi morto pelo Talibã em plena rua. De seu exílio no Paquistão, Hamid tentou sabotar o movimento e travou contato próximo com vários países ocidentais, bem como com a CIA. Após os ataques terroristas nos Estados Unidos, Hamid Karzai voltou ao Afeganistão — montado numa motocicleta, assim como o mulá Omar — para arregimentar o apoio dos líderes tribais do sul.

Além de apoiar Karzai, os delegados concordaram que o país deveria adotar uma nova constituição, a qual seria elaborada por uma *loya jirga* ampliada. Tanto nela como em Bonn, tomavam parte apenas os membros da elite.

A administração Bush convenceu os delegados a favorecer uma solução norte-americana, uma democracia constitucional com eleições presidenciais diretas. O que funcionava na América funcionaria no Afeganistão.

No entanto, o Acordo de Bonn tinha uma fragilidade que, aparentemente, passou despercebida: o Talibã não foi convidado.

Vários líderes talibãs expressaram o desejo de depor armas para participar das discussões sobre o futuro do país. Ninguém os queria. Os líderes tribais afegãos viravam-lhes as costas. A ONU os ignorava. Nem George

Bush nem a Aliança do Norte queriam negociar. Os talibãs tinham perdido. Eram história.

Assim como o troféu que faltava.

Quem sabe ainda estava vivo, escondido lá dentro?

Sim, ele estava.

Depois que o Acordo de Bonn foi assinado, em 5 de dezembro de 2001, depois de centenas de toneladas de bombas despejadas, a voz de Osama ainda podia ser ouvida. A Al-Qaeda se comunicava por transmissores de rádio não protegidos, de modo que os norte-americanos ouviam suas conversas entrecortadas, acompanhavam o paradeiro dos combatentes e descobriam se as bombas haviam de fato atingido os alvos. Ficou evidente que os ataques mataram muita gente. Depois que um agente da CIA interceptou o rádio de um jihadista morto, os norte-americanos conseguiram um passaporte para entrar nas cavernas. A voz de Bin Laden passou a ser captada regularmente. Os guerreiros lá dentro o chamavam simplesmente de "o xeque".

Em meados de dezembro, Osama bin Laden escreveu seu testamento. Instruiu as esposas a não se casar novamente e pediu desculpas a seus filhos por se dedicar apenas ao jihad.

Os norte-americanos recorreram a GPS e lasers para descobrir a localização exata das cavernas onde estava "o xeque", mas nenhum artefato é páreo para a astúcia humana. Os Estados Unidos depositaram sua confiança em dois senhores da guerra locais — um conhecido traficante de drogas e outro com reputação de bandido. Eles ofereceram à CIA um contingente de 2 mil homens, sem entretanto chegar a um acordo entre si. Os norte-americanos pagaram uma boa quantia para que vigiassem a retaguarda da montanha, uma vez que eles próprios não estavam com as *botas no chão*.

Depois de semanas de bombardeio aéreo, o traficante comunicou que a Al-Qaeda se renderia. Só precisavam de uma trégua de doze horas para que pudessem sair das cavernas e descer das montanhas e depor as armas. Osama bin Laden foi monitorado numa conversa grampeada dizendo a

EM CASA 103

seus homens que não haveria problemas em se render. O traficante prometeu aos norte-americanos as cabeças de todos os líderes da Al-Qaeda numa bandeja.

Houve uma pausa noturna no bombardeio para que os combatentes pudessem sair.

Na manhã seguinte, os norte-americanos não viram um sinal dos combatentes. Em vez disso, cerca de oitocentos homens escaparam pela retaguarda da montanha rumo ao Paquistão.

Duas noites depois, Osama bin Laden e seus guarda-costas iemenitas deixaram discretamente o complexo de cavernas. Eles cruzaram as montanhas nevadas a pé e a cavalo e desapareceram na área tribal do outro lado da divisa com o Paquistão.

Enquanto os jihadistas trocavam o Afeganistão pelo Paquistão, muitos **afegãos** queriam tomar o caminho inverso. De volta para casa.

Entre eles estava o pai de Jamila. Ele depositava muita fé em Karzai, cuja fama de empresário habilidoso e esperto o precedia. A maioria das propriedades de Ibrahim estava em ruínas, ele sabia, mas os terrenos ainda lhe pertenciam. Era hora de serem retomados e reconstruídos.

Desde que fugiram, Ibrahim havia estado em casa apenas uma vez. Foi durante uma trégua na guerra civil. Ao lado de Bibi Sitara, ele dirigiu até Cabul para visitar a casa. Sem aviso, o bairro onde viviam, Kot-e-Sangi, entrou na linha de fogo. Enquanto os combates em volta se intensificavam, eles decidiram fugir na calada da noite. A mãe de Jamila teve a sensação de que caminhavam sobre cadáveres.

Agora, recusava-se terminantemente a voltar até ter certeza de que a paz era real.

Os norte-americanos estavam em Cabul, garantiu Ibrahim. Era um bom sinal, eles eram *pro-business* e queriam manter a ordem. Ele acabou viajando sem Bibi. Depois foram os filhos, um a um, para ajudar o pai.

— Uma época de ouro — gabou-se Ibrahim a velhos amigos em Cabul. O céu era o limite, enfim. Era só uma questão de limpar os escombros.

Enquanto o pai dormia e acordava com ideias, números e orçamentos na cabeça, Jamila tinha o ativismo no sangue. Ao longo de seus estudos, ela fez vários trabalhos voluntários.

Quem tiver roupa sobrando, doe!

Sapatos?

Comida!

Remédios!

O pai e os irmãos finalmente cederam e a deixaram estudar na universidade. Naquele verão, ela concluiu um mestrado em Política Internacional. Enquanto estudava, fundou sua própria organização, Noor, que significa luz. Para sair da miséria, ir à escola era o mais importante, ela acreditava. E, como muito poucos na zona rural mandavam as crianças para a escola, a Noor ia até onde estavam para que pudessem aprender.

Depois que o pai e os irmãos partiram, lhe ocorreu a ideia. Quiçá ela também devesse voltar para casa?

Para uma pátria que mal conhecia, mas sabia que amava.

Pouco antes da virada do ano de 2002, ela embarcou no carro do tio; o pai não admitia nenhum motorista que não fosse da família. A vista espetacular de Sarobi deixou seus olhos marejados. Foi nesse mesmo trecho da estrada que ela tinha sido baleada, muitos anos atrás. Enfileirados por todo o percurso havia veículos de guerra enferrujados e casas em ruínas.

Ao se aproximarem da capital, ela percebeu uma névoa escura e espessa pairando sobre a cidade. As pessoas queimavam carvão e palha para se aquecer. As tubulações de água estavam secas, os cabos telefônicos, silenciosos, as lâmpadas, apagadas.

Mas tudo estava prestes a mudar.

A ajuda estrangeira chegava em massa ao país ao mesmo tempo que Jamila. Os programas humanitários gerenciados no Ocidente precisavam de ajuda local. Jamila conseguiu um emprego na Care International. Após um rápido treinamento, ela atuaria como instrutora no programa *Capacity building for social workers* [Capacitação de assistentes sociais]. Como ela,

EM CASA

os demais selecionados haviam passado os anos conturbados no Paquistão, enquanto os que receberiam o treinamento ficaram no Afeganistão.

Jamila estava empolgada. Ela era a instrutora mais jovem. Cheia de energia, a jovem de 24 anos pediu a palavra assim que a aula começou, apresentou-se e detalhou o programa do curso. Radiante, ela sentia-se útil e importante, e pontuou sua apresentação com clichês e siglas das organizações humanitárias que acabara de aprender.

Uma certa inquietação tomou conta da sala. As pessoas a olhavam com um ceticismo que beirava a agressividade. Algumas se levantaram e ficaram paradas no vão da porta, outras foram embora. Jamila tentou manter a concentração. Falando cada vez mais alto para abafar o ruído das conversas ao redor.

E assim foi durante toda sua apresentação. Ninguém estava mesmo interessado. Ninguém se importava. Ninguém nem mesmo prestava atenção!

Ela, no entanto, continuou transmitindo o que havia aprendido.

— Por que essas mulheres são tão negativas? — ela reclamou com outra instrutora durante o intervalo.

A colega deu de ombros.

Jamila decidiu agarrar o touro pelos chifres, pegou as muletas e abordou algumas mulheres que pareciam carrancudas e rabugentas.

Uma participante a mediu com o olhar.

— Aqui estou, muito mais velha e experiente que você, sentindo que desperdicei minha vida — disse ela. — Você sabe mais do que eu, tem vitalidade, tem um futuro melhor que o meu, eu não tenho nada — queixou-se a mulher. — Mas se tivessem me dado oportunidades, eu seria melhor do que você.

— Eu odeio os mujahedins e os talibãs — continuou outra. — Eles são obra do Paquistão, nos fazem sofrer, e aí vem você, justamente do Paquistão, para nos ensinar a viver!

Jamila ficou em silêncio. Ela compreendia.

— Eu fiquei no Afeganistão enquanto você foi embora daqui! Você tem formação superior, nós comemos pó — explicou uma terceira.

Jamila sentiu vergonha. Ela se via como um anjo redentor, alguém que tinha muito a ensinar para os outros. Só que nunca *lhes* perguntou nada, não estava interessada nas experiências que tinham. Em sua cabeça já estavam todas as soluções, perfeitamente embaladas no linguajar repleto de clichês da Care International.

As mulheres na sala não a viam como uma afegã que queria ajudar seu país, como ela mesma se considerava; apenas se ressentiam das oportunidades que ela havia tido. Elas sobreviveram à guerra, à opressão, ao assédio, ao medo. Não tiveram oportunidade de estudar nem de trabalhar, e agora ela, quase uma menina, vinha ensiná-las?

Jamila, você não pode fazer isso, ela disse a si mesma.

O intervalo estava chegando ao fim. O programa incluía atividades em grupo sobre temas abordados na primeira aula. Haveria dramatizações e brincadeiras para encontrar soluções. Ela achava que isso motivaria as participantes, mas agora tudo parecia errado.

Quando voltaram para a sala após o intervalo, ela olhou calmamente para as participantes.

— Estou aqui para escutar vocês — disse ela.

Em seguida sentou-se e ficou em silêncio até que a primeira começasse a falar. A mulher disse algumas frases, depois parou. Era estranho expressar aqueles sentimentos amargos com palavras. Também era dolorido, mas quem quisesse poderia contar sua experiência. Elas partilhavam uma dor comum, que no entanto se manifestava de formas distintas, com suas implicações e nuances diferentes. Agora, juntas, elas tentariam desatar esses nós.

Jamila também falou. Contou como os paquistaneses xingavam os refugiados afegãos nas ruas. Como as crianças não podiam frequentar as escolas locais. Como era quase impossível para um afegão conseguir um emprego decente. Como pessoas morriam congeladas nos acampamentos durante o inverno ou de insolação no verão. Como as crianças corriam nuas, sem terem feito uma só refeição adequada, sucumbindo a doenças comuns.

EM CASA

— E eu que pensei que você estava lá se divertindo — disse uma.

Jamila contou que se escondia dos irmãos e do pai, que era insultada pelos soldados por mancar, que lutou muito para chegar onde estava agora. Pois o exílio também tinha um gosto amargo.

Os mais velhos, que não haviam enfrentado tamanhos percalços, começaram a se irritar.

— Você não está seguindo o programa. Você não está obedecendo ao cronograma.

— As pessoas estão traumatizadas, não estão prontas para aceitar nosso curso — respondeu Jamila.

Os homens eram os mais renitentes. Eles a desafiavam, a ironizavam, zombavam dela, faziam tudo que ela dizia soar como uma tolice. Ou então eram simplesmente agressivos. Não importa o que ela dissesse, reagiam com hostilidade e distorciam sua fala. Receber uma lição de uma mulher mais jovem era humilhante.

Jamila descobriu que a única coisa que lhe restava era recorrer ao conhecimento que tinha do islã. Disso eles não poderiam zombar. Ela citou o Alcorão. Os versículos ainda estavam frescos em sua memória. Então apresentou interpretações de vários eruditos, as comparou e analisou. Nisso ela era mestre. A ironia sumiu como num passe de mágica. As reclamações cessaram.

Ela havia encontrado sua espada e seu escudo.

Tempos depois, Jamila conseguiu um novo cargo no Fundo de Desenvolvimento das Nações Unidas para a Mulher (Unifem). Sua função era mapear as carências em diversas áreas do país. Que tipo de serviços as pessoas queriam? Escolas? Sementes? Quem sabe precisassem de mais água? Um poço artesiano seria útil?

As assistentes sociais treinadas por ela iam às aldeias, sentavam-se com as pessoas, montavam grupos de trabalho e perguntavam do que os moradores mais precisavam. O que precisava ser feito rapidamente, o que era uma emergência, o que podia esperar um pouco mais?

Depois dos primeiros três ou quatro meses, Jamila descobriu que queria trabalhar com o que considerava o mais importante: a educação. No verão, a Noor obteve o registro de organização humanitária em Cabul.

A Noor recebeu o apoio de uma organização assistencial internacional para criar vinte escolas domiciliares. Quase não havia instalações, então as aulas tinham de ser realizadas nas casas das pessoas. Eles iniciaram lecionando para vários níveis, desde iniciantes até o chamado *Catch Up Program*, no qual meninas que tiveram seus estudos interrompidos pelo Talibã poderiam recuperar o tempo perdido, ainda que parcialmente, para eventualmente progredir nos estudos.

Em primeiro lugar, era preciso formar os professores.

Jamila soube numa ocasião que uma de suas alunas havia assassinado uma colega. As duas viviam lado a lado, num assentamento no terreno da antiga embaixada soviética, em casebres de lona e caixas de papelão, com centenas de famílias que haviam improvisado moradias ali. As duas mulheres discutiram por causa de um pedaço do varal.

A mais nova pegou uma pedra do chão e golpeou a mais velha na cabeça até fazê-la perder os sentidos.

Jamila foi às pressas ao local. Quando chegou, a polícia estava removendo o cadáver e prendendo a assassina.

Uma grande multidão de mulheres aglomerou-se em volta. Animadamente, elas comentavam o que tinham presenciado.

— O sangue espirrou da cabeça, bem aqui!

— E do nariz!

— E da boca!

Elas descreviam a luta, reproduziam os gestos com a mão, apontavam para a pedra ensanguentada. Várias riam e gesticulavam imitando os golpes.

Como se estivessem matando um rato, pensou Jamila, nauseada. A aglomeração aumentou. Ela mal conseguia se firmar de pé sobre as muletas. Recobrou-se, deu meia-volta e se foi.

Ao chegar em casa, desmaiou.

EM CASA

Ela não tinha estrutura para isso. Não ia conseguir. Melhor seria entregar o leme para outra pessoa.

Deitada na cama, tentando recuperar o ânimo, Jamila se pôs a refletir sobre o efeito que a guerra exercia sobre as pessoas. Aquelas mulheres estavam traumatizadas, tanto a que matou por um pedaço do varal quanto aquelas que caçoaram disso depois. Eram pessoas que tinham testemunhado tanta morte e tanto sofrimento que ficaram embotadas.

Ela telefonou para a mãe.

— Mamãe, estou voltando para casa.

Jamila voltou para Pexauar, para sua mãe e cunhadas que ainda não haviam se mudado com os maridos para Cabul. Encontrou refúgio na casa ampla, nas flores, nas trepadeiras verdes e no quarto fresco.

Com o ventilador de teto sempre ligado no máximo, ela estava exausta, mas sentia-se confortável na própria cama.

A saída foi encontrar uma fuga temporária da miséria afegã, uma fuga pela qual ninguém poderia criticá-la: um doutorado.

Antes da queda do Talibã, o plano era fazer um doutorado depois do mestrado. A chance de retomar os estudos havia chegado. Encontrar paz e tranquilidade para se debruçar sobre os livros. Com isso em mente, ela preencheu os formulários de admissão para o doutorado.

No dia do exame, Jamila estava bem preparada. Ao chegar no local da prova, exibiu o documento de identidade.

— Seu nome não está na lista — disse o homem no balcão.

— Deve haver um erro. Estudei aqui, cursei um mestrado com vocês — disse ela espantada. — Nessa faculdade. Enviei todos os documentos necessários.

— Você é uma refugiada afegã — retrucou o homem. — Precisa passar por um procedimento à parte para comprovar que pode ser admitida.

— Não, não sou refugiada. Moro aqui, sou registrada aqui — respondeu Jamila com os documentos em mãos. Ela enfatizou que já havia enviado os formulários destinados a cidadãos afegãos e que estes haviam sido aprovados.

— Sim, mas isso foi para o mestrado — explicou o homem.

— Mas... eu...

— Bem, são essas as exigências do governo. Você tem que se adequar às regras!

Ela deu meia-volta para ir embora.

Rejeitada.

Magoada.

Naquele momento ela decidiu: vou voltar para o lugar de onde vim.

Seja ele bom ou ruim.

É o meu país.

Nasce um guerreiro

O velho pegou um mapa de Cabul.

— Digamos que nosso objetivo é atingir a embaixada norte-americana. Daqui de Mussahi!

De um estojo ele sacou uma bússola. O instrumento tinha duas agulhas e um fino fio de metal preso na parte superior.

— Você coloca a bússola no meio de dois pontos no mapa. Então puxa o fio até o alvo. Quando tiver a certeza de que encontrou exatamente o local que quer atingir e não houver diferença em nenhum dos lados, tome nota da longitude e da latitude. Aí é só calcular a partir do mapa.

Bashir observava atentamente, sentado no chão ao lado do velho combatente, com o mapa entre eles.

Shukur vivia nos arredores de Mussahi. Bashir caminhou por mais de uma hora até chegar ao portão da casa dele, na esperança de absorver a astúcia do guerreiro.

A princípio, foi rispidamente rejeitado. Bashir sabia por quê. Shukur talvez achasse que ele não passava de um provocador, que talvez estivesse ali para atraí-lo e depois denunciá-lo ao novo governo. As pessoas eram denunciadas pelas razões mais absurdas, arrastadas para fora de casa por acusações que podiam ser verdadeiras ou não. Dar treinamento militar aos jovens da aldeia, à margem das forças internacionais, poderia levar o honrado homem à prisão pelo tempo que lhe restava de vida.

Bashir contou-lhe quem era, quem era seu pai, quem eram seus irmãos. O velho assentiu, ainda desconfiado.

— Você é muito jovem.

— Tenho quase 15 anos.

OS AFEGÃOS

O guerreiro ficou célebre pela pontaria contra os soviéticos. Agora, não queria se envolver com mais problemas.

— Você é meu herói — implorou Bashir. — Você expulsou os bandidos da última vez que eles estiveram aqui. Agora que nosso país está mais uma vez ocupado pelos infiéis, é nosso dever reagir.

Bashir não queria ser *um dos ausentes*, um dos que ficam em casa. Para isso, teria de ser útil na guerra.

Os norte-americanos tinham uma vaga ideia de quem eram seus inimigos, embora George Bush os tivesse descrito tão bem: a luta era contra os *bad guys*.

Mas quem seriam os *good guys*?

Muitos afegãos rapidamente bandearam para o lado dos *good guys*. O ardil consistia em matar vários coelhos com uma cajadada só: servia para se verem livres de um vizinho problemático com quem tinham uma rixa, para assegurar o território que disputavam e, a um só tempo, para arrancar dinheiro dos norte-americanos.

Com um pouco de sorte e algumas testemunhas dispostas, bastava denunciar um *bad guy* que o suspeito seria preso pelas forças de segurança. Rixas antigas, até mesmo conflitos tribais ancestrais — tudo poderia ser resolvido. Criminosos de guerra, plantadores de ópio, contrabandistas e assassinos rapidamente se disfarçavam de *good guys* e eram bem recompensados.

Do lado afegão, delações em troca de dinheiro e poder ocorriam sem que as tropas estrangeiras percebessem — ou se importassem. Elas estavam ocupadas demais com a guerra contra o terror para perder tempo com esses detalhes. Para vencê-la, tinham metas e submetas bem detalhadas. Uma delas era prender um grande número de membros da Al-Qaeda e do Talibã.

No esforço para preencher a cota de *bad guys*, vários talibãs comuns foram denunciados às autoridades. Ao se darem conta da derrota após a derrocada do regime, vários subcomandantes voltaram para suas aldeias.

NASCE UM GUERREIRO

Lá, tentavam retomar uma vida pacata e civil, ou ficavam imaginando meios de colaborar com o novo governo. Alguns limitavam-se a recomendar que seu clã apoiasse o novo presidente — antes que fossem denunciados como poderosos e perigosos militantes da Al-Qaeda.

Os *good guys*, que incluíam senhores da guerra, mujahedins e outras raposas de galinheiro, além das forças de segurança afegãs treinadas e apoiadas pelos Estados Unidos e pela Otan, não eram tão disciplinados. Durante as prisões, conseguiam até extorquir a vítima antes de entregá--la aos norte-americanos. Muitas vezes os estrangeiros começavam os interrogatórios saindo a campo, munidos apenas com as informações que recebiam dos informantes. Sem saber ao certo a quem estavam se dirigindo, podiam perguntar a um fazendeiro local onde estava Bin Laden ou se a Al-Qaeda estava planejando novos ataques terroristas.

Após a queda do Talibã, quase todos os líderes tribais afegãos se opuseram a iniciar uma resistência armada ao governo de Hamid Karzai. Devido à propensão do novo governo ao uso da violência, muitos se viram pressionados a se insurgir numa rebelião com a qual, inicialmente, não concordavam. Homens respeitados dos conselhos de anciãos das aldeias, que podiam até ter tido alguma relação com o Talibã, mas não faziam parte do movimento, eram presos, perseguidos e humilhados. Uma vez na prisão, eram pendurados pelos braços ou de cabeça para baixo, espancados diante dos outros, torturados durante o interrogatório, privados do sono e impedidos de receber visitas médicas. As humilhações alimentavam o combustível da vingança. Era impossível não escolher um lado.

A administração Bush cometeu um erro fatal ao apagar a nítida linha que distinguia o Talibã e a Al-Qaeda ao se referir a ambos como se fossem um só.

Os dois grupos haviam feito um pacto e tinham pontos de vista parcialmente coincidentes, mas tinham objetivos e culturas diferentes. A Al-Qaeda era formada por árabes e combatentes estrangeiros e tinha como objetivo global o jihad. Seus líderes tinham como alvos os Estados Unidos, a família real saudita e os governantes seculares do Oriente Médio. O Talibã almejava

114 OS AFEGÃOS

o poder no Afeganistão. Sua interpretação do islã estava mais enraizada nas tradições locais do que no islamismo político. O movimento tinha apoio sobretudo entre os pachtos conservadores do leste e do sul do país, ávidos para preservar seus costumes. Sua ambição era local, eles queriam governar o país em que viviam.

Para George Bush, todos não passavam de *bad guys*.

A verdade é que, quando Osama bin Laden escapou de Tora Bora acompanhado de oitocentos combatentes, quase não havia mais traços da Al-Qaeda no Afeganistão. A imensa maioria dos terroristas já tinha fugido para as áreas tribais do Paquistão, onde foram lamber suas feridas. Por outro lado, talibãs havia de sobra. Muitos certamente eram *bad guys*, que no entanto não tinham nada a ver com os ataques terroristas nos Estados Unidos. Para os colaboradores locais dos norte-americanos, essa conexão era fácil de fazer: mulás simplórios eram tomados por terroristas experientes a fim de que a cota fosse preenchida. Os norte-americanos raramente conferiam as informações, às vezes só quando o acusado era levado para o outro lado do Atlântico, para o campo de prisioneiros de Guantánamo. Se o objetivo era erradicar o maior número possível de terroristas, melhor então eliminar muitos do que poucos deles.

Se o jovem que Shukur deixou entrar pelo portão o delatasse, o guerreiro decano poderia ser acusado de apoiar a rebelião contra o novo governo. Fosse como fosse, Bashir finalmente recebeu a bênção para adentrar a meca do conhecimento. Shukur tinha tudo o que ele buscava: mapas, bússolas e experiência.

O velho lhe deu aulas sobre latitude, longitude e altitude, mostrou onde os caminhos se cruzavam e onde havia cavernas nas montanhas para esconder equipamentos. Explicou também como os mapas podem ter escalas diferentes, quando 1 centímetro pode corresponder a 2 quilômetros ou 10 ou 100.

— Olhe aqui — disse ele. — Verifique nesta lista de que ângulo você deve lançar o foguete se quiser atingir um alvo a 20 quilômetros

NASCE UM GUERREIRO

de distância. Essa é a distância desta planície até a embaixada norte-americana.

Shukur explicou como construir uma plataforma de lançamento usando duas toras de madeira. Quando o foguete se encontrava num determinado ângulo da bússola, era só disparar.

— Com a ajuda de Alá você acertará em cheio — sorriu ele atrás da espessa barba branca.

Em algumas horas, Bashir aprendeu a teoria por trás da célebre pontaria.

— Isto é seu — disse Shukur por fim, entregando-lhe o mapa e a bússola. — Que faça bom proveito.

Bashir jurou matar muitos infiéis com a ajuda do precioso presente.

— Me prometa que vai ter cuidado — disse o velho.

Bashir ficou impressionado. Sorriu, agradeceu e louvou ao Senhor.

Agora era só conseguir os foguetes.

Os antigos heróis já não existiam. Talibãs como os que Bashir e seus colegas de turma encontraram no front estavam mortos ou haviam escapado para o Paquistão. O Alcorão tinha sumido de vista. Osama mantinha-se escondido. O paradeiro do mulá Omar era incerto.

A vida tinha ficado perigosa também para a família de Bashir. Eles agora faziam parte daqueles que temiam ouvir alguém batendo no portão de casa à noite.

— Exatamente como faziam os comunistas — suspirou Hala.

No começo, a mãe chamava os estadunidenses de *russos* — os estrangeiros que haviam atacado a aldeia anteriormente.

Numa ocasião, o alvo foi a casa de Bashir.

— Onde estão as armas? Onde esconderam as armas?

Os soldados apontavam para os dois filhos mais velhos de Hala.

— Mostrem onde estão as armas!

Hassan e Yaqub juraram que não sabiam nada sobre armas.

— Vamos matar vocês se não nos mostrarem onde elas estão escondidas!

Os irmãos terminaram sendo arrastados para dentro de um carro e levados embora.

Bashir ficou. O emirado havia caído. A liberdade estava perdida. Ele jurou que vingaria a humilhação dos irmãos.

Informantes na aldeia os haviam delatado como contrabandistas de armas. De fato, eles eram. Às vezes, as armas ficavam escondidas nas montanhas ao redor de Mussahi. Outras vezes no meio de lavouras ou em seu próprio celeiro.

Os soldados retornaram várias vezes. Numa delas, um deles pegou uma pá que estava ali e quebrou tudo que havia ao redor, mobília, eletrodomésticos, louças.

— Só para nos fazer mal — praguejou a mãe enquanto limpava a bagunça. — Nos aterrorizar — corrigiu-se ela em seguida.

Bashir prometeu à mãe a desforra por aquele prejuízo.

Em troca da promessa de sentenças mais brandas, Hassan e Yaqub aceitaram colaborar e, finalmente, sob tortura, revelaram apenas os esconderijos que presumiram que os soldados descobririam de um modo ou de outro. Sobre os mais secretos, mantidos sob a guarda de Bashir, nem uma palavra.

O trabalho que faziam era fundamental para o incipiente renascimento do Talibã. Os combatentes sempre estavam se deslocando, e era difícil transportar armas para um novo alvo de ataque sem ser detectado. Portanto, era preciso contar com uma série de esconderijos sempre à disposição.

O novo governo oferecia um bom dinheiro na luta contra os talibãs, uma tentação irresistível até para parentes próximos de Bashir. Foi o cunhado do irmão mais velho, ou seja, o irmão de sua esposa, que os dedurou. Ele mesmo havia ajudado a enterrar as armas, logo sabia muito bem onde estavam. Com gente assim ele não teria misericórdia.

Ao deixarem a prisão, os irmãos mais velhos imediatamente refugiaram-se no Waziristão, a região tribal autônoma do Paquistão, rente à fronteira com o Afeganistão, para onde Bashir fugira dois anos antes. A fronteira — a

NASCE UM GUERREIRO

controversa Linha Durand — foi traçada pelos britânicos e pelo emir afegão em 1893, rasgando a terra tribal dos pachtos. Os montanheses que lá viviam não se deixavam governar. As constantes rebeliões tornaram-se tão custosas que os wazires finalmente conquistaram certa autonomia. Exceto pelas estradas principais, as autoridades paquistanesas não patrulhavam a área. Altas montanhas, densas florestas e dunas desertas faziam da *terra dos wazires* uma fortaleza natural. Ela seria o novo baluarte do Talibã.

Bashir herdou o posto de homem da casa de Raouf, que era alguns anos mais velho. Os quatro irmãos haviam combinado que um deles deveria sempre ficar em casa com a mãe e as irmãs.

Quando a primavera já estava próxima e Raouf retornou para casa de uma missão, Bashir implorou à mãe para ir ao Waziristão tentar encontrar os dois irmãos mais velhos. Pois ela jamais poderia viver numa terra mais uma vez conspurcada pelos infiéis. Ele a lembrou da caça às armas, das portas e janelas arrombadas, dos soldados invadindo a casa com as botas imundas e expondo as mulheres, que nunca sequer tinham saído à rua.

A mãe cedeu ao filho predileto. Ela tinha certeza de que ele ficaria bem, apesar de tudo. Bashir era o mais inteligente de todos, ela sempre pensara assim. Enquanto os irmãos mais velhos consumiam tanto ópio quanto haxixe, Bashir mantinha-se afastado dessas tentações mundanas. Ela lhe deu dinheiro para o ônibus e uma nova muda de roupa, e lá estava o adolescente perfilado no local onde a estrada barrenta da aldeia encontrava a rodovia principal, no mesmo ponto de ônibus em que esteve anos antes, depois de roubar os cereais da despensa da mãe para custear a viagem. Na fronteira, ele trocou de veículo e então, seguindo as instruções de seu irmão, partiu de Pexauar para as áreas tribais. A aldeia para onde seguia chamava-se Miram Shah. Era preciso ter sido indicado por alguém para ter acesso aos campos de treinamento; aparecer de repente podia ser perigoso. Os companheiros que viviam ali temiam a ação de infiltrados.

Bashir foi recebido pelos irmãos. No dia seguinte, ele conheceria o homem a quem chamavam apenas de *Califa*.

*

OS AFEGÃOS

Nascido na década de 1930 na província de Paktia, no sudeste, Jalaluddin Haqqani foi um dos principais comandantes durante a guerra contra a União Soviética, conhecido tanto pelo rigor quanto pela brutalidade. Enquanto velhos amigos mujahedins lutavam por Cabul depois da guerra, Jalaluddin permaneceu no Waziristão para treinar novos quadros em seu próprio madraçal. Ele fora conselheiro militar de Osama bin Laden e, ao mesmo tempo, colaborava estreitamente com o serviço de inteligência do Paquistão.

Quando o Talibã assumiu o poder na década de 1990, tornou-se ministro de assuntos tribais e de fronteira, mantendo residência, escola e mesquita em Miram Shah.

Imediatamente após os ataques terroristas nos Estados Unidos, ele novamente buscou refúgio lá, e sem perder tempo começou a organizar uma nova resistência. Uma semana depois de Bush ordenar ataques aéreos contra o Afeganistão, Jalaluddin foi convidado para conversar com as autoridades paquistanesas e norte-americanas em Islamabad. Imaginou que lhe dariam um papel num eventual novo governo.

Os norte-americanos o questionaram se ele não estaria disposto a servir às autoridades de Cabul com igual lealdade e em detrimento do Talibã. Para tanto, o que gostaria de receber em troca?

Jalaluddin estava aberto a ouvir uma oferta.

Os norte-americanos estavam confiantes. O progresso no campo de batalha foi rápido. A tríplice aliança formada por Talibã, Al-Qaeda e Haqqani estava praticamente derrotada.

A oferta implicava a rendição incondicional. O velho combatente seria levado a Guantánamo para uma rápida averiguação. Depois que contasse tudo o que sabia sobre Osama bin Laden, seria autorizado a voltar para casa como um homem livre.

Não era uma oferta, mas uma exigência.

Jalaluddin rapidamente abandonou o encontro e voltou para o Waziristão.

Sentia-se em casa e tinha tudo de que precisava, enquanto os norte-americanos procuravam os militantes da Al-Qaeda no Afeganistão. Só que eles estavam ali, em seus domínios, no Paquistão.

NASCE UM GUERREIRO

Jalaluddin estava pronto. Os irmãos estavam prontos, os filhos, os primos, os sobrinhos. Todos estavam prontos.

Bashir estava eufórico, empolgado com a viagem, entusiasmado diante do encontro com o lendário homem. Há muito tempo que estava pronto para a guerra. E agora era sua vez de conhecer o Califa em pessoa.

Jalaluddin o recebeu no alpendre de sua casa, em Miram Shah. Era uma noite quente, eles sentaram-se do lado de fora, sobre o chão de cimento. Na casa de Haqqani não havia nada supérfluo, nem móveis, nem tapetes, nem enfeites. Todos os recursos eram para o jihad.

O veterano sempre dava boas-vindas aos novos recrutas. Queria controlar todos que estavam lá e para isso os estudava cuidadosamente.

— O que o traz aqui? — ele perguntou, sentando-se empertigado sobre as pernas cruzadas. Sua barba, que um dia foi negra, estava tingida com hena, e o pigmento marrom-avermelhado agora grudava nos pelos grisalhos.

— Vim para lutar contra os invasores — respondeu Bashir.

— Sim, então você veio ao lugar certo, meu filho — disse o Califa. — Mas saiba de uma coisa, aqui você não receberá um salário. Os cofres estão vazios, quase não temos carros, a comida é pouca. Mesmo assim quer se juntar a nós?

— Estarei com vocês até a morte — respondeu o adolescente. Era de gente assim que eles precisavam.

Durante a hora seguinte, Jalaluddin explicou em detalhes a vida na base. Bashir receberia várias tarefas e, quando estivesse de barba crescida, teria permissão para se juntar aos combatentes.

A idade avançada significava que Jalaluddin havia deixado o dia a dia da administração para seu filho mais velho, Sirajuddin. Como um bom soldado do Talibã, ele permaneceu a conversa inteira em silêncio, mas Bashir percebeu imediatamente a semelhança entre ambos.

— Amanhã você será apresentado a um mujahedin da Líbia — disse Sirajuddin. — Ele é quem cuida de garotos como você.

Naquela noite, enquanto se deitava num colchão fino ao lado dos irmãos, Bashir sentia que a vida real estava começando. Ele tinha chegado lá.

— O que esta criança está fazendo aqui?

O líbio parecia surpreso ao receber Bashir, que tinha uma aparência ainda mais jovem que a dele. De bochechas arredondadas e cabelos cacheados, dava a impressão de se incomodar por não parecer mais velho. Abu Laith al-Libi não era qualquer um, Bashir sabia, mas um importante comandante da Al-Qaeda. Depois de ajudar a expulsar os soviéticos do Afeganistão, retornou à terra natal, juntou-se aos islâmicos líbios e tentou derrubar o ditador Muammar Gaddafi. Via Arábia Saudita, como tantos jihadistas apátridas, radicou-se no santuário que Haqqani havia criado para gente como ele. Agora ele percorria a pequena aldeia treinando meninos para se tornarem combatentes ou homens-bomba. *Ustad-e-fedayin*, era como o chamavam, mentor daqueles que se sacrificam.

Em qual grupo Bashir seria alocado?

Como todos os países tinham deixado de injetar recursos no grupo, todo o treinamento de combate era feito apenas na teoria. Os talibãs não podiam se dar ao luxo de desperdiçar nem uma bala sequer.

— Você ainda é muito jovem para ser mandado para a guerra — disse Abu Laith quando Bashir lhe perguntou quando começaria a atirar. Então deu um tapinha no ombro do jovem e disse algo em árabe que ele não entendeu.

Insha'allah al-walad sa-yakun mujahed.

Bashir lembrou-se da frase no dia seguinte, e no outro e nas semanas que vieram. Então perguntou a alguém o que significava.

"Este garoto será um grande mujahed, se Deus quiser."

Bashir sorriu. Era como se todos os seus desejos tivessem sido atendidos.

De repente, ele se sentiu tomado por uma sensação de liberdade. Nunca viveria sob o jugo de ninguém. Muito menos dos norte-americanos. Aqui, na área tribal, era o único lugar onde se podia viver livre como um leão!

NASCE UM GUERREIRO

Sua vida, ele tinha certeza, estava plena de significado.
No dia seguinte, eles continuariam o treinamento teórico.
Uns seriam escolhidos para se tornar homens-bomba.
O destino de outros era tornar-se um *grande guerreiro*.

Fogo na tenda

Bashir era um refugiado no Waziristão já havia alguns meses quando o filho do Califa chegou à conclusão de que ele estava pronto para assumir uma tarefa.

— Venha depois da prece da noite — ordenou ele.

Nas noites quentes, Sirajuddin Haqqani e seu pai costumavam sentar-se no alpendre da escola corânica para tomar chá e comer nozes. No inverno, eles reuniam seus homens em volta da grande lareira no salão interno. Sirajuddin, que acabara de fazer 30 anos, tinha os mesmos traços rudes do pai, com olhos fundos quase que sombreados pelas sobrancelhas espessas, que lhe conferiam um olhar severo, quase zangado.

Como seu pai, Sirajuddin era mestre em usar recursos com parcimônia e eficiência, fossem homens ou munições. Com a bênção paterna, ele atribuía aos subordinados as tarefas que julgava mais apropriadas, extraindo de cada combatente todo seu potencial, sempre com muita disciplina.

O topo das montanhas ainda estava branco, mas nas encostas a neve derretia formando pequenos riachos. A primavera inaugurava a temporada de combates no Afeganistão. No inverno, as pessoas se retiravam para a vida familiar, para cuidar da casa, para folhear o Alcorão e recobrar forças. Quando as plantas começavam a brotar, as armas estavam de novo em punho.

Bashir, ainda na expectativa que a tão esperada barba crescesse, havia recebido a chave de um depósito de armas. Ele a carregava consigo o tempo inteiro e era a pessoa a quem os novos combatentes precisavam pedir quando tinham que pegar equipamentos e munições. Todos que o procuravam tinham mais experiência do que ele. Em Miram Shah havia mais homens do que fuzis.

A mãe também havia se mudado para as áreas tribais, e os três irmãos mais velhos de Bashir arrumaram lugar para as esposas, fosse dividindo colchões de solteiro ou na bancada da cozinha. A família ampliada ganhou uma casa para morar, e a vida de Bashir começou a se assemelhar àquela com a qual estava acostumado: refeições, estudos, mesquita e cama. Entre uma missão e outra, vários jihadistas, tanto afegãos quanto árabes da Al--Qaeda, tinham uma vida familiar, com direito a partos, preces, tarefas corriqueiras na cozinha. Faltava tudo: comida, água limpa, aquecimento, roupas. Mas eles estavam prontos e juntos, acumulando pontos para a vida no além. A recompensa celeste valia tanto para quem preparava as refeições como para quem fazia a guerra.

Bashir estava nervoso e amedrontado. Receava que algo acontecesse e ele não sobrevivesse, que o conflito chegasse ao fim sem a contribuição dele.

Nos Estados Unidos, George Bush também começava a ficar impaciente.

No Natal de 2001, enquanto a fumaça da pólvora das explosões em Tora Bora ainda pairava no ar, o comandante em chefe das forças norte--americanas, Tommy Franks, foi convocado pelo presidente. Apesar de Osama bin Laden ainda ser um homem livre, Bush não estava preocupado com ele, mas com o Iraque. O general foi perguntado se achava demais acumular a responsabilidade de mais uma guerra no Iraque. Franks, que acabara de cometer o erro crasso de não posicionar os Rangers do Exército dos Estados Unidos em torno de Tora Bora para impedir a fuga de Bin Laden, confirmou que poderia liderar as duas operações — em paralelo.

George Bush afirmou que Saddam Hussein estava fabricando armas de destruição em massa no Iraque. Alegou que o ditador colaborava com a Al-Qaeda e havia contribuído para os ataques terroristas contra os Estados Unidos. Não havia evidências de nada disso, mas Bush queria eliminar mais *bad guys*. Tudo havia corrido tão bem no Afeganistão.

— Você, que é de Mussahi, conhece bem Cabul? — Sirajuddin Haqqani quis saber. Ele buscava alguém que não despertasse suspeitas.

— Como a palma da minha mão — mentiu Bashir.

FOGO NA TENDA

A província de Cabul começava nos arredores de Mussahi, então a resposta não era totalmente inverídica, mas o garoto mal sabia se locomover na capital.

— Você disse que aprendeu a lançar foguetes? — continuou Sirajuddin.

— Sim — mentiu novamente Bashir. — Também tenho um mapa da província de Cabul e uma bússola — respondeu ele.

— Ótimo. Então preste atenção...

Bashir começou a suar frio. Ele havia mentido para o poderoso Sirajuddin. Apesar daquela expressão irascível no semblante, Bashir nunca presenciou o comandante levantando a voz. Se estava realmente com raiva, ninguém podia afirmar com certeza, mas seus modos eram de fato muito gentis. Sua voz era bastante clara e sua entonação fluida poderia entreter Bashir durante horas. Intrigado, ele se perguntava de que maneira ele se dirigiria ao inimigo. Engrossando a voz, talvez?

O Califa explicou a Bashir em que consistia a missão. Acompanhado por outro jovem, eles deveriam procurar um homem chamado Abdul Rahman al-Kanadi. A base do canadense costumava ser o distrito pachto de Muhammed Agha, em Logar, um bom ponto de partida para ataques contra Cabul. Sua base atual era no Waziristão do Sul, onde dirigia um campo de treinamento. Mais detalhes seriam obtidos com ele pessoalmente.

Em geral os jihadistas tinham o nome associado à nacionalidade. Al-Kanadi, que nasceu no Egito, veio do Canadá para o campo de treinamento com a esposa e os filhos. Ele estava a algumas aldeias de distância, mas Bashir e Wardak, o menino que havia sido selecionado para acompanhá-lo, tiveram que percorrer estradas secundárias e trilhas nas montanhas para evitar encontrar o exército paquistanês. Alguns flocos de neve primaveris caíram sobre eles no primeiro trecho. Na terceira noite, chegaram ao restaurante em que deveriam entregar uma carta de Sirajuddin ao proprietário.

Bashir e seu amigo foram convidados a ir a um salão atrás do refeitório para participar da oração da noite. Antes do fim da reza, o homem entrou e disse-lhes para se apressarem. Al-Kanadi estava aguardando.

Depois de ler a carta, ele deu a Bashir quinhentos dólares para comprar quantos walkie-talkies e foguetes conseguisse.

Os aparelhos de comunicação poderiam ser comprados no bazar de Khyber, disse ele, explicando como funcionavam.

— Você pode comprar as armas perto de Cabul — recomendou. Era lá que seriam usadas. Ele lhes entregou o endereço de um homem que chamou de *Babai*, um apelido que significa "amigo".

O recrutador gostou dos jovens que o visitaram. Quando estavam para partir, pediu-lhes que trouxessem amigos de Mussahi.

— Eu posso treiná-los — disse ele. — Tragam amigos, tragam mais primos!

Foi difícil encontrar Babai. Enquanto o procuravam, sobrou tempo para praticar. Bashir sabia que havia inúmeros foguetes não detonados deixados por ex-combatentes na área ao redor de Mussahi. Num casebre havia até foguetes dispostos lado a lado no telhado, como se fossem ripas de madeira para proteger da chuva e da neve. O dono da casa acordou e foi para fora quando viu Bashir e o primo retirando os foguetes do telhado e carregando-os para a caminhonete que haviam adquirido. Até ensaiou protestar, mas recuou quando ameaçaram matá-lo se ele causasse confusão.

Em outra ocasião, encontraram foguetes empilhados à guisa de ponte sobre um canal.

Agora era só treinar para a grande missão. À noite, eles disparavam os velhos foguetes de colinas, planícies, campos, e em seguida rapidamente saíam de cena. Bashir levou um bom tempo para posicioná-los no ângulo certo, em direção às planícies ao redor de Cabul.

Antes de conseguirem encontrar Babai, chegou a notícia de que al--Kanadi fora martirizado, morto por forças paquistanesas ao deixar a área tribal.

Ele foi alvejado bem no rosto.

Os quinhentos dólares que Bashir tinha no bolso chegaram a arder.

Chegou o verão de 2002. O último rei do Afeganistão, Zahir Shah, voltou de seu exílio na Itália para abrir a *loya jirga*, que nomearia um presidente até a realização de eleições, dois anos depois. O velho rei absteve-se de

FOGO NA TENDA

confrontar o líder da transição, Hamid Karzai, quando se deu conta de que os norte-americanos desejavam uma república e não uma monarquia.

A grande reunião colocou as forças de segurança em Cabul em alerta máximo. Foram convidados cerca de 1.500 delegados, 200 dos quais eram mulheres. Estavam presentes chefes tribais, líderes militares, imãs e mulás, alguns eleitos localmente, outros nomeados.

Compareceram 2 mil, a grande maioria homens idosos. Os 500 a mais eram ex-mujahedins e senhores da guerra que exigiam um lugar na nova democracia. Eles se infiltraram entre os delegados sob a tenda, ameaçando e assediando aqueles que não os queriam por perto. Ao mesmo tempo, circulavam ali agentes do serviço de segurança afegão, para que o governo soubesse o que os participantes diziam uns aos outros.

Depois de subverter os processos eleitorais em várias regiões, os senhores da guerra articularam-se para sabotar a *loya jirga*. As reuniões foram interrompidas várias vezes. O enviado da ONU ao Afeganistão lamentou que as eleições tivessem sido prejudicadas por ameaças de violência, manipulação e compra de votos.

— Somos reféns daqueles que destruíram o Afeganistão — declarou um delegado. Anonimamente, claro, pois queria se manter vivo.

Nos bastidores agia o embaixador dos Estados Unidos, o exilado afegão Zalmay Khalilzad, que costumava jantar no palácio presidencial. As más línguas diziam que Zal era quem de fato governava o país.

Antes da realização da *loya jirga*, vários líderes talibãs pregavam a reconciliação e demonstravam que queriam cooperar com o novo governo de transição, mas seus apelos foram ignorados. Ninguém ligado ao Talibã foi autorizado a estar presente, nem sob a enorme tenda que sediou os nove dias de reunião da *loya jirga* nem na nova administração.

Assim, lutar contra o regime passou a ser a única forma de reconquistar o poder.

Quando finalmente encontrou Babai, Bashir tinha dinheiro suficiente para comprar quatro foguetes do tipo sec-20, produzidos por russos e chineses. Os foguetes tinham 3 metros de comprimento e alcance de 20 quilômetros.

O timing não poderia ser mais oportuno.

Finalmente, ele estava pronto para *a missão*.

Na noite seguinte, eles foram para uma colina a oeste de Cabul onde se erguia Dar-ul-Aman, um palácio neoclássico construído para o rei progressista Amanulá, na década de 1920.

Em suas mãos, Bashir segurava o mapa e a bússola que recebera de Shukur. As coordenadas foram anotadas num pedaço de papel. Ele definiu o ângulo com a maior precisão possível.

Das ruínas do palácio real, Bashir atacaria os novos poderosos. Eles usurparam a vitória com a ajuda dos infiéis e agora queriam redigir uma nova constituição. Que raios o Afeganistão faria com ela quando tinha à disposição a sharia?

Rápida e furtivamente, eles lançaram seus quatro foguetes. Em seguida partiram, sem saber onde exatamente haviam caído os mísseis. Só no dia seguinte souberam que o alvo fora atingido. Eles haviam incendiado uma tenda.

Os traidores foram, pelo menos, desalojados.

"Fontes dos serviços de segurança" disseram à CNN que remanescentes do Talibã estavam por trás do ataque com foguetes, mas que isso não interromperia os esforços para formar um governo. O chefe de segurança do Ministério do Interior enfatizou que os foguetes caíram longe da tenda da assembleia e vários suspeitos já estavam presos.

A essa altura, os dois amigos já estavam voltando para o Waziristão. Os novos governantes precisavam saber que era assim que o Talibã responderia caso não fosse convidado para a mesa.

Pais e filhos

Bashir completou 16 anos. O semblante inocente — sobrancelhas altas e arqueadas sobre olhos grandes que lhe conferiam um quê de sinceridade — tinha suas vantagens. Sem barba espessa ou calos nas mãos, ele despertava menos suspeitas quando era enviado para o outro lado da fronteira, geralmente na companhia de um amigo, para detonar bombas caseiras nas estradas.

O irmão mais velho de Bashir, Hassan, era mecânico de automóveis e se tornara especialista em explosivos. Com a esposa, que entre as mulheres atendia pelo codinome de *Engenheira*, passou a fazer sua linha de produção na cozinha de casa.

Para isso era preciso muitas mãos, que deveriam ser extremamente cuidadosas. O primeiro erro pode ser o último, Hassan deixou evidente para todos, enquanto misturava produtos químicos e colocava cuidadosamente a bomba dentro de um vasilhame amarelo de óleo de cozinha, para evitar que explodisse durante o transporte; ao mesmo tempo, o plástico do vasilhame cederia facilmente sob o peso de um tanque ou de um carro.

Bashir e seu amigo saíam na calada da noite para enterrar o artefato — *bushka* — em conhecidos locais de passagem de estrangeiros ou de forças do governo. Às vezes, o mecanismo era reforçado para resistir ao peso de um carro de passeio, de modo a ser detonado apenas por veículos blindados. Ocasionalmente, as bombas caseiras também eram instaladas na beira das estradas, onde o terreno mais solto não deixava vestígios de que havia algo enterrado ali.

Árabes veteranos da guerra do Iraque instruíram os homens de Haqqani na preparação dos explosivos e organizaram o treinamento do qual participaram Bashir e os demais novatos. Eles eram divididos em grupos de

130 OS AFEGÃOS

dez, com dois ou três instrutores, e treinados no manuseio de armas e táticas de guerrilha.

Do outro lado da fronteira, os jovens também recebiam treinamento de combate. A força Isaf, da Otan, agia sob mandato do Conselho de Segurança da ONU. A principal tarefa era ajudar o governo afegão a estabilizar o país. Vários países da Otan, liderados pelos Estados Unidos, eram responsáveis por ministrar treinamento militar. O plano era que as novas forças de segurança atuassem de forma autônoma em alguns anos, para que o país nunca mais se tornasse um reduto de terroristas.

No primeiro ano após a derrocada do Talibã, o movimento esteve praticamente adormecido, exceto por alguns ataques pequenos e dispersos. Sem uma liderança unificada, os grupos se organizaram em diversas *mahaz* — frentes — e operavam por conta própria, reunindo desde um punhado de homens, mais ou menos experientes, até algumas dezenas.

Mais tarde, Hassan aprendeu a fazer bombas que podiam ser acionadas remotamente. Um simples telefone celular era anexado ao detonador e configurado para vibrar ao ser chamado. Era o bastante para a bomba explodir.

Depois que Bashir e seu amigo enterravam o artefato, escondiam-se atrás de arbustos na encosta da montanha, para ter uma visão geral da estrada. De lá, esperavam a passagem das vítimas que queriam atingir, e então escapavam imediatamente após a explosão.

Pacientemente eles aguardavam, tão distantes das pessoas que ninguém podia ouvi-los cantando:

Aqueles que invadem nosso país,
nós os devolvemos em pedaços.
Com uma bushka amarela,
a garrafa de óleo cheia de pólvora.

Em março de 2003, as forças dos Estados Unidos invadiram o deserto na *Operation Iraqi Freedom*. Como no Afeganistão, o regime foi derrubado com facilidade. A tomada de Bagdá levou 22 dias.

PAIS E FILHOS

Em 1º de maio, seis semanas após o início da invasão do Iraque, o presidente George Bush vestiu um uniforme verde de piloto e embarcou num avião para o porta-aviões Abraham Lincoln, no Golfo Pérsico. Diante de uma enorme faixa com os dizeres "Missão Cumprida", anunciou que as principais operações de combate no país haviam terminado e agradeceu aos militares dos Estados Unidos pelo "*job well done*".

A operação no Iraque havia exigido uma força invasora de 120 mil soldados. No Afeganistão, naquela mesma primavera, os Estados Unidos mantinham um contingente de pouco menos de 10 mil homens e mulheres armados.

No mesmo dia em que Bush discursou no Golfo Pérsico, o secretário de Defesa, Donald Rumsfeld, estava em Cabul para se encontrar com Hamid **Karzai**. Ambos participaram de uma entrevista coletiva na qual Rumsfeld **leu um** texto bastante semelhante ao discurso de Bush. Também em seu **script, as** principais operações de combate estavam encerradas. Assim **como** no Iraque, restaram poucos bolsões de resistência.

Um desses "bolsões de resistência" era exatamente a rede Haqqani. Bashir, sozinho, era insignificante.

Certa tarde, um grupo de homens se reuniu diante das torneiras ao lado da mesquita em Miram Shah para lavar as mãos e os pés antes das preces.

Os norte-americanos estavam do outro lado da fronteira, disseram. Sirajuddin havia preparado os foguetes.

A rede só tinha capacidade de realizar ataques isolados a partir da linha da fronteira, já que podiam recuar imediatamente para o Waziristão, território paquistanês de direito, onde estavam livres da perseguição norte-americana.

Agora, com as temperaturas altas o bastante para pernoitar ao relento, um grupo seria despachado para atacar o inimigo. O comandante Qalam, um sujeito alto e magro, meio durão, com o rosto enrugado e desgastado pelo tempo, encabeçaria a operação.

Ao lado de Bashir na fila das torneiras, ele disse que precisava de mais dois homens.

— Eu vou! — reagiu Bashir de pronto.

Era só um arroubo, pois cabia a Sirajuddin Haqqani determinar quem estava pronto para tomar parte nas operações.

— Preciso de adultos — disse Qalam.

Bashir sentiu o peso da chave do depósito de armas em seu bolso. Ele exercia a função de zelador, quando chegou ali para ser um guerreiro! Um ano havia se passado desde o ataque à *loya jirga* e ele ainda não havia participado de nenhum combate real.

— Você não vai se arrepender — desafiou o adolescente.

Mesmo tendo sido rejeitado a princípio, Bashir foi autorizado a participar, pois um dos membros se feriu em combate. Com ele, seriam onze ao todo. O grupo deixou Miram Shah ao amanhecer. O plano era acampar na fronteira, a dois ou três dias de caminhada. O trecho não era longo, mas não podia ser percorrido pelas estradas, que eram patrulhadas pelo exército paquistanês. O terreno ao redor era acidentado, montanhoso e de vegetação densa, e os homens carregavam um fardo pesado: as armas com as quais matariam e derrotariam o inimigo.

Exatamente onde ficava a fronteira, nenhum deles sabia, mas na terceira noite acamparam num lugar que Qalam conhecia bem. Sob o manto da noite, cruzaram a divisa do Afeganistão às 3 horas da manhã seguinte e vagaram até o anoitecer sem encontrar nenhum estadunidense.

Todos os dias havia homens patrulhando a área montanhosa. A quase guerra entrou numa fase de rotina. Dormir, orar, marchar, descansar. Prece. Comida. Prece. Marcha. Prece. Marcha. Prece. Silêncio. Sono. E então a oração matinal novamente. O grupo tornou-se um organismo à parte em que cada um tinha o seu lugar e fazia a sua obrigação. Quando os suprimentos começaram a escassear, eles entraram numa aldeia, refugiaram-se numa casa desocupada e lá ficaram.

Mas onde estavam os *invasores*?

Certa noite, quando o grupo fazia a última prece antes de se recolher, um carro estacionou lá fora. Todos pegaram suas armas do chão e rapi-

PAIS E FILHOS   133

damente assumiram posição de defesa. Só então ouviram o chamado de um dos próprios companheiros, um mensageiro enviado por Sirajuddin.

— Um comboio norte-americano está a caminho de Gayan! — avisou ele. — Agora!

Gayan era um centro distrital na província de Paktika. Haqqani recebeu a informação de que os inimigos passariam antes das 8 horas da manhã.

Bashir amarrou as botas.

O mensageiro conhecia bem a área. Os onze guerreiros se acomodaram na picape, alguns na cabine, o resto na carroceria.

Qalam vestia uma túnica cor de areia sob uma jaqueta militar e um colete de pele por cima. Agora ele era o responsável por comandar os homens na encosta da montanha pelo lado afegão. O homem alto e empertigado apontou para uma colina em cujo sopé a coluna inimiga teria que passar a caminho de Gayan. Os homens seguiram em fila única pela íngreme trilha rochosa. No alto da colina, prepararam os foguetes e sentaram-se para aguardar.

Um comboio de veículos demoraria muito para atravessar o estreito vale. A estrada da região estava em péssimo estado, em alguns pontos havia enormes crateras, por longos trechos não havia sequer estrada, apenas rastros de pneus. No fundo do vale serpenteava um rio raso. Era obrigatoriamente por ali que os soldados teriam de passar, estimou Qalam, a estrada em si era estreita demais para os veículos de grande porte.

Ali estão!

Os primeiros soldados.

O grupo não vinha dirigindo, mas caminhando, como eles. Vários carregavam mochilas. Bashir percebeu de longe que eram estrangeiros. Caminhavam de maneira diferente, o ritmo era mais pesado, eram mais corpulentos, usavam capacete, não chapéu de feltro como eles. Os norte-americanos tomaram posição numa colina no lado oposto do vale para proteger seu comboio.

Qalam e seus homens ficaram ainda mais próximos uns dos outros. Naquela posição não poderiam ser avistados pelo inimigo.

De repente, perceberam um outro grupo se aproximando pelo mesmo lado do vale onde estavam os norte-americanos. Pelo binóculo, Qalam viu que era a gangue de Baitullah Mehsud, líder de uma milícia talibã paquistanesa. Pelo walkie-talkie, ele forneceu as coordenadas de onde estavam. Baitullah o saudou de volta. Para se aproximar ainda mais e pegar os norte-americanos completamente desprevenidos, Qalam determinou que seu grupo subisse ao local de uma nascente, de onde poderiam ter uma boa visão dos arredores. Assim que começaram a engatinhar, ouviram a voz de Baitullah pelo walkie-talkie.

— Os estrangeiros estão em cima de vocês!

Do outro lado do vale, Baitullah viu pelos binóculos que o grupo de Bashir estava prestes a surgir bem no campo de visão dos norte-americanos. Eles foram avisados bem a tempo.

— Deus seja louvado! — murmuraram eles em coro.

Qalam interrompeu a escalada e se abrigou atrás de algumas pedras.

Então Bashir avistou vários veículos, talvez uma dúzia, serpenteando entre pedras e areia amarela, descendo em direção ao lamacento leito do rio. Durante a invasão soviética, percorrer aquelas estradas, muitas das quais construídas pelos próprios engenheiros soviéticos, era o movimento mais arriscado que o Exército Vermelho fazia. Os mujahedins podiam estar à espreita na encosta das montanhas e abatê-los com armas simples. Se os guerrilheiros atingissem o primeiro e o último dos tanques da coluna, os soviéticos ficariam encurralados. Por isso os norte-americanos recorriam aos soldados de infantaria, para que, a exemplos dos guerrilheiros, escalassem as encostas das montanhas e evitassem esse tipo de emboscada.

A coluna de veículos militares estava a cerca de 50 metros de distância. Bashir e alguns outros se posicionaram ao lado da artilharia de foguetes, enquanto o restante portava fuzis. Os inimigos na outra colina não seriam capazes de alvejá-los, pois estavam protegidos atrás de uma pilha de rochas.

O primeiro blindado acelerou repentinamente, desviou de um penhasco e avançou.

Qalam comandou em voz baixa.

— Atacar!

PAIS E FILHOS

Bashir ouviu um silvo no ar e sentiu a pressão seguida pelo estrondo e pela fumaça desprendida pelo veículo, que estancou bruscamente. Abdul Manan, um camarada de Mussahi, foi quem que disparou primeiro. Em seguida, outro foguete foi disparado, depois outro e mais outro.

Parada total do comboio.

Vários blindados deram marcha a ré, alguns colidiram com o veículo que vinha logo atrás, mas mesmo assim continuaram a recuar. O grupo de Baitullah também começou a disparar. Os norte-americanos teriam que responder ao fogo cruzado. Ao contrário do que contou a Qalam, Bashir nunca tinha disparado esse tipo de foguete. Ele se atrapalhou. Os dedos estavam paralisados. Demorou muito tempo para mirar.

— Allahu Akbar! — disse ele e apertou o gatilho.

Nada aconteceu.

Mais uma tentativa. Nada. Ele fez uma oração. Alguns blindados apontaram as metralhadoras contra eles. Amado Deus... O menino mirou no sentinela norte-americano do lado oposto.

Voltou a apertar o gatilho, mas nada de o foguete disparar. Devia haver algo errado com o equipamento. Bashir tentou inclinar o foguete, mas ele simplesmente caiu no chão. Convencido de que o gatilho estava emperrado, ele apontou o lançador para o céu, apertou-o novamente e de repente o foguete disparou para o alto, passou bem acima dos norte-americanos e caiu no chão sem explodir, bem longe do alvo.

Um companheiro mais velho desceu correndo a encosta da montanha.

— O ângulo está muito fechado! — gritou ele fazendo menção de pegar a arma.

Ninguém explicou a Bashir que, quando se está bem em cima do alvo, mirando para baixo, é preciso regular o lançador de outra forma, do contrário o foguete simplesmente cairia do cano sem disparar. Ele tinha cinco foguetes e desperdiçara um, não podia abrir mão dos últimos quatro. Se não conseguisse acertar o próximo, ganharia fama de desastrado.

Do lado oposto do vale, o grupo de Baitullah continuava a disparar nos norte-americanos. Era a chance que Qalam tinha de eliminar homens e veículos do inimigo, mas precisava agir rápido, pois seu esconderijo havia sido revelado. Os estrangeiros tinham armas muito melhores e os reforços certamente já estavam a caminho. Eles sem dúvida contavam com outras formas de comunicação além de walkie-talkies e mensageiros.

Bashir viu dois soldados arrastando um terceiro lá embaixo. Deveria mirar neles? Estavam indo em direção a um veículo. Alguns blindados e um Humvee tentavam escapar da emboscada. Bashir mirou e disparou. O foguete atingiu a lateral do veículo e não causou danos. Era o foguete número dois. Primeiro um foi para o alto e agora mais um erro. Se não acertasse agora, nunca mais seria autorizado a tomar parte numa missão.

Ele se preparou para disparar o terceiro, mas agora choviam balas. Os homens ao seu redor começaram a correr. Um foguete atingiu uma enorme rocha atrás deles.

— Procurem cobertura! — gritou Qalam,

Mas era como se o comandante estivesse distante demais. Bashir não se preocupava com nada a não ser com o terceiro foguete. Toda sua concentração estava voltada para isso. Ele mirou com cuidado — tinha que ser muito preciso — e puxou o gatilho com toda a força.

— Abandone a posição! — gritou Qalam.

Um foguete caiu bem ao lado dele.

Bashir atingiu o blindado no qual tinha mirado e preparou um quarto foguete. Ele disparou. Outra coluna de fumaça subiu da margem do rio.

— Corra!

Mas Bashir ainda tinha um foguete.

— Os helicópteros estão chegando! — gritou um. — E os aviões!

Bashir parecia em transe. Imóvel, ele segurava o último foguete na mão. Veículos do comboio recuaram. Um caminhão bloqueou a estrada, vários homens se esconderam atrás do capô de um veículo. Ele mirou num blindado no qual viu vários soldados entrando. Dois outros, escondidos atrás de umas árvores, apontavam para ele. Era preciso decidir rápido: ou o blindado ou os atiradores atrás das árvores.

Bum! O estrondo do foguete atingindo o metal ecoou pelos ares.

— Bashir, você está soziiiiiiinho! — gritou um.

O blindado pegou fogo.

PAIS E FILHOS

Bashir enfim correu e se escondeu sob uma árvore.

Não demorou muito para que os helicópteros estivessem no seu encalço. Os combatentes se esconderam nos arbustos, atrás dos rochedos, no meio das pedras, sob as árvores. A regra era se espalhar, nunca ficar agrupados.

Bashir ficou completamente imóvel enquanto os norte-americanos carregavam seus feridos para longe dali. Um caça passou rugindo acima deles. Os helicópteros voavam tão baixo que ele podia ver o rosto do piloto entre a densa folhagem. A grande vantagem do verão eram justamente as folhas. O terreno montanhoso era nu no inverno, exuberante na primavera e completamente coberto no verão.

Bashir se perguntava quais sistemas de armas os norte-americanos teriam a bordo. Ele tinha ouvido falar do laser de busca de calor; se tivessem algo assim, eles estariam perdidos.

Uma hora se passou.

Os helicópteros continuavam a sobrevoá-los. Os soldados dispararam vários tiros contra as árvores, mas ainda não haviam conseguido atingir ninguém.

A garganta estava seca. Um riacho corria bem próximo a ele. Bashir estava com tanta sede que achava que ia sufocar. Ele havia engolido areia e pó de argila. A água do riacho gorgolejava.

Eles permaneceram ali por mais uma hora, duas, três.

Abdul Manan sussurrou que não aguentava mais e queria descer até o riacho.

— Venha comigo, Bashir!

Cada um estava abrigado sob uma árvore, a alguns metros de distância.

— Não, fique aqui — respondeu Bashir, com a língua grudada no palato.

Ficaram imóveis, sentados no chão acompanhando o sol seguir lentamente seu curso. Os helicópteros fizeram várias viagens de ida e volta para transportar homens e equipamentos, enquanto continuavam a circular acima deles e atiravam aleatoriamente na direção das árvores.

Ninguém se arriscou a sair para beber água. Se um fosse descoberto, todos seriam.

Como o sol indicava que se aproximava a hora da prece da tarde, os helicópteros finalmente se foram.

Um a um, os guerreiros rastejaram para fora de seus esconderijos. Os afegãos de Qalam, os paquistaneses de Baitullah, alguns árabes. Eles não tiveram uma só baixa! Eles se abraçaram, louvaram ao Senhor e beberam avidamente do riacho.

Que sensação! Voltar para a aldeia com o lançador de foguetes a tiracolo e — se Deus fosse misericordioso — algumas vidas norte-americanas na consciência.

Os aldeões ouviram o tiroteio e acompanharam os helicópteros circulando e atirando durante várias horas nas clareiras da floresta e na encosta da montanha. Como nenhum dos talibãs retornava, temia-se pelo pior. Quando finalmente regressaram, exaustos e empoeirados, foram calorosamente recebidos. Ao passarem pelo bazar de Lowara, um homem gritou para eles: "Um cordeiro por conta da casa!"

O animal foi encaminhado a um restaurante local.

Antes dessa batalha, poucos na área haviam travado contato mais próximo com os guerreiros. Os membros da tribo não gostavam de viver sob o jugo de ninguém, nem mesmo do Talibã. A guerra contra os estrangeiros no Afeganistão não lhes dizia respeito. Eles davam as costas ou saíam correndo quando viam os homens armados. Quem era amigo e quem era inimigo? O melhor era manter distância.

Mas quando o combate contra os norte-americanos começou naquela manhã, não restavam dúvidas sobre quem estavam apoiando. Eles eram os mais próximos de seus irmãos pachtos.

Com folhas grudadas nas roupas e gravetos nos cabelos, a caminho de se saciar com um cordeiro sacrificado, o jovem de 16 anos havia se tornado um guerreiro.

Alguns dias de marcha depois, os homens estavam de volta a Miram Shah. Na mesquita, Bashir ganhou o reconhecimento de Sirajuddin.

— Ouvi dizer que você esteve na batalha de Paktika, meu filho.

Bashir sorriu.

— Sim, disparei cinco foguetes.

— Ninguém diria isso de um fedelho como você. Você matou muitos invasores. Mais de vinte, dizem.

Os talibãs gostavam de inflar a quantidade de baixas do inimigo. A verdade é que eles não tinham ideia de quantos haviam sido mortos na batalha, se é que algum havia sido. Disseram que havia, sim, vários feridos. Até então, as perdas norte-americanas na guerra haviam sido poucas, menos de uma centena.

Essas emboscadas em grande escala ainda não faziam parte do cotidiano dos talibãs. Mas era assim que venceriam, luta após luta, batalha após batalha. Pequenos grupos, combatendo corpo a corpo, era o método que usavam. O objetivo era forçar os norte-americanos a combater com os pés no chão. Se a guerra fosse travada do ar, eles não teriam chance.

Sirajuddin lhe deu um tapinha nas costas.

— Estou orgulhoso de você, filho.

Bashir desviou o olhar. Foi demais. Aquela mão quente nas costas era como o afago de um pai.

ABC

Noor, a organização de Jamila, tinha crescido. Em Pexauar, o princípio era ajudar os menos favorecidos. Tinham arrecadado comida e roupas para os refugiados nos campos e adquirido cadernos com dinheiro das voluntárias. Agora havia até um escritório fixo com funcionários. Ela tinha uma equipe. E estava cheia de esperança.

Até financiamento de vários países e doadores ela conseguiu; a primeira grande contribuição veio do Canadá. O objetivo era que todas as crianças no Afeganistão aprendessem a ler e escrever. Além disso, os programas Catch Up continuavam de vento em popa, capacitando mulheres para usar computadores, fazer contas, estabelecer um orçamento, liderar e delegar.

Acima de tudo, Jamila tinha uma motivação mais profunda: trabalhar por uma sociedade mais igualitária. A mudança precisava ser interna e ocorrer por meio do livro mais importante: o Alcorão. Ela passou a lecionar sobre o Alcorão a partir de uma *perspectiva feminina*. Para enfrentar os mulás e imãs, era preciso jogar o mesmo jogo que eles, para que não descartassem a igualdade entre homens e mulheres como um tipo de heresia ocidental.

O Talibã estava fora de Cabul e não podia mais impedi-la de trabalhar. Jamila poderia liderar, poderia debater, poderia ajudar a moldar o novo Afeganistão. Mas então ficou claro que ainda havia homens em seu caminho. Homens que queriam controlar as mulheres, homens que queriam dominá-la. E cantavam o antigo refrão:

Aonde você vai?

O que você está fazendo?

Você não pode.

Recolha-se. Comporte-se. Ouça, mulher sem vergonha!

Os homens eram os mesmos de antes, os homens mais próximos de sua vida — seus irmãos.

Em Cabul, Ibrahim juntou os pedaços de seu império empresarial. Cada um dos irmãos de Jamila desempenhava um papel na reconstrução dos negócios da família. Bibi Sitara plantou um novo jardim, enquanto a casa precisou ser reconstruída quase do zero depois de ter sido inteiramente revirada e saqueada. Todos eles teriam muito o que fazer.

A nova casa era muito colorida, com tapetes macios no chão, delicados papéis de paredes e cortinas caras. Bibi Sitara escolheu uma linda cor verde para a grande sala de estar voltada para o jardim, de modo que as paredes quase se confundiam com a folhagem do lado de fora.

A mãe decorou o quarto de Jamila, agora com quase 20 anos, com motivos femininos — o quarto onde ela viveria pelo resto da vida. Jamila não se importava com a aparência, a decoração não lhe atraía, assim como cozinhar, uma atividade que não lhe apetecia em nada.

Ela era uma mulher com outra vocação. Tudo o que não contribuísse para alcançar seu objetivo era considerado perda de tempo.

Depois de muita discussão, a Noor ganhou um escritório num dos prédios de Ibrahim. Como a sala era emprestada, a organização poderia economizar dinheiro e investir tudo o que tinha em ações educacionais, e Jamila ficou muito agradecida por isso. Mas o benefício tinha, afinal, um preço. Os irmãos também tinham as chaves da porta.

Intrometiam-se o tempo inteiro. Não tinham pudor de interromper uma reunião; ao contrário, ficavam parados de pé olhando em volta, encarando os participantes, e depois iam embora. Sempre apareciam sem avisar, quando lhes convinha, para verificar se havia homens presentes, e, caso houvesse, se Jamila não estava sozinha com eles.

Era tão constrangedor. E humilhante. Como se ela não fosse um ser humano com plenos direitos.

Os cinco irmãos tampouco achavam que Jamila o fosse, pelo contrário, eram as tradições familiares que determinariam o que ela faria de sua vida. Alguns achavam que ela não deveria trabalhar de jeito nenhum, alguns diziam que ela poderia trabalhar, desde que em casa. Apenas um deles aceitou que ela trabalhasse em um escritório, mediante a promessa de que tudo correria bem.

Enquanto o pai estava ocupado com seus afazeres, os irmãos continuavam a apertar o cerco contra Jamila. O tempo corria a favor deles. Era só esperar até que o dinheiro acabasse ou o pai retomasse o imóvel.

Os irmãos não contavam com a ajuda financeira que chegava ao país vinda de diversos locais. Doadores ocidentais procuravam por bons projetos, e a organização feminina de Jamila estava no caminho certo. A Noor tinha filiais em várias províncias, e não demorou para assumir centenas de pequenos e grandes projetos educacionais. Algumas eram escolas domiciliares administradas por professores desempregados, outras eram salas de aula improvisadas em lugares onde não havia escola para meninas.

Já passava de mil o número de projetos. Depois, mais mil.

Jamila foi contratada para lecionar na conservadora província de Ghazni, terra natal de seus pais, onde Ibrahim começou a carreira de empresário nos anos 1940 e onde Bibi Sitara cresceu vestida de menino.

Jamila teve o privilégio de ter um pai rico. Ele possuía uma mansão em Ghazni, que estava emprestada a parentes. Quando ia à cidade, Jamila ocupava os aposentos do pai. Um tio e sua família residiam no andar acima, a família de outro tio ocupava o térreo. Uma empregada cuidava das coisas práticas quando ela estava de visita.

Como se já não bastassem os problemas com os cinco irmãos, ela agora teria que lidar com um número ainda maior de parentes. Em Ghazni eram vários tios, todos com filhos, e vários primos também tinham filhos adultos. Além dos cinco irmãos, seus problemas quintuplicaram. Os primos sequer se dignavam lhe dirigir a palavra, em vez disso, recorriam diretamente aos irmãos. Jamila se intrometera na vida política da província, quebrando a tradição de ser uma mulher obediente e sempre silenciosa. As acusações eram muitas.

— Ela emporcalha nosso nome — queixavam-se os primos.

— A irmã de vocês trabalha com infiéis. Ela não se cobre. Vocês têm que pôr um fim nisso.

Os primos achavam os irmãos de Jamila muito relapsos. Um problema assim não haveria de ser tão difícil de resolver.

— Se vocês não têm vergonha, se não têm apreço pela honra, então seremos nós quem vamos tomar as providências.

Boatos sobre a Noor se espalharam em Ghazni. Tanto entre aqueles que queriam aprender quanto entre aqueles que queriam pôr um fim às atividades da organização. As mães vinham com as filhas para inscrevê-las nos cursos. As ameaças vinham pelo telefone.

Um dia, uma gangue de motociclistas estacionou em frente ao escritório da Noor. Os homens sacaram as armas e invadiram o prédio. Entre os homens estava um dos primos. Ele já estava farto.

Antes de arregimentar os motociclistas, foi ele quem espalhou os boatos. Jamila havia viajado sozinha para o exterior *com estrangeiros* e ficava sozinha *com homens* no escritório. O que ela estava aprontando, afinal?

O primo sustentava que Ibrahim e seus filhos não eram mais afegãos de verdade, que não se importavam com o nome da família. O plano do primo era escalar o conflito para que Ibrahim, o patriarca, fechasse o escritório da Noor em Ghazni.

Carros começaram a perseguir Jamila nas ruas. Ela recebia telefonemas anônimos.

— Você precisa parar! — imploraram os irmãos. — Feche o escritório!

— Vocês acham realmente que eu faço isso de que me acusam?

Não, não é que eles achassem que ela estava fazendo algo obsceno no escritório, mas as pessoas *poderiam achar* se ela continuasse a receber homens lá.

— Mesmo se fosse para ir a Meca e dar voltas na sagrada Caaba todos os dias, eu ainda gostaria que você não saísse de casa — disse um dos irmãos.

— Com essa mentalidade, como vamos conseguir desenvolver este país?

Um irmão fez uma confissão.

— Tenho nojo quando alguém me vê e diz: "Olha, lá vai o irmão de Jamila."

Não era aceitável que uma mulher simbolizasse uma família. Era com coisas assim que os irmãos se preocupavam. Eles queriam viver no mundo imutável tal como o conheciam.

Jamila tentou encontrar uma saída. Na família, ela sempre insistira em trilhar um caminho próprio. Mas, no trabalho, aprendeu a resolver conflitos conversando, transigindo, tentando encontrar uma solução para o problema e depois fazendo uma abertura, criando um espaço para chegar a um ponto em comum capaz de unir, não de separar. Agora todas as portas pareciam fechadas.

Às noites ela sonhava que estava correndo. Pelo deserto, pelas montanhas, pelas ruas, pelos riachos e rios. Em todos os lugares havia barreiras. Durante o dia ela trabalhava para eliminá-las, mas à noite novas barreiras eram erguidas.

À noite, uma coisa era diferente em relação ao dia, contudo: ela corria sem as muletas. Às vezes, até caminhando sobre as águas. Outras vezes, voando. Sem peso, mas sentindo-se forte. No caminho, com superpoderes.

Na vida real, porém, estava prestes a sucumbir à pressão.

A solução mais fácil era desistir. Largar o trabalho, passar o bastão para outra pessoa, admitir que acabou. Porque a pressão só aumentava — em todos os lugares. Era a pressão em casa, quer morasse com os pais em Cabul ou com os tios em Ghazni. Era a pressão nas ruas. Era a pressão no trabalho. Em vários lugares, os projetos esbarravam na oposição de imãs e autoridades locais. Eram muitas as frentes de combate.

Mas então as meninas chegavam e agradeciam por tudo o que aprenderam, e diziam que queriam aprender mais. Numa reunião com uma organização estrangeira, quem estava sentada do outro lado da mesa era uma das meninas educadas pela Noor. Que alegria!

Abandonar tudo? Não, ela preferia morrer fazendo o que fazia. Era nisso que ela acreditava, e quem disse que a vida tinha que ser simples?

Quando Jamila pensava que as coisas não poderiam piorar, a surpresa veio em forma de armadilha. O primo que mais a ameaçara a pediu em casamento.

A simples hipótese lhe dava engulhos. Era como se lhe drenassem o restante das forças.

Casar-se com ele seria pior do que pôr fim à vida com as próprias mãos.

Ao mesmo tempo em que surgiam projetos de desenvolvimento bem-intencionados, crescia a violência no país. O sequestro passou a ser uma importante receita tanto para as redes criminosas quanto para o Talibã, e a família de Jamila também foi afetada. O tio do andar de baixo estava desaparecido. Ele era o mais ponderado deles e, vale notar, a apoiava. Os sequestradores exigiam grandes somas de dinheiro. A família teve que intervir. Mas quem realmente estava por trás? Jamila presumiu que os próprios primos tramaram o sequestro, e ela seria a próxima da lista. Deveria estar preparada para qualquer coisa da parte dos familiares.

Rejeitar a proposta de um primo poderia dividir a família inteira.

— Eu vou te ensinar. Vou te mostrar como posso impedi-la — disse o primo.

O que os irmãos não fizeram, ele faria.

Ibrahim não aguentava mais. Jamila tinha a opção de parar de trabalhar com a educação das meninas, abandonar sua família ou deixar seu país natal.

Havia uma quarta solução.

Só um novo pretendente poderia isolar o primo.

Mas quem poderia ser? Que homem a deixaria trabalhar por conta própria? Ela liderava uma organização, tinha funcionários, tomava decisões.

Como seus pais nunca quiseram que ela, uma pessoa com deficiência, se casasse, nenhum pretendente jamais surgiu em seu caminho. Bem, na verdade, houve um, alguns anos antes.

A proposta veio sem a família saber, por meio de um conhecido que, a princípio, não disse quem era o pretendente, apenas comentou sobre ele. Jamila não se interessou, pois tudo que queria era trabalhar, mas ainda assim ficou um pouco curiosa.

— Esse pretendente tem nome? — ela perguntou enfim.

Era Kakar. O professor de árabe.

Jamila ligou os pontos e entrou em contato com ele imediatamente.

— Como ousa? Você é meu professor! Que tipo de garota você acha que eu sou?

Kakar não desistiu. Fez nova proposta. E de novo. E mais uma vez. Mas isso foi anos atrás. Onde ele estaria agora?

O tio sequestrado foi finalmente libertado. A família se uniu para pagar o resgate. Durante esse período, Jamila aproximou-se da tia, que morava no andar de baixo. Ela era mais aberta, mais atenciosa do que os outros membros da família.

Jamila lhe contou sobre o conflito com o primo, e sobre Kakar, que era viúvo, e perguntou como ela poderia lhe transmitir a mensagem que, mesmo depois de todos esses anos, ela agora poderia estar interessada. Como uma tábua de salvação, ela enfatizou. Ela achava que o tio de fala mansa, recentemente libertado, era o único que poderia convencer seu pai a dizer sim a um pretendente de fora.

Enquanto esperava, elaborou uma lista de requisitos para um possível marido:

Tenho que trabalhar.

Você não pode interromper minhas atividades. Pelo contrário, deve me apoiar.

Não importa o que eu faça, você nunca será um obstáculo para mim.

Isso vale independentemente de você gostar ou não do que eu estiver fazendo.

Logo ela, que acreditava que nunca iria se casar! E agora o casamento era a única saída para se livrar de sua família, e para eles se livrarem dela.

Mas Ibrahim estava cético. Kakar era de um distrito diferente, de uma família diferente. Ele era pachto, Jamila era tadjique. Eles não o conheciam. Que tipo de homem ele era? Por que queria se casar com uma pessoa com deficiência?

Os irmãos achavam que ele estava atrás do dinheiro de Ibrahim. Além disso, ele já havia sido casado antes, tinha filhos. Era isso mesmo que ela queria se tornar — uma madrasta?

Bibi Sitara preferia que Jamila continuasse a morar no quarto que era seu. Esse sempre foi o plano.

148 OS AFEGÃOS

O tio tentou convencê-los. Kakar vinha de uma família religiosa tradicional, de gerações de eruditos islâmicos. Ele próprio era um imã graduado e agia como conselheiro e mediador. A família era conhecida pela moderação na abordagem religiosa, um tio seu havia escrito uma obra progressista sobre ciência e islamismo.

Para Jamila, o cenário era o seguinte: a família era boa, o timing não podia ser melhor e Kakar era perfeito.

Funcionou. O pai desistiu, os irmãos pararam de assediá-la, os primos sumiram. A família não era mais responsável por ela. A responsabilidade passou para as mãos de Kakar.

Jamila achou difícil de repente, da noite para o dia, na própria noite de núpcias, estar tão perto de outro ser humano. Ela tinha muito respeito pelo professor, mas o respeito criava distanciamento, desequilíbrio, timidez. De repente, os dois passariam a compartilhar tudo. Seriam próximos, íntimos. Ele era viúvo, ela era completamente inexperiente. Não, não era um casamento por amor, ela respondia aos que perguntavam.

Mas desde que ele não ficasse em seu caminho, funcionaria.

Então algo inesperado aconteceu. Kakar entrou na Noor, começou a trabalhar para ela, na organização que ela fundou e da qual estava à frente. O marido assumiu a responsabilidade pelo diálogo com os eruditos islâmicos, o que foi importante, ou melhor, fundamental, para abrir as portas das aldeias. Para influenciar as decisões, eles tinham que conversar com clérigos e conselheiros das aldeias, sempre as pessoas mais poderosas do lugar, sempre homens. Como os persuadiriam a aceitar de bom grado escolas para meninas e cursos para suas mães?

Nada do que fosse mencionado poderia evocar as lembranças da última vez em que foram apresentados a conceitos de emancipação feminina, quando os soviéticos tentaram impor suas ideias a eles. A luta das mulheres não poderia ser associada ao comunismo. Muitos estavam céticos, pois direitos humanos e democracia — uma invenção do Ocidente — estariam realmente de acordo com o islã?

Kakar e Jamila sustentavam que sim. Os talibãs diziam que não. Os imãs diziam, bem...

ABC

Os dois se aproximaram cada vez mais. Intelectualmente, se complementavam. Por meio de conversas com imãs e mulás, que muitas vezes mal conseguiam *encarar* uma mulher de frente, os recém-casados tentavam mudar a visão tradicional da *purdah* — segregação — e do direito das meninas à educação. Não havia nada no Alcorão que fosse de encontro à educação feminina e à participação da mulher na sociedade, explicava Kakar com sua fala mansa e seu jeito paciente. Referindo-se a citações do Alcorão, ao que o profeta havia dito e, não menos importante, ao fato de que o próprio Maomé queria que suas esposas e filhas lessem e aprendessem.

A organização passou então a se chamar Noor Educational and Capacity Development Organization, mais tarde abreviado para NECDO. Jamila queria incluir "direitos humanos" no título, mas não havia espaço e, além disso, era uma expressão muito controversa. Para tudo havia limites, inclusive para ela. Pelo menos desta vez.

Ela se firmava na paciência de Kakar, ele se deixava levar pela força de vontade de Jamila.

A visão do casal sobre o islã conflitava com a prática religiosa no país. Na nova Constituição de 2004, homens e mulheres eram iguais, no papel. A sharia não era mencionada diretamente, mas a constituição afirmava que a lei islâmica deveria sempre ter precedência. Kakar e Jamila citavam exemplos de ideias democráticas no islã, enquanto a maioria das pessoas compreendia o islã com base no que diziam seus parentes. No dia a dia das pessoas, as tradições locais de interpretação prevaleciam tanto sobre a sharia quanto sobre a constituição. A crença e as tradições populares, sustentáculos do privilégio masculino e do poder patriarcal, se mantiveram inabaláveis mesmo depois que o islã chegou ao Afeganistão.

Nos primeiros anos, Hamid Karzai, escolhido a dedo pelos Estados Unidos para governar o país, tinha uma tendência relativamente progressista quando o assunto eram direitos humanos e igualdade. Ele manteve um diálogo próximo com Sima Samar, médica que se tornou a primeira ministra do país para assuntos femininos e chefiou a Comissão Afegã de Direitos Humanos, mas depois Karzai passou a ser mais cauteloso. Com

150   OS AFEGÃOS

os líderes ocidentais até mencionava esses assuntos, mas quando se dirigia ao próprio povo ele se mostrava mais contido. Nenhuma das quatro ministras que nomeou tinha algum poder de fato; ele ainda estava nas mãos dos homens que integravam o governo: governadores provinciais e distritais, senhores da guerra e líderes tribais. O governo de Karzai manteve as estruturas de poder tradicionais e tinha traços nítidos de nepotismo e manipulação política.

As posições formais de poder que vieram com o novo sistema transformaram-se em importantes chamarizes para captar toda a ajuda externa que chegava ao país. A corrupção se espalhou no enorme aparato governamental, em todos os níveis e instâncias, e drenou recursos que seriam destinados ao desenvolvimento. Os fundos de apoio acabaram virando torneiras folheadas a ouro feitas em Dubai, a coleção de armas de um senhor da guerra ou ainda a frota de Land Cruisers blindados de um traficante. Enfraquecido, o aristocrata Karzai passou a ser ignorado pelas antigas estruturas de poder: os líderes tribais e os novos senhores da guerra, que sempre formavam alianças para em seguida descumpri-las.

Foi assim que começou a erosão do governo que ocupava o palácio presidencial de Arg. Com a complacência de Karzai, nascia um Estado mafioso, sob as vistas dos Estados Unidos, da Otan e do restante do Ocidente. Todos fazendo vista grossa para o fato de que os *good guys* se transformavam em *bad guys*, e até mesmo em *real nasty guys*.

Em 2006, quando Jamila e Kakar se casaram, uma em cada cinco mulheres afegãs sabia ler e escrever. O mesmo valia para metade da população masculina. O objetivo de ambos era erradicar o analfabetismo na sociedade afegã. Jamila entrou em contato com o ministro de Peregrinação e Assuntos Religiosos e obteve apoio para desenvolver um programa de formação para imãs que se concentraria nos direitos das mulheres a partir de uma perspectiva islâmica. Nela, estava incluído o direito de recusar um casamento indesejado. Se a mulher quisesse, receberia uma quantia em dinheiro chamada *mahr*, uma espécie de *investimento* que o futuro marido faria. O dinheiro seria destinado só a ela e poderia ser empregado, por exemplo, para consolidar sua independência em caso de divórcio, algo que, segundo Jamila, era um direito islâmico a par de direitos básicos como educação ou participação na vida social e política. Jamila escreveu um pequeno manual com uma interpretação moderna do islã que considerava adequada ao Afeganistão e presumia palatável tanto para a sociedade quanto para os imãs.

Por fim, Jamila e Kakar visitaram centenas de imãs. Primeiro em Cabul e Jalalabad, depois nas províncias. Jamila pediu que participassem dos círculos de estudos e os fez prometer que distribuiriam seu manual e mencionariam os direitos das mulheres durante as orações de sexta-feira. Depois disso, contratou centenas de estudantes da Universidade de Cabul, capacitou-os sobre "direitos das mulheres no islã" e os remunerou com recursos que havia poupado. Os alunos teriam que visitar as mesquitas que Jamila e Kakar haviam visitado antes, tomar parte nas orações de sexta-feira e prestar atenção ao que os imãs diriam. Então deveriam reportar o que ouviram.

Caso considerasse a mensagem inadequada, Jamila não hesitaria em abordar os imãs sobre o que os alunos lhe relatavam, mas seus espiões também retornavam com histórias comoventes. Um deles encontrou um velho chorando num canto nos fundos da mesquita após o sermão do imã. O ancião se aproximou do clérigo e perguntou por que ele não havia dito tudo aquilo antes.

— O que você está dizendo agora que é pecado, eu fiz tudo isso. Eu vendi minhas filhas. Nunca perguntei a elas o que achavam dos maridos com quem foram obrigadas a casar. Nunca permiti que recebessem educação. Se tudo isso é pecado, como posso ser salvo agora?

A nova sociedade estava em formação. Jamila queria participar e mudar atitudes. A Noor fazia uma campanha pela igualdade de direitos e para mais mulheres assumirem posições de poder. Também combatia um grande problema social: a violência contra a mulher, principalmente a violência doméstica.

Aos poucos, Jamila percebeu que havia mais uma coisa que impedia meninas e mulheres de obter educação superior: o assédio sexual. Nas escolas. Nas universidades. Nas ruas. Nos ônibus. No trabalho. Na família. Ele se estendia como um imenso, pesado e espesso cobertor sobre toda a sociedade.

Alguns advogados afegãos até tentaram criminalizar o assédio, mas esbarraram em forte resistência. Jamila tentou encontrar apoio na Comissão Afegã de Direitos Humanos, mas recusaram-se a confrontar a Universidade de Cabul, onde os casos eram muitos. Ela não desistiu e conseguiu que a NECDO elaborasse diretrizes éticas para instituições de ensino, as quais esperava poder apresentar aos novos legisladores do país.

Em vez de os agressores serem condenados, as mulheres que os denunciavam acabavam sendo punidas. Se os acusados fossem homens poderosos, a vingança era implacável. Uma família inteira poderia ser punida e sofrer represálias em decorrência da acusação de uma mulher se ela não desistisse do caso.

De acordo com o islã, um homem pode ter quatro esposas. A estrutura foi criada tendo em mente o bem-estar das viúvas, segundo Jamila. Desde que a atual esposa concordasse, a viúva poderia juntar-se à nova família e, assim, obter abrigo e segurança para si e seus filhos. Essa era a intenção original, ela acreditava, enquanto a norma era distorcida para que homens abastados abarrotassem seu leito matrimonial com meninas. Era importante formar mulheres eruditas, para que a perspectiva das mulheres no islã fosse ouvida e, então, lentamente, passo a passo, mudar o Afeganistão através de reformas.

Quando se tratava de sexo, era natural que as mulheres casadas obedecessem aos maridos. Uma mulher aceitava a relação sexual quando o homem queria. Mas à medida que se aprofundava no Alcorão e nos ensinamentos do profeta, Jamila chegou à conclusão de que a coabitação era uma relação entre iguais, não algo unilateral em que o homem detinha todo o poder.

Uma vez ela mencionou o assunto diante das primas quando uma delas reclamou que o marido sempre exigia que ela fizesse sexo.

— Você não é uma escrava, muito menos escrava sexual, você tem o direito de dizer não — objetou Jamila.

As primas olharam para ela chocadas.

— Não, isso é errado, minha mãe sempre nos ensinou a obedecer...

— Sua mãe está errada!

Jamila contou o que às vezes dizia ao próprio marido:

— Não estou pronta, não estou com vontade, estou cansada, não me convém. Ele aceita isso, e não haveria como ser diferente — disse ela. — É nosso direito!

As primas olharam para ela incrédulas. Jamila era revolucionária de muitas maneiras, mas até nisso!?

Ela primeiro se apaixonou pela voz dele

— Então por que ele não se casa?

O mulá Dadullah apontou para Bashir, que finalmente deixara crescer a barba. Era uma noite quente e um grupo de homens estava sentado no alpendre em Miram Shah. Dadullah era o principal líder militar do Talibã, o comandante mais poderoso de todo o Afeganistão. Ele olhava para Bashir com suas sobrancelhas espessas, quase verticais.

O clérigo de 40 anos tinha muitos apelidos: *Manco*, pois perdera uma perna em batalha; *Açougueiro*, porque era conhecido pelos cortes rápidos ao decapitar as vítimas. O mulá Omar o destituíra do comando por causa de seu comportamento extremista, mas seus serviços voltaram a ser requeridos. Não se derrota a Otan com punhos de renda. O tratamento dispensado aos aliados também era brutal. "Ou vocês conquistam a área ou não retornem", era a mensagem quando enviava homens para a batalha.

Mas Dadullah tinha uma habilidade especial para resolver disputas, por isso estava no Waziristão, onde os casos de conflitos insolúveis, rixas de sangue e assassinatos só aumentavam. Dadullah também tinha um conluio com os paquistaneses e havia recrutado mais combatentes, apelando para a ideia de um inimigo e de um futuro comuns.

Os outros na sala desviaram seus olhares de Dadullah — que, mesmo quando não falava a sério, parecia assustador — para Qalam. O assunto era delicado. Bashir tinha sido nomeado subcomandante de Qalam após uma grande batalha na província de Khost, na qual se destacou com grande ousadia e vários alvos atingidos. Ele havia aprendido a ler o ritmo das batalhas e antecipar a resposta do inimigo.

— A partir de agora você vai dirigir o meu carro — disse Qalam após a batalha, e Bashir se deleitou com a atenção do comandante.

Mas então Qalam queria estreitar ainda mais os laços com o jovem de 19 anos. Ele tinha filhas e as ofereceu a Bashir para que escolhesse a que mais lhe agradava. Oferecer as próprias filhas para o casamento não era comum; cabia ao pretendente, ou melhor, à sua mãe fazer a proposta. Mesmo assim, Bashir recusou.

Foi um grande constrangimento. Pela primeira vez, o adolescente não agia conforme ele dizia. O comandante ficou primeiro irritado, depois ofendido. Era uma questão extremamente pessoal. O comandante queria ser seu sogro e foi rejeitado. Por aquele órfão. A história vazou.

Os homens no alpendre prenderam o fôlego. Um deles finalmente quebrou o silêncio. Era alguém imediatamente abaixo de Dadullah na hierarquia.

— Ele simplesmente não quer.

— Está na hora — disse Dadullah. — Você não sabe quanto tempo viverá.

Bashir assentiu. Era assim que se fazia quando o mulá Dadullah dirigia a palavra a alguém.

Mas Bashir só queria lutar. Ele queria vencer, só mais uma vez, queria matar, só mais uma vez, acertar mais um alvo, disparar mais uma bala, ser livre.

Essas coisas envolvendo mulheres eram complicadas e caras. Uma noiva, mesmo em plena guerra, quando uma vida humana era tão barata, custava mais que uma Kalashnikov, e, não, uma esposa não tinha esse valor. Quando a guerra acabasse, ele se casaria, e não apenas com uma, mas com pelo menos quatro esposas.

Por enquanto, tudo que aspirava para si era estar ali, sentado ao lado dos comandantes veteranos ouvindo suas histórias. Com Sirajuddin, que determinava as ações no leste; Dadullah, que dava as cartas no sul; Qalam e Baitullah, que lutavam pelo Waziristão, sabendo que esses homens tão poderosos se importavam com ele.

A luta do Talibã contra o governo apoiado pelo Ocidente já durava cinco anos. *Os bolsões de resistência* tinham crescido. Mas os talibãs ainda care-

ELA PRIMEIRO SE APAIXONOU PELA VOZ DELE   157

ciam de uma estratégia militar abrangente. Em algumas áreas eram fortes, em outras mal se organizavam além de milícias reunidas aleatoriamente. O objetivo era estabelecer uma estrutura de comandantes e subcomandantes, depois fundar um emirado paralelo, com um governador paralelo e comandantes em todas as províncias.

Bashir lutava em ambos os lados da fronteira sob o comando de Qalam. Eles permaneceram próximos, apesar da desfeita. Qalam o ensinou a derrotar um inimigo que era mais forte, melhor equipado e em maior número, como sempre era o caso dos estrangeiros.

— Você precisa estar tão perto do inimigo a ponto de quase escutá-lo respirar — disse Qalam. — Cara a cara, aí você o pega.

O importante era explorar sua própria fraqueza. Com menos homens e armas mais leves, era mais fácil agir: surgindo do nada, desaparecendo rapidamente.

Quanto às filhas, não faltavam pretendentes interessados. A herdeira de um comandante era sempre muito cobiçada. Noivados foram celebrados, e Bashir continuou solteiro. A relação recuperou o antigo equilíbrio, ele como subordinado, Qalam como chefe.

Um dia, os dois foram convidados à casa de um dos comandantes mais jovens da região. Hamid tinha o DNA mujahedin. O pai, mulá e guerrilheiro, estabeleceu uma base e constituiu família no Paquistão durante a guerra contra a União Soviética.

As mulheres da casa foram instruídas a preparar uma lauta refeição para o célebre *Qumandan* Qalam.

A irmãzinha de Hamid subiu correndo as escadas assim que ouviu os homens conversando no pátio. Rapidamente, entrou num quartinho no andar superior, onde ficou escondida — não apenas dos convidados, mas também da mãe. Era proibido ficar espreitando homens estranhos. Agora que tinha feito 14 anos, ela não saía além do portão da casa, mas já tinha ouvido falar de Qalam. As histórias que o pai e o irmão contavam evocavam os feitos heroicos de Mahmud de Ghazni, o grande governante do século XI, uma época em que a terra natal da família era quase tão importante quanto Bagdá.

E agora era Qalam quem estava passeando pelo quintal.

A menina ficou atrás de uma porta.

Não se atreveu nem a se aproximar da janela. Eles não podiam vê-la. Ah, mas como ela queria ver aquele homem tão famoso!

Ela os ouviu entrando na sala de visitas no térreo. Ao mesmo tempo, ouviu os ruídos da cozinha, onde a mãe e as irmãs preparavam chá verde com sementes de cardamomo; os convidados sempre recebiam uma taça de chá assim que chegavam. Foi seu irmão quem levou a bandeja para servi-los. Ela ouviu risadas na sala e teve uma ideia. A sala de visitas ficava no térreo. Pé ante pé, ela poderia descer e se esgueirar até o quintal, dar a volta na casa e então, se sua mãe estivesse ocupada na cozinha e o caminho estivesse livre, talvez conseguisse espiar pela janela.

Pela fresta da porta ela vasculhou o quintal. Estava vazio. Arriscou alguns passos. Lentamente, aproximou-se da janela da sala de visitas. Estancou bem rente ao peitoril. As cortinas estavam fechadas, não havia uma só fresta descoberta.

A voz era grave e rouca. Devia ser o comandante, a julgar pelo que ele disse; ele era o chefe. Ela ouviu o pai dizer algo e o irmão responder. Então uma gargalhada ecoou pelo ambiente. De quem seria? A risada abafou algumas palavras que ela não conseguiu entender. Ouviu-se uma nova onda de risadas que se transformaram numa voz calorosa que rasgou o ar. Era uma voz confiante. Rápida. Jovem. O dono daquela voz parecia feliz.

Foi assim. A menina de 14 anos estava apaixonada.

Alguém bateu no portão e ela entrou de volta em casa. Subiu as escadas em passos rápidos e chegou esbaforida ao quarto. A respiração desacelerou, mas ela não estava calma. Algo palpitava acelerado em seu peito.

Eu poderia ser feliz com um homem assim, era só no que ela pensava.

Sirajuddin Haqqani elaborou um plano ambicioso. Queria atacar a base Tillman e capturá-la.

A base norte-americana estava localizada na província de Paktika, num planalto acima da aldeia de Lowara, a poucos quilômetros da fronteira com o Paquistão. O ataque foi planejado para a lua cheia seguinte, e Qalam seria o líder.

Normalmente, eles operavam em grupos de quatro. Em operações maiores, agrupavam-se em oito. Desta vez era algo completamente diferente, cerca de vinte comandantes com seus homens deveriam estar prontos quando a lua cheia estivesse no alto do céu.

Os homens de Qalam se deslocaram para a fronteira doze dias antes para fazer o reconhecimento da área.

No caminho, cruzaram com um grupo de soldados do Exército paquistanês. Era notório que os homens de Qalam eram talibãs, mas os paquistaneses disseram apenas que cabia a eles decidir se queriam ou não cruzar a fronteira do Afeganistão. No entanto, se o fizessem, não poderiam retornar.

— Por que não? — perguntou Bashir.

— Há rumores de um possível ataque à base Tillman, então temos ordens de fechar a fronteira — responderam os soldados.

O ataque planejado fora revelado? Alguém deu com a língua nos dentes? Ou talvez eles apenas fossem um grupo por demais numeroso?

No dia seguinte, eles continuaram em direção à base. O comandante enviaria batedores para se familiarizar com as rotinas. Era importante permanecer oculto, pois os norte-americanos atirariam em qualquer coisa que se movesse, não havia razão alguma para alguém se aproximar desse posto avançado a não ser que tivesse intenções hostis. A área ao redor era erma e estéril, apenas alguns arbustos mais resistentes brotavam do solo arenoso. Nem mesmo as cabras pastavam ali.

Eles viram pelos binóculos que o primeiro obstáculo eram vários rolos de concertina com pontas afiadas como lâminas de barbear. Logo havia uma área plana, depois muros altos guarnecidos por sacos de areia.

De volta ao acampamento, eles se reuniram. Qalam decidiu que deveriam manter a discrição e se dividir em grupos menores. Como fazia muito calor, eles se dividiram em bases menores perto da fronteira até a data do ataque, a onze noites de ser realizado. Qalam deu a todos um dia de folga. Era o momento de recobrar as forças, para depois continuar o reconhecimento e esperar a chegada de reforços.

Faltavam dez noites para a lua cheia.

Na luz cinzenta da terceira manhã, Qalam voltou para observar a base. No binóculo reparou num dos seus, um parente, lá dentro, em meio aos norte-americanos. Mais do que os próprios infiéis, ele odiava os afegãos que haviam se alistado no exército do governo.

Ele ficou furioso. Não poderia aceitar aquilo. A vontade que teve foi de atacá-los enquanto o traidor ainda estivesse lá!

No final do dia, Bashir foi despertado por um camarada com ordens de Qalam para se preparar. Ele esfregou os olhos e se perguntou por que estava com tanta pressa. Ainda faltavam nove dias para a lua cheia.

— São ordens de Qalam — repetiu o camarada.

O que Qalam estava fazendo afinal? Siraj teria mudado de ideia? Bashir contou os homens que chegaram a Lowara. Eram 34. Ao mesmo tempo, eles souberam que na base de Tillman estavam estacionados centenas de soldados das forças do governo e um número igual de norte-americanos. Ele propôs esperar pelos reforços e se ater ao plano.

— Está com medo? — perguntou o camarada.

— Não, mas isso é uma loucura.

— Está com medo dos infiéis?

Era só o que precisava ser dito.

— Ok. Vamos — respondeu Bashir.

Pelo walkie-talkie ele chamou Qalam e confirmou o local do encontro. Bashir geralmente era o único batedor a inspecionar a área e as rotinas inimigas, uma das funções mais importantes antes de um ataque. Desta vez, Qalam em pessoa foi conferir a situação. Talvez quisesse repassar os planos e rever posições de agrupamento e de ataque.

Quando chegaram ao local e tiveram uma visão privilegiada da base Tillman, pequenos grupos foram posicionados para que o ataque pudesse ocorrer em várias frentes. Quatro homens aqui. Cinco ali. Um pouco mais

ELA PRIMEIRO SE APAIXONOU PELA VOZ DELE

longe, outros três. Na base havia duas torres de observação, disse Qalam, uma alta e outra mais baixa. Ele continuou a direcionar os combatentes para as posições determinadas até que finalmente restaram oito homens consigo.

Seriam necessários uns 25 homens para atacar cada uma das torres de observação, estimou Bashir. Qalam tornou-se um grande comandante justamente por sua proverbial ousadia, mas isso era pura *burrice*.

Bashir olhou para o comandante. Embora estivessem prontos, todos reconheciam que a superioridade do inimigo era imensa. Esse reconhecimento também cobrava seu preço.

— Fique aqui com os outros — disse Qalam a Bashir. Ele tentaria se aproximar da base com alguns homens sem ser detectado. O alvo seria a torre mais baixa. Os comandantes geralmente ficavam em segundo plano, para manter uma visão geral, mas desta vez Qalam assumiu a vanguarda.

— Não, eu vou na frente e cubro a área — sugeriu Bashir.

— Fique aqui! — ordenou o magro. Bashir encarou seu mentor. O que tinha acontecido com ele?

Qalam se aproximou da cerca acompanhado de dois homens. Com muito cuidado, pois geralmente havia minas espalhadas ao redor das bases.

Diante da concertina com pontas afiadas, eles pararam. Qalam sentou-se no chão para orar. Ele rezou oito *rakat* — oito vezes se ajoelhou e se levantou, até se sentar no chão novamente.

Quando a oração terminou, Bashir perguntou pelo walkie-talkie.

— É para *eu* começar o ataque ou *você* começa?

— Talvez os ianques comecem — respondeu Qalam.

Os dois ficaram em silêncio. Ninguém sabia o que fazer. A calma reinava na base. Eles tinham uma visão clara dos sistemas de armas, as linhas defensivas, os muros de concreto, a luz dos holofotes ao redor.

— Perdoe-me — disse Qalam. O silêncio durou tanto que Bashir achou que a conexão havia sido perdida. — Por favor me perdoe.

— Por quê?

— Leve os homens de volta ao acampamento — ordenou o comandante.

— Abortamos a missão.

Bashir confirmou. Ele bocejou. Tudo que queria agora era voltar para a cama e dormir. Eles debandaram.

Qalam ficou no local acompanhado de dois homens.

Depois, caminharam de volta para a base.

Bashir foi acordado pelas rajadas de metralhadoras de grosso calibre. Vinham de Tillman, tinha certeza. Pelo walkie-talkie, tentou falar com Qalam. Ninguém respondeu. Ele tentou mais uma vez, e de novo.

Finalmente conseguiu uma resposta do walkie-talkie do comandante.

— Qalam foi atingido!

Ele atacou a base sozinho?

Eles correram na direção da base. Quando Bashir chegou, viu que um dos companheiros estava tentando arrastar Qalam para longe da cerca. Um drone se aproximava. Bashir mal conseguiu olhar para cima e o drone disparou. Eles foram arremessados para todos os lados e ficaram caídos atrás das pedras, sob as árvores, na encosta.

Ileso, Bashir correu até Qalam. O peito do comandante estava vermelho como brasa. Era como se ele ardesse por dentro. O sangue escorria por vários orifícios no peito.

Um outro drone se aproximou. Bashir tentou se proteger. Logo mais drones chegariam, talvez foguetes. Eles eram presas fáceis onde estavam, fáceis demais.

— Não podemos deixar Qalam aqui — disse Bashir tentando arrastá-lo.

Mas o homem ossudo, preso ao arame farpado, era pesado demais para ser carregado. Não era possível.

— Vamos cortar a cabeça dele — sugeriu Bashir. — E levar conosco. É a cabeça que eles querem.

A cabeça de Qalam, um troféu para os Estados Unidos. Um dos comandantes mais importantes da região. Tudo o que Bashir aprendera sobre a guerra foi com ele. *Você precisa estar tão perto do inimigo a ponto de quase escutá-lo respirar. Cara a cara, aí você o pega.*

Um helicóptero apareceu.

— Não vamos conseguir! — gritou o homem ao lado.

ELA PRIMEIRO SE APAIXONOU PELA VOZ DELE   163

Numa fração de segundo, Bashir decidiu abandonar Qalam e se salvar. Eles partiram com seus fuzis sobre os ombros. Bashir correu tanto que ficou com gosto de sangue na boca. Sem aviso, um pensamento lhe ocorreu: "Eu também quero ser um mártir! Que Alá venha me buscar!"

Mesmo assim, ele continuou a correr. O peito doía, o sangue pulsava. Era como se o corpo soubesse que precisava se salvar, enquanto a mente ansiava por paz.

Ao chegar num bosque ele se jogou numa nascente. Os sobreviventes do ataque se entreolharam, estavam cobertos de sangue, areia e terra, que agora lambuzavam seus rostos misturados à água da nascente. Vários homens estavam desaparecidos. Era preciso avisar aos demais.

O posto de gasolina defronte ao mercado em Lowara tinha um telefone via satélite que Bashir costumava pegar emprestado. Ele começou a discar o número de Sirajuddin.

O que aconteceu com Qalam?

Excesso de confiança?

Vontade de encontrar Deus?

Com o sangue de Qalam em suas roupas, enquanto o próprio comandante jazia na areia do deserto, Bashir disse a Sirajuddin que tinha uma mensagem feliz para anunciar.

Deus havia acolhido seu mártir.

— Cara a cara. Foi assim que o mataram.

Antes do fim do dia, Qalam deveria ser sepultado, mas os norte-americanos ainda o tinham. Geralmente os corpos dos combatentes ficavam no local em que tombavam, para que pudessem ser recolhidos pelos próprios talibãs. Mas com Qalam foi diferente, eles o recolheram. Sabiam quem ele era. Como Bashir tinha dito: era um troféu. Ele, que os infernizava havia anos, agora era levado para câmara refrigerada da base.

Com a pele escurecida pelo sangue, o cabelo emplastrado, a barba tingida. Da forma como foi morto ele iria encontrar Deus.

O ataque teve repercussões diplomáticas. Pouco depois de Bashir ter telefonado para Sirajuddin, o bazar onde se encontrava acompanhado de uma dúzia de homens foi cercado por um grupamento do exército paquistanês.

— Entreguem as armas! Rendam-se!

Os homens de Bashir se negavam a obedecer.

O destacamento local do Exército estava em apuros. Era óbvio para os norte-americanos que os soldados paquistaneses sabiam que os talibãs estavam planejando um ataque. A base de Tillman queixou-se a Islamabad dos seus cidadãos que, em vez de colaborar na luta contra o Talibã, facilitavam suas ações, permitindo que os combatentes operassem livremente. Os norte-americanos exigiram a prisão de todos os homens de Qalam, mas o exército hesitava em atacar uma dúzia de talibãs fortemente armados dentro de um mercado lotado.

Durante o dia, membros do Conselho Popular local do Waziristão tentaram resolver o impasse. Compareceram mulás e imãs. Um general pousou de helicóptero para falar com o imediato de Qalam. Bashir se recusou. Era uma armadilha, eles o levariam para Islamabad e o prenderiam, presumiu ele.

Finalmente, alguém do conselho da aldeia de Lowara apresentou uma proposta.

— Damos a vocês doze dos nossos homens em troca dos guerreiros. Eles ficam livres, nós somos levados.

Um por um, os homens locais deram um passo à frente. Um acordo foi cumprido. Os aldeões voluntários foram levados para Islamabad pelo exército paquistanês para mostrar aos norte-americanos que os agressores estavam sendo punidos.

Em seguida, foram libertados. A situação foi resolvida, e a guerra poderia continuar.

Com bastante antecedência, Qalam tinha gravado um vídeo que só então foi entregue a Sirajuddin. Nele, o comandante anunciava quem levaria sua luta adiante. O ciclo de guerreiros continuaria vivo.

No vídeo, ele louvava a Deus, cumprimentava os líderes e companheiros de luta e nomeou seu sucessor — aquele que assumiria o comando de seus duzentos homens. Em sua saudação, disse ter encontrado a pessoa certa, um homem destemido, forte e independente.

ELA PRIMEIRO SE APAIXONOU PELA VOZ DELE

— É um guerreiro em quem deposito minha fé. Que Deus o conduza à vitória.

O mais jovem de todos eles.

Bashir, *o Afegão*.

Era um legado e tanto. Coincidia com o começo da reorganização da liderança militar Talibã. A estrutura ficou mais rígida e hierárquica. Haveria menos margem de manobra para comandantes rebeldes como Qalam.

A rede Haqqani agora controlava um governo paralelo em Miram Shah, que incluía tribunais, centros de recrutamento, escritório de finanças e forças de segurança. Eles viviam com doações dos Estados do Golfo e demais países árabes, além do dinheiro proveniente dos sequestros e extorsões. Empreiteiros na área tinham que pagar até metade de seus lucros para operar sob proteção.

A partir de 2007, a nova estratégia militar possibilitou aos talibãs realizar ataques complexos em maior escala. Bombas pesadas em rodovias, seguidas de emboscadas-relâmpago e operações de martírio passaram a ser o cerne dessa nova estratégia.

Ninguém recrutou mais homens para operações de martírio do que Sirajuddin Haqqani e o mulá Dadullah, o homem que aconselhou Bashir a se casar, pois a qualquer momento poderia ser tarde demais.

Mas então foi ele quem saiu de cena. Antes do fim do verão, as forças britânicas da Otan finalmente conseguiram executar o principal líder militar do Talibã, o homem responsável pelos expurgos contra os hazaras e que comandou a explosão dos enormes Budas de Bamiyan, patrimônio cultural da humanidade. Seu corpo seria entregue ao Talibã em troca de cinco profissionais de saúde sequestrados. Somente quatro o foram; o quinto foi decapitado porque o corpo de Dadullah, com dois buracos de bala no peito e um na nuca, não foi entregue com a devida celeridade.

Mesmo depois de morto sua brutalidade perdurava.

*

Perto de completar 20 anos, Bashir estava tomado de desejos por uma mulher.

Já estava noivo da prima, ao lado de quem crescera no quintal barrento de casa em Mussahi, mas não era ela quem ele queria. Queria, sim, uma mulher imediatamente, e queria poder escolhê-la sozinho.

Não era nada fácil, pois não havia mulheres jovens à vista.

Por isso, mães e irmãs faziam suas visitas intermináveis, para inspecionar as noivas em questão e depois fazer suas recomendações. Bashir não podia recorrer à mãe, ela só tinha olhos para Yasamin. Tampouco poderia recorrer às cunhadas, totalmente leais à mãe.

Então ele teve que pedir ajuda a um homem.

Um de seus companheiros mais próximos era um dos mais jovens comandantes do Talibã, Baitullah Mehsud, uma estrela em ascensão nas áreas tribais.

— Eu cuido disso — prometeu Baitullah.

Não demorou muito para ele identificar uma possível noiva.

— Ela sabe o Alcorão inteiro de cor — gabou-se Baitullah.

Seu pai havia lhe ensinado pachto e dari. Uma garota esperta e inteligente, diziam. Mas também educada e dócil.

Era a irmã de Hamid, um de seus combatentes.

Bashir gostou da ideia. Casar-se com a irmã de um subordinado era melhor do que com a filha do chefe, como Qalam desejava. Além disso, ele já era conhecido do pai da menina, a quem fora apresentado numa visita à aldeia no ano anterior, um homem culto com quem logo simpatizou. Era importante, na verdade era o mais importante, porque num casamento o fator decisivo era família, bem mais que a noiva.

Mas como ele poderia formalizar o pedido de noivado sem a mediação de uma mulher?

Ele precisava encontrar uma maneira. Enquanto tentava, quase foi morto.

Seu grupo enfrentou forte ataque das forças do governo afegão com apoio aéreo da Otan. Bashir separou-se dos outros e precisou se esconder numa fenda na encosta. Os foguetes explodiram ao seu redor com uma

ELA PRIMEIRO SE APAIXONOU PELA VOZ DELE

intensidade que ele jamais havia sentido. A fissura na parede da rocha ficou coberta por pedra e cascalho. A vida era assim.

Quando o ataque finalmente cessou e ele desceu da montanha, a primeira pessoa que encontrou foi o irmão mais velho da escolhida. Bashir achou que era um sinal. Ele poderia ter morrido. Como o mulá Dadullah havia lhe dito: *Está na hora. Você não sabe quanto tempo viverá.*

Naquela mesma noite, ele anunciou a Baitullah:

— Diga-lhe que quero me casar com ela!

Galai nasceu em Cabul no mesmo dia em que o professor Rabbani foi nomeado presidente, em 28 de junho 1992, pouco antes do início da guerra civil entre as várias facções mujahedin. A família havia fugido para Pexauar durante a invasão soviética, e o pai lutara ao lado dos mujahedins. Para ele, o islã vinha em primeiro lugar, uma lição que fez questão de ensinar aos filhos. Mas com essa última filha as coisas simplesmente não andavam. Embora as irmãs tivessem memorizado todo o Alcorão, ela não sabia um só versículo. Ela era a caçula, muito amada e mimada, até que aos 4 anos foi obrigada a aprender o alfabeto árabe e então estancou. Ela se recusava a aprender. Os pais decidiram mandá-la para um internato, no qual a disciplina era mais rígida.

O madraçal ficava atrás de muros altos. Não era permitida a presença de homens. Havia vários dormitórios, cada um abrigando cerca de vinte meninas. Colchões finos eram estendidos no chão à noite e encostados às paredes durante o dia. Ali, elas se sentavam com os livros sobre uma almofada diante de si para memorizar, primeiro o alfabeto, depois o próprio Alcorão.

A garotinha não parava de chorar. Tomava palmadas nas mãos, no traseiro, nas costas. O corpo precisava estar sereno para que a cabeça pudesse receber a palavra de Deus. Ela apenas soluçava ainda mais.

Por fim, a mãe foi buscá-la. Afinal, Galai envergonhava a todos.

Então que a menina brincasse um pouco mais. De volta em casa, ela preferia a companhia dos meninos. Eram mais agitados, mais interessantes. A diversão consistia sobretudo em brincadeiras com pedras, grandes e pequenas, competindo para equilibrá-las nas mãos, arremessando-as em rochas que deixavam escapar faíscas. Eles desenhavam mapas na areia e se apossavam de terrenos. Faziam corridas de obstáculos com pedras e competiam para saber quem terminaria o percurso em primeiro.

Mas a felicidade não durou muito.

Assim que completou 8 anos, ela foi proibida de brincar com os meninos, até mesmo de falar com eles. Se quisesse brincar, teria que se contentar com as meninas. Entre as quatro paredes da casa.

Galai olhava em volta e queria poder parar o tempo. Não queria crescer. Não queria envelhecer. A vida adulta era tão cheia de tristezas. Seu pai começou a ler para ela em casa. Lentamente ela se abriu para o aprendizado. Ela gostava das histórias sobre o profeta, sobre como o Alcorão foi revelado a ele, sobre as batalhas, e como o islã se propagou. Seu pai lhe contou sobre as esposas de Maomé, sobre a primeira, Cadija, sua confidente e a primeira muçulmana. Galai achou estranho que Cadija fosse muito mais velha que ele. Não era para ser assim. A esposa tinha que ser mais nova. Ela nunca tinha ouvido falar de uma esposa mais velha que o marido. Além disso, Cadija era uma mercadora, o que não deixava de ser estranho, e rica, enquanto o profeta não tinha nada quando se conheceram. Quem sabe em outros países os mercados fossem propriedade de mulheres? Ela não conseguia sequer imaginar que uma mulher pudesse ser uma *negociante*.

O primeiro pretendente surgiu antes que ela completasse 13 anos. A mãe o recusou sem mesmo perguntar a Galai. Melhor nem perguntar. A mãe dizia não a todos que vinham.

— Ela é a minha caçula, só vou abrir mão dela quando estiver bem velha. Até lá, ela fica aqui comigo — era o que costumava dizer.

A razão para que tivesse tantos pretendentes devia-se, sobretudo, ao pai. Para o Talibã, Galai era uma excelente escolha, já que seu pai gozava de um status elevado. Ele recebia visitas frequentes de guerreiros, e estes tinham irmãos, filhos e primos. Suas mães vinham, assim como as irmãs. Não se podia recusar essas visitas, então elas nunca tinham fim. Um não continuava sendo um não. De novo e de novo.

*

ELA PRIMEIRO SE APAIXONOU PELA VOZ DELE

De vez em quando, no celular do irmão, ela ouvia ecos daquela mesma voz que ela entreouviu pela janela naquele dia de primavera do ano anterior.

Ela soube que o dono daquela voz se chamava Bashir. Certo dia, ele veio visitá-la. Ela pediu permissão ao irmão para se esconder atrás da cortina no primeiro andar, só para poder vê-lo.

— Por favor!

— Não! Você pode ter pensamentos ruins!

Ela sabia exatamente o que seu irmão queria dizer com aquilo. Galai, no entanto, escondeu-se atrás da cortina. E então...

A voz adquiriu um rosto, a gargalhada, um sorriso. Ela estava apaixonada.

Poucos dias depois, seu irmão foi abordado por Baitullah em Miram Shah.

— Seu pai é um bom homem. E você só tem mais uma irmã disponível. Estamos procurando uma esposa para nosso irmão Bashir.

Galai e sua mãe estavam em casa costurando quando Hamid chegou. Antes que o irmão começasse a falar, Galai tinha que se retirar. Ela abaixou a cabeça e deixou o aposento. Assim ditava o costume. O recato era a principal virtude de uma garota pachto.

Ela ficou espreitando do outro lado da porta.

A mãe recusou.

Estava fora de questão.

Galai não tinha vez nem voz.

A mãe ficou ainda mais decidida quando descobriu que Bashir já tinha uma noiva no local de onde vinha. O que ele estava pretendendo, afinal? Sim, um homem podia ter quatro esposas, mas era preciso contrair matrimônio na ordem em que os noivados eram feitos. Jamais ela entregaria sua filha caçula a um homem que não respeitasse isso.

Depois veio a cunhada de Bashir, Sima, casada com Raouf. Ela foi persuadida a tentar e não contou a Hala. Ela cobriu Bashir de elogios, citou as tantas habilidades que ele possuía.

Por fim, Hamid sugeriu à mãe:

— Acho que nós devemos perguntar a Galai.

Uma vez que estava dito, ela não poderia recusar.

Hamid subiu ao quarto da irmã, que sabia o que esperavam dela.

— Não... — disse ela num fio de voz.

Internamente, ela gritava que sim.

— Tem certeza? — insistiu ele.

— Sim.

Depois que ele saiu, ela ficou sentada refletindo. Tinha mesmo acabado de rejeitar aquele homem, de voz alegre, de riso envolvente, a vida com a qual sempre sonhou?

Então ela ouviu passos na escada. Era o irmão que retornava.

— Quero lhe dar um conselho — ele disse. — Fique com ele. Não existe marido melhor.

— Sim — suspirou Galai. — Eu fico.

A mãe fez de tudo para impedir o casamento.

— Você será uma segunda esposa! — alertou ela.

Quem noivasse primeiro teria prioridades, e estava claro que o casamento seria realizado. Não se rompe um compromisso vitalício.

Ela falava sobre a poligamia com conhecimento de causa. Seu pai teve cinco esposas ao longo da vida, houve brigas e conflitos desde o primeiro dia em que a segunda esposa entrou em casa, que se agravavam a cada nova esposa. Não, ela não desejava uma vida assim para a filha mais nova.

— Não se case com ele! — repetiam as irmãs em uníssono.

— Você vai sofrer! — diziam as cunhadas.

— Nunca vou perdoar você por isso — sibilou a mãe para o filho. Ela o considerava o artífice de tudo.

Muita coisa estava em jogo, e eles sabiam muito bem que se a garota concordasse com uma proposta não havia nada que uma mãe ou um grupo de cunhadas pudessem fazer.

Galai havia se decidido. Ela o queria. Ela soube disso desde o momento em que ouviu a voz dele pela primeira vez.

O irmão convocou uma reunião familiar e anunciou a decisão final da jovem de 15 anos. O último recurso da mãe foi tentar pôr na noiva

ELA PRIMEIRO SE APAIXONOU PELA VOZ DELE

um preço tão alto que Bashir não pudesse pagar. Onde ele iria conseguir dinheiro para isso numa zona de guerra? O dote foi fixado em um milhão de afeganes, cerca de 50 mil reais.

— Nós aceitamos — respondeu o irmão de Bashir.

A mãe de Galai deixou escapar um "Quê?!" de espanto.

A única que era contra o casamento de forma igualmente veemente era Hala. Ela repreendeu o filho caçula por ter saído de casa e encontrado uma esposa sozinho. O que ela iria dizer ao irmão? E aos outros na aldeia? As pessoas zombariam deles.

As negociações prosseguiram. A mãe de Galai insistia em demandas que Bashir jamais poderia aceitar. Seu irmão concordava com todas e, finalmente, sem ter mais opções, ela cedeu. Confirmado o dote, Raouf trouxe o dinheiro no dia seguinte, e a mãe de Galai achou que o valor era realmente exagerado. Receando parecer gananciosa, ela recuou.

— Está bem, metade do dote — disse.

Bashir entregou-lhe então meio milhão de afeganes, e ela ainda lhe devolveu 100 mil.

— Você vai precisar deles no jihad.

A data da cerimônia foi marcada.

Finalmente noivos, Bashir e Galai puderam se encontrar pela primeira vez. Era como se pertencessem um ao outro, ambos os corpos estavam tensos e carregados de expectativa. Braços sólidos e fortes, pescoços largos. Galai tinha quadris largos e um abdômen plano. Os ombros de Bashir ficaram musculosos de tanto carregar peso, seu peito alargou-se. Ambos tinham bochechas redondas e, o mais importante, sorrisos que facilmente se abriam.

Longe dali, em Mussahi, a refeição da noite estava pronta: pão embebido em caldo e tigelas de iogurte. Yasamin sentou-se com seus irmãos e pais ao redor de uma pequena toalha estendida no chão. Ela tinha completado 16 anos. Em vez de vergonha, agora sentia orgulho por estar noiva de um grande *qumandan*.

O telefone do irmão tocou.

Ela percebeu que a voz do outro lado era de Bashir.

Ele sempre telefonava para os irmãos, nunca para ela.

Ela percebeu no rosto do irmão que havia algo errado. Ele desligou e contou a novidade.

Uma garota de 15 anos do outro lado da fronteira tomara seu lugar. A guerra criava novas regras para tudo.

Conquistando corações

Como eram grandes os homens que entravam a passos largos pelo portão da escola. Ariana nunca tinha visto homens tão altos. Os soldados sorriram e olharam em volta com um semblante amigável. Fizeram a todos um aceno de cabeça e cumprimentaram o diretor e os professores com suas mãos enormes. Ariana, uma garotinha pálida e pequena que estava entre os alunos mais novos, reparou que as mãos estendidas eram apertadas com força.

A mãe, professora de Geografia na escola, fora avisada da visita no dia anterior. Eles serviram suco e bolos para os convidados, que educadamente recusaram tudo.

Ariana também viu algumas mulheres entre os homens. Todos usavam exatamente o mesmo uniforme, de tecido camuflado em tons das cores do deserto. As calças eram largas nas coxas, com bolsos laterais fundos. Muito diferentes do uniforme do pai, aquele que vestia todas as manhãs quando saía para trabalhar na contabilidade do Ministério da Defesa. De calças retas e bem passadas e paletó apertado.

Algumas das mulheres usavam bonés, outras estavam com a cabeça descoberta. Uma delas tinha cabelos claros e lisos repartidos para o lado, penteados para trás e presos num coque. Ariana nunca tinha visto uma mulher assim antes, exceto nos filmes. Algumas tinham cabelos muito curtos, que só garotinhas usavam, enquanto outra exibia cachos escuros e rebeldes presos num rabo de cavalo que balançava de um lado para outro. Os soldados se agacharam para conversar com as crianças, as mais velhas até arriscaram algumas palavras em inglês. *Hello Mister! Hello Miss!*

Um grandalhão cobriu o rosto com as mãos, como se estivesse se escondendo, como se fossem crianças pequenas. Cadê? Achou!

Ariana e as crianças ao redor riram, era tão estranho que aqueles homens grandes brincassem assim. Foi muito divertido! Ela imitou seus gestos. Cadê? Achou! Na última brincadeira as crianças foram jogadas para cima pelos grandalhões. Um deles pendurou um menino em cada braço, outro deixou que escalassem em seus ombros.

Alguns soldados tiraram algo vermelho de seus bolsos e colocaram no rosto. De repente, todos tinham nariz de palhaço e faziam caretas. As crianças adoraram. Os professores riram.

Outros trouxeram várias caixas grandes e as empilharam bem no meio do pátio da escola. A torre de caixas atraiu a atenção de todos.

As crianças se amontoaram em volta das caixas e vibraram de emoção quando um soldado tirou dali uma boneca, e outra, e mais uma. As bonecas de pano tinham pernas e braços de cor bege, um vestido curto azul, cabelos castanhos e olhos grandes e apaixonantes. Todas as meninas receberam a sua, enquanto os meninos ganharam bolas e carros. Em outras caixas havia sacos, e dentro deles havia cadernos e canetas. Os professores também receberam presentes. Ariana olhou para sua mãe, que tinha em mãos os belos cadernos. Ela parecia feliz e sorria para os soldados. Ariana olhou para a boneca que tinha na mão. Ela a lembrava de um personagem de desenho animado que tinha visto na televisão.

Em todo o Afeganistão, as forças da Otan puseram em prática uma série de ações para melhorar a vida dos afegãos. Construíram estradas e pontes, removeram minas, plantaram árvores, enviaram técnicos para ajudar os agricultores, construíram sistemas de irrigação, hospitais e centros de saúde e — não menos importante — abasteceram as escolas com livros, mesas, cadeiras, lousas e giz.

As visitas escolares eram elementos clássicos da estratégia de *winning hearts and minds*, cujo objetivo era angariar alguma simpatia popular para o governo. As pessoas não deveriam ser conquistadas pela violência — não, era preciso aquecer corações, libertar mentes.

Um caderno aqui, uma boneca acolá. Para garotas como Ariana, eles eram super-heróis, aqueles soldados que vinham dos Estados Unidos para

CONQUISTANDO CORAÇÕES

visitar sua escola. Na maioria das áreas de Cabul e em outras grandes cidades, as pessoas recebiam de braços abertos os estrangeiros e a ajuda que traziam. Após duas décadas de invasões, guerra civil e governo talibã, a expectativa era de que o país se desenvolvesse e passasse a integrar a comunidade global. As pessoas acostumaram-se com as forças da Otan pelas ruas, e até se sentiam mais seguras.

Uma dessas pessoas era a mãe de Ariana. Nadia tinha acabado de concluir o magistério quando a guerra civil irrompeu. O sonho de prosseguir com os estudos foi destruído quando ela se casou às pressas com um primo. Os pais achavam que era mais seguro assim, diante dos mujahedins perambulando pelas ruas e sequestrando meninas. O medo pairava no ar depois de tantas jovens estupradas e mortas, e as famílias se acautelavam como podiam.

Nadia só foi conseguir usar sua formação de professora depois da queda do Talibã. Ariana tinha vindo ao mundo no ano anterior, e a única Cabul que a pequena e pálida colegial conhecia era uma cidade onde soldados estrangeiros patrulhavam as ruas e entravam pelo pátio da escola sorrindo.

Desde pequena, Ariana acompanhava a mãe ao trabalho. Os pais de Nadia, avós de Ariana, moravam longe, assim como os pais do marido. O irmão mais velho já frequentava a escola, então nessa época a caçula ficava na companhia da mãe. Ela costumava sentar-se na sala de aula em silêncio para não perturbar; desenhando, acompanhando o que estava escrito na lousa por um tempo, em seguida adormecendo. Às vezes, até brincava no pátio da escola com as outras crianças que haviam sido levadas por suas mães. O pátio da escola estava sempre em brasa. Não havia uma árvore, nem mesmo uma única planta, nenhuma cobertura, nada que fizesse sombra. Ela nunca sentiu tanto calor quanto naqueles dias em que esperava a mãe do lado de fora sob o sol escaldante de Cabul.

A idade escolar era de 7 anos, mas sua mãe achou que, fosse como fosse, o melhor seria matriculá-la na primeira série. Ela somou dois anos à idade da filha ao fazer a carteira de identidade da menina e, de repente, Ariana não tinha mais nascido na virada do milênio, mas dois anos antes.

176   OS AFEGÃOS

Assim, ela era a menorzinha da turma quando ingressou na primeira série, aos 5 anos. Finalmente, estava vestida como uma colegial num vestido preto com um lenço branco, meias brancas e sapatos pretos. No começo ela se ressentia um pouco de estar no meio das crianças mais velhas e queria acompanhar a mãe em outra sala.

Mas adorava as canetas e os cadernos macios, e copiava com capricho os belos caracteres que a professora escrevia na lousa.

Um novo mundo se descortinava.

No mesmo ano em que Ariana começou a estudar, o Talibã pôs em marcha sua grande mobilização contra a educação pública. Enquanto mais e mais crianças eram matriculadas nas escolas e as forças da Otan distribuíam apostilas, o Talibã investia grandes recursos para sabotar todo e qualquer estudo que não fosse o do Alcorão. As crianças não precisavam de nada além da palavra de Alá.

O Talibã criou uma *comissão educacional* própria que elaborou regras para seus comandantes de campo. Eles foram instruídos a atacar escolas que seguiam o currículo do novo governo, onde meninos e meninas estudavam juntos. No outono de 2006, foram emitidas *layeha* — diretrizes éticas — para autorizar ataques a escolas. As regras eram muitas. Primeiro, era preciso enviar uma advertência. Em seguida, estavam autorizadas agressões físicas contra o diretor e os professores. Se, mesmo depois disso, as exigências do Talibã não fossem atendidas, docentes e alunos poderiam ser mortos e a escola, incendiada. A regra 24 proibia qualquer pessoa de trabalhar como professor "sob o atual regime fantoche, pois fortalece o sistema dos infiéis". A regra número 25 ditava que qualquer um que ignorasse os avisos do Talibã seria morto e a escola seria incendiada. A regra seguinte enfatizava que somente os livros religiosos seriam poupados do fogo, enquanto os livros escolares impressos depois que o Talibã perdeu o poder estavam proibidos.

As regras eram assinadas pelo mulá Omar – *supremo dirigente do Emirado Islâmico do Afeganistão* —, um líder no exílio.

CONQUISTANDO CORAÇÕES

Enquanto Ariana cursava o segundo ano e brincava de esconde-esconde com grandes soldados com nariz de palhaço, cerca de duzentas escolas foram incendiadas pelo Talibã.

Terminado o dia escolar, a mãe levava Ariana para casa, dava-lhe algo para comer e depois ia para a universidade, onde cursava Geografia. Foi o pai de Nadia quem insistiu para que ela fizesse uma especialização.

— Agora todas as possibilidades estão abertas — acreditava ele. — Por que se contentar em ser uma professora comum se você pode ser muito mais? Assim como os estrangeiros, afegãos também devem valorizar a educação!

A filha sabia que, se a mãe concluísse o curso, conseguiria um diploma e então poderia se tornar diretora da escola. Ela era a pessoa mais indicada para isso, achava Ariana. Nadia era rígida e também elegante. Seu cabelo estava sempre bem preso, parcialmente encoberto por um véu solto, e a maquiagem escura nos olhos a fazia parecer misteriosa, como uma personagem de contos de fada. A pele era iluminada por grossas camadas de base. Ninguém deveria perceber que ela era anos mais velha que os calouros. O que ela mais queria era compensar tudo que o Talibã lhe havia roubado.

A família morava num pequeno apartamento no andar térreo. Ela não tinha permissão para sair, porque os vizinhos de cima, donos da casa, não gostavam da algazarra de crianças no quintal. Da janela, Ariana podia observar como as vinhas lá fora cresciam ao longo do ano letivo. Primeiro, as folhinhas verde-claras, depois os pequenos cachos de bagas. Por fim, eles cobriam a janela inteira, justamente quando ela mais precisava de sombra. Ela ia para baixo da videira e se entediava, até que começou a copiar letras e formar palavras.

Depois de algumas horas, o irmão voltava para casa. Eles estendiam os colchões na sala e ligavam a TV. O desenho favorito de ambos era *Tom & Jerry*, mas às vezes ela via sua boneca na tela, ou pelo menos uma muito parecida. Frequentemente adormeciam e ficavam ali deitados até que a mãe ou o pai voltassem do trabalho ou dos estudos.

— Hoje foi o melhor dia de escola! — disse Ariana à mãe no dia da visita dos soldados.

Nadia assentiu com a cabeça. Assim como a filha, ela tinha gostado da presença dos militares e das coisas que ganharam. Tudo tinha uma qualidade diferente do que encontravam nas papelarias de Cabul.

Ariana olhou para o caderno que ganhara. Tinha uma lombada preta, capa e contracapa duras e folhas pautadas. *Caderno de 100 páginas*, estava escrito em letras brancas na folha de rosto. Era nele que ela estava decidida a escrever sobre sua vida.

E fez questão de começar com o melhor dia.

A onda

Três meses depois de se casar, Bashir telefonou do Waziristão. Queria casar-se novamente. Desta vez, com Yasamin.

As coisas acontecerem muito rápido. Três dias após a conversa, o irmão da noiva foi se encontrar com Bashir em Miram Shah. Eles formalizaram o acordo, e o irmão recebeu um dote de 200 mil afeganes, metade do valor do *walwar* pago à família de Galai; afinal de contas Bashir e Yasamin eram primos.

— Que roupas ela deseja? — perguntou Bashir, enviando mais dinheiro.

O irmão comprou um vestido vermelho e organizou a cerimônia em Mussahi sem a presença do noivo. A noiva seria cumprimentada pelas mulheres da aldeia, o noivo pelos jihadistas do Waziristão. Yasamin foi preparada da maneira tradicional, com tudo a que tinha direito. As mulheres da família a lavaram, depilaram todo o seu corpo e decoraram com hena suas mãos e braços. O rosto foi besuntado com um creme branco e recebeu uma boa camada de pó de arroz. Os arcos das sobrancelhas foram realçados. Os lábios tingidos de vermelho-escuro. A maquiagem dos olhos cobria toda a pálpebra, os cílios foram escurecidos e as bochechas polvilhadas com purpurina dourada. No final, seu semblante tinha uma aparência rígida como a de uma boneca. Ela não teria motivos para sorrir de toda maneira. Uma noiva aldeã deveria estar triste, com os olhos pesarosos, em respeito à família da qual se despedia.

Dois dias depois, Yasamin foi levada para o Waziristão. Sentada no banco traseiro e envolta numa burca azul-clara, como sempre se vestia fora de casa, acompanhada pelo irmão, a irmã e o marido desta. Eles partiram cedo, antes da *fajr* — a oração da manhã —, de carro, como qualquer pessoa. Se fossem parados nas barreiras do exército, diriam que estavam a caminho de Jalalabad. Lá trocariam de carro para fazer a travessia da fronteira.

O carro desceu a estrada sinuosa em direção a Jalalabad. De um lado, o contraforte da cordilheira, do outro, penhascos íngremes. O telefone do irmão tocou. Era Bashir avisando que não estaria lá para recebê-los porque precisara partir numa missão.

O jihad era prioridade.

Assim, Yasamin, a verdadeira primeira esposa, não seria recepcionada pelo futuro marido, mas pela mulher que a precedera. Yasamin chegaria na nova casa sozinha, isto é, acompanhada, ou, melhor dizendo, desprezada, pela segunda esposa.

Ninguém sabia o que ela estava pensando sobre mais essa reviravolta na chegada. Nem ela disse palavra. Yasamin nunca teve a chance de escolher a vida que levaria. Tudo era decidido por e para ela — o noivado quando ela completou um ano, a proibição de frequentar a escola. Ela nunca comprou as próprias roupas, experimentou sapatos novos ou escolheu qualquer outra coisa que por acaso desejasse. Não podia nem *ver* nem *ser vista*.

Yasamin não havia, portanto, escolhido a vida que a aguardava como esposa número dois. Dócil por natureza, ela trilhava o caminho alheio, sempre fazendo o que lhe era dito e sem jamais tomar as rédeas do destino.

Para sua liberdade de ir e vir não tinha importância alguma o Talibã ter perdido o poder e o novo governo exortar as mulheres a abandonar o véu. Em sua família, as mulheres sempre andavam cobertas. Não iam à escola, não trabalhavam fora de casa, não eram influenciadas pelos talibãs, elas *eram* talibãs.

Embora nem se desse conta, ela estava curiosa sobre Galai. Como seria ela, a outra esposa? Ela queria saber. Seu pai adorava Bashir. A vida inteira sempre deu apoio ao sobrinho e o tratou com carinho e admiração. Desde que soube do primeiro casamento de Bashir, repetiu a si mesmo e aos outros que tudo correria bem, que as coisas se acomodariam, que essa tinha sido a escolha dele e era preciso respeitá-la. Bashir era um grande comandante agora, era evidente que teria quatro esposas, a ordem delas não importava.

A estrada era íngreme. Mussahi estava a 1.800 metros acima do nível do mar, e Yasamin nunca tinha visto outra paisagem exceto as planícies secas ao redor da aldeia. As montanhas estéreis deram lugar a campos ver-

A ONDA

dejantes. Ela ficou fascinada com a exuberância do caminho até Jalalabad, produtora das melhores frutas do país.

Eles atravessaram a fronteira, *como pessoas comuns*. O irmão, que já estivera ali para recolher o dote da noiva, conhecia o caminho. Agora a estrada novamente era em aclive, penetrando a floresta densa, passando por várias aldeias e bloqueios, rumo aos picos das montanhas, em direção a Miram Shah.

O carro parou em frente a um portão. O pátio em que entraram era cercado por muros altos feitos de argila. A cunhada Sima veio recebê-los e abraçou Yasamin.

Ao lado dela estava uma pessoa envolta numa burca.

— Esta é Galai — disse Sima, apontando para a figura oculta atrás do traje.

As duas jovens estavam frente a frente. Tinham a mesma altura. Duas telas tecidas com linha azul impediam que vissem e fossem vistas, e mesmo assim elas tentavam. Atrás da tela azul, só podiam imaginar como seria o rosto da outra.

Galai parecia forte, pensou Yasamin. A única parte do corpo descoberta pelo tecido azul eram suas mãos. Eram grossas, ásperas, calejadas, mãos de camponesa.

Yasamin não devia estar bem, pensou Galai. As olheiras sobressaíam atrás do tecido.

As duas foram conduzidas à ala feminina da casa. As burcas foram penduradas num cabide.

Yasamin escrutinou Galai dos pés à cabeça. Fitou-a nos olhos e ficou surpresa. Eram tão tristes, profundamente tristes. Deve estar assim por me ver, foi o pensamento que lhe ocorreu. Ela não havia se dado conta disso. Que Galai estaria triste pela existência dela e vice-versa.

Uma ternura de repente brotou em seu peito. Um carinho pela outra garota, como se um fio invisível as unisse.

*

182 OS AFEGÃOS

A festa de casamento em Miram Shah foi realizada na noite seguinte. A data foi marcada e deveria ser mantida, quer o noivo estivesse presente ou não. Mais uma vez, Yasamin foi maquiada, vestida e colocada numa cadeira, linda como uma princesa persa dos contos de fadas. O rosto enfeitado estava rígido, quase imóvel.

Galai, por outro lado, passou a noite dançando e rebolando com as outras mulheres. Também usava um vestido novo, de tule amarelo com bordados dourados. Ela mesma o havia costurado, na expectativa de ser a mais bela da ocasião.

Quando a festa começou, a adolescente já havia esquecido que a vida é triste. Assim era Galai. Não era de ter inibições, mesmo diante da mais bela rival que fosse.

Na manhã seguinte o cotidiano voltaria aos trilhos. Juntamente com a mãe de Bashir, elas teriam que cozinhar para os guerreiros.

Hala colocou-as para picar cebolas e shaftal. Pediu que cozinhassem arroz e fizessem a massa dos pães. A mãe de Bashir repetiu para elas a receita da boa convivência:

Duas cabeças, quatro mãos.

Um pensamento: a felicidade de Bashir.

Um objetivo: o jihad.

Desde o início, Sirajuddin Haqqani sempre soube que uma arma em particular era essencial para derrotar os norte-americanos: os próprios jihadistas — os homens-bomba. Para isso, era preciso a ajuda da Al-Qaeda. Eles tinham muito mais experiência em usar seres humanos como bombas e estiveram por trás do primeiro ataque suicida do Afeganistão em 2003, contra as forças alemãs, em Cabul.

O líder terrorista chamava os jovens mártires de dádivas de Deus, e fazia tudo para que mantivessem o moral elevado. A inspiração mais célebre era Qari Hussein, que com seus discursos inflamados sensibilizava profundamente Bashir. O orador evocava as humilhações e violações a que os muçulmanos eram submetidos, a ocupação da própria terra, a violência dos soldados invadindo as casas das pessoas, sem respeitar nem mesmo mulheres e idosos. Nos Estados Unidos, ele contou, as pessoas queimavam e pisoteavam o Alcorão. Alá estava furioso!

Quando os guerreiros também estavam furiosos, Qari Hussein vinha com a solução: o sacrifício final, que desencadeava uma grande recompensa, a glória após a morte.

— Quando você morrer, na verdade não morrerá. Pois sua vida será eterna. E os anjos atenderão todos os seus desejos!

Bashir sentia-se inspirado, elevado. Naquele instante, também queria se transformar numa bola ardente com enorme poder explosivo, enquanto os portões dourados do paraíso seriam abertos para recebê-lo e o abismo do inferno engoliria os inimigos. Mas não era para ele. Os jihadistas eram divididos em dois grupos. Ou se era um guerreiro ou um *fedayin* — um dos que estavam destinados ao martírio. Bashir pertencia ao primeiro grupo.

À medida que mais e mais *fedayin* iam sendo recrutados, Sirajuddin Haqqani criou uma brigada separada sob a liderança de seu irmão, Badruddin.

Os calouros da *academia dos mártires* tinham suas próprias lições do Alcorão. Seu sangue era o sacrifício final a Deus, que os conduziria direto ao paraíso. A todo momento eles eram instilados com detalhes da recompensa eterna para manter aceso o ânimo de atacar.

As questões técnicas eram repetidas à exaustão: como guardar o colete, muitas vezes costurado pelas mulheres de Miram Shah, como vesti-lo sem detonar os explosivos e, finalmente, quando e como acionar o mecanismo para levar consigo o maior número de pessoas para a morte.

A vontade era o mais importante, nunca poderia esmorecer. Recuar no último minuto, quando tudo estava pronto, era a pior hipótese. Um homem-bomba seria torturado até a morte para revelar tudo o que sabia sobre a rede, ensinava-se aos jovens.

Vários mensageiros os transportavam de um lugar para outro a fim de que, caso fossem capturados, não soubessem o exato alcance da rede.

Às vezes, Bashir era um desses mensageiros.

184 OS AFEGÃOS

Por um tempo, ele conviveu com homens-bomba em Logar e foi o responsável por despachá-los nas missões. Para se aproximar dos bloqueios nas estradas, os jovens costumavam se disfarçar de policiais ou soldados. Batedores já haviam estado no local para se familiarizar com as rotinas, encontrar rotas de fuga e alertar se houvesse forças de segurança por perto.

Bashir já havia providenciado uma série de uniformes, e assim, o primeiro enviado foi Sharifullah, um jovem magro e musculoso que mal tinha atingido a maioridade. O plano era explodir um ônibus que transportava soldados e oficiais afegãos.

Eles o ajudaram a armar os explosivos, depois o vestiram com calça, camisa, jaqueta e botas militares em vez das sandálias com as quais costumava andar. Quando tudo estava pronto, eles o abençoaram e fizeram uma oração juntos. Sharifullah já havia gravado sua despedida em vídeo.

Dois homens o levaram de carro até Cabul e o deixaram na parada do ônibus que estava para chegar. Numa esquina um pouco mais distante, um motorista havia deixado o batedor responsável por acompanhar a ação e garantir que a motivação fosse mantida. Sharifullah seria *observado* até o fim.

Ao chegar no ponto do ônibus, ele constatou que só havia civis ao redor. Outros ônibus também paravam ali, então o plano era detonar os explosivos somente depois que embarcasse.

As filas estavam cada vez maiores, mas nenhum sinal do ônibus ainda. As pessoas começaram a se aglomerar em torno de Sharifullah. De sua esquina, o batedor viu alguém se aproximando dele, mas o jovem parecia não saber o que responder. O batedor se aproximou para ouvir o que conversavam. Um homem apontou para os ombros de Sharifullah.

— Então quer dizer que você é um general?

Imediatamente, o observador percebeu do que se tratava. Puseram o adolescente num uniforme de general para embarcar num ônibus com soldados. Um general afegão jamais andaria de ônibus. Ele dirigiria o próprio carro. Agora o estrago estava feito. O motorista foi chamado e, antes que fosse desmascarado, Sharifullah foi resgatado.

O martírio estava suspenso, pelo menos por enquanto.

A ONDA   185

Durante o jantar, eles riram longamente da história.

— Como é que eu ia saber como é o uniforme de um general!? — disse Bashir às gargalhadas. — Tanto faz se o traidor tem três ou cinco estrelas!

Sharifullah ganhou uma sobrevida de uma noite, depois outra, um mês inteiro ao todo. Quando uma ação era cancelada, o candidato a mártir tinha que esperar ser selecionado para a próxima.

Numa casa em que Bashir se hospedou com alguns homens-bomba vivia um adolescente chamado Farouk.

Enquanto esperavam o sinal verde da rede, Farouk lhes serviu comida e chá. Como a espera se estendia, beberam bastante chá — o rapaz cuidava para que as taças sempre estivessem cheias até a borda. Mal ficavam vazias e ele voltava a servir o chá morno.

Era uma turma jovem, todos estavam animados e faziam brincadeiras, e o jovem anfitrião fez amizade com Bashir durante o tempo que o hospedou.

Depois que Bashir entregou os garotos aos cuidados de um novo mensageiro, Farouk decidiu acompanhá-lo. Queria ser um deles.

A mãe, que Bashir nunca chegou a ver, pois a comida era sempre servida por Farouk, disse-lhe para devolver o filho.

— Por favor, o convença a voltar! — implorou ela.

Mas Farouk estava determinado a ganhar a vida eterna.

Bashir o encaminhou ao treinamento; nada podia ser melhor do que isso. Se o objetivo é vencer uma guerra não se pode dar ouvidos aos apelos de uma mãe.

No verão de 2007, Farouk estava preparado para se juntar a um esquadrão suicida na mesquita onde seria realizada a cerimônia fúnebre do antigo rei Zahir Shah. No último minuto, o funeral foi transferido para o palácio de Arg — onde o rei já havia morado. Ali seria impossível o esquadrão agir.

Bashir tinha outros afazeres e nem sempre conseguia supervisionar de perto o treinamento dos jovens ou as tarefas que lhes seriam atribuídas. Mas, no começo de 2008, ele soube que Farouk havia executado sua missão. Ele fora selecionado para um atentado contra o hotel Serena, em Cabul, onde sete pessoas foram mortas.

Farouk nunca conseguiu entrar no hotel. Ele foi baleado pelos seguranças do lado de fora, mas, caído no chão, ainda conseguiu acionar os explosivos do colete, matando inclusive um dos guardas.

— É inaceitável — disse Barack Obama durante a campanha presidencial de 2008. — Sete anos depois da morte de quase 3 mil compatriotas em nosso território, os terroristas que nos atacaram em 11 de setembro ainda estão à solta.

Aos militares, o candidato prometeu o que fosse necessário para alcançar seus objetivos no Afeganistão — reprimir a Al-Qaeda e o Talibã; aos eleitores, disse que retiraria as forças dos Estados Unidos do país.

Para isso, era preciso derrotar o inimigo. Obama queria aumentar o contingente de soldados, homens e mulheres, e intensificar os ataques. Em dezembro de 2009, pouco mais de um ano após ter vencido a eleição, o plano foi apresentado ao público. *The Surge*, uma onda enorme, uma torrente que não pode ser contida, era o nome da campanha militar que levaria à derrocada final do Talibã e dos terroristas. Seriam enviados para a região montanhosa mais 30 mil estadunidenses, elevando o total para 100 mil. Além disso, estavam estacionados no Afeganistão outros 30 mil soldados de vários países da Otan e seus aliados.

Um dos erros táticos de Obama foi ter definido, com dois anos de antecedência, uma data para a retirada das tropas. Isso deu aos talibãs um incentivo para resistir, o que sabiam fazer como ninguém. Eles que tentassem; a enorme onda não duraria para sempre.

Embora a estratégia mais importante fosse intensificar o esforço militar, Obama também propôs uma *civilian surge* e prometeu ao governo afegão mais recursos para fortalecer a gestão do Estado. Ao mesmo tempo, deixou claro que Karzai não teria mais carta branca para agir. Milhões de dólares já haviam desaparecido sem deixar vestígio. A lua de mel entre os Estados Unidos e o presidente afegão definitivamente chegara ao fim.

O plano era interromper a ligação entre o Talibã e a Al-Qaeda, treinar as forças afegãs e estabilizar o país, para então retirar os militares estrangeiros. Para atingir o objetivo, era preciso destruir o santuário dos rebeldes

A ONDA   187

no Waziristão. O presidente norte-americano renovou as promessas de parceria estratégica com o Paquistão, para fortalecer a luta conjunta de ambos contra o inimigo comum. Os Estados Unidos conseguiram o apoio do Paquistão para atacar alvos terroristas dentro de seu território. Não demorou muito para que tanto os rebeldes quanto a população local sentissem os efeitos da nova política.

A era dos drones havia chegado.

Um drone é um veículo não tripulado controlado remotamente. Ele pode voar, arrastar-se pelo chão e até locomover-se dentro da água. Um drone militar pode circular sobre uma área durante horas, obter uma série de imagens do terreno e enviá-las para a estação de controle. Pode também captar sinais de celulares e rastrear as pessoas que os carregam. As informações são enviadas para operadores de drones e analistas que, debruçados diante de monitores localizados em bases remotas, podem rastrear sistematicamente os supostos insurgentes. É possível, por exemplo, deixar o drone sobrevoando um determinado local até o momento exato em que um comandante se reúna com os suspeitos de serem *bad guys*. Ou pode-se esperar até que não haja mais civis por perto do alvo. Motoristas, guarda-costas e outros passageiros não eram considerados civis, ao contrário de mulheres e crianças ou transeuntes comuns. Os alvos costumavam ser atacados no deslocamento de um local para outro. Os operadores de drones e seus superiores sempre tinham que fazer concessões éticas: quantas baixas são moralmente aceitáveis para eliminar um único *bad guy*?

Enquanto Yasamin e Galai cortavam cebolinhas e espinafre e tentavam ser amigas, não havia na Terra lugar mais sujeito a ataques de drones do que o Waziristão. O drone deveria ser o bisturi da operação antiterrorista *Enduring Freedom*, liderada pelos Estados Unidos, em curso desde 2001. Os ataques seriam *cirúrgicos*; a ideia era atingir tão somente o alvo que se pretendia eliminar. Em comparação, as bombas dos aviões F-16 jamais teriam tamanha precisão, eram como facas cegas diante do bisturi.

Incisão após incisão, os *bad guys* seriam todos extirpados.

*

Ao mesmo tempo em que as fábricas de drones na Virgínia e na Califórnia aumentavam a produção, as cunhadas reuniam-se na cozinha para preparar artefatos explosivos. Os drones e as bombas caseiras tinham uma vantagem em comum: não ofereciam riscos ao atacante. O operador do drone senta-se em sua cadeira acolchoada em Fort Bragg, na Carolina do Norte, e passa horas, às vezes dias, diante da tela até decidir o momento de atacar. Quem enterrasse uma bomba na estrada poderia descansar no chão macio da encosta para detoná-la somente no instante exato da passagem dos estrangeiros.

Drones e bombas caseiras poupavam vidas de ambos os lados, se consideradas as baixas da parte atacante. Eram necessários, por dia, cerca de duzentos funcionários para operar um drone armado. Depois do trabalho, eles podiam ir ao McDonald's e levar as crianças ao treino de futebol. E, enquanto às vezes o Talibã precisava de dez homens para realizar um ataque com armas de pequeno porte, um menino e um controle remoto eram suficientes para detonar um explosivo.

Os drones se tornaram de longe a arma mais barata e letal para os norte-americanos, assim como as bombas caseiras o eram para a rede Haqqani. Eles tinham nomes marcantes como *Predator* [Predador] e *Reaper* [Ceifador], evocando a figura macabra com a foice em punho, a própria morte. Da mesma forma, o Talibã dava nome às suas bombas, como *Jahannam*, que significa "inferno", ou *Omari*, o mulá Omar, o primeiro líder do grupo.

Havia diferentes receitas de bombas caseiras. A mais comum continha nitrato de amônio, normalmente usado em fertilizantes. Os Estados Unidos pediram ao Paquistão que interrompesse a exportação da substância para o Afeganistão e proibisse a venda nas áreas tribais. Com isso, tudo que os norte-americanos conseguiram foi que os afegãos encontrassem um produto químico mais barato e quase tão eficaz, o cloreto de potássio, usado nas tecelagens e na produção de palitos de fósforo do Paquistão. O cloreto de potássio — cristais brancos e inodoros que só se tornavam explosivos se misturados com gasolina ou óleo de motor — era também muito mais fácil de transportar através da fronteira.

As mulheres recebiam tudo o que precisavam na cozinha das mãos de Hassan, o químico e técnico em bombas da família.

Hassan misturava, em grandes recipientes, nitrato de amônio com açúcar: uma parte e meia de açúcar para dez partes de fertilizante. As mulheres ficavam a postos caso Hassan lhes pedisse uma colher, uma concha ou qualquer outra coisa de que precisasse.

As bombas eram produzidas à noite, enquanto as crianças dormiam. Durante o dia era impossível manter todas as crianças pequenas afastadas, e o trabalho requeria muita concentração. A precisão era um fator determinante no manuseio e na dosagem das matérias-primas. O trabalho era realizado na penumbra do quintal, iluminado parcamente por uma lâmpada, ou no chão da cozinha. A divisão de tarefas era clara. Hassan e a mulher, a quem chamavam de *Engenheira*, se encarregavam da medição. Yasamin, Galai, Sima e Hala eram as trituradoras. Elas preferiam manusear o cloreto de potássio, inodoro. Cada uma se sentava com seu pilão e moía os cristais com golpes fortes e uniformes. Se estivessem lá fora, sempre temiam que os drones pudessem avistá-las, mesmo no escuro. Por isso sempre tinham o rosto bem coberto pelo xale. Operador de drone nenhum seria capaz de ver seus rostos, nunca!

A proporção entre o pó e o óleo era importante. Hassan ou a Engenheira pesavam a massa numa balança de precisão, adicionavam gasolina e faziam uma minibomba que Hassan tratava de detonar. Se explodisse, repetiam a mesma proporção de mistura em quantidades maiores.

Hassan baixava vídeos da internet, testava novos métodos e experimentava diferentes tipos de explosivos.

Era fundamental que a massa estivesse bem seca, então eles a deixavam alguns dias exposta ao sol. Se fizesse frio e houvesse pouco sol, os baldes eram deixados no telhado plano por mais alguns dias.

Às vezes as mulheres manuseavam um pó marrom cujo nome desconheciam, só sabiam que queimava. O mínimo contato com a pele deixava o local em brasa. Galai feriu o dedo ao manipular o pó e nunca sentiu uma dor tão forte na vida. Depois, limitou-se a dizer:

— Agora eu sei o que significa colocar sal na ferida!

OS AFEGÃOS

Depois de misturada a massa, a última parte da operação consistia em encher os vasilhames amarelos de óleo de cozinha e prender o detonador. Com esse tipo de vasilhame plástico, era possível fabricar artefatos imperceptíveis aos detectores de metal dos norte-americanos. Essas eram também as bombas mais baratas. Uma das menores custava cerca de mil afeganes, o mesmo que uma refeição.

Para acioná-la remotamente, era só inserir um fusível conectado a uma bateria de 9 volts. O fusível era a parte mais difícil de fixar corretamente. Hassan lhes tinha mostrado como fazer. O mecanismo precisava então ser acoplado a um simples telefone celular.

A vibração do aparelho ao ser chamado detonava a bomba.

De tempos em tempos, os irmãos vinham recolher a produção. As mulheres nunca indagavam onde as bombas seriam usadas. Isso era responsabilidade exclusiva dos homens.

Embora as mulheres preferissem o cloreto de potássio ao nitrato de amônio, esvaziar nos recipientes os sacos pesados contrabandeados para o Waziristão era uma alegria peculiar.

— Fertilizante norte-americano — diziam elas aos risos. — *Made in America!*

Era hora de lhes devolver o produto, cuidadosamente embalado num vasilhame de plástico amarelo.

Yasamin foi a primeira a engravidar.

E a primeira a perder a criança.

Certa noite, a bebê começou a tossir. Tossiu durante dez dias e não conseguia mamar o leite materno. Seu narizinho ficou amarelado e o peito fazia ruídos estranhos, como se alguém estivesse quebrando nozes lá dentro.

Toda envolta em panos, a menina tentava respirar fundo e não conseguia; de novo, o barulho era o de cascas de nozes sendo trituradas. Então ela teve um espasmo e ficou imóvel, com os olhos fixos na mãe. Yasamin ficou sentada segurando-a nos braços até a sogra entrar e dizer que a menina estava morta. Os olhos da bebê estavam escancarados e eram completamente negros. Foi a primeira vez que Yasamin viu uma criança morta. Os olhos da pequenina, delineados com kajal, continuaram a encará-la mesmo depois que Hala a levou dali. A sogra precisava preparar a bebê para o sepultamento.

Asya viveu três meses.

Bashir velou sua primogênita até o amanhecer. Com a mãe ao lado, ele recitou o Alcorão e rezou. Nenhum deles chorou. Nem mesmo Yasamin. Cada lágrima que derramasse se transformaria num rio que a bebê teria que atravessar a caminho do paraíso, explicou Hala.

— Quando você perde um filho — disse Hala à nora — sua recompensa no além será maior. Não ponha isso a perder vertendo lágrimas. Sua recompensa poderá diminuir.

Yasamin sentou-se imóvel e não disse uma só palavra.

Bashir aproximou-se.

— Como está? — perguntou ele. Yasamin não respondeu. Apenas olhou para ele. — Não fique triste, porque se ficar Alá não lhe dará a recompensa — disse Bashir, ecoando a fala da mãe.

— Olhe, querida filha — continuou Hala. — Você lutou por esta criança, você a carregou por nove meses, você cuidou dela desde o parto. Ela é uma escolhida.

Ela explicou à nora como Deus abençoaria a alma da menina. No paraíso, as crianças se transformavam em pássaros que podiam voar para o lugar que quisessem. Elas podiam se aninhar nos candelabros sob o trono de Deus, e então — quando fosse a vez de Yasamin ingressar na vida após a morte — o pássaro se transformaria em criança novamente. Ela agarraria então a bainha da saia e não a largaria até que a mãe adentrasse o paraíso.

— Não ponha isso a perder com lágrimas! — disse a mãe do jihadista.

Yasamin continuava muda.

Bashir olhava fixamente para sua filha, a primogênita. Então ele sussurrou uma oração em cada um de seus ouvidos e sorriu. Hala envolveu a criança numa mortalha branca e a depositou num pequeno caixão.

Quem chorou rios de lágrimas foi Galai. Ela amava Asya como se fosse sua, mimava, banhava e trocava a menina. Foi ela quem tinha delineado os olhos da bebê com kajal para que tivesse um olhar forte e penetrante.

— Pare de chorar! — reclamava Hala.

— Pare de chorar! — implorava Yasamin.

Não era só o choro materno que dificultava a jornada da criança rumo ao paraíso. Qualquer lágrima se transformava em violentas corredeiras nas quais a bebê poderia se afogar.

No ano seguinte, em 2010, Galai deu à luz um filho, que recebeu o nome de Mawia. O bebê era grande e saudável e cresceu bonito e rechonchudo como a mãe e o pai.

Quando Mawia nasceu, Yasamin estava grávida mais uma vez.

Meses após o nascimento de Mawia, ela deu à luz um filho que chamaram de Misbah.

Depois de três dias, ele adoeceu. Suas fezes estavam ensanguentadas, algo estava errado.

— O bebê mama do peito ou toma mamadeira? — perguntou o médico.

— Ele mama do peito.

— Talvez haja algo errado com o seu leite — especulou o médico.

Yasamin foi instruída a não comer alimentos *duros*. Só podia comer coisas *macias*. Ovo era duro ou mole? Não, ovo não podia. E leite? Não, não faria bem para seu próprio leite. Então ela tomava iogurte. Na consulta seguinte, o médico disse que iogurte também era proibido, já que o filho não melhorava.

As consultas eram realizadas com Yasamin oculta atrás de uma cortina. O médico da clínica em Miram Shah era um estranho, não deveria vê-la. Bashir estava em missão, então seu irmão Yaqub foi quem acompanhou Yasamin nas consultas. Deveria haver algo errado na barriguinha de Misbah.

A dieta então passou a ser chá verde sem açúcar, papa de arroz e sopa.

Um dia, a caminho da clínica, Yasamin entrou no carro e sentou-se no banco traseiro com o menino nos braços. A sogra sentou-se ao lado. Yaqub tinha acabado de ligar o carro quando a matriarca lhe disse para desligar o motor. Ela olhou para o neto e depois virou-se para Yasamin.

A ONDA

— Ele não está aqui.

Novamente, foi Hala quem confirmou a morte:

— Ele se foi — disse ela.

Misbah viveu quarenta dias.

Desta vez, Bashir não ficou sorrindo para aquele corpinho sem vida. Enquanto os outros olhavam para o bebê, ele só tinha olhos para Yasamin. Quem sabe ele não se compadecesse dela, agora que havia perdido seu segundo filho.

Mas então, de repente, seu rosto de iluminou. O riso ecoou pela sala.

— Mais uma criança morta! Mais recompensas para nós!

— Pertencemos a Alá e a Alá retornaremos — disse Hala. — Deus sabe mais.

Yasamin estava sentada em silêncio sobre colchão rente à janela. Novamente, sem verter uma única lágrima. Mas o corpo não se desligou, seus seios queriam explodir. O leite começou a escorrer, dois riachos jorravam dela.

O vestido ficou úmido. Ela permaneceu sentada, vestindo a roupa que pusera para levar o filho ao médico. Ao seu redor ouviam-se apenas sussurros.

Galai entrou na sala. Em seus braços ela carregava Mawia, o grande, forte e saudável Mawia.

Desfazendo-se em lágrimas, ela pôs o menino nos braços de Yasamin e disse:

— Ele é seu.

As esposas de Bashir se revezavam amamentando e cuidando de Mawia. As mulheres passavam muito tempo sozinhas. As batalhas estavam chegando mais perto. Às vezes a sensação era de que estavam cercadas, o tiroteio era intenso, os ataques aéreos eram cada vez mais frequentes.

*

Felicidade concentrada, Bashir dizia das esposas.

— Sou muito feliz com vocês. São uma dádiva que o Deus Todo-Poderoso me deu.

Nas raras vezes em que estava em casa, os três sentavam à noite para conversar. Ele era gentil, carinhoso, contava histórias engraçadas do front.

— Vocês são um presente de Alá Todo-Poderoso. Amo vocês duas. — E acrescentou que não tinha reparos a fazer sobre nenhuma delas.

— Nosso desejo é a sua felicidade — respondeu Galai.

A vida parecia cheia de significado. Cozinhar para os guerreiros. Lavar suas roupas. Costurar coletes suicidas.

Elas apenas seguiam a receita de Hala: duas cabeças, quatro mãos. Um pensamento: a felicidade de Bashir. Um objetivo: o jihad.

Depois da má vontade inicial diante da beleza de Yasamin, não demorou muito para Galai passar a simpatizar com ela. A mulher ideal para Galai teria pele clara, olhos grandes, definidos, sobrancelhas finas e lábios carnudos, ah, exatamente como era Yasamin. As duas tinham a mesma altura e, além do mais, alguns também gostavam de lábios grossos e rostos arredondados, Galai repetia para si mesma, satisfeita com sua silhueta mais cheia. Yasamin era de fato muito magra e frágil. Mas era uma boa mulher, como Galai veio a descobrir, modesta e agradável. Não havia como evitar, a vida na guerra aproximava-as cada vez mais, sob o eterno barulho dos drones.

Saíam de manhã para o pátio e olhavam para o céu, sentavam-se junto às tinas de roupa para lavar e olhavam para cima, descascavam cenouras com os olhos postos no céu. No final do dia, os drones ainda estavam lá. E no dia seguinte. Se voassem baixo, podiam ouvir o ruído das hélices. O zumbido as mantinha acordadas à noite.

Quando atacariam? Agora, agora ou agora? A resposta era: a qualquer momento. O horror as afetava muito mais do que os próprios ataques.

Um lembrete eterno de que a morte chegaria de repente.

George Bush foi pioneiro na guerra dos drones, com ataques direcionados contra a Al-Qaeda. Barack Obama normalizou a arma. Nenhum presidente usou mais os drones do que ele e, em 2010, ano em que Mawia nasceu e Yasamin perdeu seu segundo bebê, as áreas tribais do Paquistão foram assoladas pelos ataques de drones mais intensos de que se tem notícia. O objetivo era eliminar os líderes — altos comandantes do Talibã e membros da família Haqqani — mas, com a evolução do conflito, os operadores de drones passaram a adotar os chamados *signature strikes*: eliminando pessoas que não eram propriamente um alvo, porém agiam ou aparentavam ser rebeldes. Bastava encaixar-se num perfil, ainda que sua identidade fosse desconhecida.

Às vezes, o comportamento era fácil de identificar: por exemplo, caso disparassem contra as forças norte-americanas. Outras vezes podia ser que estivessem escavando a terra. Estariam fazendo uma trincheira ou enterrando uma bomba? Podia ser uma fila de carros levando pessoas armadas. Seriam guerreiros ou um cortejo a caminho de um casamento? Nas áreas tribais, as pessoas raramente viajavam para algum lugar *sem* armas em punho, e num casamento era comum comemorar com tiros para o ar.

Uma fileira de carros desacelerou ao chegar numa planície; os carros pararam e os passageiros desceram. Era madrugada, e eles sentaram-se no chão para rezar, um comportamento que os operadores de drones associavam aos extremistas. Além dos adultos, cerca de doze crianças foram mortas. Eram convidados voltando de uma festa de casamento.

Os Haqqanis estavam no topo da lista, e um operador de drone acreditou ter identificado na tela o irmão de Sirajuddin, Badruddin, número dois da *shabaka* — a rede — e responsável pelos homens-bomba. Ele mostrou as imagens à CIA, que identificou Badruddin pelo entusiasmo com que era recebido e pelo grande número de pessoas que o abraçava. Assim que o *alvo* deixou o funeral e já não havia civis por perto, seu carro explodiu. A vítima era o irmão mais novo, o estudante Mohammed, que nada tinha a ver com atividades terroristas.

A CIA contratou uma rede de informantes locais para identificar potenciais alvos. Circularam rumores de que os informantes marcavam pessoas e carros com rastreadores via satélites capazes atrair os drones até eles. A recompensa oferecida era alta. A CIA era generosa, talvez generosa demais.

OS AFEGÃOS

Revelar o paradeiro de um membro da Al-Qaeda era sinônimo de muito dinheiro. Como no Afeganistão, delatavam-se inimigos de longa data.

A prática levou à paranoia nas áreas tribais e a uma eterna caça às bruxas. Haqqani foi implacável. Se a rede julgasse que havia capturado um informante, primeiro ele era torturado para que pudessem arrancar tudo o que sabia e, em seguida, era decapitado. A estrutura da outrora rígida sociedade tribal estava se deteriorando. A vida era marcada por uma eterna desconfiança, não só para com os forasteiros, inimigos de toda a vida, mas também internamente.

Muitos desejavam voltar aos dias em que os F-16 despejavam bombas de grandes altitudes. Eram menos certeiros, mas era possível ouvi-los chegando e, depois do ataque, simplesmente desapareciam.

Os Estados Unidos também enviaram drones para o interior do Paquistão. O *eye in the sky* da CIA identificou ali um alvo há muito procurado. Atrás de muros altos em Abbottabad, bem ao lado da academia militar da cidade, havia uma casa que os vizinhos chamavam simplesmente de "Waziristan House", pois as pessoas que entravam e saíam pelo portão falavam um dialeto típico das áreas tribais. Ninguém na casa tinha telefone, mas uma antena parabólica fora instalada para que os moradores pudessem assistir à televisão. Ninguém da família jamais punha os pés na rua. O chefe da família, supostamente procurado após uma rixa de sangue, dava aulas aos filhos em domicílio. A família era autossuficiente: criava galinhas, cabras, coelhos, uma vaca, várias colmeias e uma horta. O lixo era incinerado, utilizado na compostagem ou servia de comida aos animais.

Foi o proprietário quem mandou erguer o imóvel, e os vizinhos achavam estranho que houvesse tão poucas janelas nos pavimentos que podiam ser vistos acima dos muros. No final de 2010, quando a família morava ali havia cinco anos, a inteligência norte-americana encontrou uma conexão entre a casa e um mensageiro procurado. No transcorrer de 2011, confirmaram as informações e, em abril, Barack Obama deu ao SEAL Team Six a ordem para atacar. A equipe, constituída por 25 soldados das forças especiais, vinha treinando para a operação havia meses; até uma réplica em tamanho real da mansão de três andares foi construída com esse fim.

A ONDA

Em 1º de maio, Barack Obama reuniu a equipe dos seus principais assessores na sala de crise da Casa Branca. Dali eles acompanhariam a operação aguardando ansiosamente pelas palavras *Geronimo EKIA — Enemy Killed In Action* [Inimigo morto em ação].

Caía a tarde em Washington e a escuridão era total em Abbottabad quando dois helicópteros pousaram no jardim dos fundos. Os soldados invadiram a casa, e o homem de codinome Geronimo foi localizado no terceiro andar.

Ele estava de pé no final de um corredor quando foi baleado logo acima do olho esquerdo. Pouco menos de meia hora depois de terem pousado no jardim, os membros do Team Six colocaram o corpo do homem num saco para cadáveres que haviam trazido.

Menos de um dia após a morte, o corpo foi jogado de um avião. O túmulo do chefe da *operação aérea* seria o fundo do mar.

Se Osama bin Laden tivesse sido morto em Tora Bora em dezembro de 2001, os Estados Unidos poderiam ter ordenado a retirada das tropas após um curto intervalo. Mas dez anos depois, sua morte não teve impacto nas hostilidades no Afeganistão. A guerra quase não tinha mais nada a ver com ele.

Certa noite, quando estavam sozinhas em casa, a área foi alvo de um bombardeio tão intenso que Galai e Yasamin saíram correndo pelas colinas arborizadas. Yasamin estava no último mês de sua terceira gravidez, ainda sem um único filho. Ela levava o primogênito de Galai, Mawia, enquanto esta carregava nos braços o recém-nascido, Moghaira. Elas não sabiam ao certo para onde estavam indo, apenas corriam. Galai sentia o peso e a exaustão do pós-parto. Ela estava descalça. Yasamin tirou as sandálias.

— Fique com elas! — disse a Galai.

Galai as calçou, mas parou depois de alguns passos. Yasamin estava no final da gravidez, afinal.

Elas acabaram calçando uma sandália cada uma. Um único pé fazia o apoio sobre os cardos e as pedras afiadas.

198 OS AFEGÃOS

Dias antes, um grande helicóptero havia pousado em Miram Shah. Muitos homens desembarcaram correndo assim que a aeronave pousou, as mulheres ouviram falar, enquanto vários helicópteros sobrevoavam suas cabeças.

No dia seguinte, as pessoas se depararam com uma cena macabra. Restos humanos espalhados por toda parte. Pernas, braços, nacos de carne humana. Os boatos chegavam a novos patamares. Os norte-americanos teriam forçado os homens a se sentar sobre as bombas que eles mesmos fabricavam e enterravam nas estradas, foi o que as mulheres ouviram falar.

Depois de algumas horas de caminhada, as esposas de Bashir chegaram a tendas onde viviam Kuchis, nômades pachtos. Eles saíram e viram as mulheres exaustas.

— O que aconteceu?

— O Apocalipse! — disse Galai.

As mulheres desabaram no interior da tenda.

— É o inferno na Terra — suspirou ela.

— *Kuffar!* Os norte-americanos e os afegãos infiéis que os apoiam! — concordaram os Kuchis. — Podem se demorar aqui o quanto quiserem.

Assim era a vida na fronteira.

De dia: cozinhando para os guerreiros.

À noite: escalando penhascos rochosos.

De dia: fazendo bombas.

À noite: subindo as montanhas.

Ficaram até o dia seguinte, e mais um dia. Os Kuchis eram pobres e quase não tinham o que comer, mas as mulheres estavam famintas e aceitaram pão, chá e leite fresco.

Yasamin examinou o próprio corpo enquanto ela e Galai se deitavam nos colchonetes que os nômades lhes haviam estendido. Felizmente, elas estavam bem cobertas. Ela se lembrou dos restos humanos que tinha visto dias antes, nus, descobertos, a pele ensanguentada, e entrou em pânico só de pensar que alguém poderia vê-la assim. Quando estivesse morta. Pedaços do corpo voam em todas as direções quando se é atingido por um

A ONDA

drone. E se as partes íntimas ficassem expostas? Tudo o que ela ocultou enquanto viveu. Ou seu rosto?

No Dia do Juízo, quando estivesse diante de Deus e Ele lhe perguntasse:

— Por que mostraste o corpo, mulher? Teus músculos? Ossos?

O que ela lhe diria? Não era culpa dela!

— Eu te dei um rosto lindo, um corpo lindo, pescoço, seios, braços — Ele diria. — Para que os infiéis a devassassem!

A simples hipótese a deixava horrorizada, mas não lhe saía da cabeça.

— Eu protegi tudo o que me foi dado... — ela responderia.

A voz de Deus continuou a ecoar em meio ao sono agitado:

— O que fizeste com teu corpo?! Por que o exibiste para as pessoas?

Mas então ela pensou em Bashir. Na última vez em que esteve em casa, eles passaram boa parte da noite em seu quarto. O marido tinha sangue no rosto, seus lábios estavam secos e rachados. Ele tinha calos nos calcanhares, cortes nos dedos. Exausto, ele deitou a cabeça em seu colo. Ela acariciou seus cachos desgrenhados. Estavam cobertos de poeira, terra, galhos e palha.

Tudo isso, pensou Yasamin, tudo isso é meu, e é muito melhor do que um reino inteiro.

No Dia do Juízo estarei diante de Deus com a cabeça erguida.

— Meu marido escreveu a história — É isso que direi. E o dia em que ele abandonar o jihad será o dia do nosso divórcio.

A melhor

Depois que aprendeu a ler, Ariana ficava feliz ao encontrar palavras em todos os lugares. De início ela lia tudo que cruzava seu caminho, placas de rua, cartazes, avisos, anúncios. Então passou a devorar todos os livros que encontrava pela frente. Depois, já inteiramente apaixonada e dedicada, passou a reler tudo de novo, tudo precisava se encaixar perfeitamente. Já não bastava a alegria de aprender, ela queria ser a melhor.

O avô materno era o único da família que tinha o mesmo instinto competitivo de Ariana. Ele não deixou sua filha, Nadia, se contentar com o diploma de professora e a incentivou a se formar em Geografia, curso que ela concluiu durante o primeiro ano escolar de Ariana. As crianças esperavam a mãe voltar no fim do dia. Depois que ela vestia as roupas de dona de casa, gastas e confortáveis, Ariana vinha atrás dela na pequena cozinha. O jantar no chão da sala era a melhor hora do dia, o único momento em que toda a família estava reunida. O pai tirava o uniforme do exército afegão e vestia uma túnica comprida.

Karim estava contente com a vida como ela era; mudanças o estressavam. Ele gostava de trabalhar no Ministério da Defesa, onde começou no departamento de finanças e lentamente ascendeu na hierarquia no local de trabalho mais seguro do Afeganistão. Sempre haveria exército, governo e orçamentos.

Na escola, Ariana logo ficou conhecida como a aluna mais dedicada e se tornou monitora. Se uma professora precisava se ausentar, ela era a encarregada de manter a disciplina da turma.

— Anote os nomes de quem fizer bagunça! — dizia a professora.

Castigos corporais eram comuns na escola, uma escola pública típica com duas divisões, uma para meninos e outra para meninas. Em geral, os castigos eram mais brandos para as meninas, umas palmadas na mão, nada mais.

Ariana sempre ignorava o falatório, as amigas podiam continuar conversando à vontade sem que ela tomasse nota.

— Sua amiga está conversando! — alguém sempre reclamava.

Um dia ela decidiu dar um basta naquilo. Alguém que conhecia bem realmente estava falando muito alto e seu nome foi anotado. Depois, a amiga veio reclamar com Ariana.

— Como você pôde fazer isso?

— Sou uma pessoa responsável — respondeu Ariana.

A honestidade vinha antes da amizade. Ou não? A dúvida só aumentava. À noite, ao se recolher, desabou na cama e chorou. Ela havia quebrado uma regra não escrita: proteger os seus.

No quinto ano, Ariana foi oficialmente eleita a melhor da turma. Os alunos no Afeganistão faziam muitas provas, e, no final de cada ano letivo, prestavam exames. Os professores os estimulavam a competir. O melhor da turma ganhava prêmios, o pior tomava bronca. Listas com resultados eram exibidas em público para que todos pudessem ver.

Cada exame tinha uma nota máxima de cem pontos. Ariana obteve as melhores notas em quase todas as disciplinas. Ela adorava elogios e se orgulhava dos bons resultados.

No oitavo ano, uma nova aluna juntou-se à classe. Ela era a melhor da escola de onde vinha.

— Você tem uma concorrente — sorriu a professora apresentando Hasina à turma.

Tenho que estudar ainda mais, pensou Ariana, sentada na primeira fila, observando sua nova rival.

Havia uma carteira vazia no canto de trás.

— Não quero sentar na fileira de trás — recusou-se Hasina.

Ah, então ela queria sentar na frente. No mesmo momento, o instinto de grupo da turma foi despertado.

A MELHOR

— Você é novata! A carteira está vazia. Pode sentar lá — disse uma garota, e Hasina teve que ir para o fundo da sala.

— Não queremos que ninguém ocupe o seu lugar — explicaram as amigas depois.

Os ânimos eram hostis à intrusa, que Ariana logo passaria a chamar de *minha inimiga*. Ariana se sentiu reconfortada com tantas amigas dispostas a defendê-la. Ao chegar em casa, anotou no caderno que havia ganhado dos norte-americanos: O que é mais importante para mim?

Ser a melhor
Ter muitas amigas
Ter cadernos bonitos

A recém-chegada não se deu por satisfeita com o segundo lugar que conquistou após o primeiro ano de escola. Ela achou que havia trapaça. Ariana só tinha tirado as melhores notas porque sua mãe era professora da escola.

Hasina estudou o regulamento e descobriu que os alunos tinham o direito de acompanhar a correção das provas. Ela exigiu que as provas dela e de Ariana fossem corrigidas imediatamente após a entrega. A escola atendeu seu pedido.

Os exames finais estavam próximos. Ariana nunca estudou tanto. Adormecia sobre os livros, levantava-se no meio da noite para estudar quando os pais pensavam que ela estava dormindo e acordava de madrugada para retomar de onde tinha parado. Seriam oito provas. A primeira era de Biologia.

Às 8 horas da manhã seguinte, ela estava sentada em sua carteira próxima à janela. As questões foram sendo resolvidas com rapidez. O conteúdo lhe era familiar. Ela estudou o livro de biologia da primeira à última página, mas nunca se sabe, será que não deixou passar alguma coisa?

— Vocês duas ficam, as outras podem ir — disse a professora, apontando para as duas rivais quando acabou o tempo.

204

OS AFEGÃOS

Ariana nunca tinha se sentido tão nervosa, era como se estivesse diante da hora da verdade, ou do Dia do Juízo Final. Suas mãos estavam úmidas de tanto suor, era sua reputação que estava em jogo.

A prova de Hasina foi a primeira a ser corrigida. Certo, certo, certo, a professora repetia a cada resposta. Golpes de caneta azul iam colorindo todo o papel. Mas então a mão da professora se deteve numa questão que tinha duas partes, cada uma correspondendo a dois pontos. Hasina respondeu apenas a primeira parte.

— Eu não percebi! Eu sei a resposta! — ela disse.

Mas era tarde demais. Hasina começou a chorar. 98 pontos, escreveu a professora no cabeçalho, ao lado da identificação.

Então chegou a vez de Ariana.

— Bem, o que você acha? — perguntou a professora.

A caneta deslizou pelo papel. Certo. Certo. Certo. Tudo certo! Cem por cento de acertos!

Do lado de fora da sala, a classe inteira estava esperando. As colegas gritaram de alegria quando ouviram o resultado, e saíram para comprar suco e bolo para comemorar. Ainda faltavam sete provas. Ariana foi para casa se preparar para a maratona do dia seguinte. A disciplina agora era Geografia.

A prova estava fácil demais, mas então ela sentiu um calafrio percorrer a espinha.

"Em que país fica o monte Kilimanjaro?"

Ela ficou lívida. Completamente lívida. Não tinha a menor ideia. Isso estava no livro? Cuidadosamente, Ariana apontou para a pergunta e franziu a testa para as amigas ao redor. Todos balançaram a cabeça negativamente. Ariana olhou para Hasina, que continuava profundamente concentrada, escrevendo sem tirar a caneta do papel, preenchendo todas as respostas. Várias alunas começaram a se levantar, entregar a prova e ir embora.

Depois de responder todas as demais perguntas, Ariana ficou sentada admirando a paisagem na janela. As montanhas ao redor de Cabul pareciam fazer troça dela. O Kilimanjaro ficava nos Alpes? Ela deveria

A MELHOR

responder França ou Suíça? Nepal? Ela havia estudado os picos mais altos do Himalaia, mas era lá que ficava essa montanha?

De repente, ela viu algo se movendo do lado de fora da janela. Era uma colega de classe. Rapidamente, a garota tirou o livro de geografia da mochila e olhou fixamente para Ariana. Do outro lado da vidraça ela apontou para a foto de uma montanha. Ariana se inclinou um pouco, apenas o bastante para poder ler a legenda.

Ela olhou em volta, ninguém a tinha visto.

Tanzânia, escreveu ela com uma caligrafia elegante. E entregou a prova.

Agora era seu teste que seria corrigido primeiro. Ela estava ainda mais nervosa do que no dia anterior. Ela havia trapaceado. Talvez tivesse sido flagrada.

Cem pontos, ela ouviu a professora dizer. Tudo correto. Mas ela não conseguia se sentir aliviada.

Então foi a vez de Hasina. Também tudo certo, até a professora estancar na pergunta sobre o Kilimanjaro.

"África", tinha respondido Hasina.

— Não havia nada sobre essa montanha no livro — insistia a garota. — Mas eu sabia que era na África.

A professora a encarou.

— Veja bem, Ariana respondeu certo e não perguntamos pelo continente, mas pelo país.

Menos um ponto. 99 pontos para a rival.

Hasina disse que não queria mais acompanhar a correção das provas e se foi. A competição tinha terminado. Ariana continuava invicta. Ela abraçou a amiga que lhe mostrou o livro.

— Você é louca — sussurrou para ela.

— Eu queria que você ganhasse!

A amizade vinha antes da honestidade. Proteger o clã, a tribo, o grupo de amigos, era uma conduta que aprendiam desde o berço.

Em Cabul, era muito popular fazer *cursos*. Pais que tinham ambições para os filhos os matriculavam nos *cursos*. Era assim que poderiam progredir rapidamente. Havia cursos particulares para todas as disciplinas escolares, mas custavam caro. Apenas os ricos tinham dinheiro para os cursos. Ariana tanto insistiu que os pais a matricularam nos cursos de matemática, a disciplina em que se saía pior, e inglês, idioma que não assimilava com a rapidez que queria.

A qualidade do ensino nas escolas públicas não costumava ser boa. Os salários eram baixos, muitos professores tinham um segundo trabalho. Raramente havia professores substitutos para aqueles que eventualmente faltavam, mas os diretores recorriam de bom grado aos melhores alunos da turma para ensinar aos que tinham dificuldades. Na sala de Ariana, havia 45 alunos. Decidiu-se que os dez melhores ajudariam os vinte mais fracos. Os intermediários saberiam se virar sozinhos. Ariana adorava ensinar. Não desistia até que seus colegas finalmente dominassem o assunto.

Um dia, um homem veio à aula e ofereceu gratuitamente um curso.

Padre Prem era um jesuíta da Índia. Exceto pelos soldados que visitaram a escola, foi o primeiro estrangeiro com quem Ariana teve contato. A organização de Prem começaria a ministrar cursos gratuitos de informática e aulas de inglês. Como eram de graça, provavelmente os pais a deixariam fazer, o dinheiro era sempre um limitador.

— Alguém aqui sabe falar um pouco de inglês? — padre Prem perguntou.

Vários responderam com um "Hello", "How are you" e "What's your name?".

— Alguém conhece a gramática? — perguntou o padre, enfatizando que isso seria necessário para que dominassem o idioma.

Ariana hesitou e ergueu a mão. Levantou a cabeça quando o padre apontou para ela e disse:

— *A noun is a person, a place or a thing. A verb is something you do. An adjective is...*

A vaga no curso era sua. Foi uma época de ouro. Ariana começou a usar um computador. Aprendeu a digitar, desenhar e calcular com ele. Os jesuítas empregavam vários instrutores. O próprio Prem surgia dirigindo sozinho seu belo carro e distribuía lápis, canetas e cadernos, brincava e provocava os alunos.

Então um dia ele sumiu. Foi sequestrado pelo Talibã.

No início de junho de 2014, o padre viajava para visitar uma escola perto de Herat, no oeste do país, quando os talibãs o capturaram. Ele havia sido avisado para não sair da *bolha*, que os estrangeiros costumam chamar de Ka-bubble, mas ele estava decidido a correr o risco. O clima na organização jesuíta era de pesar. Prem tinha poucas chances de sobreviver ao Talibã, eles temiam. Embora ministrasse cursos de informática e aulas de inglês, tratava-se de um missionário católico, e para o trabalho missionário não havia outro castigo senão a morte.

Mas ele também era uma fonte de recursos. Ao contrário do Estado Islâmico, que tinha começado a decapitar suas primeiras vítimas estrangeiras na Síria naquele mesmo verão, o Talibã estava mais interessado em conseguir dinheiro do que em cortar cabeças. Oito meses depois do sequestro do padre, ele foi libertado após a intervenção do primeiro-ministro indiano.

Para Ariana, que agora estava no décimo ano, os talibãs sempre pareceram um bocado distante. Um punhado de pessoas selvagens e mesquinhas que vagavam e combatiam nas montanhas, a quem os homens de uniforme — como seu pai — logo derrotariam. O Talibã simplesmente não fazia parte de sua vida. Uma vida que se resumia a cadernos e boletins escolares e a um menino cujas fotos ela acabara de ver. O nome dele era Justin Bieber.

Ela se debruçava sobre as letras das canções como se estivesse estudando a tabela periódica. Tudo o que ele cantava era tabu. Se Cabul era uma bolha na qual o Ocidente tentava impor suas ideias, as meninas sabiam muito bem onde ficava o limite. Felizmente, porém, seus pais não falavam inglês, então ela podia ouvir as músicas bem alto, sem constrangimento.

If I was your boyfriend, I'd never let you go
I can take you places you ain't never been before

[Se eu fosse seu namorado, jamais te deixaria]
[Eu posso te levar aonde você nunca esteve antes]

Os cursos de informática e de inglês em Cabul foram fechados.
Prem nunca retornou.
Foi a primeira vez que o Talibã se intrometeu na vida de Ariana, que agora era uma *Belieber*.

A ministra dos mártires

Pela manhã, o telefone de Jamila tocou.

— Você foi indicada para o cargo de vice-ministra do Trabalho e Assuntos Sociais.

— Muito bem...

— Você é uma das dez indicadas. Entraremos em contato novamente informando a data da entrevista.

A ligação veio do nada, ela nunca havia tentado uma carreira política, e de repente era candidata a integrar o governo. Era a primavera de 2015, e a disputa política no país era caracterizada por um cabo de guerra entre alas e facções sempre preocupadas em distribuir cargos a seus aliados. Tinha a ver com dinheiro. Tinha a ver com recursos. Tinha a ver com poder.

No ano anterior, o Afeganistão tinha escolhido um novo presidente. Mas ele tinha mesmo sido eleito?

Essa era a grande questão. Um esquema generalizado de fraude eleitoral foi descoberto após o primeiro turno das eleições. A suspeita envolvia mais de 20 mil urnas, que foram levadas para Cabul para avaliação. A fraude era extensa e envolvia ambos os candidatos que foram ao segundo turno: o tecnocrata educado nos Estados Unidos Ashraf Ghani e o ex-mujahedin da Aliança do Norte, Abdullah Abdullah. O primeiro era pachto, o segundo, tadjique. Em 2009, os dois concorreram contra Karzai e perderam, numa eleição também marcada pela fraude. Agora Karzai estava fora do jogo, já que a constituição permitia que o presidente fosse reeleito uma única vez.

Jamila havia sido nomeada para fazer parte da comissão de investigação eleitoral, e a lista de irregularidades parecia interminável. Inúmeros votos tiveram que ser anulados. No primeiro turno, Abdullah saiu vencedor; no segundo turno, Ghani foi declarado vitorioso. O Talibã aproveitou esse vácuo. Nunca tinham sido assassinados tantos policiais e soldados afegãos.

Somente depois que o secretário de Estado norte-americano, John Kerry, foi ao país para mediar o impasse, os dois candidatos concordaram em integrar um governo de unidade nacional e compartilhar o poder. O dr. Abdullah recebeu o cargo de CEO — Chief Executive Officer [diretor-executivo] — do Alto Conselho de Reconciliação Nacional. Ele seria uma espécie de primeiro-ministro responsável por administrar o dia a dia do governo e tinha o dever de se reportar ao presidente Ashraf Ghani, que, de acordo com a constituição, concentrava muito poder. Os dois nutriam, mutuamente, profunda antipatia e sincera desconfiança. Ao mesmo tempo, o general uzbeque Abdul Rashid Dostum, acusado de graves crimes de guerra, foi nomeado vice-presidente.

Ashraf Ghani tomou posse.

A relação com os Estados Unidos era crucial para o novo presidente. A retirada das tropas fora adiada várias vezes; o prazo anterior, final de 2014, não foi cumprido. No ano seguinte, restavam em solo afegão ainda cerca de 50 mil soldados estrangeiros, 30 mil dos quais eram norte-americanos. Eles não conseguiram nem estabilizar o país nem formar um exército nacional efetivo. Apenas um punhado de divisões militares eram capazes de operar de forma independente, sem o apoio dos aliados. A retirada poderia levar o país ao colapso por tempo indeterminado.

Em primeiro lugar, era preciso derrotar o Talibã. Embora Karzai tenha sido acusado de apenas "querer livrar-se da guerra", tanto Ghani quanto Abdullah intensificariam os ataques. Ao mesmo tempo, os dois, que mal se falavam, tinham que governar o país.

Eles haviam herdado uma sociedade à beira da ruína. O Talibã teve uma de suas temporadas de combate mais bem-sucedidas, o Estado Islâmico havia se firmado de vez, as forças de segurança sofreram perdas significativas, as deserções só aumentavam e o moral das tropas estava no chão. A economia vacilava, quase não havia empregos. O país recorria desesperadamente a credores estrangeiros e contraía novos empréstimos, refinanciava dívidas e pedia ajuda emergencial.

A cooperação com Washington tinha azedado de vez durante os últimos anos de Karzai. Ele declarou que os Estados Unidos não cumpriam as

A MINISTRA DOS MÁRTIRES 211

promessas assumidas e não honravam a ajuda prometida, e pleiteava uma compensação pelos bombardeios malsucedidos e pelo grande número de baixas civis afegãs na *guerra contra o terror*. Os Estados Unidos deram o troco criticando Karzai pelo poder centralizado nas mãos de um punhado de senhores da guerra, tanto no governo quanto nas províncias, e por permitir que o crime organizado se apoderasse dos recursos do país. A esperança era que o tecnocrata, com larga experiência no Banco Mundial, mudasse para melhor a relação.

Ashraf Ghani nasceu em Logar, filho de uma proeminente família pachto. Seu pai havia trabalhado para o último rei, Zahir Shah. Ashraf passava os fins de semana cavalgando, caçando ou absorto em leituras, até que, em 1966, foi cursar o Ensino Médio no Oregon, onde ficou fascinado com a liberdade e o estilo de vida dos adolescentes norte-americanos. Quando o rei foi derrubado em 1973, após quarenta anos no poder, o jovem privilegiado foi estudar Ciências Políticas na Universidade Norte-Americana de Beirute. Lá ele conheceu sua futura esposa, Rula, um ano mais velha, que vinha de uma família cristã. Ele concluiu o doutorado em Antropologia Cultural na Universidade de Colúmbia, em Nova York, com uma tese sobre as dificuldades de sua pátria para construir um Estado democrático.

Nos anos 1980, Ashraf Ghani lecionou em Berkeley, na Califórnia; na década de 1990, trabalhou no Banco Mundial, que então começava a questionar os próprios métodos: por que os países que seguiam suas políticas de liberalização permaneciam pobres?

Ghani documentou em um trabalho de campo que a corrupção estava no cerne do problema, além das instituições fracas, fiscalização deficiente e projetos mal elaborados, concebidos no papel e inexequíveis na prática.

Quem poderia estar em melhor posição do que ele para resgatar o Afeganistão do caos deixado por Karzai?

Era nesse contexto que a contribuição de Jamila estava sendo requisitada.

— Não tenho experiência em trabalhos para o governo — disse Jamila a Kakar ao chegar em casa. — Além disso, tenho muito mais o que fazer.

Na última década, Jamila havia expandido seu trabalho em várias direções. Juntamente com seu compromisso com a educação, os direitos femininos e uma maior presença das mulheres na sociedade, ela também trabalhava pela inclusão das pessoas com deficiência. Assim como o pai, enxergava oportunidades em todos os lugares. Enquanto ele não parava de ampliar seu império comercial, ela dava início a novos projetos assistenciais nas áreas de educação, saúde da mulher, participação comunitária e auxílio psicossocial. Além disso, já tinha dado à luz três filhos: Salahuddin, que agora tinha 8 anos, Khadija, de 5 anos, e Fatima, de 4. Todos receberam nomes de grandes heróis da história islâmica. Khadija foi a primeira esposa do profeta, Fatima era a filha mais nova do casal, enquanto Salahuddin era o líder do exército que enfrentou as Cruzadas cristãs.

— Pode deixar que eu cuido das crianças — prometeu Kakar. — Você não pode perder essa oportunidade!

— Não estou interessada — respondeu Jamila.

Kakar não foi o único a insistir, vários outros queriam interferir na escolha de Jamila.

— De qualquer forma, vá conhecer mais sobre o trabalho! Pense no poder que você terá!

Jamila ainda estava em dúvida. Mal tinha tempo de ver as crianças e isso a deixava com um peso na consciência. Simplesmente não havia tempo para elas. Na escola, Salahuddin não entregava as lições de casa. A professora o repreendeu, admirada de como o filho de uma mãe tão educada podia ser tão relapso.

— Não tenho mãe — respondeu Salahuddin.

— Como é que você pode dizer uma coisa dessas? Eu sei que você tem uma mãe.

— Não, ela é a mãe do computador dela, não minha — respondeu o menino.

Kakar era quem os levava para a escola, os buscava e os ajudava com as lições. Os irmãos de Jamila o desprezavam por agir como empregado da esposa.

A MINISTRA DOS MÁRTIRES

— Se vocês virem uma mulher carregando um fardo muito pesado prestes a desmaiar, vocês a ajudariam? — ele lhes perguntou uma vez.

— Claro — responderam.

— Muito bem, essa mulher é Jamila. Por que um homem pode ajudar uma mulher a carregar um fardo na rua, mas não dentro de casa?

Eles torciam o nariz para o marido que ajudava na lida doméstica.

Pouco mais de uma semana depois, Jamila foi convocada ao palácio de Arg. Ela compareceu ao local com bastante antecedência, mas ficou muito tempo retida no controle de segurança. Primeiro inspecionaram as muletas, mas os detectores de metal continuavam apitando. Ela apontou para o calço de metal aparafusado à sola do sapato, e lhe disseram para desparafusá-lo do solado e colocar o sapato na esteira. Ela hesitou, era humilhante, nem mesmo em aeroportos lhe pediam tal coisa. No final, ela teve que ceder e, quando finalmente chegou ao gabinete do presidente, levou uma dura advertência de Ghani. Ele queria pessoas pontuais, como enfatizou, e que não atrapalhassem sua agenda. Seu tom suavizou um pouco depois que ela lhe contou sobre os intransigentes guardas do controle segurança. Ele pediu que ela se sentasse e foi direto ao assunto.

— Então qual é o seu plano? O que você deseja com esse trabalho?

— Na verdade, não sei se sou adequada para o cargo de vice-ministra...

Ghani olhou para ela surpreso e retrucou irritado:

— Você vem aqui me dizer que não sabe se vai aceitar?! As pessoas estão me implorando por cargos e você fica aí recusando?

Ele era mesmo tão rude quanto comentavam, ela concluiu.

— Bem, para ser sincera, nunca estive na política. Não tenho aliados, e quando não se tem o apoio de certos grupos, é difícil se manter no cargo ou conseguir alguma coisa.

— Eu sou seu aliado. Pode me considerar seu grupo de apoio. Você pode sempre contar comigo.

— Mas o senhor está sempre tão ocupado...

Foi a gota d'água para Ashraf Ghani. Ele esbravejou contra Jamila.

— Vocês vivem reclamando que não existe trabalho para as mulheres! Que não conseguem posições de poder, e quando têm uma à disposição, vocês recusam!

Jamila ficou muda. Ele tinha razão. Claro que tinha. Ela assentiu.

— A propósito — disse o presidente quando ela fez menção de se levantar. — Vou lhe dar um cartão que você vai entregar aos seguranças para que ninguém a importune novamente.

Ela agradeceu a gentileza.

No dia seguinte, ela tinha uma audiência com o dr. Abdullah Abdullah. Dessa vez, ela havia se preparado melhor e tinha um discurso na ponta da língua. Como melhorar o dia a dia das pessoas com deficiência, quais estratégias adotar, como ajudar os parentes das vítimas da guerra e como amparar tanto pessoas com deficiências congênitas como aquelas que haviam sido afetadas pelos conflitos.

A exemplo do que ocorreu no encontro com o presidente, vários homens, a maioria aparentando ser do Ministério da Defesa, estavam sentados em absoluto silêncio. Abdullah disse o mesmo que Ghani.

— Pode contar comigo. — E acrescentou: — Você é a única candidata sobre a qual ele e eu nunca discutimos.

Por fim, Jamila foi convocada pela ministra do Trabalho e Assuntos Sociais, uma mulher a quem só conhecia de nome. Nasrin Oryakhil era ginecologista e dirigiu uma clínica clandestina em Cabul durante o governo do Talibã. Ela foi amordaçada, arrastada para fora da enfermaria e espancada com ordens de "parar de trabalhar e começar a rezar". Após a queda do Talibã, passou a lecionar na faculdade de Medicina em Cabul e, na década seguinte, foi diretora da clínica Malalai. Tinha um histórico de trabalho pela saúde da mulher, planejamento familiar e educação de parteiras e obstetras, e acabara de ser nomeada para o ministério de Ashraf Ghani como uma das quatro mulheres entre vinte homens. Apesar da baixa proporção de mulheres, Ghani, pelo menos até certo ponto, manteve sua promessa de nomear especialistas para cargos ministeriais.

A reunião foi como uma consulta médica com uma especialista, com uma rápida introdução às tarefas antes que Jamila respondesse a algumas

A MINISTRA DOS MÁRTIRES

perguntas genéricas. A ministra queria que ela cuidasse sobretudo dos mártires, dos feridos de guerra e das pessoas com deficiência.

— Soube que você é a pessoa mais indicada para isso — disse ela. — Sua reputação é muito boa.

— Mas não tenho experiência... um ministério tem burocracias e um poder muito grande, e eu só trabalhei com voluntariado.

— Eu também não tenho experiência em política — respondeu a ministra recém-nomeada. — Mas era meu dever aceitar o desafio quando fui chamada.

— Ok, ok, ok — sorriu Jamila. Ela iria tentar.

A ginecologista terminou dizendo que tudo correria bem. Duas mulheres na alta administração do ministério seria perfeito.

Foram dias longos, e noites de trabalho ainda mais longas. Como uma aluna dedicada, Jamila costumava levar o trabalho para casa e debruçar-se sobre ele.

Ela logo descobriu que a verba da pasta se esvaía rapidamente. E o dinheiro não ia para o devido lugar. As suspeitas recaíam sobre certas pessoas nomeadas no ministério, e ela decidiu agir para resolver o problema.

Como não sabia exatamente quem era o responsável pela sangria financeira, começou mudando pessoas de função, para que as rotinas também mudassem. O alvo de boa parte das queixas, por exemplo, era o diretor que administrava o pagamento de pensões às famílias dos mártires. Ela o transferiu para que se ocupasse com assuntos civis e colocou um substituto em seu lugar. A mudança lhe daria espaço e tempo para descobrir o que estava acontecendo, ela pensava.

Assim que autorizou a troca de cargos, o telefone tocou. Era do palácio.

— Por que você remanejou aquelas pessoas? — perguntou um homem próximo ao presidente.

— Eles estão no mesmo escritório, mantêm os mesmos cargos, só mudei um pouco as funções deles.

— Você não pode fazer isso!

Ela encerrou a conversa e manteve as mudanças.

Pouco tempo depois, recebeu uma ligação do gabinete do primeiro-ministro.

— Por que você mudou as pessoas de função?

— Este trabalho pode ir para o inferno se eu não conseguir gerenciar meus próprios funcionários! — ela respondeu. Ela se deu conta de que estava mexendo em interesses poderosos. Quis então revisar todas as contas, todos as rubricas do orçamento, todas as faturas e cálculos. Antes de estabelecer planos e metas para o ministério, era preciso fazer uma faxina.

Ao vasculhar os registros das pensões de guerra, Jamila encontrou uma enorme pasta com nomes de cerca de 70 mil homens mortos logo depois da convocação. Homens que se alistavam no Exército num dia e morriam no dia seguinte, enquanto outros sobreviviam algumas semanas. Nenhum deles tinha data de nascimento, endereço nem local onde haviam falecido. Só tinham um nome e uma conta bancária.

Ela pediu mais informações ao departamento que cuidava das pensões. Os funcionários garantiram que tudo estava em ordem e que todos estavam mortos. As pensões eram pagas às viúvas ou aos pais.

Jamila bloqueou os pagamentos no mesmo dia e comunicou ao ministro e à Presidência da República. Não demorou para receber um telefonema do Ministério do Interior dizendo-lhe para retomar as transferências.

— Estou aguardando o envio da documentação. Não podemos pagar até que tudo seja revisto — respondeu ela.

— Não é assim que fazemos aqui — disse a pessoa do outro lado da linha. — É melhor, inclusive para você, que libere os pagamentos logo.

O presidente recebeu uma enxurrada de reclamações dando conta de que Jamila não estava fazendo seu trabalho. Que retinha dinheiro indevidamente. Talvez para uso pessoal?

— Você está criando inimizades para Ghani entre os militares — disse um. — Ele não vai gostar de saber que você é a causa do problema.

— Se as famílias dos mortos não receberem o pagamento haverá protestos — disse outro. — As pessoas irão para as ruas protestar, fazer confusão — disse um terceiro.

A MINISTRA DOS MÁRTIRES

Certa manhã, a janela de seu escritório apareceu quebrada. Outro dia foi a vez de sua escrivaninha ser revirada. Depois seu segurança foi espancado por desconhecidos.

Mesmo assim, ela não autorizou os pagamentos.

As inconsistências eram muitas e de toda ordem. Um homem recebia pensão por morte em nome de quatrocentas famílias. Um outro, por quinhentas. Outros recebiam dinheiro em nome de parentes mortos havia quarenta ou cinquenta anos.

Ela descobriu que os pagamentos para vítimas de diversos atentados suicidas superavam em muito a quantidade de vítimas. Um dos ataques mais sangrentos ocorreu na mesquita de Abul Fazel, em Cabul, resultando na morte de setenta pessoas. O departamento de Jamila estava pagando pensão a 1.200 famílias.

Um dos parlamentares, que representava as vítimas da minoria xiita hazara, acusou Jamila de ser contrária a eles. Jamila havia fechado todas as torneiras.

— É dinheiro público. Preciso de documentos de cada uma das vítimas!

Na faxina, ela descobriu que várias das vítimas reais jamais haviam recebido um tostão. Seus pedidos nunca eram deferidos, enquanto outros pagamentos, irregulares, eram autorizados.

Vários grupos a procuraram em decorrência das medidas de austeridade que ela estava realizando. Ela descobriu que cada uma das redes criminosas tinha seus patrocinadores no parlamento. Havia grupos de todo o país, do vale de Panjshir, de Cabul, do leste, do sul, havia generais da era comunista, havia religiosos; ninguém era honesto o bastante quando o assunto era desviar dinheiro público.

Nos 15 anos em que trabalhou na promoção dos direitos das mulheres no Afeganistão, Jamila contrariou os interesses de muita gente. De religiosos, ultrarreligiosos, tradicionais, dogmáticos, talibãs e o Estado Islâmico, mas também de ativistas mais radicais, que achavam sua conduta muito transigente, muito islâmica, muito próxima dos talibãs. Contudo,

218 OS AFEGÃOS

ela nunca recebeu tantas ameaças quanto as que vinham dos funcionários do aparato governamental.

Em outra ocasião, depois que ela interrompeu o fluxo de dinheiro público para o bolso de um homem muito poderoso, ele gritou no corredor da repartição, para que todos pudessem ouvir:

— Você secou meu poço!

Agora, como ele faria para pagar seus homens?

— Não é problema meu — respondeu ela e deu as costas.

Mas era.

— Você sabe quanto vale a sua vida? — perguntou um parlamentar que foi vê-la, não sem antes arrombar a porta de seu gabinete. — Vale o preço da bomba que vou colocar no seu carro!

— Minha vida está em suas mãos! — respondeu Jamila tranquilamente.

— Pedacinhos do seu corpo irão pelo ar. A menos que você assine meus papéis.

— Fique à vontade.

— Você vive muito perigosamente — continuou ele, carregando a tiracolo dois Kalashnikovs.

— Se Deus determinou que meu destino será decidido por você, então assim será.

Depois disso, ela passou a inspecionar o carro todos os dias.

Era assim que o Afeganistão funcionava: todo funcionário corrupto fazia parte de um círculo de filhos, sobrinhos, tios, netos, ajudantes, meninos de recados, às vezes até de um exército particular. Se alguém quebrasse um só elo da corrente, um sistema inteiro seria afetado. A vingança também podia muito bem ser dirigida a um filho, um sobrinho, um tio.

Certa noite, uma bomba foi lançada na casa dos sogros de Jamila. Felizmente, a mãe e o pai de Kakar não ficaram feridos, mas a casa foi destruída. Então homens armados foram buscar Salahuddin na escola. Disseram aos guardas que eram tios do menino. Era o que Jamila mais temia. Como não tinham autorização para atacá-la, iriam atrás das crianças. Por isso mesmo, ela havia dito expressamente aos guardas da escola que somente ela

A MINISTRA DOS MÁRTIRES

ou Kakar poderiam apanhá-los. Se mais alguém aparecesse, que ligassem para ela imediatamente. Foi o que eles fizeram. Os guardas não deixaram os homens entrar. Como se passaram minutos e Salahuddin não saía, eles foram embora pouco antes de Jamila chegar.

— Um dia eu ainda mato você — foi o que um dos poderosos disse a ela, ali mesmo no Arg, cercado por seguranças de ambos.

Ele era um dos chefes da máfia do país, do clã pachto Tarakhil, e irmão de um parlamentar. O país havia se transformado nisso. Uma terra em que não havia nem lei e nem direitos, apenas poder. Esse poder estava concentrado nas mãos de cada vez menos pessoas, enquanto o dinheiro fluía sem parar do exterior para o tesouro afegão e de lá sumia.

— Pague-os! — ordenou o presidente por fim, segundo seus assessores mais próximos.

Depois que Jamila começou a mudar as coisas e enfrentou resistência, tentou entrar em contato com o presidente, que havia prometido apoiá-la. Ela nunca conseguiu contatá-lo. Ele sempre estava *indisponível*.

Um muro de assessores, secretários e advogados o cercava. A ordem de autorizar os pagamentos veio desse muro.

— Não é correto isso. O dinheiro deve ir para as pessoas certas — objetou ela.

— Você precisa obedecer! — disse o assessor do presidente.

Depois de um ano, a ginecologista renunciou ao cargo de ministra. Jamila ficou ainda mais isolada. Ela disse a Kakar que se sentia como um pedaço de carne atirado a leões famintos.

Você secou meu poço.

Você vai explodir em pedacinhos.

Quanto vale a sua vida?

Como as ameaças contra Salahuddin continuavam, ela entregou o cargo. Ashraf Ghani inicialmente recusou o pedido de demissão.

Poucas acusações de corrupção incidiam contra a pessoa do presidente, mas ele simplesmente havia perdido o controle do governo. Ao contrário de Abdullah Abdullah, que se exibia em ternos sob medida e sapatos italianos feitos à mão, Ashraf Ghani usava roupas e sandálias simples e tradicionais, *made in Afghanistan*, que custavam poucos dólares.

No Afeganistão, ele era conhecido por ser um microgerente, que se preocupava com detalhes e perdia tempo demais estudando certos projetos minuciosamente, enquanto o círculo mais próximo se instalava e administrava o país em seu nome. O mandatário foi se isolando dentro do círculo interno de assessores que lhe contavam como era o mundo lá fora.

Tudo tinha um preço. Lealdade, acesso a pessoas poderosas, cargos políticos. Sindicatos criminosos e traficantes, sequestradores e bandoleiros, parlamentares e autoridades sugaram as tetas do país até secar, enquanto as mansões de propriedade de cidadãos afegãos em Dubai, Abu Dhabi e Istambul eram cada vez mais ostentatórias.

Mas o navio estava furado. Em breve iria afundar. Mesmo assim, ninguém se importava, pois o buraco era no casco, não no convés superior.

Depois de dois anos, Jamila chegou nadando até a praia.

— Em dois anos — disse a ministra dos mártires quando finalmente teve uma folga e um momento de tranquilidade com Kakar — não conversei nem um minuto com o presidente.

Quem ele estava protegendo o mundo logo saberia.

O prisioneiro

De repente, enfiaram um capuz em sua cabeça. Ele sentia a respiração contra o tecido denso. As mãos estavam amarradas atrás das costas. Ele fechou os olhos e os abriu novamente. A escuridão era a mesma.

Enfim eles o pegaram.

Bashir foi preso a um quarteirão de casa. Havia acabado de virar o carro à direita para seguir em direção ao centro da cidade. No banco do passageiro estava o irmão mais velho, Raouf.

A luta pelo poder entre as lideranças do Waziristão estava tão feroz e inviável, com assassinatos internos e subsequentes atos de vingança, que Bashir e seus irmãos decidiram voltar para casa, no Afeganistão. Primeiro eles se mudaram para a província de Khost, na fronteira com o Paquistão, onde Bashir estabeleceu uma nova base e liderou cerca de vinte grupos, grandes e pequenos, que operavam em todo o país. De alguns era mais próximo, outros agiam de forma mais independente. Os alvos eram os mesmos de sempre: forças do governo afegão, soldados estrangeiros, organizações internacionais, o presidente, o vice-presidente, o ministro da Defesa, governadores das províncias, líderes distritais, ministérios, funcionários do palácio de Arg, policiais, delegacias de polícia...

O Talibã financiava a resistência com o apoio de doadores no exterior, tráfico de drogas e extorsão. Bashir ajudava sequestrando afegãos e empresários ricos. Frequentemente, eles eram levados para o Waziristão, onde as autoridades não conseguiam encontrá-los. Ao contrário dos criminosos comuns, que também abundavam no país, os talibãs dispunham de tempo. Quem quer que fosse sequestrado por eles mofaria no cativeiro. Os cartéis criminosos eram mais rápidos: ou liberavam logo o prisioneiro ou o matavam.

Quando o cerco a Bashir se fechou em Khost, ele trocou de identidade e se mudou com toda a família para uma casa emprestada nos arredores de Jalalabad.

Adeus, Bashir, filho do mulá Wasir.

Bem-vindo, Sor Gul, filho de Muhammad Amin. Um simples caixeiro-viajante.

Naquela manhã, ele e o irmão dirigiam-se ao mercado. Os dois irmãos sempre foram os mais próximos, eram parecidos fisicamente: as mesmas madeixas onduladas e grossas, os mesmos rostos redondos e corpos másculos. No fundo, porém, eram bem diferentes. Raouf era o gentil, o caçula era o comandante.

Bashir viu um micro-ônibus branco se aproximando e presumiu que fosse um transporte particular, sem pontos de parada fixos, que pegam os passageiros ao longo do caminho. Assim que ele emparelhou com o micro-ônibus, um carro atravessou a rua à sua frente e um homem enfiou uma metralhadora pela janela. A adrenalina disparou.

— Pare!

Comandos norte-americanos surgiram dos assentos do ônibus. De repente, estavam cercados por vários carros: caminhonetes, um caminhão.

O instinto o fazia procurar uma saída. O cérebro dizia: você foi capturado.

Dois soldados afegãos pediram as carteiras de identidade. Os irmãos lhes entregaram os documentos falsos. Um dos soldados resmungou alguma coisa e digitou um número.

— ... mas é o mesmo número da placa que nos deu — Bashir o ouviu dizendo ao telefone.

Então lhe meteram um capuz na cabeça e tudo escureceu. Eles foram arrastados para um carro e proibidos de conversar um com o outro. Os irmãos haviam ensaiado várias vezes o que dizer caso fossem presos.

Bashir não sabia para onde estavam sendo levados. O carro parou e eles receberam ordens para descer. Os dois entraram em um prédio e foram levados para suas respectivas salas de interrogatório. O capuz foi retirado. Eles estavam no aeroporto de Jalalabad.

O PRISIONEIRO

— *Mawlawi* Bashir — disse o interrogador, usando o respeitoso título de *mawlawi*, uma posição religiosa acima do mulá, mas abaixo do imã.

Ele não respondeu.

— Sabemos que você é o mawlawi Bashir.

— Não. Meu nome é Sor Gul.

— Você se chama mulá Bashir?

— Não.

— Imã Bashir?

— Não.

— Comandante Bashir?

— Não.

— Doutor Bashir?

— Não. Meu nome é Sor Gul. Sou caixeiro-viajante.

Ele negava tudo. Não tinha nada a dizer, apenas negava, o tempo inteiro, tudo que afirmavam. Não podia admitir quem era, ou o que tinha feito. Seria o fim. Poderiam então pressioná-lo, e ele poderia revelar a si mesmo e aos outros. Disso ele sabia. Ele mesmo já tinha interrogado prisioneiros. Ele sabia o que a tortura fazia com as pessoas.

A última vez que o prenderam foi doze anos antes, em 2005. Na ocasião não colheram as impressões digitais como fazem agora, então não tinham evidências concretas de quem ele era.

Pelo rádio da polícia, Bashir ouviu um homem perguntando algo em inglês. Terminada a conversa, o interrogador olhou para o colega. Havia um cano de metal na mesa à sua frente, Bashir tentou ignorá-lo. Logo depois, dois norte-americanos vieram buscá-lo. Puseram-lhe de volta o capuz e pediram que ele os acompanhasse. Ele não sabia para onde o estavam levando, apenas caminhava entre os homens. Seguiram por um corredor, desceram as escadas e saíram. Soprava uma leve brisa. Provavelmente estavam na pista do aeroporto. Caminharam um pouco. Pararam.

— Suba! — disseram. — Degraus!

Eles subiram as escadas do avião e o amarraram no assento.

— Para onde vamos? — perguntou Bashir.

224 OS AFEGÃOS

Ninguém respondeu. Ele sabia que os norte-americanos levavam prisioneiros para a base militar de Bagram ou para o Paquistão. Ele temia ir para o Paquistão. Nunca mais sairia de lá. Iriam torturá-lo até a morte. Ele sabia de muita coisa que as autoridades paquistanesas adorariam saber. Os poucos jihadistas que saíam das prisões paquistanesas eram completamente destruídos, ele ouvira dizer. Costelas quebradas, pés machucados, braços tortos, dentes quebrados. Bashir estava sentado com o capuz bem apertado sobre a cabeça, preso a um assento. Nunca esteve tão apavorado.

O suor escorria por seu pescoço. Alguém ligou o ar-condicionado, o ar soprou direto na direção dele, e ele agradeceu em pensamento. O voo foi demorado, muito demorado. Ele se preparou para chegar em Islamabad. *Bashir, o Afegão*, seria torturado até a morte pela inteligência paquistanesa.

A porta do avião foi aberta e, enquanto o conduziam pelo corredor, ele sentiu uma lufada de ar fresco e limpo. Cabul, tinha que ser Cabul! Ele agradeceu aos céus. A única coisa que ele queria era ser preso numa prisão no Afeganistão, não importava exatamente onde. Queria estar em casa.

Dentro do complexo prisional, retiraram o capuz de Bashir. Colheram impressões digitais de todos os seus dedos, examinaram seus olhos, mediram sua altura e peso e lhe deram um número: 747. Em seguida, o levaram para um banheiro. Mandaram que se despisse inteiro e despejaram um bocado de xampu na palma da sua mão. Então ligaram a água. Antes que conseguisse enxaguar toda a espuma, a ducha foi desligada. Bashir recusou-se a sair, ainda estava cheio de sabão. O guarda, contrariado, apertou um botão, a água fluiu novamente e ele conseguiu se enxaguar direito.

Deram-lhe roupas novas. Uma espécie de pijama, calças com elástico na cintura e uma camisa. O conjunto era verde. Uma tornozeleira foi presa a seus pés, suas mãos foram amarradas, e então o levaram a uma cela. A latrina foi a primeira coisa que viu, depois o colchão. Sobre uma prateleira havia um Alcorão, e novamente ele sentiu gratidão. Não imaginava que os incréus dariam a palavra de Deus aos prisioneiros. A sala tinha três escotilhas e uma porta de vidro reforçado devassável apenas pelo lado de fora, para que os guardas pudessem acompanhar tudo. Dentro da sala, uma câmera de vigilância permanecia o tempo todo ligada.

O PRISIONEIRO

Bashir deitou-se no colchão e tentou dormir, mas não conseguiu. Pegou o Alcorão da prateleira e começou a recitar. Os pensamentos não o deixavam se concentrar na leitura. O que lhe reservaria o destino? O que Alá queria com isso? Viria buscá-lo aqui e agora? Seria isso o fim e o começo?

Ele deitou e se revirou no colchão, cochilou um pouco, já não tinha mais noção se era noite ou dia. Tudo ao redor estava escuro como breu e não havia janelas. De repente, ouviu uma voz chamando para a oração. Levantou-se, lavou-se na água que havia numa vasilha e começou a rezar. Quando terminou e se deitou novamente, ouviu outro *azan*. Um pouco mais tarde, um terceiro chamado de preces. Ninguém sabia qual era a hora certa. Enquanto ele pensava nisso, um homem entrou para lhe explicar as regras e rotinas da prisão.

— A primeira regra é que, se um norte-americano bater à porta, você deve se levantar e caminhar lentamente para trás em direção à escotilha mais baixa. — O homem apontou para ela, que estava fechada. — A tornozeleira será presa às suas pernas.

Depois disso ele deveria dar as costas para a outra escotilha, um pouco mais acima, e suas mãos seriam algemadas.

— Aí você caminha até a porta e a empurra com a bunda para que ela se abra.

Ele seria recebido então do outro lado e, no corredor, teria que usar protetores de ouvido, que bloqueavam qualquer som, e tapa-olhos. Havia várias escotilhas na cela. Pela terceira lhe entregariam a comida. Se quisesse comer, tinha que pegar a bandeja e colocá-la de volta quando terminasse. Se não quisesse comer, bastava deixar a bandeja e eles a levariam embora. Enquanto o homem explicava, Bashir teve autorização para pôr em prática tudo o que havia aprendido. Ele recuou em direção à escotilha onde prenderam a tornozeleira, então cambaleou até o local onde amarraram suas mãos e tentou abrir a porta com um movimento de quadril.

Em seguida o levaram ao médico. Lá, foi instruído a tirar todas as roupas para um exame completo. Bashir se recusou a tirar a cueca.

— Podem me cortar em mil pedaços se quiserem me ver nu.

Não foi preciso tirar a roupa. Até então tudo estava correndo bem. Estava sendo bem tratado. Ele foi examinado em busca de cicatrizes, ferimentos de bala, lacerações e feridas. Para um jihadista militante, Bashir revelou estar notavelmente ileso. Após a consulta médica, o levaram para a sala de interrogatório. No primeiro interrogatório ele foi questionado sobre sua família, o nome de seu pai, seus irmãos, tios, tias, mãe.

— Você diz que tem três irmãos — disse o interrogador. — Mas seu irmão diz que você tem oito.

Bashir imediatamente achou que era um teste. Eles haviam concordado em dizer que eram apenas quatro irmãos.

— Meu irmão deve ter enlouquecido — respondeu Bashir. — Somos só quatro.

Um dos interrogadores afegãos disse que era advogado e começou a discorrer sobre sua trajetória; disse que era, entre outras coisas, especializado em identificar mentiras.

— Que bom — disse Bashir. — Já que é tão educado, deve também ser capaz de ler. Na minha carteira de identidade está escrito quem eu sou.

No fim, ele até acreditou que os tinha convencido de que haviam capturado a pessoa errada. Tudo tinha corrido tão bem. O interrogatório terminou e ele foi levado de volta à cela.

Era assim o *American way*? Tão amistoso e gentil, digamos? Ele não podia se deixar iludir. Eles eram inimigos. Os norte-americanos haviam ocupado seu país e agora achavam que poderiam puni-lo por se defender. Quem lhes deu tal direito?

Depois de alguns dias, lhe devolveram as roupas e ele entregou o pijama verde. O mesmo fez Raouf, a quem ele não via desde que chegaram. Com olhos vendados e mãos algemadas nas costas, os irmãos foram levados para um carro e conduzidos para um novo local.

Com isso, deixavam para trás a Little America e os quartéis de linhas retas e limpas. Diziam adeus à hospitalidade e agora iam para o verdadeiro Afeganistão, seu próprio país.

Havia vários presos no carro, e os irmãos conseguiram trocar algumas palavras. Bashir conseguiu dizer para que não mencionassem Mussahi,

O PRISIONEIRO 227

a fim de não colocar em perigo as pessoas de lá; em vez disso, deveriam dizer que vinham de Jalalabad.

— Digo que tenho apenas uma esposa — acrescentou. Ele não mencionaria Yasamin e sua família em Mussahi. Somente Galai. — Galai é minha única esposa e tenho dois filhos.

O carro parou. Um arrepio percorreu Bashir dos pés à cabeça quando ele ouviu onde estavam — *Riyasat* 90 —, nas dependências de interrogatório do Serviço de Segurança Afegão. Aqui eles reconhecem pessoas como nós num segundo, ele pensou. O 90º Distrito Policial era completamente diferente do *room service* estadunidense.

O Riyasat 90 estava localizado no bairro de Shash Darak, em Cabul, ao lado do Ministério da Defesa, da Embaixada dos Estados Unidos, do quartel-general da força ISAF e da CIA. Mas os *internationals* faziam vista grossa para o que se passava atrás daqueles muros.

Era ali que eles arrancavam as confissões.

As acusações contra *Bashir, o Afegão*, eram inúmeras: atividades terroristas contra as autoridades, sequestro e extorsão, um grande ataque contra o Ministério da Defesa e outros prédios públicos, atividades subversivas contra as forças de segurança afegãs, ataques a delegacias de polícia, unidades do exército e bases da Otan. Muitas das acusações eram verdadeiras, outras não. Fosse como fosse, ele negaria tudo de qualquer maneira, incluindo sua real identidade. Ele seria o homem mais calado que jamais passou pelos portões do Riyasat 90.

No primeiro dia, os interrogadores quiseram saber sobre os grupos liderados por ele nas províncias de Logar, Paktia, Paktika e Khost. Vários homens testemunharam que haviam sido sequestrados por ele pessoalmente e levados para Miram Shah, onde foram mantidos até que o resgate fosse pago. Além disso, ele era acusado de ter planejado e organizado ações suicidas, do sequestro de dois professores da universidade norte-americana, do atentado-relâmpago à clínica Sardar Daoud Khan e de um assalto armado à delegacia número 2 de Cabul.

O departamento de Segurança Pública o citava como um dos principais comandantes da rede Haqqani.

Ele negava tudo. Inclusive a própria identidade.

Era a única chance que tinha.

Para o Estado afegão, tratava-se de atividades subversivas. Para ele, era uma luta contra uma potência estrangeira ocupante. Para o regime, era assassinato e terror. Para ele, era uma guerra santa.

Se fosse considerado culpado, ele sabia, a punição não seria outra que não a morte.

Os interrogadores levaram muito tempo para fazê-lo admitir que era Bashir, filho do mulá Wasir. Um dia, mostraram a ele uma foto do marido da irmã de Galai.

— Quem é este?

Ele estudou a foto cuidadosamente e disse:

— Não faço ideia.

— Seu cunhado nos contou tudo sobre você. Ele confirmou quem você é — disse o interrogador.

Bashir limitou-se a balançar a cabeça.

— Você é um *haji*, já foi a Meca, trabalhou com os sauditas, não é correto para um haji mentir — provocou o interrogador.

Um haji é alguém que já fez uma peregrinação a Meca. Bem, Bashir jamais tinha feito tal viagem, ele não tinha tempo, mas alguns anos antes pagou à mãe de um jihadista saudita para que fizesse a peregrinação por ele. Uma vez que ela desse a volta na sagrada Caaba na intenção de Bashir, ele poderia adicionar haji a seu nome. Mas ele não esteve, de fato, presente ao local, então esse interrogador não sabia de *tudo*.

— Tenho mais uma foto — disse ele. — E agora, em nome de Alá, você responda honestamente.

Era uma imagem do Waziristão de alguns anos antes. Bashir ficou nervoso quando a viu, reconheceu muitos rostos familiares ali. Como eles tinham conseguido essa foto?

— É você ou seu irmão?

O PRISIONEIRO

A foto mostrava Bashir com um grande e largo sorriso, ele se lembrava bem da ocasião, foi depois de vencer uma batalha. Oh, que Alá abençoe quem tirou aquela foto!

— Não sei quem é.

— Bem, parece você, ou é o seu irmão?

— Não é nenhum de nós. Não conheço.

De volta em sua cela, ele ficou inquieto. Deitou-se no chão de cimento, sem o colchão que tinha em Bagram. Ali não havia nem mesmo um cobertor. Teria muito tempo para ruminar os pensamentos. Aquela cela o deixava nervoso. À noitinha, uns interrogadores entraram. Um deles foi direto em sua direção. Bashir saltou de pé e assumiu uma posição de defesa. O homem parou bem na sua frente enquanto ele retesava os punhos sob a túnica.

— O que está fazendo?

O homem lhe fez *cócegas*. Eles queriam que ele abrisse um sorriso, como na foto que os deixara tão obcecados? O clima era estranhamente descontraído, os homens riam e, finalmente, ele teve que ceder e rir junto. No dia seguinte, um dos interrogadores perguntou se ele sabia amarrar um *lungi*, o típico turbante pachto. Bashir mostrou a eles, enrolou e amarrou corretamente a peça. O investigador pediu que ele pusesse o turbante na cabeça. Em seguida, tiraram uma foto dele com um celular. Então lhe mostraram uma antiga foto sua de turbante e a colocaram ao lado da foto recém-feita. A peça estava enrolada exatamente da mesma maneira. Bashir apontou para a foto nova e disse:

— Este sou eu. O outro não sei quem é.

Os interrogatórios continuaram. Às vezes, o subchefe do 90º Distrito comparecia em pessoa. As perguntas eram basicamente as mesmas, e Bashir sempre negava tudo. Cada vez mais impacientes, os interrogadores ameaçavam prender um parente para ser punido em seu lugar. Sua foto foi enviada para todas as províncias para que cada distrito pudesse confirmar que ele era quem era. As confirmações começaram a chegar, disseram.

— Como eles podem me conhecer melhor do que eu mesmo? — Bashir candidamente perguntou.

Um dia ele foi conduzido a uma sala comprida e estreita na presença de vários investigadores, e novamente o subchefe estava lá. Na mesa à sua frente havia uma pasta com os dizeres "Baiat Mawlawi". *Baiat* significa juramento de lealdade, e os talibãs juravam lealdade aos novos líderes quando eram empossados. Ele foi questionado sobre o período em que viveu no Waziristão e nas áreas tribais do Paquistão, e sobre suas conexões com os líderes do Talibã. Ele não respondeu a nenhuma pergunta e negou qualquer relação com os líderes do movimento.

Na parede havia uma televisão, e todas as atenções estavam voltadas para ela. Um vídeo do Waziristão apareceu na tela. Ele em pessoa era o objeto da gravação.

— Sou o mawlawi Bashir e juro fidelidade ao mulá Mansour.

Mansour havia assumido a liderança do Talibã em 2016, após a morte do mulá Omar.

— E agora? — perguntaram os investigadores triunfalmente.

— Que tipo de idiota vai deixar de reconhecer um vídeo de si mesmo? — disse outro.

Um terceiro pegou uma folha de papel e uma caneta.

— Assine aqui confirmando que você é Bashir.

Bashir pegou a caneta.

"Executem-me se eu for Bashir", escreveu.

Certa noite não o deixaram dormir. Os guardas ficaram com ele na cela e o impediram de fechar os olhos. Quando a cabeça pendia, eles o cutucavam.

Às 8 horas da manhã seguinte, ele estava na sala de interrogatório. Depois de um tempo, adormeceu sentado na cadeira. Então o obrigaram a continuar o interrogatório de pé. Os únicos intervalos eram para as preces. As orações eles respeitavam.

Após sete noites sem dormir e um total de quinze dias desde a prisão, eles levaram a sério a ameaça de prender um parente, como punição pelo silêncio de Bashir.

— Mohammad Khan, você o conhece? — perguntaram.

O PRISIONEIRO 231

Era o codinome usado por seu sobrinho, Sifat.

— Bem... — ele respondeu.

Seu sobrinho está aqui. Se ele confirmar sua história, seu irmão será solto.

Sifat tinha 15 anos e nada sabia da trama armada pelos tios para caso fossem presos. Os dois não imaginavam que fossem prender um adolescente. Bashir ficou sentado na cela pensando no que fazer. Ele sabia que os recém-chegados eram colocados no corredor até conseguirem uma cela e, depois da prece matinal, pediu para ir ao banheiro. Naquela prisão as celas não tinham latrina, como as norte-americanas.

Bashir espiou em volta e reconheceu Sifat, que dormia num canto do corredor. Quando saiu do banheiro, o sobrinho ainda dormia. Bashir foi escoltado de volta. Ele precisava tentar novamente, agora que os guardas noturnos não estavam mais ali. Ele bateu na porta.

— Dor de barriga, dor de barriga, tenho que ir ao banheiro, rápido! — ele gritou e foi autorizado a sair novamente. Sifat estava acordado. Os prisioneiros estavam sentados com o rosto encostado na parede, então o sobrinho não conseguiu vê-lo. Bashir tinha que chamar sua atenção de alguma maneira. Então gritou a plenos pulmões que tinha apenas uma esposa.

— Meu nome é Sor Gul. Só tenho uma esposa — repetiu ele aos berros. O guarda olhou para ele e perguntou que tipo de bobagem era aquela. — Você não conhece Bashir. Jamais ouviu falar dele! — continuou Bashir.

Voltando do banheiro, ao passar pelo sobrinho, ele disse:

— Tenho dois filhos. Só tenho dois filhos. Mawia é o mais velho.

Será que Sifat o ouviu e compreendeu?

O requisito de Bashir para admitir um combatente era que fosse esperto e astuto. Sifat não era nada disso. Depois de algum tempo, voltou a bater freneticamente na porta, queixando-se de diarreia. O sobrinho ainda estava sentado com o rosto encostado na parede. Quando Bashir passou, ele repetiu as mesmas frases para que o garoto de 15 anos as retivesse na memória.

— Nunca estive em Mussahi na minha vida! — acrescentou.

O guarda olhou para ele irritado. Só pode achar que eu enlouqueci, pensou Bashir. Ele ainda receava que Sifat não o tivesse entendido, o sobrinho não dava sinais de ter percebido o ardil. Ele bateu na porta uma quarta vez para ir ao banheiro. Por sorte, o sobrinho estava lá, na fileira das latrinas.

— Entendeu? — sussurrou Bashir.

— Não se preocupe — respondeu Sifat. — Memorizei tudo aqui. — Ele apontou para a cabeça.

Tarde da noite de sexta-feira, na segunda semana sem dormir, enquanto Bashir esperava para rezar, um guarda entrou em sua cela. Ele pediu que o acompanhasse para a sala de interrogatório. Vários homens já o esperavam lá.

— Quantas esposas você tem?

— Uma.

— E se tiver duas?

— Só tenho uma.

— Seu sobrinho disse que são duas.

— Só tenho uma.

O interrogador se levantou e o atingiu em cheio no rosto. Ninguém ainda havia encostado as mãos nele até então.

— Quantas esposas você tem? Quantas esposas você tem?

— Uma. Uma.

As mãos de Bashir estavam, como sempre, algemadas nas costas. Meteram-lhe um capuz na cabeça e o levaram para o andar superior. Lá, o amarraram a uma cadeira. Alguns homens entraram.

— Não diga nada. Apenas preste atenção à conversa — disse um deles.

Sifat estava presente, mas pediram que ele se retirasse.

— Quantas esposas tem seu tio?

O menino demorou um pouco para responder, num fio de voz:

— Duas.

— Você as conhece...?

— Sim.

— Onde as conheceu...?

O PRISIONEIRO

— Lá.

Bashir queria esganar o sobrinho que agora estava admitindo exatamente o que não deveria! Ele ensaiou abrir os lábios para dizer algo, mas levou uma bofetada na boca. Depois outra no pescoço.

— Cale a boca!

Bashir sentiu que seus lábios estavam sangrando. Era difícil respirar. O gosto de sangue lhe encheu a boca. Ele deixou escapar um gemido.

— Não fale!

— Não estou falando, estou tentando respirar — retrucou ele.

Alguns o esmurraram no rosto, outros no corpo.

— Admita que é Bashir ou então seu sobrinhozinho vai se machucar.

— Eu não sou Bashir. Eu sou Sor Gul — respondeu Bashir.

Em seguida, o atingiram com algo que o fez urrar. Ele sentiu o peso da barra de metal nos flancos, eles o golpeavam nas costelas, nos pés. Os cassetetes batiam nas solas dos pés com tanta força que a pele se abria.

Mais perguntas, mais respostas falsas. Cada golpe dava a impressão de retalhar a carne de seu corpo. Que tipo de instrumento era aquele? Ele nunca havia sentido tamanha dor. Quando a venda caiu, ele viu que sua mão estava completamente preta, como se estivesse esturricada. Então se deu conta de que não lhe deram pancadas, mas choques elétricos. Pareciam pancadas, mas eram choques. E continuavam. Ele fez o máximo para não gritar. Quando batiam com o bastão elétrico em sua cabeça era como se alguém estivesse arrancando as pupilas de seus olhos.

Ele passou a contar. Quatro, cinco choques. Depois mais perguntas. Mais quatro. Depois mais perguntas. Mais três, uma breve pausa, depois outra pergunta. Ele contou 28. Então desmaiou.

Na noite seguinte, eles o trouxeram de volta. E na seguinte. E na outra. Os interrogatórios noturnos eram os piores. Era quando batiam com mais força, quando pareciam mais animados. Da última vez, eles o levaram não um andar acima, mas um andar abaixo, e mais um, e depois para o pátio. Lá o jogaram num carro e o levaram para outro prédio. Bashir odiava a sensação de não saber o que iria lhe acontecer. Eles o levaram para um porão. Lá, dois homens amarraram seus pés, enquanto outros quatro estavam com canos de metal em punho.

O interrogador pediu calmamente que ele confessasse.

Ele se recusou.

Eles o penduraram de cabeça para baixo. Bateram até o sangue escorrer dos pés pela barriga, depois pelo peito e cobrir seu rosto. A dor era insuportável. Bashir gritou:

— Eu vou confessar!

Os golpes cessaram imediatamente e eles o tiraram do gancho em que estava pendurado.

— Com duas condições.

Bashir os encarou.

— Condições?

— Sim. Que eu fale com o subchefe do Riyasat 90. E que meu irmão seja libertado.

Quando estava prestes a ser levado de volta à sala de interrogatório do primeiro prédio, Bashir não conseguia mais caminhar. Desabou e ficou no chão. Dois guardas o agarraram pelos braços, outros dois seguraram suas pernas e o carregaram para dentro do carro. Quando chegaram, um dos carrascos ordenou-lhe que escrevesse num pedaço de papel que era Bashir e confessava tudo de que era acusado. Então ele poderia dormir.

Bashir insistiu que queria ver o subchefe mais uma vez.

— Vai confessar?

— Eu impus condições!

Eles o levaram novamente para o carro e voltaram para o outro prédio. Não podem ser tão estúpidos para me espancar agora, pensou Bashir. Não se quiserem que eu saia daqui vivo. A sensação era de que seu corpo estava se desfazendo. Mas eles começaram a bater novamente. Estou morrendo, foi tudo em que conseguiu pensar antes de perder a consciência.

Eles o deixaram caído no chão. Muito, muito longe, ele ouviu alguém chamando para a oração matinal. Um homem se aproximou.

— Como se chamam seus sobrinhos?

— Nasrat, Umar, Hekmat...

O PRISIONEIRO

Ele estava delirando. Esses eram os nomes dos filhos menores. O homem ligou para alguém e disse:

— Bashir confessou. Venham buscá-lo.

Então ele voltou a adormecer. Quando acordou, não conseguia se levantar e, ao mesmo tempo, não suportava ficar deitado. A dor dilacerava-o dos pés à cabeça. O corpo inteiro doía. Ele desmaiou novamente e acordou com os gritos dos carrascos. Vomitou. Isso era pior que a morte. O inferno deve ser assim, pensou. Ele virou-se de lado e engoliu o que o estômago havia expelido.

— O subchefe está na sala ao lado — disse um dos carrascos.

As roupas de Bashir estavam imundas de vômito, muco e sangue. Eles o carregaram para um banheiro, abriram a ducha e o lavaram. Puseram-lhe xampu no cabelo. A cabeça e as mãos não estavam tão machucadas quanto os pés, percebeu ele depois que o sangue escorreu. Deram-lhe um conjunto de roupas limpas. Depois o ajudaram a subir as escadas e a entrar na sala onde o subchefe estaria. Ele não estava. Em seu lugar havia alguns oficiais. Disseram que estavam surpresos por ele ainda não ter confessado e avisaram que esperariam ali até que reconhecesse seus crimes.

— Façam o que quiserem. Não vou confessar.

Ele veio abaixo. Cada vez que tentava se levantar, desmaiava. Nunca tinha desmaiado antes. Até então, a vida tinha sido uma espécie de jogo. Dois carrascos se aproximaram de bastões em riste. Não, ele não suportava mais apanhar. Não aguentava mais. Ele disse que queria falar.

— Passei nove meses no Waziristão. Lá conheci o Califa e a rede Haqqani inteira. Sou um comandante do Talibã. — Ele fez uma pausa para se recompor. — Mas... não sou Bashir. Meu nome é Sor Gul...

Então desabou no chão.

Um dia, dois norte-americanos compareceram aos interrogatórios. Ele não os via desde que fora levado de Bagram no mês anterior, embora tivesse a sensação de que as perguntas que lhe faziam pareciam ser de três senhores diferentes: Estados Unidos, Paquistão e Afeganistão.

Um dos norte-americanos era um sujeito corpulento de barba loira que falava pachto.

— *Assalam aleikum* — disse ele.

— *Aleikum assalam* — respondeu Bashir. — Você é norte-americano, mas parece um mulá — ele sorriu, embora as roupas do estrangeiro fossem tipicamente ocidentais.

— Temos sua confissão — disse o norte-americano.

— Não, vocês não a têm — disse Bashir. — Vocês têm isso — disse ele mostrando os pés nas sandálias. Eles tinham lacerações profundas e feridas abertas, inflamadas e cheias de pus; acima das panturrilhas a pele era só hematomas, pretos, azuis, vermelhos e amarelados.

O ianque virou-se de lado. Não era para ele ter visto aquilo, imaginou Bashir.

— Sou um homem simples de uma pequena aldeia, sou um caixeiro--viajante, meu nome é Sor Gul. Não sou talibã nem terrorista — disse Bashir. — Sou um haji.

O norte-americano olhou para os pés, as feridas no rosto, os hematomas, as cicatrizes.

— Se ficar aqui você não vai sobreviver — disse ele. — Quer voltar conosco para Bagram?

Bashir queria.

Os dois norte-americanos trocaram palavras. Bashir compreendeu algumas. *General Miller*, ele pensou ter ouvido. Algo sobre o Talibã e Haqqani, e então o norte-americano usou a palavra para *negociações* em pachto.

Depois de cinco meses no 90º Distrito Policial, Bashir foi transferido de avião de volta para Bagram. Era o Eid, o fim do mês de jejum. Todos os prisioneiros receberam uma boa refeição. A comida no Distrito Policial era escassa, e agora, sozinho na cela, ele não sabia se deveria primeiro comer ou dormir. Adormeceu com a mão no prato de arroz.

Por três dias ele quase não fez nada além de dormir, ficava acordado apenas o tempo suficiente para comer e orar.

O PRISIONEIRO

Em Bagram não havia violência física, nem tortura. Os norte-americanos lhe salvaram a vida, era o que parecia.

Um dia, sua mãe foi visitá-lo. Eles se abraçaram. Ah, como era bom vê-la! Mas ele entendeu imediatamente que algo estava errado.

— Eu já sei. Pode me contar tudo — disse ele.

Mas ele nem imaginava o que ela estava prestes a contar.

Seus dois irmãos mais velhos estavam mortos.

O primogênito, Hassan, foi atingido por um drone 52 dias depois de capturarem Bashir. Um drone também tiraria a vida de Yaqub seis meses depois.

Os irmãos que sempre se preocuparam tanto que a mãe estivesse acompanhada de um deles. Agora ela não tinha nenhum. Dois estavam mortos, dois estavam presos.

Hala contou o que sabia. Hassan foi morto no distrito de Kharwar, na província de Logar. Seu bando estava sob forte ataque e eles se dividiram em grupos de três para tentar atacar uma força que era muito maior e vinha de vários lados.

— Só Deus sabe como os norte-americanos descobriram! Mas eles bombardearam todos os grupos, em lugares diferentes, ao mesmo tempo!

O grupo de Hassan estava entrincheirado numa casa.

— Ele lutou até o fim e se tornou um mártir — disse Hala aos prantos.

Até Bashir começou a chorar.

Oh, Hassan. O mais velho que sempre se comportou como se fosse o caçula. Sempre tão tranquilo e feliz, guerreiro desde adolescente, sempre perto do cachimbo de ópio. Que doce vida eles tiveram juntos!

A mãe tinha uma foto para lhe mostrar. A foto de um mártir. Hassan jazia pálido e sem vida, com o rosto envolto numa atadura circundado por uma coroa de rosas. As rosas foram editadas por um programa de computador. Na órbita de um olho havia um chumaço de algodão. Ele sorria como um profeta, com uma expressão serena no rosto, esperando que um anjo o levasse ao paraíso.

Hala recebeu alguns conselhos depois que seu filho se tornou um mártir. O clima na casa estava tão triste que ela quis providenciar um noivado, o melhor que pudesse. Ela achou que o filho mais velho de Hassan ficaria animado se ficasse noivo da filha de Yaqub. Como ele tinha 15 anos e ela, 12, teriam que esperar um pouco pelo casamento, mas as famílias poderiam comemorar com uma festa em grande estilo.

Ela então desatou a chorar de novo, porque Yaqub também foi morto!

O drone o atingiu num carro que seguia de Charkh para Kharwar, perto de onde Hassan havia morrido. Era a única coisa que ela sabia. O cadáver chegou em três pedaços. Restos dele ficaram espalhados ao redor, mas o rosto estava relativamente íntegro.

Do envelope ela tirou uma foto de Yaqub antes de ser enterrado. A foto não foi editada como a de seu irmão. O rosto estava cheio de cortes. A ponta do nariz estava decepada. Entre os olhos havia um buraco. A pele estava ensanguentada; não se deve lavar um mártir. Na cabeça ele tinha um quepe cravejado de pérolas e, envolvendo o resto da cabeça, estava a mortalha branca com que ele deveria ser sepultado. Um de seus olhos estava coberto, o outro estava fechado. Na boca haviam enfiado gaze. Ao seu redor havia uma guirlanda de flores multicoloridas, semelhante àquela que as crianças recebiam quando se tornavam *hafiz* e memorizavam o Alcorão. A guirlanda tinha borlas em rosa-choque, amarelo-ouro, roxo, verde e azul, para que anjo que o levasse ao paraíso e à vida de eternas delícias não tivesse dificuldade de encontrá-lo.

Em maio do ano seguinte, o veredicto foi proferido.

O julgamento durou vários dias. No banco dos réus sentaram-se ele, Raouf e Sifat, que agora tinha 16 anos. A cada um tinha sido designado um defensor público, o que, para eles, não fazia diferença. Bashir estava decidido a fazer a própria defesa.

Ele foi conduzido ao tribunal e passou diante da tribuna do juiz. Quando viu a pilha de papéis em cima da mesa, teve um choque.

Mandado de execução, estava escrito na folha de papel.

O PRISIONEIRO

Ele sabia, claro, mas deparar com aquela visão era diferente. Era para ele? Certamente. Ele só esperava que a sentença também não valesse para Raouf. A mãe ficaria sem um único filho.

O juiz começou a ler os antecedentes do veredito.

— O mawlawi Bashir é um dos principais comandantes do Talibã, acusado de atividades terroristas contra as autoridades, sequestro e extorsão de estrangeiros e pessoas ricas, organizou e participou de atentados ao Ministério da Defesa e outros prédios públicos. Ele chefiou vários grupos armados em Logar, Paktia e Khost que sabotam as atividades das autoridades e das forças de segurança.

A fila de juízes permaneceu em silêncio enquanto as provas eram apresentadas.

— Num vídeo, o réu confirma que pertence ao Talibã e jurou fidelidade ao mulá Mansour após a morte do mulá Omar. Seu irmão Raouf também está presente no vídeo.

Bashir foi acusado de uma série de sequestros. O juiz mencionou alguns.

— O haji Muhammed Gardizi confirma que foi sequestrado por Bashir pessoalmente em Logar e levado para Miram Shah, onde foi extorquido em um milhão e meio de dólares. Vários outros empresários confirmam terem sido sequestrados e chantageados por Bashir. Ele também está sendo julgado pelo sequestro de dois professores universitários em Cabul. Vários assassinatos e execuções foram levados a cabo pessoalmente por Bashir, como o assassinato de Mohamadullah, filho de Nazir...

A lista era extensa. Ele era réu por ataques a um hospital, a uma delegacia de polícia e por ter planejado várias ações de martírio.

O julgamento incluía até ações que não teve tempo de realizar.

— Quando o mawlawi Bashir foi preso, descobriu-se que ele e Sirajuddin Haqqani estavam planejando um atentado suicida à Academia Militar de Cabul. Para isso, o réu recebeu 20 mil dólares para planejamento e aquisição de equipamentos. Felizmente, esse ataque foi evitado com sua detenção.

Então a pena foi anunciada.

— Nós, os juízes do Tribunal Prisional de Bagram, condenamos Sor Gul, conhecido como mawlawi Bashir, a um ano de prisão por portar uma

240 OS AFEGÃOS

carteira de identidade falsa. Além disso, o sentenciamos a cinco anos de prisão por fazer parte de um grupo terrorista. Adicionamos à pena doze anos de prisão pelo sequestro de um empresário.

O juiz continuou a leitura.

— Por atividades subversivas o condenamos, mawlawi Bashir, à morte por enforcamento.

O grande jogo

Bashir não estava mais cumprindo pena sozinho. Após o veredicto, enquanto esperava no corredor da morte para ser enforcado, eles o transferiram. Ele passou a dividir uma cela com uma dúzia de outros detentos. Ele ainda era Sor Gul, e era melhor ter cuidado, na prisão não se podia confiar em ninguém, pois ali tudo se vendia e tudo se comprava.

A primeira coisa que Bashir adquiriu foi um telefone. Um pequeno, que podia facilmente esconder e consumia pouca bateria. Telefones eram proibidos e não havia tomadas na cela, mas era possível carregá-lo mediante o pagamento de uma taxa. Era só entregar o celular para os guardas, pagar uns poucos milhares de afeganes e o receber com a bateria completamente carregada. Os próprios guardas, a propósito, vendiam os celulares. Ou, se o detento tivesse obtido o telefone de outro modo, cobravam uma *taxa* para deixá-lo usar. Era assim que o Afeganistão funcionava, tanto em liberdade quanto no cativeiro: todos os segmentos tinham que ser remunerados em toda e qualquer transação.

Finalmente, ele conseguia manter contato com suas milícias e — se lhe restasse ainda um pouco de bateria — com a família.

Ninguém na cela sabia da sentença capital.

— O julgamento foi adiado — mentia ele quando lhe perguntavam aquilo que todos se perguntam numa prisão: por que você está aqui e quanto tempo ficará?

Depois de algum tempo, quando a sentença de morte foi confirmada em segunda instância, ele disse que cumpriria uma pena de cinco anos. Não queria chamar a atenção, exceto por ser um sujeito legal, bem-humorado e cumpridor de seus deveres religiosos. Desta forma, poderia continuar operando em paz, tanto quanto possível. Porque a guerra continuava a mesma, mesmo com ele trancado. Havia batalhas a vencer, inimigos para matar.

Ao mesmo tempo, uma luta política intensa era travada lá fora. O Afeganistão havia se transformado num atoleiro, caro demais para ser mantido. Com apoio aéreo, as forças do governo afegão poderiam até vencer batalhas, mas não a guerra. No solo, os combates jamais teriam fim porque muitos homens, como Bashir, não estavam dispostos a se render.

"Uma ferida que sangra", foi como Mikhail Gorbatchov chamou a guerra que herdou. A operação *Enduring Freedom* foi levada adiante pelo terceiro presidente dos Estados Unidos.

Em 2016, quando venceu a eleição, Donald Trump sinalizou um novo rumo para os Estados Unidos. O Afeganistão não seria uma exceção. Ele não queria manter os planos de Obama de retirar as tropas norte-americanas e chegar a um acordo político. Ele queria ganhar! De preferência com rapidez e sem baixas em casa. Nunca os militares dos Estados Unidos realizaram tantos ataques aéreos como em 2017, primeiro ano de Trump no poder. Os bombardeios triplicaram em relação ao ano anterior. Em agosto, no mesmo mês em que Bashir foi preso, Trump garantiu que os norte-americanos permaneceriam no Afeganistão até a derrota completa da Al-Qaeda e do Estado Islâmico. "As consequências de uma retirada precipitada são previsíveis e inaceitáveis", declarou ele.

Um ano depois, ele já não queria mais saber do assunto. Trump nomeou dois velhos falcões — o arquiconservador John Bolton, conselheiro de Segurança Nacional, e o chefe da CIA, Mike Pompeo, secretário de Estado — e disse-lhes para dar um jeito no Afeganistão. Trump decidiu passar por cima do presidente Ashraf Ghani, a quem chamou de *crook* [vigarista], e falar diretamente com o Talibã. Para a tarefa, nomeou uma terceira velha raposa, Zalmay Khalilzad, poderoso embaixador dos Estados Unidos no Afeganistão no governo de George Bush. Ele atuava nos bastidores desde a reunião em Bonn e, durante os anos de Karzai no poder, era conhecido como *Imperador de Cabul*.

O novo enviado especial dos Estados Unidos conhecia bem Ashraf Ghani. Como filhos da elite afegã, ambos cursaram o Ensino Médio nos Estados Unidos na década de 1960, e, enquanto Zal fazia seu doutorado em Ciências Políticas na Universidade de Chicago, Ashraf concluía o seu

O GRANDE JOGO

em Antropologia em Nova York. O relacionamento de ambos sempre foi mais uma competição do que uma amizade.

A ordem de Trump era clara: *Make a deal with Taliban!* [Faça um acordo com o Taliban!]

Em outubro de 2018, dois meses depois de Bashir ter sido condenado à morte, Khalilzad teve um encontro com o homem que conhecia há meio século. A reunião foi no palácio presidencial de Cabul, onde Ghani residia com a esposa e sua biblioteca particular de 7 mil volumes, mas nem por isso era capaz de fazer coligações, transigir ou manter um diálogo com aqueles com quem discordava. Rapidamente ficava irritado, explodia com frequência, e logo entrava em rota de colisão com seus interlocutores. Seus funcionários eram regularmente substituídos, enquanto o círculo ao seu redor estreitava-se cada vez mais.

Para a reunião, Ghani preparou uma apresentação em PowerPoint.

Ele se imaginou sentado do mesmo lado da mesa que os Estados Unidos enquanto o Talibã estaria do lado oposto. Khalilzad descartava esse cenário por considerá-lo irreal. Durante uma década inteira, o Talibã exigiu falar apenas com os Estados Unidos. As negociações internas de paz entre o governo de Ghani e o Talibã só poderiam ocorrer depois que os norte--americanos fossem embora do país, ele acreditava.

Assim como na época em que eram adolescentes, a desconfiança mútua imperava; eles mal se toleravam, mas estavam à mercê um do outro.

As negociações formais ocorreram em janeiro de 2019, na sede do Ministério das Relações Exteriores do Catar, em Doha. Quando e como os Estados Unidos e a Otan deveriam retirar suas tropas do Afeganistão estavam no cerne das negociações. As duas partes teriam que acordar um cessar-fogo. Nesse ínterim, os talibãs teriam que garantir que nenhum grupo terrorista atacasse as tropas da Otan. O Talibã então negociaria um acordo para dividir o poder com o governo afegão.

As conversas avançavam e retrocediam. O Talibã concordou em não atacar as forças internacionais, mas não poderia haver um cessar-fogo formal, porque a guerra contra o regime afegão continuaria como antes.

244 OS AFEGÃOS

Aquela luta era um assunto interno no qual os estrangeiros não poderiam interferir.

As críticas às negociações em Doha partiam de todos os lugares. Os emissários do Talibã eram vistos como os homens mais fracos dentro do movimento. O líder das negociações, Sher Abbas Stanikzai, era tão moderno que até levava a esposa a restaurantes.

Khalilzad, que colaborava com governos republicanos desde Ronald Reagan, argumentou que os Estados Unidos não poderiam exigir muito se tivessem alguma esperança de firmar um acordo com a liderança em Kandahar, muito mais dogmática do que a delegação enviada a Doha. Um dos fundadores do Talibã, o mulá Baradar, tomou um avião apenas para se encontrar com o negociador norte-americano, um sinal de que a liderança levava as negociações a sério. A vida de Baradar também estava intimamente ligada à de Khalilzad. No outono de 2018, este último conseguiu negociar a libertação do mulá de uma prisão paquistanesa, na qual havia passado oito anos preso a mando da CIA. Agora eles se encontravam na luxuosa suíte de Baradar, com vista para a piscina do hotel. Em lindas cadeiras de praia, mulheres de biquíni tomavam banho de sol ou brincavam na piscina.

— Para você essa visão deve ser o paraíso — brincou Khalilzad, referindo-se à vida após a morte que o Alcorão prometia aos jihadistas.

O mulá Baradar apressou-se em ir até a janela e fechar as cortinas.

As conversações de Doha continuaram ao longo da primavera, em sessões plenárias, em quartos de hotel, em grupos secretos nos serviços de mensagens WhatsApp e Signal. Quem mais conspirava era Khalilzad, enquanto seu antigo rival Ghani protestava por se sentir escanteado. As negociações estancaram no cessar-fogo. Os Estados Unidos continuavam exigindo que o Talibã depusesse as armas em todo o país. O Talibã continuava determinado a recusar. Em vez disso, no início de julho de 2019, eles fizeram uma nova demanda: a libertação de milhares de prisioneiros talibãs das prisões afegãs. Dias depois, a minuta do acordo foi atualizada. O Talibã teria *até* 5 mil de seus homens libertados do cativeiro.

*

O GRANDE JOGO

No mesmo mês em que o Talibã apresentou sua nova exigência, Jamila Afghani também tomou um voo para o Catar. Os Estados Unidos e o Talibã tiveram uma pausa nas negociações, e representantes da sociedade civil afegã foram convidados ao país do Golfo para falar diretamente com os talibãs. Jamila era uma das onze mulheres entre cerca de cinquenta homens.

Ela estava apreensiva. Jamais tinha se encontrado com algum representante do Talibã. Nos anos 1990, quando estavam no poder, ela vivia no Paquistão e, quando voltou para Cabul, eles já não estavam lá. Isto é, ainda estavam, mas como uma ameaça onipresente, manifestando-se sob a forma de soldados suicidas, bombas sob carros, foguetes contra a *loya jirga*. Eles representavam o inimigo, simplesmente. Agora, aos 43 anos, ela os encontraria cara a cara.

A ideia era estabelecer um diálogo direto entre o Talibã e a sociedade civil afegã, na tentativa de descobrir como a paz poderia ser alcançada e mantida após a assinatura de um acordo.

Na primeira noite, Jamila ficou recolhida na cama do quarto, sem conseguir se levantar. Não porque lhe incomodassem as pernas ou porque não tinha as muletas à mão, era outra coisa que a paralisava. O horror. Por tanto sangue derramado. Ela não suportava a ideia de sair do quarto. Não suportava a ideia de encontrá-los. Uma batalha interna se desenrolava ali, no colchão macio do hotel. Ela disse a si mesma: você foi escolhida para ser a porta-voz das mulheres afegãs e falar por aquelas que sofreram e perderam seus entes queridos. Você precisa ousar enfrentar seu arqui-inimigo.

Ela consultou o relógio. Estava atrasada. O jantar já havia começado. Ela se recompôs, levantou-se, conferiu no espelho se o hijab, discreto, marrom-claro, estava no lugar.

Todos estavam em seus lugares quando ela chegou ao salão do jantar. Ao longo da primeira mesa estava sentado um grupo de homens de turbante. Lá estão eles, foi o pensamento que lhe passou pela cabeça.

— *Salam* — ela murmurou, olhando para as outras mesas, em busca de uma cadeira vazia.

— *Wa aleikum assalam wa rahmatullahi wa barakatuh* — responderam os homens em uníssono, alguns em voz alta, outros mais baixo, mas os lábios de todos se moviam.

O Talibã empregou a forma respeitosa — *Que a paz, a misericórdia e a graça de Deus estejam convosco* —, enquanto ela usou a forma abreviada, que era íntima ou rude. "Assalam aleikum", era o que deveria ter dito, e por isso se ressentiu, enquanto avançava entre as mesas e sentia que atraía para si toda a atenção. Ela percebeu uma cadeira vazia ao lado de Fawzia Koofi, vice-presidente da *wolesi jirga*, a câmara baixa do parlamento, sobrevivente de uma tentativa de assassinato do Talibã.

Antes de sentar, Jamila notou que um dos talibãs da primeira mesa vinha em sua direção. O que ele queria? Viria reclamar com ela, insultá-la, por não ter sido respeitosa o suficiente? Todas as hipóteses passaram rapidamente por sua cabeça. Talvez quisesse agredi-la? Por que ele caminhava diretamente até ela? Assim que segurou o encosto da cadeira, ela ouviu a voz do homem de turbante logo atrás.

— Irmã, está tudo em ordem? Vejo que tem dificuldade para se mover, é sua perna que dói?

Ela perdeu o fôlego. Ele apontou para o assento que ela tinha escolhido.

— Esta cadeira é confortável? Quer que eu providencie um lugar melhor?

Jamila largou as muletas e fez menção de se sentar.

Como não conseguia dizer nada, limitou-se a fazer um meneio de cabeça.

— Estou ao seu dispor, se precisar de algo por favor me avise.

Ela assentiu mais uma vez.

— O que aquele talibã lhe disse? — perguntou Fawzia.

— Ele se ofereceu para providenciar outra cadeira para mim...

Ela continuava incomodada por aquela sensação. Essa era a imagem oposta da que tinha deles. Chegava a ser chocante.

Na manhã seguinte, ao acordar, ela notou que havia várias chamadas não atendidas no celular. Eram de uma prima em Ghazni, que perdera o filho num tiroteio na semana anterior. Soldados do governo afegão o confundiram com um talibã e o assassinaram na lavoura diante de casa.

Jamila ligou de volta.

— Eles estão no hospital! Estão feridos. Vários morreram! — desesperou-se a anciã.

O GRANDE JOGO

Naquela mesma manhã, os talibãs detonaram um carro-bomba diante do prédio do serviço de inteligência em Ghazni. Além de uma dezena mortos, cerca de duzentas pessoas ficaram feridas, incluindo crianças de várias turmas da escola vizinha.

Dois deles eram filhos do homem assassinado na plantação.

Foi a avó dos meninos quem tinha telefonado.

— Você, que está no Catar, sentada ao lado dos talibãs, pergunte a eles: "Por que estão nos matando?" Diga-lhes para parar!

Era desesperador. Ali o Talibã agia de maneira tão civilizada para discutir a paz, enquanto ao mesmo tempo tirava a vida de crianças em idade escolar no Afeganistão!

Seus olhos ainda estavam marejados quando ela entrou no local da reunião. Era um salão enorme, e as duas partes estariam sentadas num semicírculo, uma de frente para a outra. O papel de parede, as cortinas e o carpete eram de um tom bege-claro, decorados com debruns dourados.

Foi difícil acompanhar as apresentações. Quando chegou a sua vez de falar, ela pôs de lado a introdução que havia escrito em Cabul.

— Hoje quero contar uma história para vocês — disse ela. — Sobre dois garotos que não conhecem outra coisa além da guerra.

Ela contou que haviam perdido o pai na semana anterior. E, no entanto, foram à escola todos os dias depois disso. Porque queriam aprender, porque tinham que aprender, porque agora eram os arrimos da família.

— Mas esta manhã, enquanto nos preparávamos para sentar aqui e conversar sobre a paz, vocês... — ela apontou para os talibãs — detonaram um carro-bomba em Ghazni. O alvo eram os serviços de segurança, e a vida das crianças, as crianças do Afeganistão, os verdadeiros beneficiários dessa paz, não tinha importância nenhuma. Dois parentes meus estão feridos. Não se sabe qual a gravidade.

Ela respirou fundo.

— Por que vocês estão nos matando? — Fez uma pausa. — O que há de errado conosco? É por causa do Paquistão? É por causa dos Estados Unidos?

Olhou na direção dos talibãs.

— Vocês se autodenominam um *emirado islâmico*! Enquanto vocês... — Voltou-se para dois jovens assessores no Arg — ... se dizem uma *república islâmica*.

Jamila olhou em volta.

— Mas onde está o *islã* nisso tudo? O que significa essa palavra que os dois lados usam?

Um talibã enxugou os olhos com a ponta do turbante.

Eles sabiam muito bem, todos eles. A palavra da qual ambas as partes tanto se orgulhavam significa rendição e submissão.

Depois que Jamila fez seu discurso houve um *tea break*. Ela estava nervosa, suando frio, e foi ao toalete tentar se acalmar. Depois da pausa, ela retornou ao salão, mas o nervosismo voltou rapidamente enquanto estava diante da mesa do chá e um talibã se aproximou.

— Irmã, você está coberta de razão — disse ele. — Você me levou às lágrimas. Meu coração também chorou.

— Se é verdade mesmo, parem de nos matar. Interrompam essa violência sem sentido! — disse ela.

— Estamos comprometidos com a paz, mas temos muitos desafios...

— Não importa! Está nas mãos de vocês!

Ela estava tão indignada que mal conseguia encarar o homem.

Havia um lugar vazio na mesa de Fawzia Koofi. As discussões com os talibãs continuaram lá. Fawzia contou a eles que seu marido havia sido preso pelo Talibã e ela mesma tinha sido espancada por usar esmalte nas unhas.

— Quando vocês estiveram no poder, as mulheres eram espancadas por não usarem a burca — disse ela. — Qual é a sua definição de vestimenta apropriada agora?

Um talibã respondeu:

— De acordo com nosso entendimento do islã, o véu que cobre a sua cabeça é suficiente. Não temos nenhum problema com isso. Mas se outras mulheres quiserem usar a burca, que é nossa tradição afegã, tampouco vemos problema nisso.

O GRANDE JOGO 249

Eles eram muito disciplinados, fosse nas respostas ou na maneira como agiam. Nas refeições, até mesmo no café da manhã, sempre compareciam em grupo. As roupas de todos eram recém-passadas, até o turbante era amarrado da mesma forma, com a ponta do tecido apoiada no ombro esquerdo. Eram como um esquadrão bem treinado. Exercício de hoje: diplomacia.

O grupo de Jamila foi se dispersando. As pessoas conversavam a torto e a direito, entravam e saíam de reuniões, falavam ao telefone, mandavam mensagens. Além dos ativistas e dos homens de Ghani, alguns senhores da guerra, ou seus filhos, tinham lugar na delegação. Faziam parte desse grupo tão heterogêneo os herdeiros de Dostum e Atta Noor, pequenos reinos no norte do Afeganistão, que tinham tão pouco em comum com Jamila quanto os talibãs.

O time do Talibã até contava até com um jovem de chapéu kandahari incrustado de pérolas que tomava nota de tudo que era dito nas reuniões, e sempre que requisitado, tirava da pasta um documento da ONU, um relatório da Anistia Internacional, uma análise do Congresso dos Estados Unidos. Comparada aos homens de turbante, a sociedade civil da qual Jamila fazia parte parecia assustadoramente desorganizada e caótica.

O clima na sala era de rancor.

— Vocês mataram meu pai, vocês mataram meu irmão, mas estou aqui para falar com vocês — disse Matin Bek, um dos conselheiros de Ghani.

Palavras duras também foram proferidas por Nader Nadery, um dos colaboradores próximos do presidente e membro de longa data da Comissão Afegã de Direitos Humanos. Ele chamou os homens sentados ali de terroristas e assassinos. Os dois conselheiros tomaram café da manhã com Khalilzad na manhã seguinte, e Bek mostrou-se indignado:

— Pelo amor de Deus, acorde! O Talibã não quer negociações, não quer uma solução política, quer uma marcha da vitória!

Calma e pacientemente, os homens de turbante não reagiam às provocações. Assim como Bek, Jamila também se perguntava se os homens ali presentes eram os verdadeiros talibãs. Talvez tudo não passasse de uma encenação diplomática? Para chegar a um acordo e tomar o poder?

Antes de voltar para Cabul, os ativistas tiveram uma reunião com Khalilzad. Ele enfatizou que, para os norte-americanos, as negociações de paz tinham quatro pontos: a segurança nacional dos Estados Unidos. Combate ao terrorismo. Cessar-fogo. Divisão de poder.

— Enquanto negocia este acordo com o Talibã — perguntou Jamila —, qual é sua imagem do Afeganistão? E onde nesse cenário estão as mulheres?

— *Nós* estamos fazendo a moldura — respondeu Khalilzad. — *Vocês* pintarão o quadro.

De volta a Cabul, todos que estiveram em Doha foram convidados para ir até o Arg. Ashraf Ghani queria saber de todos os detalhes.

Até chegar a vez de Jamila, várias pessoas mencionaram o discurso que ela fez após a explosão em Ghazni que feriu seus jovens parentes. Consideraram sua intervenção "eficaz" e "maravilhosa". Isso fez os talibãs chorar, disse um deles.

Dirigindo-se a ela, Ghani parecia incomodado.

— Você deveria ter dito a eles: "Por que estão chorando? Enxuguem as lágrimas! Parem com os assassinatos!" Você disse isso? Disse?

O dedo indicador tremia. Ele estava novamente colérico.

— Por que está apontando o dedo para mim? — perguntou Jamila.

Ela não era mais sua vice-ministra, não tinha que se submeter àquilo. Logo ele, que nada fez para apoiá-la quando ela mais precisou, o mesmo homem que prometera protegê-la.

— A partir de agora — Ghani continuava fora de si — qualquer um que quiser ir para Doha precisa ter autorização do meu gabinete. Não podemos aceitar representantes com uma agenda própria. Todos devem defender *nossa agenda nacional*, devemos mostrar que estamos juntos. Todos têm que falar a mesma língua, e o que disserem tem que ser aprovado por mim!

— O presidente quer ter um controle sobre cada cidadão do país — queixou-se Jamila a Kakar depois.

Recentemente, haviam entrado em vigor novas leis sobre o trabalho voluntário. Todas as organizações tinham que se reportar a novas instâncias,

O GRANDE JOGO   251

ao mesmo tempo que aumentava a incidência de tributação sobre as verbas que arrecadavam. Nas áreas controladas pelo Talibã, eles também eram obrigados a pagar tributos. Todos queriam seu quinhão, como de costume.

Jamila acompanhou as negociações como observadora. Antes de viajar para Doha, achava que o governo estava relativamente forte, pelo menos enquanto ainda contasse com apoio do exterior. Mas depois de ver como o Talibã era bem organizado, ela ficou ansiosa.

Como sempre, o presidente afegão se preocupava com minúcias e passou a monitorar até a lista de quem viajaria para participar das rodadas de negociação. Ele assinalava os nomes que apoiava e riscava aqueles de quem não gostava. Somente as pessoas que levantavam ostensivamente a voz contra o Talibã e apoiavam incondicionalmente o governo eram autorizadas a viajar. De uma colega, Jamila soube que, após revisar a lista, ele a enviava à esposa, que ainda fazia mais ajustes. Jamila se decepcionou com a tentativa de controle feita pelo antropólogo com fama de liberal. A única saída era resistir, ela pensou. Seu papel não era tomar partido de um ou outro detentor do poder, ela precisava se manter à margem da política.

Antes das reuniões em Doha, Jamila acreditava que o Talibã poderia obter um quarto das cadeiras num eventual governo de coalizão, possivelmente um terço, mas agora percebia melhor onde residia o poder dos talibãs: em sua paciência, na infinidade do tempo. Eles eram inabaláveis. Nunca desistiam no meio do caminho; preferiam ganhar muito ou perder tudo. Nunca aceitariam uma divisão uniforme de poder. Se detivessem a maioria dos cargos ministeriais, como seria o Afeganistão? O *vencedor levaria tudo*, como nas negociações de Bonn, em 2001, quando o Talibã foi rejeitado depois de ser derrotado militarmente?

Jamila participava com frequência de reuniões da ONU em Cabul, com diplomatas e organizações estrangeiras. Nelas, o clima agora era outro.

Na embaixada dos Estados Unidos, era como se não tivessem mais tempo a perder.

— Estamos injetando muito dinheiro aqui, mas até quando? Por que vocês não conseguem construir nada?

252 OS AFEGÃOS

E eles têm razão, pensava Jamila.

Por um lado. Por outro lado, não. Os doadores estrangeiros também eram responsáveis pelo investimento que faziam.

Duas vezes ela se encontrou com o então secretário de Estado dos Estados Unidos, Mike Pompeo, em Cabul. Ele sequer se preocupou em ser diplomático.

— Gastamos uma quantia enorme de dólares no Afeganistão — disse ele. — Pusemos dinheiro, demos a vocês tempo o bastante para mudar o sistema, mas a corrupção só aumenta, e agora nossos contribuintes estão perguntando: "Para onde está indo nosso dinheiro?" — E acrescentou: — Quando vão crescer e virar adultos, aos 18 anos?

Os Estados Unidos vinham tentando emancipá-los havia dezoito anos. Passava da hora de começarem a caminhar com os próprios pés.

— O Afeganistão é responsabilidade dos afegãos. Nós fizemos a nossa parte.

Os direitos das mulheres eram responsabilidade dos afegãos. Direitos humanos, vocês que cuidem disso sozinhos, repetiu ele.

Que fim levou o discurso de antes?

Eles chegaram ao país repetindo clichês de apoio às mulheres afegãs. Defendendo o direito de as meninas frequentar as escolas. Falando de liberdade e poder popular. Pelo menos Donald Trump era sincero, pensou Jamila. América primeiro, dizia ele. Nada nem ninguém mais tinha importância. Era tudo muito simples e direto.

As negociações de Doha avançaram por todo o verão. Os norte-americanos exigiam o fim das hostilidades, mas os talibãs recusavam. E se impuséssemos um cessar-fogo em apenas algumas das 34 províncias do Afeganistão?, sugeriu Khalilzad. Então os Estados Unidos poderiam começar a retirada por elas e a guerra continuaria no resto do país? Caso o exército afegão fosse atacado, os Estados Unidos viriam em socorro, mas não poderiam tomar a iniciativa de atacar os talibãs por conta própria. O comandante em chefe das forças norte-americanas, general Austin Miller, acreditava que a sugestão de Khalilzad restringia as possibilidades de ação. Eles também deveriam poder atacar os talibãs que *planejassem um ataque*.

O GRANDE JOGO

Khalilzad foi a Cabul e mostrou uma minuta do acordo a Ghani, mas não incluiu todos os detalhes, pois temia que vazassem. Assim mesmo, o presidente não gostou nada do que viu e rabiscou o documento inteiro com caneta vermelha. Nem Pompeo nem Khalilzad deram atenção às anotações. Afinal, Donald Trump dissera para que não se importassem com aquele *vigarista*.

No final de agosto de 2019, o Talibã concordou com o projeto e prometeu não atacar as forças da Otan.

— Se um único norte-americano morrer depois que o documento for assinado... *the deal is off* [o acordo está desfeito]— afirmou o general Miller aos emissários do Talibã.

Trump queria convidar o Talibã para assinar o acordo na residência presidencial de Camp David, mas, em 5 de setembro, um carro-bomba foi detonado em Cabul. Doze pessoas morreram, incluindo um major norte-americano.

Donald Trump retirou-se do acordo de paz com um tuíte: "Se eles não conseguiram manter o cessar-fogo durante essas negociações de paz tão importantes, e ainda mataram doze pessoas inocentes, provavelmente também não terão o poder de negociar um acordo significativo."

Entretanto, Khalilzad salvou o acordo conseguindo a libertação de dois professores — cujo sequestro, realizado por Bashir, resultou em sua condenação — mantidos em cativeiro pela rede Haqqani no Waziristão. Os professores eram reféns do Talibã desde 2016. Em troca, Ghani teve que libertar três homens, dois dos quais estavam no topo da lista de prioridades da rede: Anas Haqqani, o irmão mais novo de Sirajuddin, e Mali Khan Haqqani, seu tio.

O acordo entre Trump e o Talibã foi assinado no ano bissexto de 2020.

Os Estados Unidos teriam pouco mais de um ano para retirar suas tropas. Os talibãs deveriam iniciar as negociações com os governantes afegãos para possibilitar uma paz duradoura.

Do esconderijo secreto onde se encontrava, o líder supremo do Talibã, Haibatullah Akhundzada, divulgou uma declaração. O acordo era uma vitória para todos os muçulmanos, afirmou.

No dia seguinte à assinatura, Trump ligou para Ghani para falar sobre a divisão de poder com o Talibã.

— Confiamos em você para isso — disse Trump, porque o acordo era "bem-visto pelo povo norte-americano".

— Também é bem-visto pelos meus inimigos — replicou Ghani secamente.

— Ligue-me se precisar de alguma coisa — concluiu o presidente dos Estados Unidos.

Dois dias depois, Trump ligou para o mulá Baradar.

— *You guys...* são combatentes duros — disse ele. — Precisam de alguma coisa de mim?

— Precisamos que liberte os prisioneiros — respondeu Baradar, acrescentando que ouviu dizer que Ghani não iria cooperar.

Trump respondeu que pediria ao secretário de Estado Pompeo para pressionar o presidente afegão.

Naquela primavera, o Talibã forneceu uma lista com os nomes de 5 mil prisioneiros que desejavam ver livres *antes* que as negociações sobre a divisão do poder começassem.

Na lista estava Sor Gul, também conhecido como mawlawi Bashir, também conhecido como *Bashir, o Afegão.*

Entre os 5 mil, o pessoal de Ghani encontrou centenas de homens cuja libertação seria problemática: assassinos, sequestradores, traficantes de drogas e terroristas condenados. O nome de Bashir também estava nessa lista.

Em maio de 2020, pouco menos de mil prisioneiros tinham sido libertados.

O Talibã se manteve inflexível: todos os 5 mil, caso contrário não haveria negociação.

Eles sabiam que os norte-americanos precisavam daquele acordo para poderem ir embora de cabeça erguida. Então, em vez de pressionar o Talibã, Trump pressionou o presidente afegão, ao que Ghani finalmente respondeu:

O GRANDE JOGO

— Se quiserem sair, podem ir embora, *no hard feelings* [sem ressentimentos].

A verdade amarga era que, para sobreviver, o regime afegão dependia totalmente do poderio militar e do dinheiro dos Estados Unidos. Desde 2001, as forças afegãs vinham sendo apoiadas por bombardeiros, foguetes e drones dos invasores. Agora eles haviam sido largados à própria sorte. Por muito tempo, Ghani se recusou a libertar os prisioneiros que haviam sido condenados à morte. Ele não queria arcar com essa responsabilidade.

Finalmente, encontrou uma solução afegã. Convocou uma *loya jirga* para decidir o destino dos talibãs mais problemáticos. Em agosto de 2020, a assembleia aprovou a libertação de todos os prisioneiros da lista do Talibã.

Primeiro, Raouf e seu sobrinho Sifat, condenados a 25 e 5 anos, respectivamente, foram libertados. Eles seguiram direto para a casa em Jalalabad, onde Hala os recebeu com uma grande festa. Mas a felicidade não durou muito. Alguns dias depois, as forças afegãs locais invadiram a residência. Espancaram Raouf até deixá-lo sangrando no chão, revistaram brutalmente Sima, que se recusava a largar o marido, jogaram-no dentro de um carro e o levaram embora.

Ghani também agiu para prejudicar os prisioneiros beneficiados pelo acordo. Sim, ele libertou os 5 mil, mas depois prendeu vários deles novamente.

No final, restaram oitenta prisioneiros, aqueles considerados de alta periculosidade.

Um deles era Bashir.

Num dia escaldante em meados de agosto, porém, guardas foram buscá--lo na cela. Um policial colheu suas impressões digitais pela última vez, deu a ele uma cópia do veredito, no qual Bashir havia escrito "discordo" ao lado da assinatura e, finalmente, deram-lhe um novo alvará de soltura.

Um camarada estava do lado de fora o esperando com um carro.

Eles não foram para casa. Não voltariam a pegá-lo tão facilmente.

My heart will go on

O velho os fitava sem desviar o olhar. Ele estava muito doente, talvez fosse a última vez que estariam com ele. Ao redor deles havia um mar de flores. Os botõezinhos lilases pelos quais a província de Parwan era famosa haviam acabado de brotar. Eles estavam na varanda da casa dos avós.

— Meu sonho — disse o avô materno — é que um dos meus netos se torne juiz.

Acima deles pendiam galhos de uma grande macieira. Aquecido pelo sol da tarde, o ar recendia a um frescor primaveril.

O próprio Baba Musa havia crescido sendo "o filho do juiz". O pai foi um juiz respeitado no governo de Zahir Shah, mas desde a queda da monarquia ninguém na família chegara tão longe.

— Você é a mais sabida — disse ele a Ariana, mal conseguindo levantar o dedo indicador. — Mas faça aquilo que você quiser.

O avô era um homem rigoroso e ambicioso. Quando seus filhos eram pequenos, ele sentava-se no chão com os quatro todas as noites, exceto às sextas-feiras, acendia a lamparina e fazia ditados ou lhes dava lições. Sua esposa, analfabeta, servia chá com nozes. Os filhos não ajudavam com as tarefas domésticas.

— Não, não, vocês vão estudar — dizia ela. — Vão ler, eu cuido da casa.

Quando criança, Nadia tinha inveja dos primos que podiam brincar lá fora. Após o ditado, eles corrigiam todas as palavras e escolhiam um vencedor. Quem foi o melhor? Se alguém cometesse muitos erros tomava palmadas na mão.

Rigoroso, mas liberal. As meninas iriam longe, acreditava Baba Musa.

Ele não gostava de ver a filha aflita a cada vez que o Exército transferia Karim para diferentes regiões do país, resultando em constantes separações e muita preocupação. Até que o genro fosse dispensado, Nadia e os filhos iriam morar com ele e a mulher no campo, ele havia decidido. E assim foi. Logo a dispensa viria.

Baba Musa trabalhava como coletor de impostos na administração provincial da pequena cidade em que viviam. Tinha um bom salário, as pessoas o cumprimentavam respeitosamente quando o viam passar a caminho da mesquita.

Mas nunca se tornou um juiz como foi o pai.

Ariana acabara de concluir o ensino médio. Ela assentiu com a cabeça.

Juíza? Ela nunca tinha pensado nisso. Antes, ela havia pensado em se tornar professora, como sua mãe. Como falava inglês fluentemente depois de todos os cursos que fez, o diretor perguntou se ela não gostaria de dar aulas em troca de um pequeno salário. A turma tinha sessenta alunos, e ela receberia 3 mil afeganes, cerca de 150 reais por mês. Ela adorou a ideia. Chegar na frente da classe com todas as alunas olhando para ela. Dizer *Good morning!* e ouvir de volta todas cumprimentando numa só voz: *Good morning, Miss Ariana!* Todas sentadinhas ali, com seus lenços brancos, com canetas novas e cadernos caprichados, era a visão mais linda que podia imaginar.

O grande sonho agora era totalmente diferente: fazer as malas, despedir--se da família, embarcar numa viagem, mudar-se para outro país. Ariana queria conhecer outros estilos de vida, outros métodos de aprendizado, aproveitar as oportunidades que surgiam em seu caminho. Em seu diário, ela escreveu que via a própria vida como um livro. Seu desejo era levar as coisas adiante, não se limitar a ficar parada, deixando que outras mãos folheassem as páginas.

O pai estava ficando mais rígido à medida que a segurança em Cabul se deteriorava. A cada semana o Talibã detonava bombas, e Karim preferia que as filhas ficassem em casa. Ela não poderia mais fazer cursos. Mesmo assim, *teria* que tirar a nota máxima no exame de conclusão, e começou a se preocupar com isso. Ela precisava de aulas de química, física, matemática, todos iam aos cursos, todos falavam dos cursos que frequentavam, era essa a impressão. Finalmente foi o tio que vivia no Canadá, o primogênito de Baba Musa, quem convenceu o pai a deixá-la continuar. O pai cedeu, desde que ela sempre usasse o uniforme escolar. Ela se ressentia por isso. As outras alunas vestiam jeans ou meias-calças com camisas compridas por cima, algumas até com cintos marcando a cintura. Por que o pai era tão rígido? Ela tinha visto fotos da mãe quando jovem, dos anos 1980, vestindo saias curtas na altura dos joelhos, com as pernas nuas e meias brancas. Na cabeça ela usava... nada! Em algumas fotos, a mãe tinha o cabelo cacheado, em outras alisado, com presilhas nas laterais. A mãe havia dito que meninos e meninas estudavam na mesma classe, chegavam até a dividir as carteiras. Por que aquele tempo não voltava?

Nadia, a mãe, começou a estudar com os comunistas e se graduou sob o governo daquele a quem chamavam de dr. Najibullah, herói de seu avô, o presidente que foi executado e pendurado num poste de luz quando o Talibã assumiu o poder, em 1996.

Após a queda do Talibã, o avô rapidamente se tornou um ardoroso apoiador de Hamid Karzai, dos Estados Unidos, da Otan e, agora, de Ashraf Ghani. Ele ainda tinha lembranças de um Afeganistão aberto ao mundo, quando o país era um reino, e agora recebia de bom grado todo e qualquer apoio vindo do Ocidente. Não havia saída além disso. O país precisava ser *modernizado*. Durante toda a vida ele vestiu terno e gravata. Só às sextas--feiras, quando passava o dia todo em casa, fazia uma concessão e usava a camisa de algodão macio por cima das calças largas.

— E então, em que lugar ficaram? — era a pergunta que o avô fazia cada vez que o visitavam. Ariana mal podia esperar para responder, mas seu irmão mais velho respondia primeiro. Ele estava sempre mal colocado, em torno do vigésimo lugar ou pior. A irmãzinha se saía melhor, e muitas vezes ficava em quarto ou quinto lugar, uma vez até em terceiro. Mas Ariana era quem se destacava; ela sempre era a primeira da turma.

— Excelente — dizia então Baba Musa. — Brilhante!

E então todos tinham direito a uma volta na garupa da motocicleta.

Mas agora ele estava morrendo.

No final da noite, a frase não foi o "faça o que você quiser" de sempre. O avô olhou para Ariana com o olhar fixo e disse:

260 OS AFEGÃOS

— Você deve se inscrever na faculdade de Direito. Alguém precisa honrar o nosso nome!

Ingressar na faculdade de Direito não era fácil. Ela teria que se sair muito bem no vestibular para garantir uma vaga. Nem todo mundo tinha que se esforçar tanto. As vagas podiam ser compradas e, por lei, vários lugares eram reservados para os herdeiros e herdeiras de gente importante.

Entrar na Universidade de Cabul não era para qualquer um. As inscrições eram feitas com o exame, sem que o resultado fosse conhecido. Embora estivesse entre as melhores da turma, Ariana sabia que o vestibular em Cabul era muito concorrido, e correria o risco não só de não ser admitida, mas de perder um ano inteiro de estudos. Na província era mais fácil. Ela se inscreveu numa universidade perto da casa dos seus avós. Alternava os fins de semana com eles e com os pais, o irmão mais velho e os cinco irmãos mais novos.

Ariana foi aprovada no vestibular com destaque e garantiu sua vaga.

Baba Musa mal teve tempo de comemorar e faleceu em seguida.

A universidade estava localizada numa grande planície cercada por montanhas em três lados e um deserto no outro. O pai estacionou o carro e a ajudou a levar a mala até a residência estudantil. Na verdade, ele era contra aquilo tudo. Com tantos atentados suicidas, combates, sequestros e a ascensão do Talibã, a filha não poderia estar segura ali sozinha.

Um velho guarda pegou a mala e a acompanhou pelo corredor. Ariana não conseguia mais conter as lágrimas.

— Não se preocupe, você vai fazer muitas amigas aqui — garantiu o velho.

Lá dentro havia muitas garotas. Todas pareciam ser muito amigas. Na primeira semana, Ariana mal trocou palavras com elas e contava os dias para o fim de semana chegar.

Isso mudou rapidamente. Depois de algumas semanas, não queria voltar para casa. Ela tinha ido parar no melhor lugar do mundo, e dividia o quarto com quatro garotas, cada uma com seus dramas, paixões e brincadeiras.

MY HEART WILL GO ON 261

Começou a frequentar ativamente o diretório acadêmico, assistiu a palestras, fez cursos avançados de informática e conseguiu um emprego de meio período na rádio estudantil. Era uma rádio feminina, elas faziam tudo sozinhas. Dois dias por semana ela participava da elaboração de programas, tirava dúvidas dos ouvintes e organizava competições. Com o passar do tempo, também passou a ser apresentadora dos programas. Depois de participar de um seminário sobre "resolução de conflitos e construção da paz", se deu conta de que havia muitas maneiras de contribuir para a vida em sociedade. Ela absorvia todo o conhecimento que podia. E se sentia exultante. Ariana amava a vida, e a vida a amava de volta.

Ela até comprou um smartphone. A conexão era gratuita, e os computadores portáteis eram emprestados pela universidade. Depois do término das aulas, quando as luzes das salas se apagavam e as discussões davam lugar ao silêncio, as colegas se reuniam no quarto para assistir a filmes. Elas assistiram a *Titanic*. Assistiram a *Top Gun*, *Homem-Aranha* e *Orgulho e Preconceito*, todos na telinha do computador. Ela mergulhou nos dramas amorosos, e pensou em tudo o que ainda não havia vivido. Várias mulheres procuraram sua mãe e a pediram em noivado em nome do filho, mas a mãe rejeitara todas as propostas, inclusive a da própria irmã. Ariana tinha de estudar, como Baba Musa queria e como ela mesma fez.

Um dia, na cantina, onde a menina magra e pálida sempre almoçava com muita fome porque nunca tomava café da manhã, uma colega a chamou. Ela parecia muito empolgada a respeito de uma competição chamada Jessup. Era dirigida a estudantes de Direito em todo o mundo; eles teriam que solucionar problemas e as finais seriam realizadas em Washington. Lá, todos os finalistas seriam reunidos num hotel em equipes de quatro pessoas e competiriam entre si.

Antes, porém, era preciso prestar um exame. Só então poderiam participar da competição em si.

— Quando é esse teste? — Ariana perguntou.

— Agora! Já vai começar!

— Então vamos — disse Ariana.

Elas se dirigiram à sala onde seria realizado o teste e quase não conseguiram chegar a tempo. A prova, que consistia em cinco páginas encadernadas com perguntas discursivas, já estava sendo distribuída.

— Analisem as perguntas rapidamente por cinco minutos — disse um dos examinadores. — Quem achar que não será capaz de resolvê-las pode se retirar. Vocês que decidem.

Ariana começou a ler. Eram perguntas bastante difíceis. Passados os cinco minutos, ela olhou em volta e percebeu que a maioria dos candidatos não estava mais lá. Pacientemente, começou a responder. De algumas sabia as respostas, de outras, não. No dia seguinte, os resultados foram anunciados. Ela teve o terceiro maior escore e passou a fazer parte da *The Jessup Community*. Universidades de todo o Afeganistão formaram equipes para competir pela vaga na final.

A primeira tarefa do torneio era representar um país acusado de ter cometido crimes de guerra. Ariana deveria defender o país réu.

Ah, foi a coisa mais interessante que ela fez na vida.

Os quatro selecionados, ela e três garotos, aguardaram ansiosos pelo resultado. No fim, eles foram selecionados para as semifinais nacionais, quando equipes de todo o país passariam um fim de semana reunidas num hotel.

Ariana começava a se tornar alguém na universidade. Ela percebeu que até desconhecidos sabiam quem ela era. Vários dos projetos e oficinas de que participou tinham o apoio de instituições nos Estados Unidos. Numa cerimônia de formatura, ela foi convidada a ler um trabalho que escreveu durante uma oficina organizada pelo American Peace Center, uma espécie de clube que promovia seminários, encontros e cursos de inglês. O título era "A importância de saber inglês".

Ela se preparou por dias e estava muito ansiosa por ter de falar diante da multidão de alunos e professores.

Naquela manhã, ela estava tão nervosa que chegava a tremer, mas assim que pisou no palco foi como se tivesse tomado uma injeção de adrenalina. Ela sabia muito bem o que dizer. Olhou em volta, sentiu que agia naturalmente, que estava confiante.

MY HEART WILL GO ON

— Conhecer um idioma é como conhecer uma pessoa. Aprender um idioma global é como conhecer o mundo inteiro! Você pode viajar para qualquer lugar, conversar com qualquer pessoa...

Sobre isso, tinha muito a falar. E sabia que sua fala conquistava as pessoas; tinha a convicção de que estava indo bem. Feliz e aliviada, ela agradeceu os aplausos.

Depois, teve a impressão de que a universidade inteira chamava seu nome.

— Então você é a Ariana!

— Lá vem a Ariana!

— Prazer em conhecê-la, Ariana.

Ela recebeu até uma ligação de um dos professores do curso de informática. Ele a parabenizou pelo ótimo conteúdo e fantástico desempenho, e perguntou onde ela havia aprendido a falar um inglês tão bonito.

Ela não sabia bem o que responder.

— Seu inglês é muito bom. Estou impressionado — disse o professor.

— Pelo jeito todos ali ficaram impressionados — ela deixou escapar. Ele riu.

— Totalmente. Sinceramente, o mérito é todo seu.

Ele revelou que tinha conseguido seu número de telefone com a faculdade.

— Já a vi muitas vezes — continuou ele. — Vejo você passando pela minha janela. Queria saber seu endereço. Podemos trocar e-mails.

— Preciso pensar um pouco — disse Ariana displicentemente, para logo em seguida decidir. — Não. Não estou interessada. Não sei quem você é.

— Está bem, mas pelo menos agora você tem o meu número. Entre em contato quando quiser, me pergunte o que quiser. Mande mensagem. Ligue.

Depois de se ver livre daquele assédio inesperado, ela voltou as atenções para o que mais queria: a vida acadêmica, as alegrias, o mundo que se abria lá fora. Essas coisas fervilhavam dentro dela.

À noite as amigas combinaram de assistir a *Titanic* mais uma vez, ou quem sabe alguns episódios de *Stranger Things*.

Nos finais de semana, ela era a DJ do ônibus escolar em que voltava para casa na companhia de outras garotas de Cabul. A trilha era Justin Bieber, Beyoncé e Céline Dion. *Love yourself!*

No final, todas entoavam em alto e bom som *My heart will go on, and on, and on, and on!* — inclusive aquelas que mal sabiam uma palavra em inglês — até que alguém pedisse para mudar a trilha sonora, pois a maioria das passageiras preferia músicas indianas ou afegãs. O fato é que Ariana só tinha olhos para o exterior.

PARTE 3

PARTE 3

Colapso

Quando Nadia despertou, antes das 6 horas da manhã, o marido ainda dormia profundamente. Como nem Ariana nem as irmãs teriam aulas na universidade, elas só acordariam bem mais tarde. Exceto pelos pássaros chilreando no quintal e o barulho do trânsito ao longe, era um dia até silencioso.

Agosto foi um mês quente. O pó de areia que saturava o ar grudava na pele e criava uma camada pegajosa no corpo. À noite, o calor opressivo diminuía um pouco, mas os últimos resquícios do refresco da madrugada se esvaíam assim que o sol raiava.

Nadia se espreguiçou na cama enquanto repassava na mente as obrigações do dia. O estresse que se apoderou do corpo se transformou em listas de prioridades, que por sua vez se transformaram em lembretes anotados apenas em pensamento. Suas alunas teriam provas neste domingo e, a fim de que todas conseguissem prestá-las, ela organizou turmas em horários alternados desde o início da manhã até o final da tarde.

Ela levantou-se para fazer o chá, foi buscar o iogurte na geladeira e pôs na mesa o pão do dia anterior. Os exames do oitavo e do nono ano começariam às 8 horas. O décimo ano começaria às 11, e, depois do almoço, seria a vez das meninas mais novas. Karim ressonava tranquilamente na cama. Ela o acordou com um tapinha na bochecha e tirou um de seus uniformes do armário, onde estavam pendurados quatro ternos de trabalho e um de gala. Karim estava prestes a vesti-lo quando Nadia consultou o relógio e disse para ele se apressar. Os dois bebericaram o chá e comeram uns pedaços de pão. Era o suficiente.

Nadia olhou no espelho enquanto o marido abria a porta de casa. Teve um pressentimento, deu alguns passos para trás e abriu o guarda-roupa. *Tenho que estar bem-vestida hoje.* Rapidamente jogou por cima do conjunto

268 OS AFEGÃOS

uma abaya — uma bata larga e comprida usada sobre as roupas, para esconder a silhueta do corpo.

A conversa da noite anterior ainda estava fresca na memória.

Lá fora, Cabul estava despertando. Tomates eram empilhados em pirâmides perfeitas numa banca, em outra havia pilhas de damascos. Carrinhos carregados de melões aguardavam os fregueses, lojistas abriam portas e janelas, mesas e cadeiras eram postas no interior das casas de chá.

Nadia era diretora de uma escola do bairro, o trajeto de ida e volta para o trabalho era seu refúgio sagrado. Tudo que precisava fazer era caminhar. Sua respiração foi ficando mais pesada com o passar dos anos, ela percebia, assim como as roupas estavam mais apertadas. Ela facilmente suava em bicas, o calor não tardaria a se instalar, tão intenso quanto na véspera.

O aroma de pão fresco emanando das várias padarias a acompanhava de porta em porta. No chão, do lado de fora, havia mulheres sentadas, muitas com crianças pequenas agarradas a elas. Viúvas de guerra, outras viúvas, abandonadas, miseráveis. As mendigas sempre usavam burca, uma peça de vestuário raramente vista no centro da cidade. A pobreza estava por toda parte, muitas pessoas viviam no limite da miséria. Era grande o número de funcionários públicos sem receber havia meses, e o salário dos professores também atrasava com frequência. Nadia odiava aqueles que desviavam a riqueza para seus próprios bolsos sem fundo, enquanto as mãos estendidas atrás das burcas no chão continuavam vazias.

Durante a maior parte do ano, as aulas foram canceladas devido à pandemia, mas agora a escola reabria as portas. Muitas alunas passaram o ano inteiro trancadas em casa. Finalmente, voltariam a estudar!

Depois de pendurar a abaya no cabide do escritório, ela percorreu os locais das provas, um a um. Espiou para ver se estava tudo bem, acenando com a cabeça para as professoras de plantão e se demorando um instante em cada sala. Era tão tranquilo ficar assim, apenas admirando todas aquelas meninas escrevendo, concentradas.

*

COLAPSO

Alguém bateu no portão.

O barulho das pancadas no metal ecoava. Uma breve pausa, depois mais batidas. Ao mesmo tempo, o telefone de Bashir tocou, acendeu e vibrou. Bashir continuou roncando e não ouviu nada, mas Galai, sim. Meio adormecida, ela o cutucou.

— Atenda.

Ela sacudiu Bashir e colocou o telefone insistente em sua mão. Uma voz gritou do outro lado.

— Jalalabad caiu!

Bashir deu um pulo para fora da cama. Galai escutou toda a conversa, como sempre fazia quando alguém telefonava para Bashir. Depois que saiu da prisão, no ano anterior, foi como se tivesse voltado do reino dos mortos. Ela cuidava dele como uma leoa.

— Venha conosco! A caravana continua! — comemorou o talibã no telefone.

Bashir rapidamente vestiu as roupas.

Ele costumava ser vago ao dizer para onde ia e, se não dizia, ela também não o perguntava, mas agora ele estava sendo bem claro:

— Estamos indo para Cabul!

Fez uma rápida prece, pegou o Krinkov e se foi.

Galai ficou aflita. Embora as notícias dos últimos dias fossem auspiciosas, nem sempre as coisas corriam bem. Mas não disse nada.

Do lado de fora, os amigos esperavam com o motor do carro ligado. Bashir saltou a bordo. O carro tomou parte num cortejo composto por soldados em túnicas sujas e desgrenhadas e com barbas emaranhadas. A viagem durava quase dez dias. Os homens sentavam-se na carroceria ou apinhavam-se nos assentos com as janelas abertas. A nuvem de areia flutuava ao redor deles. Alguns usavam óculos escuros, outros estavam envoltos em xales que cobriam seus rostos, exceto por um estreito vão na altura dos olhos.

Eles estavam chegando.

Em Cabul!

Em Cabul!!

Muitos deles nunca haviam estado na capital. A maior parte dos integrantes do movimento concentrava-se no sul e no leste. Vários naquele comboio de veículos sequer eram nascidos quando o Talibã governava a cidade. Para eles, a *operação aérea* de Osama bin Laden era uma façanha lendária, não um ato concreto que pertencesse à sua época. Dirigindo em alta velocidade pela paisagem do deserto, passavam por aldeias, bazares e banquinhas de comida que vendiam chá e carne grelhada no espeto. Havia montanhas de ambos os lados da estrada, de um lado tão próximas que quase podiam tocar a áspera parede de pedra, do outro, bem distantes no horizonte — e agora o sol da manhã brilhava sobre elas.

Depois de um tempo, vislumbraram a silhueta do posto de fronteira entre as províncias de Logar e Cabul. A estrutura vermelho-ferrugem se erguia como um arco triunfal e era o primeiro marco de boas-vindas a Cabul. Dali levava-se mais uma hora até a periferia da capital.

Milhares de soldados talibãs corriam para Cabul de várias direções.

Os policiais do posto fronteiriço do condado de Sang-e-Neveshta logo perceberam que estavam em menor número. Não havia nada a fazer a não ser depor as armas e erguer os braços sobre a cabeça diante da caravana dos talibãs. Os soldados nem mesmo tentaram fugir.

Bashir e os outros estacionaram. Sem disparar um único tiro. Os guardas foram pegos de surpresa e pareciam apavorados. Os talibãs assumiram o posto de fronteira e os deixaram ir. Eles agiam sob instruções do alto comando: anistia para quem se rendesse sem lutar.

Nem Bashir nem os outros talibãs esperavam que a estrada para Cabul, em meados de agosto de 2021, estivesse inteiramente desimpedida. Mas foi tudo muito rápido. Fazia pouco mais de uma semana que a primeira das 34 capitais provinciais do país fora capturada. Até o Talibã foi pego de surpresa — e desprevenido — com a rapidez dos desdobramentos.

A ordem do emir agora era: "Aguardem o sinal para avançar." Portanto, eles permaneceriam estacionados onde estavam, sob o enorme portal na chegada de Cabul. Os homens barbados logo assumiram a função: os soldados do exército terrorista se transformaram em guardas de trânsito.

COLAPSO

*

Em Jalalabad, Hala tinha começado a preparar o desjejum em casa, mas reparou que estava sem óleo de cozinha na despensa. O filho de Yaqub, Hamza, pegou uns trocados que ela guardava numa lata e foi até o mercado.

O neto voltou trazendo uma notícia boa e outra ruim.

A boa notícia era a mesma que Bashir havia recebido algumas horas antes. Jalalabad, sua própria cidade, tinha caído nas mãos do Talibã da noite para o dia sem que um tiro fosse disparado! Hala e os netos, que estavam sozinhos em casa, nem haviam se dado conta.

A ruim é que o dinheiro não era suficiente para comprar óleo.

O preço tinha disparado mais uma vez.

— Mas 1.400 afeganes? — A mãe de Bashir estava perplexa.

Faltava óleo, e sem esse ingrediente não era possível cozinhar nada, então a velha pescou da lata mais quatro notas de cem. O jeito era se conformar. O menino foi mandado ao mercado novamente.

Pouco depois, voltou correndo com um enorme galão de óleo de cozinha, do mesmo tipo de plástico rígido amarelo que servia para fabricar bombas quando moravam no Waziristão. Hamza correu até a avó e lhe mostrou a mensagem que chegara em seu celular, o único smartphone da casa. Era uma foto.

Bashir sorria feliz para a câmera. Atrás dele estava o posto de fronteira capturado. Mais atrás, no sopé das montanhas, a aldeia que Hala não visitava havia anos: Mussahi.

Em volta do pescoço, o filho tinha uma grande guirlanda de flores de plástico de cores berrantes. De quem teria ganhado aquilo?, ela se perguntou. Nas mãos, segurava firme seu Krinkov, o irmão mais novo do Kalashnikov.

Hala reconhecia aquele sorriso. Era o sorriso da vitória. Ela deixou correr uma lágrima e fez uma prece por seus filhos — os dois que estavam aqui e os dois que seguiam no além.

*

Karim tomou o ônibus para o Ministério da Defesa. A viagem levou quase uma hora. O trânsito em Cabul era pura anarquia, todos tentando ultrapassar uns aos outros, mudando de lado, engatando marcha a ré; era assim ou não se chegava a lugar algum. Nos cruzamentos, os agentes de trânsito tentavam impor alguma ordem, os policiais paravam os carros ou sinalizavam para que fossem em frente, mas seus apitos eram quase sempre ignorados, era a pressa que ditava as regras. A cada nova barricada construída, a cada novo muro antibombas erguido, a cidade ficava mais engarrafada. Os obstáculos contra homens-bomba ou carros abarrotados de explosivos deveriam servir como proteção a embaixadas, ministérios, universidades, bancos, escolas particulares e residências da elite financeira do país. Costumavam ser pintados com mensagens otimistas sobre democracia, igualdade e progresso, enquanto as ruas eram estreitadas e as calçadas desapareciam.

Depois que atravessou o controle de segurança do Ministério da Defesa, Karim sentou-se diante da escrivaninha sem saber bem o que fazer. Havia vinte anos que ele não era mais um soldado de campo. Bem no começo da *Enduring Freedom*, quando Ariana tinha 1 ano e Hakim, 4, ele recebeu ordens de ir para a província de Helmand lutar contra os talibãs. Mas o tio de Nadia interveio e arranjou sua transferência para um emprego seguro na contabilidade do Ministério da Defesa. Foi ali que ele aprendeu a fazer orçamentos e calcular estoques, perdas e excedentes. Em pouco tempo, subiu na hierarquia e se tornou um coronel burocrata.

Enquanto estava sentado em seu gabinete, onde reinava a mais perfeita ordem, o Afeganistão desmoronava. Nove dias antes, no dia 6 de agosto, o Talibã assumiu o controle da capital da província de Nimruz, no sul. Foi a primeira capital distrital a cair desde que os talibãs intensificaram os ataques contra o exército do governo, no início de maio. No dia seguinte, a província de Jozjan, no norte, caiu. Assim, não eram mais apenas a zona rural ou as províncias do sul que estavam nas mãos do Talibã. As batalhas pela maior cidade da província foram violentas. As forças do governo resistiram por muito tempo, mas foram forçadas a bater em retirada.

COLAPSO

273

No domingo anterior, a província de Sar-e-Pul havia caído. No mesmo dia caiu Takhar, onde o Talibã abriu as prisões incorporando, em um piscar de olhos, milhares de novos soldados. Guerra é guerra. A rica e poderosa província de Kunduz se defendeu o quanto pôde, mas após pesadas perdas no *domingo sangrento*, as forças do governo debandaram, primeiro do centro, depois de sua base militar e, finalmente, do aeroporto. Agora, o corredor para as províncias ricas em minérios ao norte, e na verdade para toda a Ásia Central, estava aberto para os talibãs.

Cada perda era sentida como uma punhalada em seu corpo. A queda de cada província, uma após a outra, chegava a doer. Mas a cada vez ele achava que seria a última. O restante eles não levariam. Então outro território era perdido e ele pensava: *este* é o último.

No fim de semana, os colegas do departamento financeiro haviam feito um esforço concentrado a fim de chegar a conclusões mais precisas. Claro que os Estados Unidos estavam no controle, tudo isso era parte do plano. Os norte-americanos concluíram um acordo de paz com o Talibã no inverno passado, acordo este que o presidente afegão fez o possível para sabotar. Ashraf Ghani não estava interessado em negociar uma divisão de poder, e agora estava sendo punido por isso. Para que o Talibã chegasse ao governo, os norte-americanos os deixaram tomar algumas províncias, repetiam os colegas uns aos outros. Provavelmente era parte do acordo, para que pudessem negociar um novo governo de igual para igual. Os ianques devem até ter instruído aos vários departamentos do Exército a retirada, pois várias províncias caíam sem oferecer resistência. Sim, claro que era isso.

Então vinha outra punhalada. Depois mais duas.

No dia seguinte ao domingo sangrento, a província de Samangan caiu. Um dia depois, as autoridades locais confirmaram que Farah, no oeste, havia sido capturada. No mesmo dia, o Talibã hasteou sua bandeira branca em Baghlan. Quatro dias antes tinha sido a vez de Badakhshan. No dia seguinte, Ghazni sucumbiu, e toda a administração municipal fugiu para Cabul. No mesmo dia, Herat, a terceira maior cidade do país, estava dominada.

274 OS AFEGÃOS

O punhal rasgava a carne e era torcido e retorcido, o gume penetrava no âmago do Afeganistão, cortando entranhas, retalhando pedaços, era assim que parecia. Pouco a pouco, a república foi se transformando num emirado.

Não se tratava mais de divisão e equilíbrio de poder. O que se desenrolava diante deles era algo completamente diferente. Como o Exército pôde deixar Herat sucumbir? Alguém no ministério assegurou aos outros que provavelmente havia um plano, tudo ficaria bem. As províncias do norte ainda estavam de pé. Tadjiques, como Karim, uzbeques e hazaras viviam lá. Claro, os talibãs nunca avançariam tanto rumo ao norte. Em breve seriam convocadas negociações, uma solução política seria construída e um novo governo interino assumiria.

Os Estados Unidos e a Otan gastaram bilhões de dólares treinando e equipando as forças de defesa afegãs. Karim era o encarregado de supervisionar uma fatia do orçamento. Boa parte do dinheiro grande desaparecia sem que ele percebesse. No papel, o Exército tinha 300 mil homens armados, enquanto o contingente real mal chegava a um terço disso. Oficiais se apropriavam dos soldos dos *soldados fantasmas*, como eram chamados, e vendiam as armas, munições e rações destinadas a eles.

Na noite de quinta-feira, depois que os colegas de Karim se despediram antes da folga de sexta, o Talibã tomou Kandahar. Depois Helmand. No fim de semana, capturou as províncias de Badghis, Ghor, Uruzgan, Zabul e Logar. Várias delas sem lutar. Então Mazar-e-Sharif capitulou.

"O que sobrou agora?", se perguntavam.

Naquela manhã, Jalalabad, na província de Nangarhar, se rendeu, souberam eles assim que chegaram ao escritório. Quase não havia mais o que ser tomado, exceto o vale do Panjshir e a cordilheira do Hindu Kush.

Mas em Cabul, os norte-americanos e o Exército afegão garantiriam a segurança, eles repetiam uns aos outros. A capital estava sob o controle do governo.

Então o telefone tocou.

*

COLAPSO

Kakar girou a chave. Jamila olhou uma última vez para a porta da frente marrom com trinco dourado, com olho mágico e trava de segurança extra. Em frente ao batente da porta estava pendurada uma cortina de plástico para proteger contra a areia que a ventania espalhava por todos os prédios de Cabul. Enquanto Kakar e as crianças carregavam a bagagem, Jamila descia com dificuldade as escadas.

Eles voltariam em breve. Ela tinha que voltar em breve. Tanta coisa ficou por fazer, mas as ameaças aumentaram. Não dos talibãs, eles já estavam fartos da guerra, mas da máfia. Apesar de ter renunciado ao cargo de ministra, o clã Tarakhil não deixou por menos depois que ela "secou o poço" em que bebiam. Fazia algum tempo que ela e Kakar tinham decidido ir embora dali — pelo menos por um tempo. Deveriam ter partido na semana anterior, mas eram muitas as pendências para resolver, tanto em relação aos programas educacionais como em relação à biblioteca que ela e Kakar haviam montado no porão, abarrotada de conhecimentos islâmicos. Além disso, o pai estava doente e um dos irmãos queria lhe pedir um conselho sobre uma questão. Então eles adiaram, e adiaram de novo, e então ficaram um pouco mais.

Por fim, reservaram passagens para Istambul para o dia 15 de agosto. Fizeram as malas confiantes de que em breve, mas talvez não tão cedo, eles retornariam.

O trânsito estava congestionado. A tensão era perceptível no ar à medida que o exército de islamistas isolava porções cada vez maiores do país. Era um sofrimento ver sua cidade natal, Ghazni, nas mãos do Talibã, e o choque foi grande quando Herat, uma das mais progressistas cidades afegãs, negociou uma rendição incondicional para que a cidade não fosse atacada.

Naquela manhã, o presidente havia garantido no Facebook que o Exército mantinha Cabul segura. As tropas norte-americanas também estavam presentes, ainda que o prazo para que se retirassem fosse se esgotar em breve. As equipes de várias organizações humanitárias estavam reduzidas, já que as forças estrangeiras não iriam mais protegê-las. Algumas inclusive dispensaram os técnicos locais, pois os *internationals* já tinham voltado para casa. Diminuía também a clientela de lojas e restaurantes. A desolação era geral.

Seis semanas antes, na surdina e na calada da noite, os norte-americanos abandonaram sua base principal em Bagram — o QG dos Estados Unidos contra os talibãs. Levaram consigo as armas mais pesadas e deixaram para trás as leves. A munição foi destruída com antecedência, todo o resto permaneceu; a partida planejada não deveria ser comunicada às autoridades afegãs. O comandante local em Bagram só soube que suas forças abandonariam a base aérea na noite da primeira sexta-feira de julho.

Pontualmente vinte minutos após a decolagem do último avião, a energia foi cortada, conforme o programado. A base, do tamanho de uma pequena cidade, que um dia abrigou piscina, cinema e Burger King, foi deixada completamente às escuras. O blecaute era o sinal para que as gangues criminosas, que nunca dormiam, invadissem o local. Os saqueadores arrombaram os portões da base que era usada pelos Estados Unidos e pela Otan. Pilharam os quartéis, as barracas, os hangares. A frota de carros fora abandonada no estacionamento sem as chaves, enquanto as geladeiras ainda estavam cheias de Coca-Cola e energéticos.

Na manhã seguinte, em Washington, Joe Biden, o quarto presidente dos Estados Unidos a comandar a operação no Afeganistão, queixou-se da falta de boa vontade da imprensa.

— Quero falar de *happy things, man* — reclamou ele diante de repórteres que lhe dirigiam perguntas inconvenientes. Depois de vinte anos, os afegãos teriam que tomar conta do próprio país, declarou o presidente norte-americano.

O restante das forças deve se retirar no final de agosto, prometeu ele. Seria mesmo o caso de ir embora de uma vez justo quando o Talibã está avançando sem resistência?, Jamila se perguntava enquanto se despedia de Cabul pela janela do carro.

Todas as manhãs, às 9 horas, Ashraf Ghani reunia-se com a equipe no Arg. Aquele domingo não foi exceção.

COLAPSO

O presidente do Afeganistão ficou cada vez mais isolado após a assinatura do acordo de Doha, em fevereiro de 2020, enquanto os talibãs se espalhavam pelo país.

A figura mais importante entre os poucos ao redor do presidente era Hamdullah Mohib, seu braço direito e — a seus próprios olhos — possível sucessor. Três anos antes, quando Ghani o indicou para chefiar o Conselho de Segurança Nacional, o homem de 35 anos não tinha experiência militar. Tinha, contudo, uma vasta experiência com Ghani, para quem trabalhava como voluntário desde a campanha eleitoral contra Karzai, em 2009, quando Ghani teve apenas 3% dos votos.

Mohib acabou controlando o acesso ao presidente e costumava pedir às pessoas que solicitavam uma audiência que "não fossem tão negativas". Intramuros, no palácio de Arg, o presidente providenciou uma casa ao lado da sua para acomodar seu jovem guardião. Os filhos de Mohib brincavam no jardim do presidente, e a esposa fez amizade com a primeira-dama, enquanto ele próprio montava uma equipe com funcionários jovens, bem-educados e eloquentes, que achavam melhor vencer a guerra nas redes sociais do que assistir às derrotas em Khost e Kandahar. Sob a liderança de Mohib, milhares de contas falsas foram criadas no Facebook e no Twitter com um único propósito: promover o governo e atacar os críticos, num país em que o acesso à internet era para poucos.

Na madrugada daquele domingo, Mohib havia participado de uma conversa num grupo de mensagens na plataforma criptografada Signal com os principais chefes de inteligência e autoridades de segurança do país. A noite trouxera más notícias. Além das províncias que caíram, havia relatos de que os talibãs estavam nos arredores de Cabul. Vários policiais da capital abandonaram seus postos, assim como soldados e seguranças.

Ao mesmo tempo em que Mohib adentrava o palácio presidencial, o encarregado de negócios dos Estados Unidos, a pouca distância dali, percebeu que a segurança em torno da *Green Zone* — onde ficavam o Arg, a embaixada dos Estados Unidos e vários outros prédios oficiais — havia colapsado. O diplomata consultou Washington e ordenou a evacuação imediata de todo o pessoal norte-americano remanescente na embaixada.

Temendo vazamentos, que poderiam alertar o Talibã ou o Estado Islâmico, o diplomata não informou ao presidente afegão que seu palácio não era mais seguro.

Naquela mesma manhã, o negociador norte-americano Zalmay Khalilzad encontrou-se com seu homólogo mulá Baradar no Ritz-Carlton, em Doha. O talibã prometeu ao estadunidense que as forças não invadiriam Cabul. Khalilzad retomou a exigência de um cessar-fogo. O mulá não se dignou a lhe dar uma resposta.

Ao ser informado de que Baradar, depois de nove reuniões, havia garantido a Khalilzad que Cabul seria poupada, Ghani disse secamente que considerava ambas as fontes não confiáveis.

Até então, Ashraf Ghani estava preocupado principalmente em como preservar sua coleção de livros caso tivesse que abandonar o palácio. Às 11 horas, encontrou-se com um diplomata dos Emirados Árabes Unidos para discutir uma possível evacuação. Eles conversaram no jardim. A manhã já estava escaldante. O diplomata garantiu que um avião estaria pronto para recebê-lo no dia seguinte. Acima deles, ouvia-se o ruído de um esquadrão de Black Hawks que haviam decolado do heliponto da Embaixada americana. Tiros ecoavam do lado de fora do palácio. Os guarda-costas de Ghani rapidamente escoltaram o presidente.

Por volta do meio-dia, Mohib estava trancado com Ghani na biblioteca. Eles concordaram que Rula, a esposa do presidente, deveria viajar para os Emirados o mais rápido possível. Ela conseguiu embarcar num voo regular da Emirates na mesma tarde. Ghani pediu a Mohib que viajasse com ela, para acompanhar as conversas entre Khalilzad e Baradar. Ele queria seu homem de confiança por perto quando o destino de Cabul estivesse em jogo.

A uma hora, Mohib recebeu uma mensagem de texto. Khalil Haqqani queria falar com ele. Seguiu-se uma chamada de um número paquistanês. A voz disse:

— Rendam-se!

Mohib ponderou que era preciso negociar primeiro, mas o homem limitou-se a repetir a mensagem e desligou. Khalil era tio de Sirajuddin e fora nomeado pela rede para ser o responsável pela segurança de Cabul em caso de tomada da capital.

COLAPSO

Às 2 horas, Mohib apareceu na residência para acompanhar Rula ao heliponto atrás do palácio. Os dois seriam transportados de lá para o aeroporto Hamid Karzai a tempo de alcançar o voo da Emirates.

A sala recendia ao suor das garotas. O ar estava quente e carregado. Faixas estreitas de raios solares devassavam as cortinas. Já devia ser tarde. Ariana se levantou e ligou o ventilador de teto, dando graças que a energia tinha retornado. Foi um agosto impiedoso, seco e abrasador. Ela ouviu os passos do pai pelo apartamento. Que estranho, ele não deveria estar no trabalho?

Sem se importar que podia acordar a irmã, ela pôs *Stay*, de Justin Bieber, para tocar tão alto que a música abafou o ruído do ventilador.

I get drunk, wake up, I'm wasted still
I realize the time that I wasted here!

Havia várias mensagens não lidas no telefone, ah, decerto amigas continuaram batendo papo até bem depois que ela pegou no sono. Ela leria o fio inteiro, mas antes queria apenas se deitar um pouco de olhos fechados.

Cantarolando junto. A seu lado, o telefone não parava de piscar.

I feel like you can't feel the way I feel
Oh, I'll be fucked up if you can't be right here ... oooooooh!

De repente, o pai surgiu pelo vão da porta. Parecia completamente absorto enquanto abotoava a túnica que acabara de vestir. Por que não estava no trabalho?

O pai olhou para Ariana, depois para a irmãzinha que ainda cochilava.

— Desligue essa música!

A contragosto, Ariana baixou o volume.

— O Talibã está nos arredores de Cabul! — ele disse.

— O quê?

O pai olhou para ela atônito e saiu por onde entrou. Zohal havia se sentado na cama.

— O que foi?

Ariana conferiu as mensagens. Todas eram sobre o mesmo assunto. Talibã. Talibã. Talibã.

Quer dizer que tomar Cabul era fácil assim? Com tantos soldados, helicópteros, barricadas, norte-americanos. O pai era coronel das forças armadas. Ele deveria saber.

— Papai!

Mas agora o pai falava ao telefone.

Talibã? Ariana nasceu no último ano em que governaram. Tinha ouvido falar de burcas, açoitamento e apedrejamento, mas parecia uma realidade muito distante. Foi antes de ela nascer, por assim dizer. Além disso, eles tinham perdido. O Talibã proibira a televisão e a música, disso ela sabia. Era difícil até imaginar. A irmãzinha nunca conseguiria viver sem as novelas turcas, e nem ela sem Netflix e Justin Bieber.

Não, era impossível, ninguém queria os talibãs por perto em Cabul. A população inteira se levantaria contra eles. As pessoas iriam sair às ruas e protestar. Na semana anterior, ela foi jogar boliche com as amigas. Eles alugaram uma pista, escolheram a própria trilha sonora. Na pista ao lado, um grupo de meninos brincava com elas. Foi emocionante e era ilegal — e fazia a vida valer a pena. Eles tinham acabado de assistir *Longe de casa*, o último filme do Homem-Aranha, que agora estava em cartaz em todos os cinemas de Cabul. Ela se lembrou das histórias que seus pais contavam, de como tudo era proibido quando o Talibã esteve no controle pela última vez. Não, provavelmente não passavam de rumores. Além disso, os norte--americanos zelavam por eles.

A mãe entrou no quarto. A expressão em seu rosto era de pesar.

— Tive que cancelar as provas — contou ela. — O primeiro grupo, as meninas da manhã, conseguiu terminar, mas depois cancelei o restante. — Ela olhou para as filhas e começou a chorar.

Karim a alertou quando saiu do ministério.

— Nadia! Vá para casa. Os talibãs estão nos arredores de Cabul! — disse ele pelo telefone.

Ela caminhou até a janela, que tinha uma vista para todo o distrito. Tudo continuava como antes. Os carros buzinavam. Os vendedores de

COLAPSO

frutas anunciavam seus produtos. O caminhão de sorvete passava pela rua. Então ela foi até o corredor. Lá estava tudo quieto, e nas salas de aula o único som era o das canetas das meninas rabiscando o papel. Não podia ser verdade. Ela precisava se inteirar mais, mas antes queria que as alunas terminassem os exames. Havia tanto por fazer depois de um ano de escolas fechadas; a última coisa de que precisavam agora era cancelar uma prova.

Os atos de guerra ocorriam no país desde que essas meninas, que agora estavam do Ensino Médio, vieram ao mundo. Para elas, significava apenas que não podiam visitar familiares nas áreas onde havia combates. Ao mesmo tempo, vivia-se sob uma certa paz em Cabul, ameaçada apenas pelos atentados suicidas, que aumentavam ano a ano. Os últimos seis meses do ano seguinte às negociações de paz em Doha foram o período mais violento desde a debandada dos extremistas, vinte anos antes. As conquistas do Talibã, primeiro nas aldeias no leste, depois no sul e depois no oeste, foram tão graduais e constantes que as pessoas estavam o tempo inteiro se adaptando à nova normalidade. Um normal distorcido: *Cabolha*.

Nadia desceu até a entrada da escola. Lá, as alunas que chegaram para o segundo turno de exames estavam todas juntas, conversando enquanto esperavam. O que ela deveria fazer? Mandá-las de volta para casa?

Ela consultou o celular, várias mensagens diziam a mesma coisa: os talibãs estavam a caminho.

Ela respirou fundo e disse às garotas que o exame precisou ser adiado e ordenou que voltassem para casa. Por questões de segurança, explicou. Então passou em todas as salas em que o primeiro turno de meninas estava prestes a terminar. Pediu a todas que entregassem os exames e fossem imediatamente para casa.

Em seguida, ela também deixou a escola às pressas, sem acreditar que tudo aquilo fosse mesmo verdade. As calçadas estavam tão cheias quanto antes. Não seria um exagero da parte dela? Era mesmo necessário cancelar a segunda etapa?

Em casa, ela e Karim liam as mensagens em seus telefones. Ariana e Zohal também lhes fizeram companhia, e todos se sentaram nos colchões espalhados pela sala. O apartamento para o qual eles se mudaram ficava no segundo andar de um prédio residencial a uma boa distância do centro da cidade. Cortinas com desenhos de folhas douradas pendiam das grandes janelas. Do lado de fora havia uma pequena varanda arejada onde o pai cultivava dálias vermelho-escuras como sangue.

— Tomar Cabul não será fácil, não é? — perguntou o irmão mais velho. Ele sempre foi o mais medroso dos irmãos, o mais cauteloso e o mais reservado. — Os combates serão violentos, não é?

O pai não respondeu. Seus colegas de departamento, na verdade todos os funcionários do ministério, tinham acabado de voltar do trabalho para casa e guardado os uniformes no armário. As divisões do exército fizeram o mesmo.

Até ele se vestiu à paisana — com a túnica — num piscar de olhos.

Quem mais estaria disposto a lutar?

A primeira-dama foi escoltada até os helicópteros por Mohib, que havia feito uma pequena mala de viagem com mudas de roupa para usar em Doha, para onde seguiria depois de deixar Rula e sua comitiva em Abu Dhabi. Ele a acompanhou até o helicóptero, refletindo sobre o que o chefe da Guarda Presidencial lhe havia dito.

— Eu quero que você leve o presidente também.

O comandante receava não ser capaz de proteger Ghani. Ninguém sabia ao certo quais ou quantos guarda-costas permaneceriam leais se os talibãs invadissem o palácio.

Mohib pediu aos pilotos que aguardassem uma nova mensagem. Rula subiu a bordo enquanto o jovem chefe de segurança voltava para a residência. Lá, encontrou Ghani e o pegou pelas mãos:

— Senhor Presidente, está na hora. Temos que partir.

Ghani queria subir para pegar alguns pertences pessoais, mas Mohib temia que, a cada minuto, mais pessoas descobrissem que eles planejavam fugir. O pânico poderia se espalhar, os guardas poderiam se amotinar.

A última vez que tomaram Cabul, os talibãs lincharam o presidente, castraram-no, amarraram seu cadáver na traseira de um carro e deram voltas pelo palácio antes de pendurá-lo pelo pescoço num poste na rua.

COLAPSO

O presidente achou melhor acatar o conselho do assessor.

No heliponto, houve uma discussão sobre quem iria viajar. Os pilotos informaram que cada um dos helicópteros poderia transportar até seis passageiros. Doze se espremeram a bordo da aeronave presidencial.

Vários de seus colaboradores mais próximos ainda estavam no Arg quando os pilotos ligaram os motores. Um deles discutia ao telefone com Khalilzad os detalhes de um cessar-fogo com o Talibã enquanto o helicóptero do presidente decolava e sobrevoava os jardins do palácio, onde os jardineiros lutavam para manter as plantas vivas sob o verão escaldante.

Chegando ao aeroporto Hamid Karzai, Jamila e sua família enfrentaram filas quilométricas. Por que as coisas estavam tão lentas hoje? A primeira verificação de segurança já tinha sido realizada fora da cerca do aeroporto, tanto de pessoas quanto de bagagens, depois houve outra varredura em busca de metal, depois uma revista corporal, e só então tiveram acesso ao prédio do terminal. Lá, finalmente conseguiram fazer o check-in. As pesadas malas foram colocadas na esteira e desapareceram no vão, antes que os passageiros passassem por mais uma inspeção de bagagem de mão, após o controle de passaporte. Exausta, Jamila sentou-se numa cadeira no imenso saguão, onde uma enorme janela panorâmica dava para a pista de pouso.

Com as muletas apoiadas no braço da cadeira, ela mantinha o olhar fixo na tela do computador e os dedos no teclado, enquanto as crianças jogavam cada com seu celular e Kakar conferia as notícias.

— Isso não parece nada bom — disse ele a Jamila.

Avisos de voos atrasados não paravam de ser anunciados pelos alto-falantes. Parecia que o voo matutino seria um voo vespertino. Jamila ouviu um barulho e se virou. Uma horda de homens elegantemente vestidos subia correndo as escadas. Ela conseguiu identificar alguns: ministros, vice-ministros, homens da administração do presidente. Todos caminhando apressados escoltados por seguranças que abriam caminho pela multidão até o portão de embarque de dois aviões com destino a Istambul e Islamabad. Ambos estavam prontos para decolar.

O que esses homens estavam fazendo ali? Eram tantos! Como haveria lugar para todos no voo? A sala de espera já estava lotada.

Ela voltou a concentração para o computador e continuou digitando as mensagens que não teve tempo de enviar no escritório.

Finalmente, uma mensagem soou pelo alto-falante informando que o embarque estava começando. Jamila guardou o computador e com muito esforço se pôs de pé. Toda a família acompanhava seu ritmo rumo ao portão de embarque, mas no meio do caminho foram parados por homens armados e tiveram seus cartões de embarque confiscados.

Os passageiros que já haviam entrado no avião foram arrastados para fora de seus assentos. Os homens armados venciam mais uma vez.

O voo para Istambul decolou sem Jamila e sua família.

O clima era sombrio no táxi que tomaram para voltar para casa. Jamila olhou em volta. Não havia policiais nas ruas. Todas as forças de segurança, e seus respectivos veículos, haviam desaparecido. Nem os guardas de trânsito estavam mais lá. Era uma cidade sem lei.

Ela reclamou do calor. Estava tão abafado no carro que até respirar era difícil. Uma sensação ruim invadiu seu peito.

De volta ao apartamento, chegou a notícia: o Talibã havia tomado Cabul.

A noite foi passada queimando papéis. Documentos, cartas, livros, notas, contratos, discos rígidos, fotos. Não havia tempo para separar recordações de família de imagens que poderiam colocar alguém em risco. Folha após folha, rosto após rosto foram consumidos pelas chamas.

Então ela recebeu uma mensagem de texto de uma colega: o presidente havia abandonado o país.

Ele os havia traído. A ela e a todo o Afeganistão.

O vitorioso

Nenhum período da vida de Bashir superou o do jihad.

Nada o moldou tanto quanto a morte.

Ousado, perspicaz, independente era como o viam os que o cercavam. Teimoso, egocêntrico, polêmico, diziam dele aqueles que não o conheciam de perto.

Durante décadas, ele galgou a hierarquia enquanto seus comandantes eram mortos; herdava deles os subordinados, se assim desejassem. Um guerreiro poderia solicitar admissão a qualquer comandante, para ser aceito no grupo ou estar de prontidão. Se fosse morto, seria rapidamente substituído por outro que ansiava por morrer.

Foi assim que o Talibã venceu a guerra.

Eram numericamente inferiores. Possuíam menos armas. Tinham uma fração do dinheiro. Mas tinham algo que o maior exército do mundo, e a mais forte aliança militar do mundo, jamais poderia conseguir: homens que abraçavam a morte com alegria e vontade.

Os mártires ocupavam mais espaço nas histórias de Bashir do que os vivos. Eram personagens de sagas heroicas. Às vezes ele se referia a eles como se ainda estivessem vivos.

Walid costuma dizer, isto é, ele está morto agora...

Qasim era lento demais, por isso foi alvejado, e aí conseguimos escapar...

Quando encontramos Latif, seu corpo ainda estava intacto e recendia a almíscar...

E Sharifullah, que vestiu o uniforme de general, ele...!

A conversa dos homens era sobre os grandes feitos, não sobre o cotidiano. Eles discorriam sobre as grandes vitórias, mas também sobre as cruéis derrotas que Alá lhes deu de sobra. Raramente comentavam sobre assuntos como tédio, fome, piolhos, saudade.

Os homens costumavam se reunir à noite, e ficavam conversando durante horas a fio. Bebendo chá e exibindo uns aos outros os vídeos das grandes batalhas. Repassando imagens das câmeras corporais dos soldados norte-americanos mortos, imagens que depois circulavam na internet. Trocando fotos de cabeças recém-degoladas. Armazenando imagens dos restos mortais de um *fedayin* se o ataque tivesse sido realizado pelo Estado Islâmico. O que os homens-bomba dos vídeos tinham em comum era a idade: eram todos muito jovens. Várias gravações tinham até trilha sonora. As imagens mais comuns, feitas por homens escondidos nas encostas, eram de caminhões, Humvees e tanques passando por cima de bombas enterradas nas estradas e detonando-as. Havia também imagens de eles mesmos lançando foguetes do quintal de casa, entre as macieiras, no meio dos trigais. A paz repentina era uma espécie de férias em que podiam falar da guerra, pensar na guerra, planejar a guerra, porque a próxima estava sempre a caminho, ou não?

Por vinte anos, Bashir personificou a destruição. Suas balas perfuravam corpos quentes e vivos. Os explosivos que detonou fizeram chover tijolos, pedaços de concreto e vergalhões sobre transeuntes inocentes. Ele fez com que outros explodissem a si mesmos. Sempre com um objetivo em mente: causar o máximo de destruição possível.

Agora, não conseguia encontrar o equilíbrio nesse súbito instante em que o mundo que conhecia simplesmente deixou de existir. Os combates cessaram. Os projéteis continuavam no carregador. Ninguém precisava do seu comando.

O exército do terror havia se tornado uma força de manutenção da ordem. Agora caberia a eles reconstruir o país.

O que ele haveria de construir? Construir a paz? *Peace building*, pelo menos era assim que os norte-americanos passaram a chamar o que estavam fazendo. *Nation building*, diziam os europeus. Agora era a vez de o Talibã construir. Por acaso eles *sabiam* construir alguma coisa?

Olhando retrospectivamente, em termos históricos, a mais superficial busca por respostas chegaria à conclusão de que uma guerra civil era

O VITORIOSO

287

iminente. A violência que marcava a alternância dos ciclos de poder era o padrão.

O melhor, pois, era olhar para a frente.

— Desempregado — respondia Bashir se alguém perguntasse. Não passava de uma piada — uma vez comandante, sempre comandante.

Após a tomada de Cabul, Bashir recebeu ofertas de emprego das novas autoridades como agradecimento por seus esforços. Nenhuma delas o agradava, simples assim.

Em duas ocasiões no intervalo após a queda da república e o triunfo do emirado, ele foi convocado pelo novo ministro do Interior, que o havia acolhido até que ele estivesse apto para a guerra, serviu-lhe chá no alpendre e lhe entregou as chaves do arsenal — o Califa em pessoa.

Sirajuddin Haqqani — o cérebro da estratégia militar do Talibã no leste do Afeganistão, o homem por trás do maior número de atentados suicidas contra forças estrangeiras — era agora ministro do Interior e continuava sendo um dos homens mais poderosos do país. Até ser nomeado, era quase impossível encontrar fotos suas. O governo dos Estados Unidos dispunha de apenas duas, publicadas nas páginas do *Rewards for Justice*. Numa delas, um xale de lã cobria a maior parte do rosto, mas o perfil sugeria feições marcantes, uma vasta cabeleira preta e sobrancelhas espessas. A outra era um retrato gerado por computador de como se supunha que ele fosse. "Pele clara e enrugada", dizia a legenda.

Os Haqqani se haviam estabelecido como uma força contrária ao círculo de Kandahar, do falecido mulá Omar. Ao longo da guerra, foram atraídos para a mesma direção. Haqqani subordinou-se à liderança superior.

Agora, teriam que governar o país juntos. No topo estava o emir do Talibã, Haibatullah Akhundzada. Ele herdara o título de *amir al-muminin* — líder dos fiéis — do mulá Mansour, morto por um drone norte-americano em 2016, três anos depois de assumir o cargo que pertencera ao mulá Omar.

O emir enviou o próprio filho para morrer como homem-bomba e era uma figura reclusa, que raramente deixava Kandahar. Ele deixou que outros ocupassem o centro das atenções após o anúncio da vitória, em agosto, mas divulgou uma declaração de que o Talibã seguiria todas as leis, tratados e obrigações internacionais, a menos que entrassem em conflito com a lei islâmica.

— No futuro, toda vida e todo exercício de poder no Afeganistão serão regulados pelas leis da nossa sagrada sharia — disse ele, congratulando-se com o povo por sua libertação do domínio estrangeiro.

Sirajuddin Haqqani ainda figurava na lista dos *most wanted* do FBI, com uma recompensa de 10 milhões de dólares. Ele era uma das razões pelas quais os Estados Unidos congelaram o acesso à maior parte dos recursos do país. Como punir líderes terroristas? Boicotando-os? Deixando a população morrer de inanição? A comunidade internacional não sabia o que fazer quando vários dos novos membros do governo estavam na lista de terroristas dos Estados Unidos e na lista de sanções da ONU. Isso dificultava as negociações financeiras. Eles não poderiam simplesmente apagar aqueles nomes das listas, por mais que agora viessem acompanhados de títulos como "ministro do Interior" ou "primeiro-ministro". Os governos anteriores do Afeganistão haviam depositado 9 bilhões de dólares — grande parte das reservas nacionais — em bancos ocidentais. Esse dinheiro foi congelado para que o novo governo não tivesse controle sobre ele. O Talibã chamava isso de roubo.

Com ou sem os recursos congelados, o país tinha de ser governado, e Sirajuddin precisava formar uma equipe. Era preciso ter homens de confiança nas províncias. Agora, com a paz recém-estabelecida, ele queria manter os aliados mais rebeldes sob rédeas curtas.

Em setembro, Bashir foi alcançado por um mensageiro. Foi a primeira vez que ele e o Califa se encontraram após a vitória. Eles agradeceram a Deus por ter poupado suas vidas e ter permitido que testemunhassem aquilo. Uma vez que a vontade do Todo-Poderoso estava feita, podiam agora humildemente dedicar-se a novas tarefas.

Sirajuddin disse que Bashir poderia escolher entre vários cargos. Qual posição no governo mais o atraía? Havia alguma província em particular em que estivesse interessado? Logar, talvez, perto da sua aldeia natal? Ou algo mais a leste, perto da fronteira com o Waziristão?

O VITORIOSO

Bashir esquivou-se e disse que não sabia ao certo.

O Califa fez uma proposta concreta.

Bashir recusou.

Um mês depois, foi convocado novamente.

Pela segunda vez recusou.

— Essa escolha é minha, não sua! — Siraj estava irritado. — Quero você ali e é para lá que você vai.

Bashir ficou mudo. Um posto administrativo não fazia parte de seus planos. Especialmente agora, quando um cargo desses era sinônimo de problemas. Faltava dinheiro, as pessoas estavam sem receber salários, durante o inverno a fome atingia multidões. Não, governar esta paz não era para ele.

Os laços da guerra o obrigavam a ficar sentado ali, em silêncio, e não desobedecer a ordens. A ligação entre eles era indissolúvel. Quando se conheceram, Bashir tinha 14 anos e Sirajuddin, 30.

Bashir foi logo advertido. Não deveria haver dúvidas sobre quem mandava.

— Na próxima vez que for convocado, vá para onde eu o mandar — exigiu Sirajuddin.

Bashir assentiu discretamente, de uma forma que dificilmente seria interpretada como um sim.

Se tudo ocorresse conforme a vontade do Califa, Bashir ocuparia o cargo de governador distrital ou chefe de polícia em uma ou em outra província. Mas Bashir preferiu seguir seus próprios planos. Se coincidissem com os de Haqqani, tanto melhor; caso contrário, ele esperaria a tempestade passar para então conseguir o que queria.

A paz impunha desafios domésticos como, por exemplo, onde morar. A família de Bashir pertencia ao clã Husseinkhel — um ramo da grande árvore genealógica Ahmadzai. Eles eram estranhos em Jalalabad. Também não lhe apetecia viver na zona rural, em Mussahi, como desejava a mãe. Queria mesmo era morar em Cabul e estava procurando uma casa.

Seu grupo familiar consistia em cerca de trinta pessoas, adultos e crianças. No topo estava a matriarca. Em seguida vinham Bashir e seu irmão Raouf. Ao todo, eram três esposas e catorze filhos. Além disso, os irmãos eram responsáveis pelas esposas de Hassan e Yaqub e seus filhos, e também por alguns dos filhos das irmãs.

Certo dia, um amigo ligou e disse que tinha encontrado uma casa que certamente agradaria a Bashir. Ele fazia questão, inclusive, de acompanhá-lo na visita. Os dois dirigiram juntos para a periferia da cidade. Era a Cabul onde o asfalto terminava, onde os carros derrapavam na estrada quando chovia e os pneus deixavam sulcos profundos no chão quando a lama secava.

Passaram por barraquinhas que ofereciam galinhas cacarejantes e iogurte em grandes baldes. Outros vendiam nozes e frutas secas, refrigerantes e alimentos enlatados do Paquistão. Havia todo tipo de gente vivendo ali, mas quem exatamente morava nessas paragens, caso alguém se perdesse nas estradas e vielas sem nome, era impossível saber. Da rua não se via nada além de altos muros de barro e pesados portões de ferro. Não havia fachadas chamativas, placas de identificação, nada que revelasse quem eram os proprietários.

No meio de uma viela, estacionaram diante de um portão cinza cuja pintura estava descascada.

Quando o camarada o abriu, foi como se abrisse o portão do paraíso. No extremo de um pátio ladrilhado erguia-se uma casa suntuosa.

Era cor de creme com um toque cor-de-rosa, com três amplos pavimentos. Uma varanda cor de menta corria em volta da casa. A grade tinha motivos orientais e as saliências eram pintadas de cor-de-rosa ou verde-menta. Em várias janelas, algumas abobadadas, outras retangulares, havia vidros espelhados que impediam a visão do interior. Delicadas treliças de vime emolduravam o vidro cor de violeta. A casa era uma eclética mistura de pagode asiático, palácio oriental e templo grego. Na entrada havia colunas coríntias com capitéis pintados de dourado.

Três degraus largos conduziam ao pórtico de entrada. O degrau era verde-menta, enquanto a superfície do piso era um mosaico de ladrilhos de

O VITORIOSO

mármore em tons pastel. O teto acima da escada exibia motivos prateados. A porta larga, com entalhes de videiras frondosas, era de madeira escura.

Acima dela, com um vidro espelhado cor-de-rosa, a frase *Mashallah* estava esculpida em madeira. A expressão árabe significa *tudo é como Deus quer* e serve como proteção contra o mau-olhado, para impedir que os diabretes se assenhorem da casa. Também protege contra o ciúme.

— Fique o tempo que quiser — disse o amigo, o novo proprietário do imóvel.

Antes, um deputado morava aqui. Onde ele estaria agora?

O amigo deu de ombros. Nos Estados Unidos, talvez. Escafedeu-se junto com os traidores.

Não muito tempo depois, a família se mudou.

Rapidamente, eles se apropriaram da casa. Do lado de fora da porta da frente, havia pilhas de calçados: sapatos sujos de lama, sandálias pisoteadas, botas com rasgos, chinelos deformados, tênis — a maioria pequenos, alguns grandes.

Não pareciam pertencer ao mesmo conjunto o mosaico caro e o calçado velho, as janelas de vidro espelhado e as sandálias gastas. Era como se os donos daqueles calçados tivessem invadido a mansão.

De qualquer forma, era um espólio de guerra e, de longe, a casa mais bela que Bashir já teve.

Ele apenas a pegou emprestado, era o que dizia às pessoas.

O membro do Parlamento teria, muito possivelmente, usurpado a casa, aquela gente pilhava tudo o que via pela frente, comentavam os amigos de Bashir. Talvez estivessem certos, porque a diferença entre o que era comprado ou roubado no Afeganistão nem sempre era discernível. Havia apenas duas regras fixas. A primeira: o vencedor leva tudo. A segunda: nada é para sempre.

A não ser Deus, tudo é passageiro, e agora, assegurada a vitória, aquela tinha se tornado a casa de Bashir. Como o Land Cruiser branco que de repente passou a dirigir. O carro também foi emprestado por um amigo.

Do lado de fora do portão, na rua empoeirada, ele deixou dois jovens de plantão, cada um com seu fuzil. Era a indicação de que um homem importante morava ali.

Este era o portão do comandante Bashir.

Mais além, na esquina que dava para a planície, funcionava uma pequena oficina que vendia sonhos. Um artesão fazia pipas com plástico fino e varetas de madeira com um barbante para empiná-las. Dali, as crianças podiam correr pela grande planície do outro lado da estrada, que na primavera se cobria de um leve tom de verde, embora na maior parte do ano fosse seca como um deserto. Se ventasse bastante, as pipas alçariam voo. Às vezes elas se soltavam e desapareciam no céu.

Mas as crianças da casa de Bashir não podiam brincar com pipas. Eles tinham mais o que fazer.

O desgraçado

Ariana não tinha permissão para sair. Com exceção da mãe, que ocasionalmente ia ao mercado fazer compras, todos ficavam em casa.

O mais receoso era o pai. Karim temia que os talibãs estivessem atrás dele para se vingar dos traidores — que serviram ao exército afegão, que haviam tirado a vida de tantos de seus *irmãos*. Karim não havia matado ninguém, mas pagava os salários daqueles que o faziam. No mapa da vingança, onde ele estaria exatamente?

Ele passava a maior parte do dia sentado, com o olhar perdido no horizonte. Chegou até a mencionar a Frente de Resistência Nacional, baseada em Panjshir. O tempo passou e ele parou falar no assunto, na verdade quase nem mais abria a boca. O que teria para dizer?

A mãe estava em casa porque sua escola foi fechada. Ela não pisava lá desde que mandara para casa as meninas que fariam o segundo turno de provas. Algumas escolas primárias reabriram semanas após a tomada de Cabul, mas muitas permaneceram fechadas por motivos práticos. O Talibã disse que reabriria todas assim que a segurança permitisse. Ela esperava por essa autorização.

O irmão mais velho estava em casa porque a empresa em que trabalhava o demitiu.

Uma irmã estava em casa porque seu curso de Biologia nunca começava.

A outra irmã estava em casa porque o consultório odontológico em que trabalhava vendeu todos os equipamentos e fechou as portas.

O irmão de 14 anos estava em casa porque suas professoras não podiam mais lecionar para meninos adolescentes.

A irmã mais nova estava em casa porque as professoras da escola primária ao lado não apareciam para trabalhar. Assim sendo, ela era obrigada a ficar em casa.

OS AFEGÃOS

Ariana estava em casa porque a universidade estava fechada por não atender aos requisitos de divisão entre os sexos.

O ano letivo já estava chegando ao fim de qualquer maneira. Todas as escolas públicas estariam fechadas de meados de dezembro até o equinócio da primavera — *Noruz*, o ano novo persa. A razão era prática: a maioria das escolas no Afeganistão eram simples construções de barro sem calefação, frias demais no inverno para permitir qualquer aprendizado.

O outono foi agourento. Os dias — e o humor — no apartamento escuro se tornavam cada vez mais sombrios.

Num final de tarde, Karim subiu na laje plana do prédio. Ali os moradores estendiam roupas nos varais, e às vezes as crianças subiam para empinar pipas, tão forte era o vento lá no alto. Mas naquele dia Karim subiu as escadas sozinho. Passou pelo quartinho no fim da escada, onde costumava guardar as dálias durante o inverno. Vasos e baldes estavam empilhados num canto, a pá jogada numa cesta. Ele não conseguia cuidar das flores, que outrora lhe davam tanta alegria, quando nada mais fazia sentido. De todo modo, não era por causa das dálias que subira ali.

Karim largou o pesado galão de gasolina que carregava consigo. Junto à porta da escada estava um enorme barril de petróleo.

Uma tristeza se abatera sobre ele, uma melancolia que nunca havia sentido antes. Não assim. Não dessa forma. Antes, sempre havia esperança. Não importa o que acontecesse, ele sempre tinha um sonho ou um propósito. Agora, não tinha nada. Ao mesmo tempo, temia perder o que lhe restava — a vida, Nadia e os filhos.

Ele desceu novamente.

No quarto, abriu a porta do armário e tirou os cinco uniformes. Todos os anos eles ganhavam um uniforme novo, às vezes os usava até que ficassem puídos, noutros anos eles se acumulavam. Agora, representavam um risco para ele. O Talibã havia começado sua segunda rodada de ataques, já até haviam revistado a casa uma vez à procura de armas. Karim entregou a arma que lhe pertencia e que constava na relação do Ministério da Defesa.

Quando voltaram, um deles se dirigiu ao filho mais novo.

O DESGRAÇADO

— Onde está a arma do seu pai?

O menino de 7 anos não respondeu. O talibã lhe mostrou o fuzil que carregava.

— Igual a essa aqui — ele disse. — Onde está? Diga ou vamos prender você!

Eles cederam depois que Karim implorou para que fossem embora, havia meninas em casa, disse ele, era humilhante, ele já havia entregado tudo o que tinha. Antes de saírem, porém, perguntaram onde era o banheiro. Queriam se assear, pois era hora de orar. Ele lhes mostrou o banheiro. Um por um eles entraram e se lavaram. Então se ajoelharam na sala para orar.

Poderiam voltar a qualquer momento, ele tinha ouvido falar de um que foi espancado até a morte porque os talibãs encontraram uniformes em seu armário.

— Servimos ao nosso país — lamentou Karim ao colega que lhe contou a história. — Agora não somos nada.

Nascido em 1969, Karim ingressou no exército sob o comando do dr. Najibullah, um homem a quem havia jurado lealdade. Aprendeu a atirar, a respeitar o uniforme e zelar por ele, a defender o país, ainda que tivesse acabado distante do front de batalha, na contabilidade.

Agora, levava nas mãos os cinco uniformes pela escada empoeirada, abria a porta estreita para o telhado e caminhava na direção do barril. Atirou quatro uniformes lá dentro, derramou gasolina sobre eles e ateou fogo.

Ficou admirando as labaredas devorarem o tecido. Nadia subiu, e ele cobriu o rosto com as mãos. Por mais de trinta anos ele envergou um uniforme. Estava queimando a própria identidade. Ela foi consumida pelas chamas.

O medo voltou a assombrá-lo. Em breve a noite cairia. Talvez algum vizinho observasse o que ele estava fazendo.

Ele pegou o último conjunto e ficou parado, segurando o uniforme de gala preto nas mãos. Aquele que deveria durar a vida toda, e só era usado em ocasiões especiais, ao receber uma medalha ou comenda, numa cerimônia de despedida ou no Dia da Independência, quando o Afeganistão celebrava a libertação dos britânicos em 1919. Seria um crime queimá-lo.

Ele o atirou lá dentro.

Tanto Nadia quanto Karim estavam aos prantos.

Em pouco tempo não seria mais possível saber que aquele monte de cinzas, um dia, havia sido quatro uniformes verdes e um preto com botões dourados.

Karim desceu ao apartamento e recolheu documentos e certidões do ministério. Papéis de formatura, certificados de curso, fotos da turma — tudo foi para o barril.

Uma só lembrança ele preservou: as três estrelas costuradas nas dragonas do uniforme de gala. Ele as arrancou do terno. Não teve coragem de atirá-las às chamas. Todo o resto foi carbonizado; sua patente ninguém poderia lhe tirar.

Semanas depois de descer do telhado com os olhos vermelhos de tanto chorar, Karim recebeu um telefonema do Ministério da Defesa. O Talibã o esperava. Era alguma falha ou dúvida sobre o sistema de informática. Por que ajudar o Talibã, que havia se apossado do seu escritório? Ele se arriscaria a isso? E se eles o prendessem? Ou se atreveria a ignorar a convocação? Sabiam onde ele morava. Não era um *pedido*, era uma ordem. Ele não tinha escolha. Estava obrigado a comparecer na manhã seguinte, sem direito a reclamações.

Era a primeira vez que ele saía de casa desde meados de agosto, havia quase dois meses. O tempo estava fresco, as árvores tinham folhas amareladas, outras estavam caídas pelo chão. Karim vestia uma túnica com calças largas por baixo. Para um burocrata, era apropriado usar também um paletó ou terno.

Percorrer *o mesmo* caminho era quase insuportável. Ele não apenas perdera o emprego, havia perdido também a autoestima. Quem era ele sem o Exército? O que era um chefe de família sem renda?

Chegando ao Ministério da Defesa, onde antes apenas mostrava a carteira de identidade e lhe abriam as cancelas, teve que passar pela revista.

— Eles me chamaram de inimigo — disse um colega ao telefone. Como Karim, ele foi intimado a voltar para resolver algum problema para os talibãs. — Perguntei por que eram tão rudes, tão grosseiros. Disse que não poderiam me tratar assim.

— Não é você quem determina isso — respondeu um talibã esbofeteando o homem no rosto.

O colega de Karim ficou tão indignado que formalizou uma reclamação a um superior.

Depois de ouvir o que o queixoso tinha a dizer, o talibã o encarou e disse:

— Você deveria era agradecer por não estar morto!

A única razão pela qual não o mataram, disseram, foi a anistia geral. Mas ele que não voltasse a reclamar de mais nada se ainda quisesse viver.

Com isso em mente, Karim humilhou-se e se permitiu ser revistado. Subiu escoltado os mesmos degraus que pisara mil vezes antes, até o andar em que sempre virava à esquerda para entrar no corredor, abrir a porta e deparar-se com a escrivaninha que antes fora sua. Tudo o que pertencia ao exército havia sido destruído. Cartazes, emblemas e bandeiras do Emirado Islâmico foram colocados no lugar. Os próprios talibãs perambulavam com pentes de balas e armas pelos corredores. As mesas estavam quase vazias.

Pediram-lhe que resolvesse um problema nas planilhas no computador.

De agora em diante, ele viria uma vez por mês atualizar os números dos últimos trinta dias.

Os talibãs tinham mais o que fazer.

O pai tinha se transformado em outra pessoa.

No começo, ficava calado, sempre com o olhar vago. Traziam-lhe chá e ele mal tocava na taça. Comia devagar e pouco. Às vezes conversava com colegas ao telefone, cada um contava uma história de terror que havia escutado. Mas a maior parte do tempo passava sentado, sem fazer nada. Até ressurgir como um tirano.

Desde a hora em que acordava até tarde da noite passava o dia dando ordens às filhas e à esposa.

Traga um copo de água!

Quero chá!

Cozinhe um ovo para mim!

Traga nozes!

Damascos!

Pegue minha almofada!

Limpe minha almofada!

Me dê um cobertor!

Onde estão meus óculos?

Onde está o controle remoto?

Vá buscar!

Quero dormir, apague a luz!

Frequentemente, quando estavam reunidos para ler, assistir a um filme, ouvir música ou apenas conversar, novas ordens surgiam. Estavam todas fartas dele. Estavam cansados uns dos outros. Começavam a discutir. Todos passavam a gritar. Inclusive a mãe.

Por que vocês ficam aqui sem fazer nada?

Vão limpar a cozinha!

Mas eu acabei de limpar a cozinha, Ariana dizia.

Vá para a cozinha mesmo assim!

Por que você está mexendo no celular?

Com quem está falando?

Para quem está mandando mensagem?

Pelo menos a senha de acesso ao Netflix que Ariana ganhara de uma amiga da universidade ainda funcionava. Ela enfiava os fones nos ouvidos para assistir *O gambito da rainha* e era como se o mundo ao seu redor desaparecesse. Punha o volume no máximo e de repente se transformava na garota da série. Ou assistia a *Stranger Things* e era como se adquirisse os superpoderes da menina chamada Onze.

Até mesmo seu futuro perdido deixava de existir.

Um dia, no meio do outono, a irmã do pai, que vivia numa aldeia na província vizinha, telefonou. Ela morava sozinha com vários filhos e pediu ajuda a uma organização local. Como era viúva, prometeram-lhe um auxílio em dinheiro, mas ela teria que ir pessoalmente a Cabul recebê-lo. Como

O DESGRAÇADO

não sabia se deslocar na cidade grande, pediu ao irmão que a acompanhasse. O escritório ao qual deveria se dirigir ficava no distrito de Shahr-e-Now.

— Fica perto da Yummy — disse Ariana ao ouvir o endereço.

Ah, a Yummy! Que saudade do seu lugar favorito, com mesinhas de plástico brancas e bancos vermelhos, o ponto de encontro das amigas para um lanche de vez em quando. A Yummy tinha os lanches mais deliciosos do mundo: nuggets de frango, batatas fritas e hambúrgueres. As amigas passavam horas e horas sentadas ali, em meio a bebidas com canudos, com os dedos engordurados, admirando o mundo pela janela e achando que ele estava ficando cada vez maior. E estava mesmo, até esses homens saírem das cavernas e descerem as montanhas para destruir tudo.

— Ariana vai com você — disse o pai.

Ariana olhou para ele em estado de choque.

Ela então tinha permissão para sair?

Era a primeira vez desde aquele *fatídico dia*.

Ela vestiu uma abaya, um lenço preto e cobriu a boca e o nariz com a máscara para se proteger da Covid-19. Era o suficiente. Já estava pronta quando a tia chegou.

Chegando ao endereço, as duas encontraram um casarão de quatro andares. Um guarda as acompanhou até a escadaria. No escritório, no último andar, as paredes estavam cobertas de cartazes.

"Ensino público e gratuito universal!", dizia um. "As mulheres têm o direito de trabalhar!" Ela soletrou o nome da organização em inglês — Women's International League for Peace and Freedom (WILPF) [Liga Internacional de Mulheres pela Paz e Liberdade].

Em volta de uma mesa comprida havia várias mulheres conversando. Algumas de rosto coberto, outras não. As mulheres entravam e saíam dos escritórios, levavam papéis nas mãos, colocavam computadores portáteis nas mesas. Outras terminaram de falar ao celular, vestiram um lenço e saíram apressadas.

Que tipo de lugar era esse?

Ariana ouviu a irmã de sua mãe timidamente dizendo o nome e explicando que estava ali para receber um dinheiro. Ela ficou surpresa quando a tia realmente recebeu o dinheiro que lhe prometeram. Dez mil afeganes. A mulher olhou para ela com lágrimas nos olhos. Mas Ariana tinha algo completamente diferente em mente.

Era ali que tinha vontade de estar.

Mas como?

A Ariana anterior, aquela que aproveitava todas as oportunidades que surgiam pelo caminho, estava de volta. Ela tomou coragem.

— Falo inglês muito bem. Eu era a melhor da sala. Ganhei...

A mulher que entregara à tia o envelope com o dinheiro olhou-a com ternura.

— Preciso de um emprego — disse Ariana. — Posso traduzir, sei usar o computador, podem ficar com meu nome? Quem sabe não aparece uma vaga de meio período?

A mulher anotou seu nome e número de telefone.

Descendo as escadas, Ariana lembrou-se das palavras que tinha lido nos cartazes no andar de cima: "Mais mulheres participando do processo de paz!", "Justiça na luta ambiental!", "Direitos para as pessoas com deficiência!" Por fim, veio-lhe à mente um cartaz que afirmava que os homens também tinham que ser mobilizados para promover os direitos das mulheres. Não eram apenas elas que deviam estar à frente da luta feminista. Era uma questão de direitos humanos. Todas as pessoas devem ter direitos iguais.

Uma ideia revolucionária.

É claro que eles não estavam precisando dela.

Passaram-se semanas, e ela sentia vergonha só de lembrar que havia pedido um emprego. Quem ela achava que era, afinal?

A reserva financeira da família estava se esgotando. Fazia muito tempo que não comiam carne. Já tinham parado até de comer frango. As refeições consistiam em batatas, arroz e pão. Cenouras e repolho no outono, os vegetais mais em conta do mercado. Mas eles ainda tinham sal, alguns temperos sobrando e comiam até se fartar. No entanto, mesmo de estômago cheio, tudo o mais era vazio, oco, escasso.

O DESGRAÇADO

De repente, num dia qualquer, a mulher que havia anotado o número ligou, não para lhe dar um emprego, mas para lhe oferecer um curso. Ariana não entendeu muito bem o que ela quis dizer, era algo sobre *equilíbrio mental* e *gerenciamento de estresse*.

Um curso psicossocial, conforme lhe disse. Ela não estaria interessada em participar? O curso teria uma duração de cinco semanas, e todos os participantes receberiam dinheiro para a condução.

Ariana aceitou na hora, antes que seus pais tivessem a chance de dizer não. Qualquer coisa era melhor do que ficar à toa em casa. Mas então foi preciso confrontar o pai para conseguir ir. Era muito perigoso, ele sempre dizia. Os talibãs podiam sequestrá-la. Prendê-la e obrigá-la a casar-se com um dos seus soldados, e eles nunca mais a veriam. Ele já tinha ouvido falar de coisas assim.

Estranhamente, porém, ele a deixou ir. Ela poderia voltar a frequentar um *curso*.

Pelas cinco semanas seguintes, nas terças-feiras, duas horas por dia estariam preenchidas.

Cerca de vinte mulheres se espremiam em torno de uma mesa oval. Eram de todas as idades, desde jovens até idosas. Todas estavam bem-vestidas, exibiam roupas típicas da classe média. Algumas usavam ternos, outras, vestidos, algumas usavam cintos na cintura; não era gente que ocultava o corpo inteiro atrás de um manto, ao gosto dos novos governantes.

No final da mesa estava uma mulher bonita, vestindo uma camisa longa e calças jeans. Ela lhes deu as boas-vindas olhando para cada uma com um rosto bem maquiado e sobrancelhas bem desenhadas. Ela se apresentou como a psicóloga.

Ao redor da mesa, o clima era de resignação diante da enérgica professora do curso. Eram mulheres que haviam sido professoras, advogadas, economistas, estudantes e, da noite para o dia, se viram obrigadas a abandonar uma vida produtiva e ficar em casa sem nada para fazer.

A psicóloga perguntou como elas *se sentiam*.

302   OS AFEGÃOS

Foi como desencadear uma avalanche. Uma por uma elas começaram a contar. Com medo. Sem esperança. Pobres. *Me sinto muito fraca. O que significa a vida agora? Meu filho está doente. Preciso ir ao médico. Não tenho dinheiro. Minha vida acabou. Eu era promotora criminal, atuava em casos de terrorismo. Condenei talibãs. Eu era professora. A escola está fechada. As meninas foram mandadas para casa. Eu trabalhava numa empresa norte- -americana. Eles se foram, eu fiquei. Eu estava fazendo mestrado. Não posso continuar. Mesmo que reabram o curso, onde vou conseguir os livros? Meus pais também estão em casa. A família inteira está desnorteada.*

Aquelas que eram mães também contaram suas histórias. Elas até conseguiriam sobreviver, mas e quanto às crianças? Como seria a vida delas, em especial das meninas que iam à escola? A preocupação com as crianças ofuscou todo o resto e chegou às raias do desespero depois que todos os membros da família perderam sua fonte de renda.

Chegou a vez de Ariana falar:

— Estou tão triste — começou ela. — Tenho mais um semestre na faculdade de Direito. Eu quero, ou melhor, eu *queria* ser alguém. Agora, perdi de vista meus objetivos, tento pensar em outra coisa, mas não consigo. Só consigo pensar no que perdi. Não acho que voltem a abrir as portas das universidades para nós. — Ela olhou para a psicóloga. — Não importa o que eu faça, só penso na universidade.

Depois que todas contaram suas histórias, o clima na sala era de completa exaustão. A psicóloga ficou sentada em silêncio por um tempo e calmamente fitou as mulheres de olhos vermelhos.

— Vocês podem esquecer tudo isso por um minuto?

Elas a olharam desconfiadas.

— Podemos tentar — disse uma.

— Fechem os olhos. Imaginem que estão lá fora. Faz uma temperatura agradável. O lugar é belo. Cercado pela natureza. Árvores. A brisa sopra e os galhos farfalham. Respirem fundo. Expirem calmamente. Encham os pulmões desse ar fresco. Soprem pela boca. Alonguem os braços sobre a cabeça. Estiquem os dedos...

O DESGRAÇADO

Todos os olhos estavam fechados. Os semblantes pareciam relaxados.

— Mais uma vez. Alonguem os braços sobre a cabeça. Estiquem os dedos... Contraiam os punhos com força e relaxem as mãos. Abram os olhos e fiquem em pé!

De pé, continuaram com os exercícios de alongamento até a psicóloga pedir que sentassem.

— Vamos começar de novo. Me contem dos seus problemas. Vamos falar com calma. Pensem positivamente. Acreditem que tudo vai ficar bem. Que vocês recuperarão seus empregos. Que a vida voltará a ser como antes.

Respiração. Pulmões. Tendões. Músculos. Tudo é uma coisa só. Estômago. Pescoço. Mãos.

A vida como a conheciam não existia mais. Nem por isso elas deixariam o Talibã estressá-las.

Exílio

Uma fina camada de gelo havia se depositado sobre Alta. Brilhante como a água, tão translúcida que mal era possível perceber que estava ali. Desde o final de outubro, finíssimos flocos de neve vinham salpicando o chão. Um manto branco estendeu-se na paisagem, primeiro sobre as montanhas a oeste e nas planícies a leste, até cobrir o pinhal, a vila e o cais. Então, durante a primeira noite de novembro, tudo derreteu, primeiro na orla, depois em direção à cidade, onde o gelo derretido voltou a congelar e se depositou caprichosa e invisivelmente em escadas, calçadas e passarelas. É assim que o inverno se anuncia antes de se instalar de vez, e aqui, nas lonjuras do Oceano Ártico, o gelo parece ainda mais escorregadio. Quando a temperatura cai em torno de zero, o ar carregado de umidade recobre todas as superfícies, e a impressão é que só os nativos, que estão acostumados com a geada que antecede à chegada do inverno mais rigoroso, sabem como lidar com isso.

Jamila Afghani estava fadada às quedas.

Ela contornava o problema, isto é, mantinha-se equilibrada, de pé, evitando sair de casa. Não lhe custava tanto assim. Ela não era a única a ficar em casa naquelas condições. Na verdade, nunca punha os pés fora de casa sem ter um objetivo claro em mente. Uma visita necessária, um encontro importante, uma viagem planejada. Embora não adotasse uma série de costumes de seus pais, certos comportamentos estavam tão profundamente arraigados nela que imperceptivelmente se fundiram à sua personalidade. Sair para passear, apenas para tomar um pouco de ar fresco, não era um hábito com que ela se identificasse. No Afeganistão, o simples ato de sair de casa requeria um bom planejamento. O fato de uma mulher perambular sem rumo era o suficiente para que os boatos começassem a circular. Para onde ela vai? O que está fazendo aqui fora? Ela *quer* realmente ser vista?

Está tentando atrair alguém? Ela foi lá apenas se exibir? Na província de Ghazni, de onde vinha a família de Jamila, não era preciso mais nada para arruinar a reputação de uma mulher além da especulação sobre o que ela realmente estava fazendo na rua. Mas até na capital um simples *passeio* era considerado uma atividade de risco. As histórias sobre o que poderia acontecer com as meninas *lá fora*, ou seja, além dos portões de casa, fizeram parte de sua criação. O medo era a tal ponto disseminado que a lógica das proibições e cercas era mais fácil de ser cumprida.

Quando Jamila finalmente obteve permissão para sair, precisava sopesar o risco do que ganharia se aventurando além dos muros. Quando jovem, ela suportou como pôde o assédio e os insultos, depois fez vista grossa aos olhares masculinos ameaçadores, depois ignorou o perigo de ser atingida pelo fogo cruzado, de ser sequestrada, de ser morta num atentado, ou, mais especificamente, depois que resolveu erguer a voz, de que alguém levaria a cabo as ameaças que constantemente lhe faziam.

Naquela manhã de novembro, ela estava descalça no interior de uma casa numa cidadezinha de um pequeno país ao norte do Círculo Polar Ártico, observando os transeuntes pela janela. A manhã estava azulada, o sol ainda não havia despontado, embora já passasse das 10 horas. Logo sumiria por completo, conforme lhe disseram, já no final de novembro o sol desapareceria até chegar a primavera.

Ela se balançava na cadeira. Ainda que nunca tivesse experimentando tamanha sensação de segurança, ela jamais havia se sentido tão improdutiva.

O exílio.

Até o lugar mais seguro do mundo pode ser hostil quando não é o seu. Não foi apenas tudo que possuía que ela havia deixado para trás; um mundo inteiro cessara de existir. A luz em Cabul era completamente diferente, era mais amarelada, dava a impressão de ser mais tênue. Flutuando no ar, o finíssimo pó ocre que às vezes se tingia de cinza pela poluição nunca era tão azulado e frio. Cores, cheiros, sabores, tudo era estranho. A casa que em que se instalaram não tinha outra cor senão marrom, preto e branco.

EXÍLIO

307

Com exceção do banheiro. Os azulejos eram verdes. Às vezes ela entrava lá só para admirar os azulejos. Lembravam-na de alguma coisa.

Ela olhou ao redor da sala; seria bom arrumar um tapete. Deixaria tudo mais aconchegante. Além disso, ela gostava de sentar sobre o tapete. Ela preferia servir as refeições no chão, como fazia no país natal. A mesa de jantar era angulosa e estranha, e a família se comportava de outra forma sentada em volta daquele retângulo; era diferente quando estavam em círculo ao redor de uma panela.

A cidadezinha parecia tão rígida e angulosa quanto a mesa de jantar. Sem multidões, sem algazarra, mal se ouvia um ruído. As pessoas falavam à meia voz, sem invocar nem bênçãos nem maldições. Até a limpíssima rua pedonal da cidade era revestida de ardósia cinza. Como num palácio, brilhante e lisa como gelo, até a rua.

Mas ela, quem era ela ali?

No formulário que preencheram ao chegar, ela precisou assinalar as atividades profissionais de seu interesse. As opções eram variadas.

Limpeza.

Cozinha.

Mecânica.

Eletrônica.

Comércio.

Trabalhar com crianças.

Trabalhar com idosos.

Suas raízes foram arrancadas, mas era como se a nova pátria não a deixasse fincá-las na terra para que crescessem, não, estavam interessados em outro tipo de raízes, para que delas brotasse uma faxineira eficiente ou uma caridosa auxiliar de enfermagem.

Exílio. Uma superfície lisa e, bem abaixo dela, um subsolo angustiante e sangrento em que o resto, a maior parte, jazia.

O choque ainda não havia passado. Estava oculto no corpo. Perder tudo foi tão rápido. A saudade a fazia estremecer. Exilar-se é perder o controle, abrir mão do que é familiar. Não importa o tumulto que tenha abalado sua vida e seu país, eles lhe pertenciam.

Um pedaço dela achava que não deveria ter ido embora. Não seria melhor ter ficado? Ela consultou o telefone. A caixa de entrada estava cheia de mensagens desesperadas.

Me ajude a escapar! Ponha meu nome numa lista. Como posso conseguir lugar num voo? Vistos! Passagens! Fugir, fugir, fugir, fugir!

Ela ouvia as mensagens de áudio em velocidade acelerada, do contrário não faria mais nada na vida — vozes aflitas, mulheres que conhecia, mulheres que não conhecia, algumas até anônimas; eles enviavam longas mensagens de voz carregadas de angústia.

Ao desembarcar, ela entregou o passaporte. Fisicamente, ele estava sob a guarda do Departamento de Imigração, em Oslo. O documento agora pertencia à Noruega. Tinha sido confiscado e provavelmente seria destruído. Pensando bem, de que vale ter um passaporte afegão hoje em dia? Na verdade, era até doloroso. O passaporte fez parte da sua vida durante tantos anos. Ela tinha vistos para onze países colados e carimbados nas páginas, o documento ficou até mais volumoso com todos aqueles vistos. Um passaporte que um dia significou alguma coisa, deu-lhe liberdade e aceitação. Agora não era mais seu. Quando ela obtivesse novos documentos de viagem, poderia ser admitida em qualquer país, exceto um: o Afeganistão. Se pusesse os pés lá, perderia o direito de morar na Noruega.

Eles a levaram para a delegacia de polícia de Alta.

— O sistema não permite que eu a registre — disse a senhora atrás do balcão.

Havia problemas técnicos com o seu registro, ela descobriu. Ela estava no país havia quase três meses e ainda não era ninguém. Convites de todo o mundo choviam na caixa de correio. Em Nova York, na ONU, ela faria um relato sobre a vida das mulheres no Afeganistão depois que o Talibã assumiu o poder. Recebeu também convites para ir a Estocolmo, Vilnius e Istambul. Precisou recusar todos eles. O processo de solicitação de documentos de viagem emperrou porque ela não havia cadastrado as impressões digitais.

EXÍLIO 309

Assim, continuava sem documentos. Somente uma semana depois de cadastrá-las ela receberia o chamado cartão de residência, explicou a funcionária do antigo Serviço de Refugiados de Alta, que agora se chamava Centro de Integração e Competências. Depois disso, teria um número de previdência social, uma conta bancária e poderia embarcar num avião — pelo menos em voos domésticos. Nesse ínterim, ela trabalhava online e fazia reuniões via Zoom. O horário afegão era três horas e meia adiantado, então os compromissos começavam às 6 horas da manhã. O escritório em Genebra estava no mesmo fuso de Alta, e no final da tarde as reuniões eram realizadas no horário de Nova York.

Ela havia aceitado esses encargos em seu país de origem porque acreditava que poderia fazer a diferença. Durante a vida inteira manteve essa crença. E ela só tinha uma pátria.

Abandoná-la foi uma decisão difícil. Até seu nome remetia ao país. Ela se chamava Jamila Afghani — *a afegã*. Quando se casou, não quis adotar o nome do pai ou do marido, preferiu um sobrenome que não designasse nem etnias nem clãs. Toda a sua identidade era construída em torno do *Afeganistão*.

Ao longo de uma semana eles tentaram entrar no aeroporto. Todas as manhãs trancavam a porta de casa e partiam, levando menos bagagem a cada vez. Todas as noites eram obrigados a retornar. Como milhares de outros, precisaram vadear um rio de esgoto, atravessar as cercas de arame farpado, abrir espaço no meio da multidão.

Os norte-americanos vigiavam o aeroporto. Eles, os cidadãos, eram contidos por eles, os invasores. Ela sentiu que pisoteavam sua identidade, sua dignidade, sim, sua dignidade humana. Como poderiam confiar nos norte-americanos? Ela esteve no governo, participou das negociações em Doha, foi convidada a discursar no Conselho de Segurança da ONU. Lá, sem deixar margem a dúvidas, alertou contra o que acabou acontecendo: as mulheres estavam sendo excluídas do processo de paz, e a sociedade civil estava sendo ignorada. Diplomatas e políticos ocidentais proferiam belas palavras sobre mulheres, democracia e codeterminação, mas o que

310 OS AFEGÃOS

isso significava se os cidadãos nacionais precisavam se afundar na merda e no esgoto para chegar ao aeroporto de seu próprio país, enquanto eles, *the internationals*, na segurança de seus gabinetes, planejavam ações remotamente?

Era vexatório, era degradante.

Dez dias após a fuga do presidente afegão, o avião de transporte militar no qual a família finalmente conseguiu embarcar pousou no aeroporto de Gardermoen, em Oslo. Eles foram colocados num campo com outros afegãos evacuados: defensores dos direitos humanos, intérpretes do Exército, funcionários de embaixadas. Nas primeiras 48 horas após a chegada, decidiu-se onde todos seriam alocados; não houve um mínimo esforço para aproveitar suas habilidades ou permitir que continuassem o trabalho que já faziam.

Alta, então. Uma cidade com 20 mil almas, uma cordilheira a oeste e o planalto de Finnmarksvidda a leste. Em torno da cidade havia rios de salmão, uma piscina pública, uma serraria e uma usina elétrica, uma leiteria e uma biblioteca. Havia também a aurora boreal, o sol da meia-noite e a escuridão. E ruas incontornavelmente escorregadias.

Jamila e a família chegaram trazendo somente as roupas do corpo. No centro de acolhida puderam escolher roupas que haviam sido doadas. Agora, vestiam-se com os típicos suéteres e cardigãs de lã noruegueses. Nos pés ainda calçavam os sapatos de Cabul. Jamila, aliás, tinha apenas um par de sapatos, que só punha nos pés quando saía de casa. Lá dentro, andava descalça. Era mais fácil manter o equilíbrio assim.

Chegar àquela casa, na rua Kirkeveien, em Alta, foi uma experiência estranha, que a fez recordar alguma coisa. Da época da infância. Tudo era diferente, claro, o chão liso de madeira, o fogão à lenha, a lareira, a cozinha, a ampla sala de estar, mas a vista das janelas parecia a da casa no Afeganistão, dava para as montanhas. Foram os ladrilhos do banheiro que fizeram seus olhos marejar. Eram exatamente da mesma cor verde que sua mãe havia escolhido para a sala de estar da casa em que passou a infância.

EXÍLIO

Algumas portas estavam arrombadas, as maçanetas, quebradas; refugiados requerentes de asilo viveram lá antes deles, pessoas solitárias que fugiram sabe Deus de onde, uma gente que devia estar farta de raiva e frustração.

O porquê ela sabia muito bem. Sem nem os conhecer. *Exílio*. Liso na superfície, dolorido, remexido e sangrento por baixo. Raízes não são arrancadas do chão sem dor. É natural que algumas portas possam ser quebradas nesse processo.

Da janela da cozinha e da mesa de jantar era possível ver uma igreja pintada de branco com um campanário alto e estreito. As crianças quiseram entrar, mas a igreja estava trancada todas as vezes que tentaram. Quando escurecia, a visão era outra. As sepulturas ao redor da igreja começavam a brilhar. Nas lápides cobertas de neve havia lanternas e frascos de vidro, em algumas das cruzes havia corações luminosos de LED. Outras estavam adornadas com cordões de luzinhas e coroas brilhantes. O cemitério ganhava vida ao anoitecer.

Ela costumava sentar de costas para ele. O filho ficou muito aflito por morar ao lado de um cemitério.

— Tanta gente morta aqui pertinho — choramingou ele.

— Mortos! — retrucou ela. Se havia um lugar em que a morte imperava era de onde vieram. — Estamos aqui para sobreviver.

Quando a casa ficava vazia, quando os filhos saíam para a escola, quando o marido ia para o curso de norueguês, era ali que ela ficava, de costas para o cemitério, acessava a internet e ligava para Cabul.

A campainha tocou. Do outro lado da porta estava Helene, do Centro de Integração e Competências, uma mulher extrovertida e esguia, de mãos firmes.

— Você não recebeu a mensagem? — ela perguntou a Jamila, que estava parada descalça diante da porta.

— Sobre o quê?

— Você tem uma reunião com o consultor de carreira. Agora, ao meio-dia!

Jamila obedeceu, desligou o computador e foi para o quarto se trocar. Encontrou a palmilha que ajustava o pé no lugar, calçou o sapato protético e o prendeu no joelho. No corredor, sentou-se num banquinho e, a muito custo, calçou o outro pé.

— Você deveria usar uma calçadeira! — sugeriu Helene. Na escada luzidia do lado de fora da casa, ela acrescentou: — E travas embaixo do solado.

Ela a ajudou a descer as escadas e entrar no carro. "E travas também nas muletas", murmurou Jamila para si mesma.

Jamila tinha que entrar em contato com o centro de ajuda, ela explicou, e solicitar ao serviço social o auxílio para comprar as travas. Helene detalhou o processo de solicitação enquanto dirigia com destreza o carro de sete lugares pela estrada sinuosa que margeava o fiorde a caminho do Centro de Integração e Competências.

Lá, o conselheiro de carreira a cumprimentou gentilmente e disse a Jamila que "o intérprete está pronto". Ao chegar a Alta, Jamila havia relatado que não precisava de intérprete, pois estava confortável em fazer as reuniões em inglês, e não em dari, pachto, farsi, árabe ou outro idioma que dominasse.

— O intérprete é para mim! — riu o conselheiro de carreira quando Jamila observou que não precisava de tradução. O conselheiro não se sentia à vontade com o inglês e preferia falar norueguês.

Eles se acomodaram numa das salas de aula do centro. Uma parede de vidro descortinava a vista do fiorde. As montanhas ao fundo luziam um brilho rosa. Ali, Jamila receberia ajuda para reconstruir sua carreira. Para se integrar à Noruega.

Limpeza.

Crianças.

Idosos.

Cozinha.

Talvez trabalhar no comércio fosse uma opção?

"Travas", Helene tinha dito. "E também para as muletas." Para não escorregar.

Mas Jamila já havia perdido o equilíbrio.

Tempo de ternura

Recostado num travesseiro dourado, Bashir sentou-se num colchão e ouviu. As videiras bordadas no tecido se entrelaçavam atrás de suas costas largas. A vida agora era boa. A barriga saliente sob o roupão, as bochechas redondas como as de uma criança. O cabelo encaracolado na altura dos ombros estava recém-lavado, a barba era espessa. Sobre a túnica vestia um colete e, na cabeça, um chapéu marrom redondo de aba enrolada.

Era chegada a hora das audiências.

Ao lado dele estava um fuzil. Era um Krinkov russo, projetado pelo criador do Kalashnikov, porém mais curto, mais simples, mais fácil de manusear, quase uma submetralhadora, de coronha dobrável.

O fuzil começou a ser usado após a invasão soviética em 1979 e rapidamente ganhou status de troféu, já que os afegãos só o conseguiam pilhando o invasor. Foi especialmente projetado para ser usado por motoristas e pilotos de tanques e helicópteros, onde havia pouco espaço para manusear os compridos Kalashnikovs.

O Krinkov também ficou célebre por ser a arma favorita de Osama bin Laden.

Agora estava apoiado no travesseiro. Não porque precisasse dele em casa, mas onde mais poderia deixá-lo?

Ele estava sentado no último andar da casa cor-de-rosa, numa sala clara e espaçosa com janelas amplas em três paredes e acesso a um jardim de inverno que se estendia pela varanda.

Os convidados eram conduzidos por uma escada externa para que não vissem as mulheres da casa. Os degraus terminavam numa sacada entre o segundo e o terceiro andares, de onde se chegava à escada interna e, subindo-se um último lance de degraus, à varanda que cobria metade da superfície do telhado. Dali se tinha uma vista de todo o jardim, das casas ao redor e de Cabul ao longe. Nas janelas, divididas em belos padrões por finas varetas de madeira, pendiam delicadas cortinas azul-claras, amarradas em nós grossos para não atrapalhar quem se sentava ao longo na parede. No canto havia uma pilha de cobertores dobrados, e os hóspedes eram convidados a pernoitar. Se fossem muitos, dormiam a céu aberto sobre os azulejos do lado de fora. Além dos tecidos, não havia nada na sala. Era um universo masculino.

Bashir mantinha uma residência hospitaleira, na cozinha o fogão era aceso ainda de madrugada. Os convidados, que vinham a Bashir pedir conselhos, fazer planos ou espalhar boatos, eram um estorvo permanente para as mulheres, a todo tempo instruídas a deixar o quintal ou ficar longe das janelas e da porta da frente. Os sobrinhos, que faziam as vezes de mensageiros, se esqueciam de avisar quando a casa estava vazia novamente, de maneira que as mulheres preferiam passar a maior parte do dia recolhidas onde estavam. Elas foram se queixar a Bashir, que rapidamente encontrou uma solução.

Ao lado do estacionamento, rente a uma pérgola com vinhas que ainda não tinham brotado, havia um terreno que não estava em uso.

Ali ele poderia mandar erguer uma casa de hóspedes, pensou Bashir. Os homens poderiam seguir para a direita assim que desembarcassem dos carros, enquanto as mulheres iriam para a esquerda e subiriam os largos degraus até a entrada da casa.

Assim foi feito. Poucos dias depois, um grupo de jovens com túnicas cor de areia escavava o jardim. Era um trabalho estranho, os homens estavam acostumados a manusear armas, não pás. Eram desajeitados, não sabiam cavar direito, espalhavam terra por todos os lados, eram lentos. Mas ninguém estava estressado na casa de Bashir, ali as pessoas ainda se deleitavam com os louros da vitória.

Em sua mente, Bashir já havia começado a decorar a nova casa de hóspedes. Ele teria um tapete bem macio, de parede a parede. Ele consultou sites de decoração na internet. Em tons de azul, certo?

TEMPO DE TERNURA

Mas agora era o momento de concentrar-se ali, no jardim de inverno, e ouvir atentamente, com o olhar fixo no interlocutor. A única coisa que se movia era a mão que segurava o rosário de oração. Uma a uma, Bashir corria as contas entre os dedos.

No chão havia taças transparentes cheias até a borda de chá verde-pálido. Uma bandeja com nozes, passas e ervilhas secas foi servida entre as taças. Uma pequena tigela de caramelos foi colocada na frente dos dois visitantes. Eles estavam sentados com as pernas cruzadas, de frente um para o outro.

Uma coisa era comandar mil homens na guerra, outra bem diferente era ser responsável por eles em tempos de paz. Na guerra, os soldados obedeciam, faziam como lhes era dito. Agora, com a retomada da vida cotidiana, recorriam ao antigo comandante em busca de conselhos práticos. Homens que viviam entre homens e adotavam a violência como método estavam de volta ao lar para serem pais e maridos. Lá ficavam, em residências pequenas sem calefação, sem dinheiro, sem trabalho. A solução aprendida na guerra sempre estava à espreita.

Era fácil recorrer à violência.

Os dois visitantes, um mais velho e outro mais novo, sentaram-se cada um em seu colchão e expuseram seus problemas.

Um dos soldados de Bashir espancou sua esposa numa discussão. Infelizmente, ela quebrou o punho. A mulher era irmã de outro soldado de Bashir, que se vingou de seu ex-companheiro de armas fazendo o mesmo com a própria esposa, irmã do primeiro homem, isto é, o autor da primeira agressão. Podia-se dizer que os dois estavam quites. Um havia agredido a irmã do outro.

Bashir suava exasperado. Assim passavam os dias.

— Não me passa na cabeça que um general na América tenha que resolver os problemas cotidianos de seus soldados — reclamava ele aos amigos. — Na América, quando a guerra acaba, ela também chega ao fim para os generais, não é verdade?

Sim, eles concordavam. Provavelmente era assim na América.

Mas ali era Cabul. Tudo e todos estavam relacionados. Esse vínculo tão estreito unindo as pessoas era tanto o tecido mais forte quanto o elo mais fraco do lugar. Todos eram mutuamente responsáveis pelos outros, traziam honra ou vergonha uns aos outros, felicidade e infortúnio. Ninguém era só um indivíduo.

Os homens sentados ali, cada um tomando seu chá de jasmim, representavam um agressor diferente. O mais novo era irmão do homem que quebrou o punho da esposa. O mais velho era o pai da esposa que foi espancada por vingança. Não estavam quites, como se constatou.

Isso não podia continuar, foi a avaliação de Bashir depois de ouvir as queixas de ambos. Agredir por vingança não era solução. Ele conversou com eles e propôs um encontro de reconciliação entre as famílias. Caso não ocorresse, que voltassem a procurá-lo. Eles agradeceram e louvaram a Deus antes de partir. O próximo, que aguardava sentado na varanda sob o sol de outono, poderia entrar.

Era um ancião, que por algum tempo esteve sob o comando de Bashir. O filho precisava de uma operação. O velho guerreiro não tinha renda nem dinheiro para pagar as clínicas particulares que ainda funcionavam em Cabul, enquanto os hospitais públicos não tinham vaga para seu filho. Estavam lotados, era o que diziam.

Bashir prometeu enviar um de seus homens. Ele talvez pudesse viabilizar a operação num hospital público fazendo um pouco de pressão. Depois de vinte anos no front, ele tinha amigos em todos os lugares.

Próximo!

Um homem de cabelos curtos entrou. Ele era advogado e primo de um dos comandados de Bashir, e representava uma mulher turca. A mulher dirigiu por vários anos uma empresa de construção em Cabul. Durante o regime anterior, um homem lhe pediu emprestado meio milhão de afeganes, cerca de 25 mil reais. Agora ele se recusava a pagar a dívida. O que ela deveria fazer?

Bashir refletiu um pouco, perguntou mais sobre o homem que tomara o dinheiro emprestado e disse que poderiam mencionar a audiência que tiveram para tentar convencê-lo.

TEMPO DE TERNURA

— Se ele não pagar, vou usar a força — garantiu Bashir. Esse tipo de método era algo que devia ser evitado.

O advogado agradeceu. Bashir suspirou.

Na verdade, ele acreditava que o lugar de mulher era em casa. Mas ela era turca, não era propriedade de ninguém, então paciência. Tinha que receber o dinheiro de volta, não era correto ser trapaceada por um afegão.

Chega de audiências por hoje. Alguns dos homens de Bashir eram esperados para almoçar. Eles se abraçaram antes mesmo de se desfazer das pistolas e Kalashnikovs que traziam a tiracolo. Só os mais novos tiveram o zelo de encostar a metralhadora cuidadosamente ao longo da parede, acionando as duas alavancas de apoio do cano. Um par de algemas pendia de uma submetralhadora preta pertencente a Farid, o mais velho e mais corpulento deles.

Os dois mais jovens, Jamal e Muslim, que ainda tratavam suas armas com reverência, eram guarda-costas e capangas de Bashir. Eram eles que cuidavam para que o carro estivesse sempre pronto lá fora, anotavam recados, transmitiam mensagens e o acompanhavam em todos os lugares. Alguém que já tirou uma vida sempre terá inimigos.

Jamal, um típico adolescente com covinhas e cachos brilhantes, usava um colete cor de areia com os bolsos cheios de munição. Três bastões, com ampolas que se quebram para iluminar no escuro, estavam presos num laço. No peito havia os dizeres "Afghanistan Special Forces".

O camarada Muslim também andava com o escalpo do inimigo na forma de uma bolsinha em que se lia "Enduring Freedom". Ele a encontrara em Cabul em agosto. Os talibãs se apoderaram de tudo que os norte-americanos deixaram para trás: carros, armas, tudo que deveria ter sido entregue às forças do governo afegão.

Os soldados talibãs tinham um estilo próprio que incluía itens roubados, achados, pilhados ou conquistados. Uniformes norte-americanos eram combinados com xales trançados e lenços palestinos. Outros vestiam túnicas e calças largas. Usavam anéis nos dedos, pulseiras e relógios de ouro. Nos pés, alternavam entre botas militares capturadas, tênis paquistaneses e sandálias de plástico. Nas visitas, fosse na casa de alguém, num ministério ou numa delegacia, todos os calçados ficavam expostos na soleira da porta. Agora que estavam ali sentados à vontade, alguns até tiraram as meias suadas e as penduraram num canto.

Nenhum talibã que se preze deixa a cabeça descoberta. Um dos convidados do almoço usava turbante preto, outro, branco. Dois ostentavam um quepe bordado, um chapéu chato decorado com contas de vidro. Um deles usava um boné com um lenço por baixo e um par de óculos esportivos por cima, e outro estava envolto num *patu*, um xale fino de lã. Bashir tinha o seu *pakol*, um gorro redondo de lã marrom, cobrindo bem a testa. Ele pegou o celular, ligou a câmera e a virou para refletir a própria imagem. Então examinou o rosto, ergueu o queixo, conferiu os dentes, os olhos e a franja.

Farid, o dono das algemas, vestia um pesado casaco camuflado e ria daquele assomo de vaidade. Com tanto tempo de amizade, ele podia se dar ao luxo de se comportar assim. Até comentou sobre a túnica preta recém-passada de Bashir.

— Está vestindo preto?

Bashir olhou para ele meio desconcertado.

— Parece um meninote! — emendou o camarada.

Todos riram. Adultos não usavam preto. Vestiam-se de branco, se pudessem pagar, cinza-claro se quisessem parecer sérios, e tons cada vez mais escuros de cinza ou marrom, dependendo da frequência com que lavassem as roupas. Mas preto era só para os jovens, na opinião deles.

Bashir sorriu. Havia um motivo especial para estar vestido daquele jeito. Ele continuava admirando a própria imagem.

Os homens riam-se dele.

— Fedelho!

Ele sorria. Alguma coisa diferente ele tinha que fazer com a chegada desses dias mais leves. Agora que a guerra tinha acabado, era tempo para um novo amor.

Naquela noite, ele conheceria o homem que seria seu próximo sogro. O terceiro.

TEMPO DE TERNURA

Tudo começou quando um grupo de combatentes se reuniu na casa dos parentes de Bashir, em Mussahi. Do nada ele disse que queria se casar novamente.

Obaidullah, um talibã de Mussahi que era ao mesmo tempo mulá e guerreiro e até então não abrira a boca, tinha os pensamentos na própria filha. A mais velha já estava casada com um guerreiro, agora era a vez de Mariam. Ela havia acabado de fazer 16 anos.

Ele permaneceu o tempo inteiro mudo, mas talvez tenham lido a expressão no seu rosto, pois semanas depois, Farid, o amigo mais próximo de Bashir, ligou e disse que gostaria vê-lo. Antes, porém, Farid despachou a esposa para avaliar a garota. Ela a inspecionou e deu sua aprovação.

Agora era sua vez de tomar um chá e dar seguimento à mensagem. Farid sentou-se com o pai de Mariam nos colchões planos ao lado da lareira que ficava no meio da sala e estava acesa. Obaidullah não poderia imaginar um partido melhor para a filha. Bashir era próspero, famoso, muçulmano devoto e guerreiro. O fato de já ter duas esposas não o preocupava tanto, ele mesmo também tinha duas esposas e as coisas iam muito bem em casa. Ao todo, elas lhe deram quase vinte filhos, portanto nada mais justo e razoável para alguém como Bashir desejar uma terceira consorte.

Bashir era o candidato perfeito. Mas isso ele não disse. Disse que teria de discutir a questão com a mãe da menina, sua segunda esposa.

A mãe de onze filhos também achava que Bashir era um bom homem. Mas os dois precisavam saber o que diria Mariam.

Todos na aldeia sabiam quem era Bashir. Mariam cresceu ouvindo histórias sobre ele. Ele podia ter combatido pelo país inteiro, mas as suas raízes estavam ali, em Mussahi.

Ela imediatamente aceitou.

— Mas você vai ser a esposa número três, quer pensar um pouco mais sobre isso? — indagou a mãe.

— Tudo bem, desde que eu não tenha que morar junto com elas — respondeu Mariam.

— Ele é mais velho, tem 30 e poucos anos, você se importa?

— Não, isso não tem importância. Ele é bom — respondeu ela.

OS AFEGÃOS

Passadas algumas semanas, Bashir ainda estava se preparando. Não havia conhecido a garota, mas os rumores sobre a bela adolescente corriam de boca em boca. Esta noite, diante do possível futuro sogro, Bashir queria fazer boa figura, mas seus amigos estavam mais interessados em zombar dele.

Se confirmado, o noivado não se estenderia além do círculo de conhecidos. A menina era a irmã mais nova de Jamal, o belo soldado de colete.

Até então, os homens de Bashir sabiam mais do que Hala e suas esposas. Ele receava contar a elas e, principalmente, à mãe. Pela segunda vez era ele quem arranjava uma esposa. Ela ficaria furiosa. Quanto a Galai e Yasamin... Ele teria que encontrar um jeito de acalmá-las. Que tempos, que mazelas. Era mais fácil obter perdão do que permissão.

No chão, entre os colchões, alguns dos meninos da casa estendiam uma comprida toalha de plástico. Pratos fumegantes de *qabeli palaw* — arroz regado com azeite e pedaços finos de cenoura confitada e passas — preparados pelas donas da casa foram servidos ao lado de carne de cordeiro e tigelas de salsa e cebolinha.

Os homens usavam os dedos para juntar um bocado de arroz e pegar nacos de carne com pedaços dos pães quentes que Hala e Yasamin haviam assado.

A conversa animada deu lugar ao ruído dos homens se fartando. Bashir estava sentado com um fone Bluetooth no ouvido. De tempos em tempos, uma luz azul piscava sob os cachos e uma nova conversa começava. Assuntos mais ou menos importantes interrompiam a refeição. Logo mais haveria outra reunião de mediação, depois teria que adquirir um equipamento que faltava, não sem antes ficar irritado por não conseguir encontrar a chave do Land Cruiser. A original, com controle remoto, havia desaparecido. Uma nova custava oitocentos dólares, lhe disseram.

— Dê um jeito de encontrar uma que custe duzentos — ordenou ele.

Após a refeição, Bashir e Farid sentaram-se e deram-se as mãos. Os combatentes afegãos exibem uma proximidade natural uns com os outros; a maior parte do dia transcorre na companhia de homens. Quando estavam

TEMPO DE TERNURA

assim, saciados depois da refeição, eram pessoas que batiam palmas e se divertiam, davam tapinhas nas coxas uns dos outros enquanto punham as conversas em dia, brincavam segurando-se pelas mãos.

Esses homens, sentados ali segurando os dedos os pés depois da lauta refeição, eram os mais fiéis a Bashir. Iriam com ele aonde fosse, fariam tudo que lhes pedisse. Disso ele sabia. Tinha passado muito tempo decorando a casa, mas agora começava a ficar entediado. Uma inquietação tomava conta da sua mente.

O jihad não tinha acabado.

O jihad nunca poderia acabar.

O sangue sagrado dos guerreiros corria em suas veias.

Ele não tinha sido honesto com Sirajuddin Haqqani. Agora que se tornara ministro do Interior, o Califa não apoiaria os planos de Bashir, pelo menos não por enquanto. Sirajuddin queria a paz no país, para mostrar ao mundo que estava no controle, enquanto Bashir não havia desistido da luta.

Seus olhos estavam voltados para o Oriente. Ele tinha parentes nas áreas tribais do Paquistão. Vários deles compartilhavam da mesma ideia: queriam talibanizar seu inimigo aliado no leste. Quando chegasse a hora, derrubariam o regime infiel no país vizinho. Não desistiriam até conseguir, como fizeram com o castelo de cartas de Ghani. Haviam libertado o Afeganistão, agora era chegada a hora de libertar os paquistaneses.

Construir a paz neste mundo não era para ele. Tudo o que não fosse à imagem e semelhança de Deus precisava vir por terra antes.

Na primavera, quando as plantas brotassem e recomeçasse a temporada de combates, ele partiria.

Na primavera, quando o sol voltasse a aquecer tudo ao redor, isso seria uma realidade. O casamento. O verde germinando. Uma nova guerra. Os anjos de Alá provavelmente ainda zelariam por ele.

Ah, a vida era só sorrisos.

Ele tirou uma caixinha de fio dental do bolso. Um dos homens esfregou o olho de vidro marrom. Um outro teve um violento acesso de tosse. Do lado de fora da janela, entardecia.

Quer encontrar o Talibã?

Em Alta, a noite polar se instalara. A escuridão durava o dia inteiro. As luzinhas do cemitério diante da janela da cozinha piscavam o tempo todo. Às vezes, eles podiam vislumbrar vultos no local, figuras acendendo uma vela dentro de uma lanterna ou trocando as pilhas de um cordão de luzes. Sob trinta graus negativos, as baterias não duravam muito; manter os mortos iluminados requeria manutenção constante.

Os dias começaram a ficar mais curtos até o sol desaparecer por completo no final de novembro. Por volta do meio-dia era possível divisar uma réstia de luz. Os raios abaixo do horizonte, onde o sol se escondia, insinuavam um brilho. Salahuddin e Kakar ficavam maravilhados, Jamila achava tudo terrível. A relação das garotas com os fenômenos climáticos era a mesma que tinham com as outras coisas da vida, era algo que simplesmente acontecia, agora era assim e pronto. Melhor concentrar-se no que de fato importava: os novos amigos e o iPad. Às vezes, a aurora boreal serpenteava no céu em amarelo fluorescente e verde, vermelho ou roxo. Salahuddin e Kakar costumavam sair para admirar a dança das luzes, assustadoramente bela, mas nada que os mantivesse aquecidos. O vento dos planaltos trazia o ar polar para dentro de casa. Fazia um frio cortante no chão, a porta chegava a congelar, os aquecedores ardiam em brasa mas não conseguiam manter aquecida uma casa com tantas janelas panorâmicas. Havia duas grandes lareiras, na sala de estar e na sala de jantar, mas onde iriam conseguir tanta lenha?

Era tudo tão proibitivo e difícil.

No terceiro dia do ano novo não houve mais preces. Jamila Afghani precisava comparecer ao curso de norueguês. Ela tinha sido dispensada somente naquele primeiro outono. A família chegou no final do semestre, e ela estava muito atarefada com suas organizações no Afeganistão. No final, o começo das suas aulas foi adiado para depois do ano-novo, enquanto Kakar começou a frequentar o curso desde o primeiro dia. Era um aluno entusiasmado e seu desempenho era muito bom. Como professor de árabe, se interessava pelos meandros da gramática, flexões de palavras, estrutura de frases, regras e exceções. O curso de norueguês se tornou uma boia de salvação numa época em que a vida como ele a conhecia havia naufragado. Ele se adaptou, e como sempre se adaptou a Jamila.

Na Noruega, "imigrantes que almejam uma estadia duradoura" têm o direito e o dever de concluir trezentas horas de curso de norueguês. Ninguém cabulava aulas assim sem mais nem menos. Ninguém chegava ali achando que tinha coisas mais importantes para fazer. Quem quer que quisesse continuar defendendo os direitos humanos fundamentais em seu país de origem poderia fazê-lo em seu tempo livre. A principal ocupação dos refugiados era aprender norueguês. Era como se fosse um trabalho, das oito às três, com o turno da noite dedicado à lição de casa.

No primeiro dia de aula de janeiro, estava escuro do momento em que se levantaram até a hora em que foram dormir. A escuridão dominava também a mente de Jamila. Ela pensava em tudo que poderia estar fazendo em vez de aprender palavras em norueguês. Achava que suas habilidades estavam sendo desperdiçadas. Que deveria ter ficado em Cabul.

Ah, como ela sentia a falta da sua terra! As pessoas, o escritório, a vista das montanhas.

Na mesma noite, recebeu um telefonema de Torpekai, vice-presidente da WILPF e gerente do escritório em sua ausência. Ela contou que estavam num beco sem saída. Vários programas haviam sido interrompidos. Elas não conseguiam sequer falar com as autoridades.

Era difícil se acostumar com o fato de que o Talibã era o governo agora. À medida que os dias passavam, era imperativo conhecê-los melhor. Era preciso renovar as licenças para continuar executando projetos de auxílio e educação. Torpekai tinha medo de violar certas regras, escritas e não escritas. Qualquer deslize poderia servir de pretexto para o escritório ser fechado. Ela chegou ao ponto de contratar funcionários homens. Nunca

QUER ENCONTRAR O TALIBÃ? 325

haviam feito isso. Eram, afinal, uma organização feminina. Exceto pelos guardas no portão, elas se orgulhavam de preencher todos os cargos com mulheres. Agora as coisas tinham mudado. O Talibã não aceitava mulheres, não respondia a solicitações de mulheres. Felizmente, conseguiram recrutar uns garotos bacanas que se adaptavam às rotinas da organização feminina. Torpekai e Soraya ainda davam as cartas no escritório, mas todas as tarefas externas precisavam ser realizadas por homens.

Na escuridão da manhã, toda a família saiu de casa ao mesmo tempo. Khadija e Fatima foram apressadas para a escola ali perto vestindo novas jaquetas cor-de-rosa, calças térmicas, refletores e botas forradas. No caminho, encontraram uma colega de classe. Como de resto, logo se acostumaram a andar sozinhas. Em Cabul, nunca saíram de casa desacompanhadas.

Salahuddin desapareceu na direção oposta à escola secundária, ele também tinha feito amigos. Jamila conseguiu transporte para o curso de norueguês que ficava às margens do fiorde, e Kakar aproveitou para pegar uma carona. Na maioria das vezes o motorista era o faz-tudo do serviço de refugiados, Abdul. Nascido na Síria, ele tinha chegado alguns anos antes. *"Æ elske Alta!"*, "Eu amo Alta!" no dialeto do norte da Noruega, foi a primeira frase que lhe ensinaram. — Você precisa de uma cadeira de rodas — disse ele a Jamila em árabe enquanto a observava vencer com dificuldade a superfície lisa.

— Minha esposa conseguiu uma — disse ele, acrescentando que ela tinha mais dificuldade para andar do que Jamila. Eles tinham filhos pequenos e Abdul estava convencido de que não havia lugar melhor na Terra do que esta cidade e não parava de tecer loas às oportunidades que havia, aos moradores prestativos e simpáticos, à aurora boreal, ao céu iluminado. Então chegaram.

As meninas terminavam as aulas por volta da uma e meia. Os demais chegavam em casa às três. Sozinhas em casa as crianças também nunca haviam ficado antes. Jamila reparava em como as meninas desabrochavam. As amigas vinham chamá-las para brincar, andar de trenó, construir castelos de neve, e voltavam para casa exauridas do treino de esqui, com um brilho de satisfação no olhar e cristais de neve nos cabelos. Toda a família foi convidada para um passeio de trenó puxado por cães pela assistente social do município. Ela lhes mostrou fotos no celular dos seus cães huskies do Alasca. Jamila se abrigaria nas peles de rena enquanto os outros conduziriam o trenó com as próprias mãos, sentindo o vento frio no rosto e admirando a vastidão do planalto, e depois poderiam acender uma fogueira, fazer um café. Seria divertido.

Jamila assentiu sem muito interesse. Essas coisas não a atraíam. As crianças e Kakar poderiam ir.

A propósito, quem sabe o Centro de Competências não pudesse oferecer a ela um curso um pouco menos intensivo? Menos horas por dia? No Afeganistão, sempre estava acontecendo alguma coisa, ela precisava acompanhar de perto, participar de reuniões virtuais, responder mensagens. Havia relatórios a escrever, conversas a retomar, e a diferença de fusos entre Cabul, Genebra e Nova York era a mesma de sempre.

O curso menos intensivo era para pessoas que não sabiam ler e escrever, que tinham chegado à Noruega sem nunca terem frequentado escola, a mulher dos huskies lhe disse. Era um esquema completamente diferente.

— Você não se encaixa na turma deles — cravou a assistente social. Seria um grande equívoco.

Depois do curso de norueguês, era hora de preparar o jantar. Jamila não gostava de cozinhar, achava um desperdício de tempo. Sempre pensou assim. Drenava o pouco das forças que lhe restavam. Ela estava cheia de dores musculares decorrentes da tensão. Nas costas, nos ombros e nas mãos. A data da consulta médica em Alta fora adiada. Ela havia consultado um médico em Kristiansand, no extremo sul da Noruega, enquanto ocupavam um abrigo temporário para refugiados e aguardavam a alocação no destino definitivo. Lá, submeteu-se a uma radiografia, mas, como havia sido registrada erroneamente, as imagens não foram vinculadas à nova identidade. Jamila entendeu que não precisava fazer um novo exame; as imagens deviam estar em algum lugar. Eles tentariam resolver o problema, lhe disseram, enquanto as semanas passavam.

QUER ENCONTRAR O TALIBÃ?

— Estou tão cansada e sinto tantas dores, e mesmo assim não consigo marcar um horário com um médico — reclamou ela para Kakar.

Ela precisava mesmo de uma consulta. Mas então tomou mais um analgésico e começou a fazer o dever de casa.

"Eu amo Alta" não constava na lição.

No final de janeiro, Jamila recebeu um telefonema. Era do ministério das Relações Exteriores.

Uma mulher disse que haveria uma reunião em Oslo. Eles gostariam de convidar representantes da sociedade civil afegã e, possivelmente, talvez o Talibã também comparecesse.

Jamila se endireitou na cadeira.

— Qual é a pauta? — perguntou ela.

— No momento ainda não sabemos — disse a diplomata. Eram os próprios afegãos que decidiriam o conteúdo das reuniões. Ela enfatizou que o possível encontro deveria ser mantido em segredo.

Jamila estava confusa. O que deveria dizer? Talvez o Talibã comparecesse?

Até segundo aviso, enfatizou a mulher, ela não deveria mencionar o assunto a ninguém.

— Ok — disse Jamila.

Então ela telefonou para Torpekai.

— Claro que você tem que ir — disse a colega em Cabul. — Aqui ninguém nos dá ouvidos! Se os talibãs realmente forem para a Noruega, você precisa se encontrar com eles! — Talvez ela fosse capaz de conseguir algum progresso, esperava a gerente do escritório.

Jamila ligou para a diplomata em Oslo e disse que estava interessada em comparecer à reunião, para que não restasse a menor dúvida a respeito.

Pouco tempo depois, recebeu um e-mail que não lhe pareceu exatamente claro. Mais uma vez era expressamente proibido compartilhar as informações até a reunião ser confirmada oficialmente.

Não demoraria muito.

Dois dias depois, Jamila e Kakar tomaram um avião para Oslo. Jamila teve que pedir ao escritório que escrevesse um discurso por ela. Não tinha ideia do que esperavam que dissesse, e mal teve tempo de pegar as muletas, os sapatos e a palmilha, alguns lenços grandes e o que Salahuddin chamava de filho do casal, o notebook.

Do aeroporto de Gardermoen o casal foi levado para Holmenkollen. Ali, em plena colina, no meio das melhores pistas de esqui de Oslo, teriam lugar as reuniões. Houve um grande debate na diáspora afegã na Noruega sobre a conveniência de reunir-se com o Talibã. Alguns achavam que o encontro seria visto como um reconhecimento, outros diziam que só com o diálogo seria possível persuadi-los.

Assim que pôs os pés no saguão de ardósia da recepção singela do hotel Soria Moria, Jamila ficou chocada. Bem diante dela estavam afegãs que ela reconhecia. Mahbouba, Masouda, Nazifa, algumas tinham vindo diretamente de Cabul. Elas não se viam desde antes da evacuação; agora estavam todas sentadas no sofá esperando para pegar as chaves de seus quartos. Não tinha ocorrido a Jamila até então que uma parte dela, talvez seu coração, há muito estava enraizado no peito nessas mulheres. Durante todos esses anos, elas lutaram, cada uma à sua maneira, pela mesma coisa: a participação da mulher na sociedade. O simples fato de encontrá-las ali reacendeu nela uma chama.

— Alguém sabe o que está na ordem do dia? — perguntou uma.

Todas negaram com a cabeça.

Durante o jantar, elas foram oficialmente comunicadas de que a parte norueguesa não tinha definido uma pauta. "Nós apenas oferecemos o espaço", disse o representante do governo. Cabia aos próprios afegãos decidir o que queriam discutir. No dia seguinte, os políticos e os representantes da sociedade civil afegã teriam a oportunidade de conversar entre si antes de encontrar os representantes do Talibã um dia depois. Exceto por isso, os noruegueses deixariam o tema das discussões a cargo dos afegãos. O encontro era deles.

No mesmo dia, um jato particular executivo decolou do aeroporto de Cabul. O Ministério das Relações Exteriores da Noruega queria discrição, mas o porta-voz do Ministério das Relações Exteriores do Talibã postou várias fotos no Twitter da delegação de turbante no luxuoso interior do avião decorado em tons pastel. *The special flight*, como se referiu à aeronave, tinha dezesseis assentos, seis leitos e internet sem fio. A primeira a comentar o tweet foi uma cidadã norueguesa: "Lembre-se de que este voo é pago por MULHERES e homens da Noruega. Com o dinheiro dos nossos impostos. A Noruega é rica porque aqui trabalham mulheres e homens. Além disso, mulheres e homens são iguais em nosso país. Procurem aprender alguma coisa enquanto estiverem aqui!"

O voo direto para Oslo era necessário por questões de segurança, por isso a aeronave privada, explicou o Ministério das Relações Exteriores.

Os representantes convidados tinham formações muito diversas e havia um espectro muito amplo de opiniões e prioridades. Alguns viam o Talibã com boa vontade, outros estavam em guerra contra o movimento. Jamila se encontrava no espaço entre os extremos, como de costume. O mais importante agora, ela acreditava, era estabelecer um diálogo e tentar avançar. Ela não tinha ilusões, em vez disso preocupava-se com a arte do possível.

O participante que mais apoiaria o Talibã, acreditava Jamila, era um homem da minoria hazara. Outro colega havia trabalhado com Hamid Karzai e concordava com todos.

— Cuidado, ou vai acabar concordando com os talibãs! — provocavam os outros.

Uma mulher representando o setor cultural protestou veementemente contra o que chamou de normalização dos terroristas.

Os catorze afegãos passaram o dia inteiro no alto da colina, admirando as pistas de esqui, discutindo a forma e o conteúdo de seu encontro com o Talibã. Finalmente, às 10 horas da noite, chegaram a um acordo sobre a proposta a ser apresentada no dia seguinte. Eles pediriam ao Talibã para criar uma comissão para revisar a constituição e, ao mesmo tempo, realizar um debate sobre como alterá-la. Isso provavelmente levaria um ou dois anos, estimava o grupo. Até conseguirem promulgar uma nova

330 OS AFEGÃOS

constituição, seria preciso um governo de transição. Depois disso, seriam realizadas eleições.

Ao contrário da delegação talibã, a delegação afegã não era um grupo unificado; como não tinham uma hierarquia natural, quem falaria por eles na reunião? No final, concordaram que todos deveriam ter o mesmo tempo para apresentar a si e a seus pontos de vista, cabendo a um dos participantes controlar o tempo de fala. Ao se referir diretamente ao Talibã, decidiram agir da maneira mais diplomática possível.

Jamila mal dormiu naquela noite. Ela estava angustiada pelo dia seguinte, pelas discussões, por encontrar os talibãs cara a cara. A liderança do movimento já havia declarado que não acreditava em eleições, que não acreditava na democracia, que cumpria a lei da sharia. Então como seria aquela reunião?

No café da manhã, os talibãs surgiram diante dela e de Kakar. Sentaram-se juntos, como em Doha, e só depois caminharam em bloco em direção ao bufê. Atrás das cafeteiras havia um enorme painel de árvores na paisagem invernal. Na foto, o sol estava prestes a nascer atrás de alguns abetos gigantes que se vergavam com o peso da neve. Pousado num galho congelado, um dom-fafe observava do alto.

Para o encontro propriamente dito, os representantes da sociedade civil tomaram assento primeiro, ao longo de uma mesa com placas de identificação. Na sala, as paredes eram decoradas com imagens de contos folclóricos noruegueses. Alguns deles bastante ousados, como o *Alvelek* de Kittelsen, em que uma elfa loura e desnuda aprisiona um homem em seu véu translúcido. Os talibãs teriam que desviar o olhar.

A delegação entrou em fila, com túnicas sobre calças largas, até os tornozelos, a maioria com turbantes e quase todos com longas barbas.

Embora Jamila se sentisse preparada, ficou abalada quando se deparou com Anas Haqqani, o irmão mais novo de Sirajuddin. Por que enviaram logo o pior deles? Para ela, a rede Haqqani era um grupo de terroristas, só o nome ainda lhe dava calafrios, depois de tantos atentados suicidas e carros-bomba.

QUER ENCONTRAR O TALIBÃ? 331

Ela estava nervosa. Havia muita mágoa reprimida.

O mais velho do grupo, o ministro das Relações Exteriores do Talibã, emoldurado pelo quadro com *Os três cabritos cabrões*, fez o discurso de abertura. Jamila enrijeceu os ombros, temendo a primeira interrupção.

— Cometemos muitos erros, cometemos muitos erros — começou Amir Khan Muttaqi, sentado de costas para a paisagem invernal. — Não estávamos preparados. Fomos colocados nesse lugar depois que o presidente anterior abandonou o cargo — continuou ele. — Esperávamos conquistar uma parcela do poder, mas toda a responsabilidade foi colocada sobre nossos ombros! Isso tem sido muito difícil para nós, então, por favor, ajudem-nos! Deem-nos conselhos, digam-nos o que têm em mente.

A fala distensionou o clima no salão. Jamila olhou para os lados. Ela era a única que tinha trazido um computador para a reunião e anotava tudo o que era dito.

O homem no poder adotou um tom conciliatório, jogou um pouco de água na fogueira. Na noite anterior, os representantes da sociedade civil decidiram que cada participante teria cinco minutos. Cada um trataria de um tema diferente, e em seguida haveria um debate. Assim teria que ser, para que todos os assuntos fossem abordados e nada ficasse de fora. O decano Mahbouba Seraj sugeriu que não perdessem tempo discutindo o que as mulheres podiam ou não vestir, muito menos discorrendo sobre a burca e o hijab. Seria pôr em risco o curto tempo de que dispunham. Em vez disso, que falassem sobre poder. Sobre constituição. Sobre eleições, não sobre vestimentas.

Jamila foi posicionada de forma que fosse a última a falar. Para ela, de longe, a questão mais importante era o direito das mulheres à educação, em todos os níveis. Ela decidiu usar a linguagem e a terminologia próprias do Talibã — para lhes demonstrar respeito, mas também para atrair sua atenção. Queria deixar claro ao novo governo que sua fé comum abria espaço para mais do que era permitido até então.

— Nenhuma religião, nenhuma ideologia, nenhuma lei ou constituição pode fechar as portas para a educação feminina — começou ela. — É algo que vai além de qualquer argumentação. Se o Talibã realmente se preocupa com os afegãos e com o futuro do país, disse ela, é aqui que deve agir. E agora. — Ela trouxe o argumento para o âmbito do islã. — O profeta disse que é dever de todos buscar conhecimento. "Buscai o conhecimento, mesmo que seja na China", diz um famoso hádice. Aqui o profeta não faz distinção entre meninos e meninas. Com que direito vocês o fazem?

Era inverno, as escolas estavam fechadas, geralmente o equinócio da primavera marcava o início das aulas. Jamila argumentava que era tempo demais. Após a quarentena na pandemia, após a ruptura que se seguiu ao Talibã no poder, os alunos estavam muito atrasados.

— O que estão esperando? — perguntou ela. — Já em fevereiro podem abrir as escolas no sul, onde faz bastante calor.

Ela reparou na expressão no rosto do talibã encarregado da educação. Veja só, ele não tinha pensado nisso. Havia muitas províncias onde as escolas poderiam abrir as portas em breve. Ela se impacientava só de pensar nessa possibilidade.

— O Afeganistão é o nosso país — disse ela. — Compartilhamos a responsabilidade por ele. Mas são vocês que detêm o poder. Até quando vamos brigar por isso? Deixem que todos frequentem as escolas! — ela concluiu.

Tanto o ministro das Relações Exteriores quanto vários outros tomaram notas ao longo da fala e fizeram perguntas complementares. Anas Haqqani ficou em silêncio, assistindo a tudo sem esboçar reação, e não disse uma só palavra ao longo de toda a reunião. Ela lembrou-se de que ele foi solto para permitir a retomada das negociações entre Trump e o Talibã, e em troca os norte-americanos resgataram os professores que haviam sido sequestrados.

Durante o almoço, quando não havia lugares definidos nem placas de identificação, ela presenciou um Haqqani muito simpático e cortês, sentando-se com os demais membros da delegação, cumprimentando a todos, falando cordialmente com as pessoas. Jamila reparou que uma representante da sua delegação, que era de Herat, aproximou-se dele. Ela apurou os ouvidos. A mulher contou que estava enfrentando enormes problemas com os talibãs em sua província natal, que não a deixavam trabalhar, que assediavam as mulheres de sua organização.

Haqqani disse que ajudaria.

QUER ENCONTRAR O TALIBÃ?

— Aqui está o meu telefone — disse ele, rabiscando os números num pedaço de papel. — Me ligue quando eu voltar e me diga como posso ajudar.

Kakar, que não participou do encontro com os talibãs, também aproveitou a oportunidade que o almoço oferecia. O Talibã havia interrompido a distribuição de alimentos e cobertores pela NECDO. Quando finalmente receberam autorização para retomar a distribuição foram informados de que o Talibã ficaria com a metade. Seus colegas em Cabul o avisaram assim que souberam do encontro em Oslo.

— Por favor fale com eles! Eles não nos atendem aqui.

Kakar mencionou a questão diretamente para Haqqani, que ouviu e prometeu que seria resolvida.

Os organizadores noruegueses garantiram que todos os alimentos servidos fossem *halal*. Com um chef trazido do Oriente Médio, tudo estava nas melhores mãos. Foram servidos arroz de carneiro, frango com grão--de-bico, pasta de beringela e pães pita, uma refeição a que todos estavam habituados.

Após o almoço, foram reservadas duas horas para os debates. O Talibã respondeu a algumas das propostas levantadas. Eles estão se comunicando, de fato, pensou Jamila.

Talvez fosse isso que faltava para começar um diálogo?

Durante as reuniões, ambos os lados concordaram que era preciso melhorar a comunicação entre si. Havia também outros consensos a serem construídos. A maioria criticava os Estados Unidos, que retinham a maior parte das reservas bancárias do Afeganistão. Mas os representantes da sociedade civil enfatizaram que os países ocidentais tinham que estabelecer certas condições. Só assim o Talibã poderia ser constrangido a tomar o rumo certo.

O que mais surpreendeu Jamila foi aquilo que ela percebeu como uma mudança de atitude. Quando se reuniu com o Talibã em Doha, dois anos antes, eles foram mais *humanos* do que ela imaginara. Agora pareciam ainda mais receptivos. As conversas foram concluídas com uma rodada de pronunciamentos, e os talibãs distribuíram mimos a todos os participantes: uma caixinha de açafrão de Herat para cada um.

O fato de ser a última a deixar a sala, de muletas, deu a Jamila mais uma oportunidade de falar. Ela se dirigiu ao ministro das Relações Exteriores.

— Está nas suas mãos — ela disse.

Ele assentiu com a cabeça e disse que levava a sério o que havia acabado de ouvir.

— Vocês são os líderes do povo agora — respondeu Jamila. — Então precisam se preocupar conosco!

Eram mesmo capazes disso? De realmente se importar com as pessoas? Ela não estava convencida.

Até prestaram atenção ao que foi dito na reunião, mas o que prometeram de fato?

O fator mais concreto da declaração conjunta foi que os participantes reconheceram que a cooperação era a única solução para os problemas no Afeganistão.

Mas nas negociações o Talibã prometera que as escolas abririam para todos em março. Ou não?

A bordo do avião voltando para o norte da Noruega, o clima entre o casal era levemente otimista. Mas uma dúvida angustiante se insinuava além das aparências.

Seria como foi em Doha, quando o Talibã enganou todo mundo?

— Até parece que se deram conta de que não é fácil governar o país — disse Kakar.

— Matar é fácil, morrer é fácil. Governar com justiça é outra coisa. Então não existe uma varinha de condão — disse Jamila.

Eles cruzaram o Círculo Polar Ártico. Estava um breu do lado de fora da janela. De repente, tudo escureceu também dentro dela. No hotel ela era alguém. Tinha relevância. Na manhã seguinte, ela voltaria às aulas do curso de norueguês. Ali ela não era ninguém.

Em casa, na Kirkeveien, ela viu no Twitter que os talibãs haviam postado uma nova foto do jato executivo em que embarcariam para casa. Eles se referiam ao encontro como um sucesso.

"Conseguimos dividir o palco com o mundo", escreveu o ministro das Relações Exteriores do emirado às vésperas de voltar para Cabul, para continuar governando exatamente como antes.

O reitor Barba-Ruiva

Havia paz em Cabul. Não havia paz em Cabul.

As pessoas sobreviviam como podiam. Adaptando-se. Esperando algo acontecer.

Ninguém poderia baixar a guarda. O poder usurpado pode ser tomado de volta. Nada era garantido.

Nas ruas os guerreiros se sobrepunham a mulheres de véu e homens de barba. Antes fabricantes de bombas, agora policiais. Antes terroristas, agora legisladores. Homens de turbante batiam de porta em porta. Os cidadãos depunham suas armas. Os imãs lhes impunham o castigo. Guerreiros sagrados aguardavam as nomeações. Qual recompensa receberiam depois de vinte anos de serviço em milícias?

A recompensa estava atrasada. Não havia dinheiro. Os empregos não ofereciam remuneração. Os indicados aceitavam de todo modo, talvez fossem os primeiros na fila quando os cofres fossem reabastecidos.

A população congelava. Tinha fome. A neve que caiu suavemente e se acumulou sobre paredes de cimento e arame farpado por volta do ano-novo se transformou em montes duros de gelo, mais pretos do que brancos.

Muitos sequer saíam de casa. Os mais quietos eram aqueles que haviam perdido quase tudo, exceto uma coisa: a própria vida. Juízes que condenaram os talibãs, promotores que os acusaram, carrascos que os torturaram sem piedade, soldados das forças especiais que os assassinaram. Todos desesperados para encontrar uma saída, todos que não conseguiram embarcar nos aviões durante a evacuação.

Os talibãs sabiam quem eram. Alguns já tinham sido mortos. Os nomes e endereços dos poderosos que integravam o antigo sistema eram fáceis de encontrar. Os arquivos foram deixados em gavetas e armários nos ministérios quando o presidente fugiu, e quem queria salvar a própria pele

336 OS AFEGÃOS

deixou o país. Os agentes da nova ordem podiam bater à porta a qualquer momento e arrastá-los para fora de casa. A anistia anunciada pelo Talibã estava cheia de furos.

Era até possível se manter oculto por um tempo, mas não para sempre.

Os talibãs tinham tempo. Não tinham pressa de matar. Não agora. Estavam só esperando a comunidade internacional descongelar os recursos bloqueados em bancos estrangeiros para então exibir sua verdadeira face, era o que temiam as pessoas. Naquele inverno frio e cinzento, ninguém sabia ao certo como era a verdadeira face do Talibã. A alta liderança em Kandahar raramente se manifestava, quase não aparecia. O governo em Cabul já tinha problemas suficientes para enfrentar no dia a dia, enquanto os cargos importantes do país eram loteados por guerreiros.

Uma gente que lutou, sofreu, fez sacrifícios, pessoas que perderam irmãos, pais, filhos, partes do corpo. Eles haviam derrotado a potência militar mais poderosa do mundo. Agora, fariam como bem entendessem. Porque mereciam.

— Ponha uma roupa bonita. Teremos visitas!

Espantada, Ariana olhou primeiro para a mãe e depois para si mesma. Ela usava calças largas e havia jogado a camisa xadrez da irmã sobre um suéter de algodão. Seus longos cabelos castanhos caíam soltos sobre os ombros.

— Quem está chegando? Por que preciso vestir uma roupa melhor?

— Alguém da nossa cidade natal.

— Parentes?

Não, não eram parentes, mas os visitantes vinham da província em que os pais tinham nascido.

O curso de gerenciamento de estresse havia terminado. Elas deveriam pôr em prática o que aprenderam na vida cotidiana, foi o que a psicóloga disse. Ariana tinha voltado a passar todas as manhãs, todas as noites, todos os momentos na companhia da mãe, do pai e dos seis irmãos. O curso se

O REITOR BARBA-RUIVA

revelou absolutamente inútil diante da irritação que os oprimia e envolvia a todos como um manto pesado e espesso.

Ariana não entendia por que tinha que se arrumar para receber as visitas que a mãe esperava, então não tirou a camisa de flanela macia da irmã, apenas cobriu a cabeça com um véu.

O interfone tocou e a mãe desceu para receber as visitantes. Três mulheres, uma mais velha e duas mais novas, subiram as escadas. Seguiram-se as habituais saudações e elogios. Ariana percebeu que sua mãe parecia não as conhecer tão bem, conhecidos em comum eram referidos como se fossem estranhos. Ariana e Zohal ficaram encarregadas de servir chá. Trouxeram também biscoitos, passas e nozes.

— Sente-se conosco — disse a mãe depois que Ariana serviu chá a todas.

O começo do novo ano foi bem gelado, e, como as convidadas estavam para chegar, a lenha na lareira no meio da sala estava crepitando. Geralmente eles se enrolavam em grossos cobertores e corriam o risco de se queimar com as latas de água quente que punham sob as mantas de lã. Abarrotada de lenha, a lareira deixava a temperatura agradável.

Ainda assim, Ariana demorou-se apenas alguns minutos e pediu licença para se ausentar. As mulheres vinham de uma família de agricultores. A conversa girava em torno da terra que possuíam. Como era a casa onde moravam, as árvores frutíferas no pomar, os produtos que cultivavam na lavoura. Ariana queria voltar para a Netflix. A irmãzinha permaneceu na sala.

Não muito tempo depois, a irmã surgiu pela porta do quarto.

— Estão falando de você — disse ela. — E dele.

— Dele quem?

— Falaram assim: "Temos um filho. Um exemplo de cavalheiro..."

Então Ariana percebeu. Estavam ali por sua causa.

Uma névoa de aflição desceu sobre ela. Nos últimos meses, inúmeras amigas tinham passado por situação idêntica. Os pais haviam perdido o emprego e a situação em casa ia de mal a pior. Tal como eles. O dinheiro mal era suficiente para sustentar uma família de nove pessoas. E ela já tinha 21 anos. As lágrimas escorreram. Várias amigas já haviam se casado às

338

OS AFEGÃOS

pressas, antes de concluir os estudos — meninas que tinham feito outros planos para a vida. Com isso, o contato com muitas delas tinha sido perdido inteiramente. Ela não tinha permissão para visitá-las, agora que pertenciam a outras famílias, e as amigas não mais a procuravam.

Zohal disse que as três mulheres eram mãe, irmã e cunhada do cavalheiro exemplar.

Tudo aquilo só lhe causava repugnância. Ela queria estudar, queria aprender, queria trabalhar, queria viajar, queria morar sozinha, queria ser livre!

Quando sua mãe a chamou para que se despedisse, ela se recusou a sair do quarto.

— Desde quando você aprendeu a ser tão mal-educada? — perguntou a mãe.

— Eu não me importo!

— Ele tem muita terra!

— Me importo menos ainda!

— Falaram tão bem dele.

— Não faz meu tipo.

— Não fale assim!

— Não estou interessada. Preciso terminar os meus estudos! — Ela sabia que aquilo não fazia sentido. Não havia mais estudos.

— Esqueça seus estudos — disse a mãe. — Mesmo porque o Talibã não tem nenhuma consideração por qualquer tipo de educação. É melhor se papai e eu encontrarmos um bom partido para você. Para você e para suas irmãs.

Faltava-lhe apenas um semestre da faculdade de Direito quando o Talibã chegou ao poder.

Ariana estava disposta a resistir. Um bom partido para você. As palavras zumbiam em sua cabeça. Para você e para suas irmãs.

Os pais tinham crescido durante o comunismo. Ela tinha ouvido falar que então as pessoas saíam para namorar, sentavam no cinema de mãos dadas. Eles tiveram acesso a uma boa educação e agora, de repente, jogavam fora tudo em que acreditavam, a fim de "garantir o futuro das filhas".

O REITOR BARBA-RUIVA

— Mas o Talibã pode reabrir a universidade... — disse Ariana esperançosa.

— Não vai acontecer — continuou a mãe. — Nem pense nisso!

Alguma coisa na família havia mudado. Algo fundamental. Ainda assim, ela pensou que seus pais lhe dariam ouvidos quando o assunto fosse seu próprio futuro. Eles costumavam discutir juntos as coisas. Não era mais assim. De repente ela não era ninguém. Ela, que sempre foi a garota de ouro.

Os pais, que amaldiçoavam e nutriam um ódio profundo pelos talibãs, haviam sido talibanizados sem nem perceber. Sua mãe e seu pai a reduziam a alguém cuja voz não era digna de ser ouvida. Sorrateiramente e inconscientemente, o Talibã havia conquistado suas mentes. Seu destino era casar, não ser feliz.

— Talvez eles reabram — arriscou ela mais uma vez.

De repente ela, sempre irrequieta, era um poço de paciência. Insistindo em esperar e ver. Os pais a azucrinavam dizendo que a questão era urgente. Arranjar seu casamento se transformou na coisa mais importante para eles. O destino das irmãs adolescentes também estava em suas mãos. Se ela não se casasse logo, seria difícil arranjar um marido para Zohal, que queria muito ser bióloga, e Diwa, que ia ser dentista. Eles nunca tinham falado assim antes. Antes, deixavam as filhas sonhar. Deixavam-nas acreditar que poderiam ser outra coisa que não esposas.

Dia após dia, por mais que estivessem fisicamente próximos, ficavam cada vez mais afastados uns dos outros.

Economizando lenha. Racionando comida. Abrigando-se sob cobertores com baldes de água quente. Levando uma vida de austeridade em que a felicidade alheia era ignorada.

O Talibã também agia de maneira mais discreta naquele inverno. Limitavam-se a patrulhar as ruas e pareciam satisfeitos com isso. Sem desferir chicotadas, sem brandir cassetetes. Os temidos expurgos não ocorriam. O Talibã ia eliminando os inimigos a dedo, mas a população em geral era deixada em paz.

— Talvez eles melhorem — balbuciava Ariana. — Talvez amoleçam um pouco.

Os pais continuavam a pressioná-la. Ela tinha que dizer sim. Ele era realmente um bom partido, era o orgulho da família, todos falavam bem dele.

Tenho a impressão de que eles não se importam comigo, registrou ela em seu diário. *Talvez nunca tenham realmente se importado comigo. Ficam repetindo as mesmas frases. Eles ficaram tão mesquinhos.*

Depois de terem criado tantas expectativas na família do pretendente, ela tinha que dizer sim, argumentavam os pais.

Mas ela já tinha dito que não!

— Estão esperando por você — reiteravam os pais, como se não tivessem entendido. — Se você casar com ele terá um bom futuro.

Não, não, não!

Um dia, sua mãe mostrou-lhe uma foto. Ele até que não era tão feio. Bem, bonito não era, talvez simpático. Parecia robusto, era cerca de dez anos mais velho que ela. Tinha até terminado a escola, disse a mãe. Em outras palavras, nada de curso superior. Um casamento assim nunca funcionaria. Afinal, ela havia quase terminado o curso de Direito, estava praticamente a caminho de se tornar juíza. A mãe dizia que era uma ideia sem futuro.

— O Talibã nunca reabrirá as universidades — ela repetiu. — E você não precisa mais estudar, porque nunca vai conseguir um emprego de qualquer maneira — continuou. — E precisamos de dinheiro para comprar comida já.

Em meio a isso tudo, eles passavam o tempo inteiro dentro de casa. Era perigoso sair, diziam os pais. Arriscado.

Os talibãs estão raptando mulheres jovens, martelavam eles. Para os soldados.

Você tem que se decidir já!

Eu já me decidi!

Você não sabe o que é melhor para você!

Não que ninguém tivesse pedido a mão de Ariana antes. A primeira vez foi no último ano do Ensino Médio, quando uma de suas professoras procurou Nadia e intercedeu pelo filho. Os vizinhos também propuseram.

O REITOR BARBA-RUIVA

A única irmã da mãe também propôs. Ela tinha apenas um filho e achava que seria muito bom o arranjo com o primo. Era muito comum. Começariam cedo, e além disso Ariana era uma garota bonita, esperta, sociável e habilidosa. A mãe ouvia constantemente comentários do tipo "vimos sua filha nesta ou naquela festa de casamento e achamos que ela...". Até as amigas as ofereciam seus irmãos. Mas mãe e filha rejeitaram todas as ofertas. Ela queria ser alguém. Até agora.

Em meados de fevereiro, quando o frio congelante estava prestes ir embora, o Talibã emitiu um comunicado: "As universidades abrirão em dez dias."

— É muito arriscado — reagiu o pai.

— Mas só falta um semestre!

A universidade ficava numa área perigosa, disse o pai, não era como Cabul. Os talibãs eliminavam os inimigos ali. E quem iria pagar? Comprar os livros? O dormitório? A comida e o transporte?

O próprio Karim estava profundamente deprimido. Mal conseguia se pôr de pé. Não tinha disposição para nada. Nem para começar o dia. Não tinha uma vida. Como ex-coronel do Ministério da Defesa, ele era uma pessoa marcada. Um dos que nunca teriam um papel a desempenhar sob o Talibã. No começo ele até se escondeu, mas não mais. Não estavam atrás dele. Ele era insignificante demais para isso. Eles deixam as pessoas em paz, para que compreendam que é assim que perecerão. Era o castigo pela escolha que fizeram ao trabalhar para o governo afegão. Ele poderia vender chá na rua, sim, ou percorrer as ruas empurrando uma carroça de cenouras. Mas jamais voltaria a ser um oficial.

— E depois, o que vai acontecer? Quando você terminar? — ele perguntou a Ariana, mas era como se estivesse falando consigo mesmo, soltando as palavras pelo ar.

Por que meu pai não *fala* comigo? Por que não *olha* para mim?

Ariana abaixou a cabeça. Desviou o olhar e fez uma prece em silêncio:

— Amado pai. Por favor. Me deixe continuar na universidade.

Os pais só mencionavam o risco de ir, nunca o perigo de não ir, de não concluir os estudos. E nunca comentavam se era arriscado casar a filha com alguém a quem mal conheciam.

No dia em que a universidade abriu, Ariana ficou em casa, chorando. Imagine se o Talibã apertasse o cerco ainda mais e essa fosse sua última chance? Que retomassem as aulas para mulheres apenas neste semestre, para conseguir recuperar os fundos congelados e depois fechar tudo novamente. Se ela terminasse o curso, teria um diploma, talvez pudesse ir para o exterior, fazer um mestrado?

Era um absurdo imaginar que o Talibã de fato reabriria as portas da universidade e, mais ainda, que seus pais, de classe média, não a deixassem ir. Ela ligou para suas colegas de turma. Seu grupo de amigas consistia em quarenta garotas.

— Somos apenas três agora — sussurrou Sauda no primeiro dia após o início das aulas. — Eles suspenderão as aulas se não vierem mais pessoas.

O tema do último semestre era a legislação islâmica.

— Como estão as coisas lá? — perguntou Ariana.

— Muito paradas. Quase ninguém no campus. Onde estão todas?

Em casa, como ela.

No dia seguinte, Sauda ligou e disse que haviam chegado mais duas alunas. Elas queriam que isso terminasse logo. No dia seguinte veio outra, e depois mais duas. A primeira semana passou. A universidade não foi consumida na linha de fogo dos combates, afinal. O ônibus escolar estava circulando. Nenhuma das alunas foi chicoteada. A paz reinava no dormitório. A amiga avisou que quem não se matriculasse até a semana seguinte não conseguiria concluir o curso.

— Aliás, um professor veio me perguntar por você.

— O quê? Quem?

— Não da nossa, mas de outra faculdade. Professor de informática, acho. "Onde está Ariana?", ele perguntou. "Ela não vem mais?" Ele disse que era um conhecido, que vocês já tinham conversado. Como era um

O REITOR BARBA-RUIVA

funcionário, eu apenas disse que não sabia, mas que você talvez aparecesse na próxima semana.

Só podia ser aquele que lhe telefonou depois da palestra que ela deu sobre a importância de saber inglês. Que sujeito mais insistente, para persegui-la tanto assim. Ariana disse que tentaria uma última vez fazer os pais mudarem de ideia.

Era só mais um semestre, e ela teria um diploma de bacharel em direito. Com ou sem Talibã, ela tinha que terminar o que começou!

— A não ser que mais pessoas comecem a frequentar as aulas, ninguém conseguirá concluir o curso — disse Ariana aos pais. — Aí sim eles fecharão, por falta de alunos.

Por fim ela obteve a permissão para ir.

Os prédios da universidade estavam vazios, pareciam abandonados. Os alunos chegavam, assistiam às aulas e iam embora. As garotas, que antes vestiam jeans justos e camisetas coloridas, estavam cobertas com casacos pretos até os tornozelos. Os garotos, que usavam jeans desbotados e cabelos penteados para trás, vestiam túnicas e deixavam a barba crescer.

Os talibãs colocaram guardas para garantir que garotos e garotas não conversassem.

Na manhã em que Ariana chegou, as alunas foram convocadas para uma reunião no maior auditório, que ficava na faculdade de Agronomia. O reitor faria um discurso. Depois que todas tomaram seus lugares, com véus cobrindo cada fio de cabelo, ele entrou.

Vestia uma túnica azul-clara e um turbante preto, e sua enorme barba estava tingida com hena. Quando os pelos encaneciam, era comum que homens afegãos os tingissem de preto-carvão ou avermelhado. A barba do homem era alaranjada.

O reitor anterior havia fugido. Diziam os rumores que estaria no exterior. Aprofundando os estudos. O novo reitor era um dos antigos professores de islã e sharia.

Primeiro ele recitou o Alcorão e só então começou seu discurso. Era colérico, ameaçador. Eu nunca deveria ter vindo para cá, pensou Ariana. Ela só queria sair dali.

OS AFEGÃOS

— Há vinte anos que lutamos por isso! — disse o reitor. — Finalmente o Afeganistão voltará a ser um país governado pelas leis de Alá.

Para isso, os alunos tinham que seguir as leis da universidade.

Ariana tomou nota:

"Aqui vocês não podem usar celular.

Não podem falar com os professores sozinhas. Ou serão punidas.

Devem usar o hijab islâmico.

Não podem usar roupas novas, elas devem ser velhas, bem usadas, não podem chamar a atenção.

Não é permitido falar com os garotos. Nem mesmo mandar mensagens.

Se esse contato for descoberto resultará em castigos. Maquiagem não é permitida. Para que não fiquem parecendo garotas sem-vergonha. Quem for desavergonhada aqui será mandada de volta para casa.

É proibido usar perfume. Não é bom para vocês. Pode seduzir.

Não é permitido circular pelo campus. Vão direto para a sala de aula e depois para casa. E fiquem cientes de que temos guardas aqui observando tudo. Em lugares que vocês ignoram. Temos guardas que vocês não veem. Que seguem todos os seus passos."

Como era possível? Como a vida pode ter retrocedido tanto? Ela sentia ganas de gritar.

O reitor prosseguiu:

— Não temos mais serviço de saúde. Não adianta chamar uma ambulância se alguém adoecer. Não finjam doença. É pecado e é vergonhoso. Se descumprirem alguma dessas regras, nós as puniremos. A prisão não é longe. Fica aqui do lado da universidade. Se alguém fizer algo contra nós, contra as regras, contra as leis de Deus, é para lá que será enviado. Em princípio só por alguns dias. Apenas para ficar familiarizado com as regras.

Ele nem piscou os olhos ao dizer isso.

Prisão?

Folhas brancas com citações do Alcorão estavam coladas no quadro de giz. O homem de barba ruiva ergueu o dedo indicador.

— Estamos de olho agora. Na primeira semana não estávamos. Vocês não podem sentar nos bancos lá fora. Nem na grama. Devem ir direto do auditório para o dormitório.

O REITOR BARBA-RUIVA

Também havia novas regras para o alojamento estudantil. Apesar de o pátio interno estar protegido por quatro altos muros de tijolos e abrigar apenas meninas, elas não eram mais permitidas no local. Também não podiam mais sair do prédio depois do meio-dia, quando começava a oração da manhã. Só das 8 às 12, quando tinham aulas, podiam transitar pelo pátio da universidade ou pelas calçadas, e mesmo assim só se estivessem de passagem.

— Quem não obedecer não terá universidade, não terá onde dormir, não terá aprendizado, pode ir para casa!

Ariana cochichou para a amiga depois:

— Não podemos usar maquiagem, mas ele pode pintar a barba de vermelho!

Visitando os mortos

A paz não é para todos.

O inverno finalmente terminou, deixando Bashir sem ter o que fazer em casa, indócil. O impulso da guerra, cada vez maior, sempre adiante; foram as batalhas em várias frentes que o moldaram. Agora havia tão pouco a fazer. Ele sentia a falta dos amigos.

— Vou fazer turismo! — ele ria. Afinal, nunca tinha visto o que seu país tinha a oferecer. Merecia férias pelas áreas libertadas.

Nangarhar, Parwan, Logar, Kapisa, Paktia, Paktika, Khost. Bashir partiu no Land Cruiser blindado com os guarda-costas Muslim e Jamal e um grupo de amigos. Dois carros carregados de homens, fuzis, coletes e cobertores, indo visitar os irmãos de armas, mortos e vivos. Junto aos vivos comeriam carne grelhada, rodelas grossas de cebola crua e pimentões inteiros. Junto aos mortos, fariam orações nas sepulturas.

Um dia ele foi visitar a casa de um talibã que o havia ajudado enquanto esteve preso. Samiullah estava preso havia cinco anos quando Bashir foi transferido para sua cela, logo após receber a sentença de morte. Ambos dividiram a cela até serem libertados como parte do acordo de Doha. O jovem era um fiel devoto e costumava liderar a oração dos prisioneiros. Também era ele quem sabia os detalhes da compra e venda de serviços, quais guardas eram mais propensos a aceitar suborno, como enviar mensagens e receber artigos contrabandeados.

Bashir estava acima dele na hierarquia do Talibã, e os dois se abraçaram quando foram informados da ameaça que seus subordinados haviam feito ao conselheiro de segurança do presidente: se Bashir fosse enforcado, Mohib não viveria para ver.

Foi Samiullah quem também recitou as orações com Bashir quando ele perdeu mais um filho. Depois que os dois primeiros filhos morreram,

Yasamin deu à luz um filho e uma filha que sobreviveram. Certa manhã, enquanto Bashir estava preso e as mulheres preparavam o desjejum em casa, em Jalalabad, a filha desapareceu. Yasamin estava sentada no chão sovando a massa do pão numa gamela e pediu ao filho de 5 anos que fosse procurá-la. O menino voltou:

— Mamãe, ela está no banheiro.

Yasamim levantou o rosto.

— Pois traga ela aqui.

— Não consigo — disse o menino de 5 anos.

Yasamin se levantou e foi até o pequeno banheiro. Lá estavam a filha e o cobertor, na tina do banho cheia até a borda. Ela havia escalado e caído lá dentro. Tinha 1 ano e meio.

Yasamin não disse nada a Bashir. Só passados alguns meses ele foi saber da morte da filha por meio do irmão, Raouf, que soube pela esposa. Bashir ligou para Yasamin, que manteve o segredo.

Bashir disse que queria conversar com as crianças e ela trouxe o filho de 5 anos. Depois conversarem um pouco, Bashir disse que também queria falar com a filha.

— Ela está dormindo — disse Yasamin.

— Acorde-a! — disse Bashir.

— Ela não está muito bem...

— Quero ouvir a voz dela

Silêncio do outro lado.

Yasamin, que sempre obedecia, que sempre se submetia, não poderia atender aquele pedido.

Naquela noite, Bashir sentou-se com Samiullah e orou pela menina morta. Bashir e Yasamin perderam três dos quatro filhos que tiveram.

Os dois companheiros de prisão foram libertados no verão de 2020 e continuaram a lutar, separadamente. Um ano mais tarde, poucos dias após a fuga do presidente afegão, Bashir protegia prédios públicos contra saques enquanto Samiullah patrulhava o aeroporto, onde a evacuação estava em pleno andamento.

VISITANDO OS MORTOS

Era a última oportunidade de matar ianques.

Seus dias no Afeganistão estavam contados.

Ao chegar na casa de Samiullah, num pequeno vilarejo na província de Logar, Bashir deixou os guarda-costas do lado de fora ao chegar. Seu melhor amigo, Farid, o acompanhou.

— Que eu possa dar minha vida por vocês! — disse a mãe de Samiullah. — Ele gostava tanto dos amigos...!

E mais não conseguiu dizer antes de se desmanchar em prantos.

Os homens foram conduzidos ao pavimento superior da modesta casa, a uma sala com paredes azul-turquesa, na qual a luz entrava por uma grande janela que subia quase até o teto, parcialmente coberta por cortinas translúcidas. Os dois amigos sentaram-se e depuseram seus fuzis sobre o colchão azul-claro.

— Seus amigos vieram! — soluçou a mãe no ar, como se falasse com o filho morto. — Oh, meu lindo mártir! Alá tirou você de mim!

Agora ambos os jihadistas também estavam chorando. Farid foi o primeiro a conseguir dizer algo.

— Querida mãe, seja grata por seu filho ser um mártir. Ele está com o Todo-Poderoso e será feliz no Dia do Juízo. O Todo-Poderoso não quis a nós, seu filho é o felizardo. Ele foi o escolhido!

— Mas ele morreu antes que tantos dos nossos desejos fossem realizados!

— Alá quis assim, querida mãe. Samiullah lutou muito pela vitória, para que tivéssemos nosso novo governo — disse Farid.

Samiullah havia ingressado no Talibã no início da adolescência. Para consternação dos pais, abandonou a escola e se tornou um guerreiro. Foi preso logo após a primeira batalha de que participou. A mãe suspeitava que parentes o denunciaram. Eram pessoas que trabalhavam no governo e temiam que ele lhes causasse problemas. Mais fácil então dedurá-lo e salvar a própria pele.

— Sete anos e quatro meses ele ficou preso — disse a mãe. — O pai morreu enquanto ele estava lá dentro, depois ele foi solto, e então...!

— Esse tipo de morte é raro, é radiante. Nem todos têm a sorte de se tornar um mártir — disse Bashir.

Um garotinho entrou trazendo *waziri chai* — chá de cardamomo com leite quente — e serviu um grande prato com grossas fatias de bolo. Bashir e o amigo repetiam as mesmas palavras várias vezes, enquanto a mãe olhava para eles e enxugava os olhos.

Samiullah seria recompensado no Dia do Juízo. Ele a ajudaria a alcançar o paraíso. Essa era a melhor forma de morrer. Seu filho era corajoso, o mais corajoso de todos.

— Então, como pode estar triste com tudo isso? — perguntou Bashir.

— Meu filho me falou isso — disse a mãe. — "Se eu me tornar um mártir, não fique triste e não chore. Minha mãe é forte", dizia ele a seus camaradas. "Ela é mãe e pai para mim."

— Sim, ele me dizia isso na prisão também! — emendou Bashir. — E por acaso lembra-se do que eu lhe disse quando nos conhecemos na prisão? Que era preciso encontrar uma esposa para ele o mais rápido possível. E você conseguiu!

Três meses antes de Samiullah ir ao aeroporto matar norte-americanos, casou-se com a garota de 15 anos escolhida pela mãe.

— Onde está ela agora? Você a casou com um dos seus outros filhos? — perguntou Bashir.

Samiullah tinha dois irmãos mais velhos, o mais comum seria ela se tornar a segunda esposa de um deles.

— Não, nós a casamos com meu enteado.

Ele era filho da segunda esposa do falecido marido.

— Ele é mais velho ou mais novo que Samiullah?

— Ele tem 14 anos.

— Que bom que você a casou com ele! — disse Bashir.

— Sim, eu jamais poderia abandoná-la. Por isso escolhi meu enteado, para mantê-la por perto, em casa.

Uma viúva costumava morar na casa dos sogros. Após um período de espera de três meses chamado *iddah*, para assegurar que a mulher não estava grávida, ela poderia casar-se com um parente do falecido.

VISITANDO OS MORTOS

— Não fique triste, querida mãe, agora ela é a esposa dele. Para onde mais ela poderia ir?

— Sim, você está certo, era o único jeito.

Bashir queria saber detalhes sobre o que realmente havia acontecido no aeroporto. Os norte-americanos coordenavam a evacuação com o Talibã, que havia dado ordens expressas aos seus para que nenhum tiro fosse disparado. Samiullah desobedeceu a essa ordem.

— Foi logo depois que o Talibã tomou Cabul, no dia seguinte, eu acho. Ele chegou em casa às 2 horas, tirou uma soneca, ali dentro — a mãe apontou para trás —, então o telefone tocou e o chamaram para ir a Cabul. Ele se lavou e disse que estaria em casa cedo do dia seguinte. Quando o dia raiava, pouco antes da oração matinal, ele me ligou. Ele me disse que estava tranquilo em Cabul, que a prisão estava vazia, os prisioneiros tinham sido libertados, que estava grato pelo fato de o Afeganistão finalmente ser governado pelo islã. — Ela respirou fundo. — Então ele foi para o aeroporto. Não sei, eu não estava lá, mas dizem que ele atirou nos norte-americanos, que atiraram de volta. Ele foi martirizado lá. Dizem que matou dois norte--americanos. Às 2 horas trouxeram o corpo aqui.

A porta do corredor estava entreaberta. Atrás dela, três garotas crescidas ouviam tudo. Uma delas era a jovem viúva, que coabitara três meses com Samiullah. As outras duas eram suas irmãs mais novas. As meninas se esconderam quando a velha as viu, mas ela permitiu que continuassem ali.

— A aldeia inteira sente tanto a falta dele! Ele era meu filho caçula, sempre me abraçava. Quando soube que ele havia sido morto parecia que alguém estava cortando um pedaço de mim. Toda a aldeia de sessenta casas chorou!

Bashir sabia que o ataque havia falhado, mas calou. Nenhum ianque foi morto no aeroporto até o Estado Islâmico detonar uma bomba, dez dias após a evacuação. Se a motivação de Samiullah não estava clara, o mito familiar não deixava margem para dúvidas: o mártir levou consigo dois infiéis na morte.

Ao lado da sala de estar, outra porta estava entreaberta. Dava para o quarto em que o filho deitou-se pela última vez para cochilar na cama de casal. Agora o meio-irmão havia assumido tanto a cama quanto a esposa.

O chão era quase inteiro tomado pela cama redonda. A cabeceira em semicírculo ainda estava coberta pelo plástico da embalagem, como se ninguém tivesse se dado o trabalho de removê-lo para usar a cama.

— Você tem sorte — disse Bashir à mãe de Samiullah enquanto se preparava para partir. — Ser abençoada com um filho mártir não é para qualquer uma.

Ele depositou um maço de notas nas mãos dela. Ela protestou de início, mas guardou o dinheiro e chorou um pouco mais.

Bashir precisava seguir em frente. Os mártires eram muitos.

Lá fora, as vacas se aproximavam. Era hora da ordenha.

Nuvens de poeira formavam redemoinhos atrás dos dois carros em louca disparada pela paisagem árida e desértica da província de Logar.

Bashir depositava muita fé em Latif. Era um garoto inteligente, tinha força e era disciplinado — os critérios mais importantes para Bashir ao escolher seus homens. Se, além disso, fossem muito jovens, havia mais uma condição: não podiam ser muito bonitos. Bashir não queria que achassem que comandava uma espécie de harém. Ele desenvolvera um certo instinto para identificar quem tinha senso de coletividade e de batalha. Latif era um desses.

— Você tem que ter mais cuidado com quem você recruta — disse Latif após conviver com Bashir durante algumas semanas.

— Como assim?

— Você não checou nenhuma das minhas referências. Você me deixou pegar em armas imediatamente. Eu podia ter matado você.

Bashir riu da repreensão.

— Estou observando você o tempo todo. Tenho olheiros. O grupo inteiro está de olho em você. Além disso, há gente que você *não* vê. Satisfeito agora?

— Só não quero que um dia você seja traído por alguém — balbuciou Latif.

VISITANDO OS MORTOS

Enquanto Samiullah foi baleado pelos norte-americanos, Latif foi morto pelo único inimigo que os Estados Unidos e o Talibã tinham em comum: o Estado Islâmico.

Eles se autodenominavam EI-K. O K era de *Khorasan*, nome histórico da região que compreendia boa parte da Ásia Central, Irã e Afeganistão. O Estado Islâmico EI se estabeleceu no Afeganistão em 2015, quando estava no auge do poder e ainda governava seu califado no Iraque e na Síria. No Afeganistão, eles atacavam as forças internacionais, o exército do governo, os muçulmanos xiitas — e os talibãs. O grupo consistia em membros desiludidos com o Tehrik-e-Taliban Pakistan, desertores da rede Haqqani e da Al-Qaeda. A discórdia e a divisão foram alguns dos motivos pelos quais Bashir deixou as áreas tribais.

O Estado Islâmico era o tipo do rival de que ele não precisava.

Jalalabad, na província de Nangarhar, tornou-se sua principal área de atuação. Quando soube que um amigo estaria encarregado de combater num distrito em que o Estado Islâmico era forte, Bashir lhe ofereceu seus melhores homens. Precisamos matar seus líderes, conquistar o povo e minar seu salafismo, pensava ele. Para o EI-K, o Talibã não era ortodoxo o bastante. Os talibãs observavam as leis tribais antes da sharia, usavam amuletos e se curavam por magia. Além disso, permitiam que os xiitas vivessem e eram muito próximos do secular serviço de inteligência paquistanês.

O Talibã conseguiu desalojar o EI-K de alguns distritos ao redor de Jalalabad. Mas o preço foi alto. Latif foi baleado numa emboscada.

Agora era a irmã dele quem estava em apuros. Ela telefonava repetidamente, cada vez mais desesperada, sem explicar do que se tratava. Dizia coisas aparentemente sem sentido sobre um noivado e parecia apavorada.

Não era comum receber um chamado de uma mulher, a mediação era feita exclusivamente pelos homens, embora a maioria dos conflitos envolvesse mulheres. Quase sempre era a vida delas que estava em risco. Às vezes, o sangue derramado era o último recurso para lavar a honra de uma família. Bashir sempre tentava evitar essa solução, que nunca cessava com o sacrifício apenas de *uma* vida. Os assassinatos não tinham fim.

Ele relutou em partir, mas depois pensou no sacrifício de Latif e na responsabilidade que tinha assumido perante as famílias de seus homens.

Logo depois que Latif foi assassinado, o pai dele também morreu. Com isso, a mãe e as irmãs foram morar na casa de parentes. Bashir foi convidado a visitá-las quando os parentes estivessem fora de casa, para que a irmã pudesse falar livremente.

Ele estava a caminho. O sol ainda estava alto no céu. Espalhados pela paisagem desértica, havia muros altos erguidos para delimitar terrenos quadrados e retangulares. Atrás deles escondiam-se casebres de taipa, uma ou outra rês, quase sempre um poço, talvez algumas árvores frutíferas. Dentro deles, várias pessoas coabitavam em famílias estendidas.

Guiando o próprio Land Cruiser, Bashir desviou da estrada e enveredou por uma trilha carroçável na direção de muros que pareciam isolados. Por todos os lados a paisagem era só pedra e areia. Ele reduziu a marcha. Um portão se abriu. A poucos metros da entrada estava uma mulher com véu.

Malala era magérrima, tinha maçãs do rosto salientes e pontiagudas, olhos grandes e fundos e boca larga. Latif morrera havia quatro anos, o luto dos familiares não era mais tão evidente como na mãe de Samiullah. Ele era resignado, atenuado, mas a ausência de um homem tornava a vida da família incerta e vulnerável.

Bashir foi conduzido à sala de visitas.

— Conte-me tudo, mas seja breve, pois não posso ficar muito tempo — pediu ele. — Querem que eu vá para a casa de outro mártir.

Serviram-lhe chá, ele se recostou numa almofada e fez questão de demonstrar que era todo ouvidos. Malala sentou-se no chão à sua frente.

— Há quase três anos, uma mulher veio visitar minha mãe. Ela veio pedir em nome do irmão, que queria se casar comigo. Ele era rico, tinha várias propriedades, sessenta lojas, duzentos *jeribes** de terra, um emprego

---

* A unidade agrária típica do Oriente Médio e da Ásia Central varia conforme a região, de 0,2 hectares a 2,5 acres. [*N. do T.*]

VISITANDO OS MORTOS

bem remunerado, vários diplomas universitários e muito ouro. Além disso, era jovem e bem-apessoado.

O homem parecia um anjo enviado do céu, pensou a mãe. A vida com os parentes era difícil; ela e as filhas foram recebidas na casa, longe de seu bairro de origem, como serviçais. O outro filho foi ferido na mão numa batalha e fugiu para a Turquia.

A mãe ficou fascinada com a ideia de um genro rico. Seria a solução para todos os problemas. Malala, que na época tinha 18 anos, queria conhecê-lo, mas isso seria contrário à tradição. "Você não confia na opinião da sua mãe?", foi como ela reagiu quando Malala insistiu em conhecer antes o candidato.

O sonho de Malala era estudar para ser parteira. Antes de aceitar a proposta, ela estabeleceu uma série de condições a fim de testar o pretendente. Ele teria que deixá-la frequentar a escola e deixá-la trabalhar, isso era o mais importante. Além disso, ela queria estabelecer um dote alto — *walwar* — para melhorar as condições de vida da mãe, e um outro tipo de dote — *mahr* —, a fim de adquirir utensílios e roupas para si.

O pretendente, por meio da irmã, aceitou tudo.

O noivado foi firmado por procuração, e os noivos só se conheceram dois meses após a assinatura do documento.

— Quase desmaiei — contou ela a Bashir tropeçando nas palavras. — Ele devia ter uns 45 anos, pelo menos! Eu repetia para mim mesma que ninguém deve caçoar das pessoas pela idade ou aparência que têm, mas eu juro, ele não é bonito. Apesar disso deveria ser bom homem, pensei cá comigo, já que havia concordado com todos os termos, e mamãe precisava muito do dinheiro; além disso, não tínhamos uma alternativa melhor. Quando ele apareceu aqui pela primeira vez, enquanto mamãe estava na cozinha, fez questão de dizer que gostaria de vir com mais frequência, para tomar chá para ficarmos mais tempo juntos. — Ela diminuía o tom de voz e falava cada vez mais rápido.

— Ele ficou muito triste quando eu disse não. Daí quis saber por quê. Perguntou se eu estava me guardando para outra pessoa. "Nós somos pachtos", eu disse, "não é da nossa tradição deixar o noivo sozinho com a noiva antes do casamento." Ele me azucrinou muito por causa disso. Finalmente, deixei que ele viesse um dia quando não havia ninguém em casa. Ele foi tão gentil, até conseguir o que queria comigo. — Agora sua fala era quase um sussurro: — Mas então ele mudou completamente. Ele disse que não aceitaria minhas condições afinal, e eu não poderia fazer nada sobre isso, já que eu tinha, bem, tinha... ele fez o que queria comigo. Ele disse que a partir de agora eu tinha que fazer tudo o que ele mandasse, a partir de agora ele poderia me visitar quando quisesse. "Se você não me deixar vir, desfaço o noivado e destruo sua vida", ameaçou ele. As coisas estão nesse pé...!

— Onde ele mora? — perguntou Bashir.

— Ali. De lá eles veem nossa casa, pois é um elevado. — Ela apontou pela janela na direção das montanhas marrons onde nada crescia.

Agora mesmo o noivo estava em Ghazni, mas sua casa tinha olhos. Enquanto Bashir ouvia a história de Malala, o irmão do noivo mandou o filho descobrir quem tinha vindo visitá-la. O menino se aproximou dos guarda-costas de Bashir do lado de fora do portão.

— Quem são vocês? E o que vieram fazer aqui? — perguntou ele.

Jamal e Muslim o despacharam.

— A mulher do comandante está visitando as mulheres da casa — disseram eles, conforme haviam sido instruídos. O menino foi embora.

— Eles nos enganaram — continuou Malala. — A propósito, eu disse que ele já era casado? Disso pelo menos a irmã dele me avisou, então eu aceitei. Desde que ele me deixasse estudar, tudo bem. Mas a questão agora é a seguinte: ele não quer pagar o dote combinado, não aceita os termos, e ainda assim quer casar comigo. Passei quase dois anos e meio dizendo: "Primeiro pague o que prometeu, depois podemos nos casar." O tempo voa. Ah, você deveria ter visto como eu era dois anos atrás, eu estava gorda e bonita, agora estou magra e velha...

Somente um homem podia romper um noivado e, mesmo que ele o fizesse, ela já estaria com a honra maculada.

— Se ele não tem condições de pagar é porque ele não pode pagar — disse Bashir. — Mas se você se comportar bem agora, ele verá isso com bons olhos e a retribuirá no futuro. Ele lhe mostrará gratidão.

VISITANDO OS MORTOS

— Eu fui boa para ele durante dois anos e meio! Você conhece o ditado que diz que se você respeitar uma pessoa sábia, ela o respeitará de volta, mas se você respeitar um trapaceiro ele nunca lhe dará o devido valor?

— Se você adiar isso por mais tempo, ou insistir para que ele rompa o noivado, ele infernizará sua vida — respondeu Bashir. — O meu conselho é: case-se. Se ele vier aqui e tentar pegá-la à força, dizendo "Essa é minha mulher, eu a quero na minha casa", ninguém poderá contrariá-lo. É o direito dele. Não há tribunal no Afeganistão ao qual você possa recorrer — afirmou Bashir. — Só ele pode.

— Mas eu já lhe contei, irmão, como ele me enganou.

— Aqui não é a Europa, é Logar — disse Bashir, referindo-se às leis da sharia sobre o *nikah*, o casamento.

Malala o interrompeu.

— Mas só concordei em me casar com ele porque ele aceitou minhas condições!

— Em nossa cultura, você tem direito ao dote adicional — disse Bashir. — Se ele não providenciar os utensílios e as roupas que prometeu, você tem o direito de não se casar com ele. Mas isso não tem nada a ver com o islã, isso tem a ver com o *pashtunwali*.

— Ele diz que me quer sem pagar nada e que eu não posso fazer nada a respeito, pois ele já se apoderou de mim.

— Bem, foi aí que você cometeu seu maior erro. Não há nada que eu possa fazer para ajudá-la a sair disso agora. O erro foi seu. Você não podia deixá-lo se aproximar. Deveria ter dito: "Primeiro cumpra as condições e eu farei o que você diz."

— Então você está do lado dele? Ele me enganou!

— Não estou do lado dele. Estou descrevendo como é a cultura pachto.

— Você é igual a ele! Não deixa as filhas irem à escola! Mas quando sua esposa fica doente, você quer que ela consulte um médico ou uma médica? Uma médica, é claro! Se as meninas não forem educadas, onde você encontrará médicas para levar as filhas no futuro? E como seus filhos nascerão bem se não houver parteiras treinadas?

— É assim que você responde a ele, do jeito como está falando comigo agora? — perguntou Bashir. — Mesmo que um homem amaldiçoe sua esposa, ou futura esposa, ela não tem o direito de lhe responder. Uma palavra levará a outra. Ela deve obedecer! E quanto a esta aldeia, nenhuma menina frequenta escolas aqui, você sabe disso muito bem, como pôde achar que ele aceitaria isso?

Então Bashir adotou um tom mais conciliador, talvez tivesse sido muito duro com a irmã do mártir.

— Às vezes eu discuto com minhas esposas, uso palavras duras, e elas respondem da mesma forma. Isso é comum entre marido e mulher. A propósito, você gostaria de ver uma foto da minha noiva? Minha terceira esposa?

— Preferia que você escutasse o que eu digo!

Bashir ainda estendeu a ela o telefone com a foto.

— Ela nem é bonita! — comentou Malala. — Você quer uma garota bonita e bem-comportada, que venha de uma boa família. Você deseja coisas boas para si. Eu também. Se suas esposas não fazem o que você diz, você reclama. Também reclamo quando meu noivo não me respeita. Mas sou pobre, sou fraca, não tenho poder.

Enquanto falava, Malala sentou-se com as costas eretas no meio da sala, diante de Bashir.

— Nos conhecemos por intermédio do nosso *irmão* — disse Bashir. — Latif era um bravo mujahed. Deus o tenha. Ele não gostaria de vê-la levando essa vida de agora. Esta não é uma boa vida! Sem um homem em casa, as pessoas vão espalhar boatos sobre você. Especialmente agora que seu noivo está contra você. Ninguém ousará se casar com você ou com sua irmãzinha. Meu conselho é: case-se. Vocês não podem continuar vivendo aqui sem um homem em casa.

A mãe entrou trazendo mais chá e bolos. Ela tinha as maçãs do rosto salientes como a filha, e olhos profundos que eram quase cegos. A mulher encurvada, no fim dos seus 40 anos, era ainda mais magra que a filha e tomava calmantes desde que o filho e o marido foram mortos.

— Oh, *mawlawi saib*, querido mawlawi, meu filho é um mártir! — lamentou-se ela.

VISITANDO OS MORTOS

— Por que não pede ao seu outro filho para voltar e cuidar de vocês?

— Eu peço, mas ele não quer.

— Ele não pode mandar algum dinheiro da Turquia?

Os planos eram de que o irmão mais novo de Latif ajudasse no sustento da casa, mas ele mal dava notícias e jamais enviou um tostão.

— Vocês são família. Como ele, sendo o único homem da família, pôde abandonar todas vocês assim? Diga a ele para voltar! Vocês não podem viver assim para sempre. Você tem outra filha. Quem vai se casar com ela se Malala romper o noivado?

A mãe começou a chorar. Bashir refletiu um pouco. Só havia mais uma solução.

— Saiam dessa aldeia! Vão para algum lugar onde o noivo não possa encontrar vocês! Vocês não podem ficar aqui com essas pendências todas. Esta nem é a aldeia de vocês. Morar sozinhas aqui, numa casa só de mulheres, não é possível. É o pior cenário. — A mãe abaixou a cabeça. Bashir fitou Malala. — A única maneira de se livrar do seu noivo é indo embora. E o único lugar para se esconder é Cabul.

— Como teremos condições de viver em Cabul? — perguntou Malala.

Bashir disse que poderia arranjar uma casa para elas, desde que um homem morasse lá. O irmão teria que voltar da Turquia.

Malala não gostou de nenhuma das soluções apresentadas.

— Coloque-nos num avião para irmos aonde está o nosso irmão! — ela pediu.

— Eu não desejo uma vida assim para vocês — Bashir descartou essa possibilidade.

— Ah, Latif foi martirizado há quatro anos, quem esteve aqui para nos ajudar desde então? Ninguém! Você só falou comigo uma única vez!

— Só falei com você uma vez??

— Telefonemas não contam! Ninguém nos estendeu a mão!

— Eu juro — disse Bashir — que todo o lucro que eu ganho vai para as famílias dos mártires. Não é dinheiro do governo, é do meu próprio bolso. O Talibã só ajuda as viúvas e os órfãos. Liguei para você várias vezes, mas não quis vir aqui por causa da sua honra. As pessoas espalhariam boatos sobre você. E não diga que não a ajudei. Eu lhe enviei dinheiro. E lembre-se: aqui é o Afeganistão, você tem que viver de acordo com a cultura daqui! Ou saia daqui ou se case com aquele homem.

— Qual é a punição por enganar alguém?

— O que você acha?

— Um tiro na testa.

— Se é de uma arma que você precisa, uma arma você terá!

— Você pode falar com ele?

— Só pioraria as coisas. Ele iria achar que sua noiva fala tudo para qualquer pessoa. Meu conselho é: ame seu noivo e tudo ficará bem.

— Se esse é mesmo o seu conselho, não tenho escolha a não ser tirar minha própria vida. Você, meu irmão, não está do meu lado, mesmo tendo poder.

— Ouça...

— Não, não vou ouvir você. Uma bala é do que preciso para resolver todos os meus problemas.

— É tarde, tenho que ir — disse Bashir, fazendo menção de se levantar. Ele honrou a memória de Latif, deu conselhos à irmã, mas já não tinha mais paciência.

Malala ficou sentada no chão. A mãe despediu-se gentilmente de Bashir. Ele enrolou algumas notas e as colocou na mão dela, como havia feito com a mãe de Samiullah. Agora tinha que visitar um terceiro mártir.

Os mortos não esperavam.

Da sepultura, continuavam ditando o rumo das vidas que ficavam, preenchendo-as com sua ausência.

Ah, os mártires, que resolviam os próprios problemas à bala. Agora descansam no paraíso sem ser importunados.

Eclipse solar

A escola deveria estar brilhando. As salas de aula, os púlpitos, as carteiras, tudo que estava trancado desde que o Talibã tomou o poder. Logo o sol de março devassaria as vidraças recém-lavadas. Só os faxineiros não conseguiriam dar conta, então tanto os professores quanto a diretora puseram a mão na massa. Nadia levou as filhas para ajudar, só Ariana ficou em casa estudando para as provas.

O ano letivo começava depois do *Noruz* — o primeiro dia do calendário solar. Ambulantes vendiam bandeirinhas coloridas e enfeites para a ocasião. Aqueles que tinham condições faziam recepções e preparavam banquetes para celebrar a chegada da primavera. O ano-novo persa sempre foi feriado, lojas e escritórios fechavam as portas. Mas dois dias antes do Noruz, o Talibã emitiu um decreto considerando a comemoração anti-islâmica. Funcionários públicos foram informados de que teriam o salário do mês inteiro descontado caso não aparecessem para trabalhar. A partir de agora, o país teria apenas duas datas festivas por ano: Eid al-Fitr e Eid al-Adha. O profeta Maomé dissera em seu tempo que todas as celebrações pagãs deveriam ser substituídas por essas duas. Os talibãs obedeciam ao profeta. Isso significava que aniversários, Dia das Mães, Dia dos Pais, Dia da Independência — e Noruz — estavam cancelados.

Mas o Talibã não era tão autoritário quanto antes. Os ambulantes continuaram vendendo fitas com as belas cores da primavera, das barracas ofereceram saquinhos de *haft mewa* —uma mistura de frutas secas e nozes cozidas em água e polvilhadas com cardamomo.

Mais importante do que fitas coloridas e frutas secas era a roupa a ser usada no dia seguinte: o uniforme escolar. Para as meninas, um vestido preto longo ou meio comprido, dependendo da idade, e um grande lenço branco que cobrisse a cabeça, os ombros e os seios. Para os meninos, a clássica túnica com calças largas por baixo.

Nadia comprou um novo sino para a escola, pois o anterior fora corroído pela ferrugem. Com uma flanela, tratou de lhe dar um belo polimento. Ela gostou do som do novo sino e ficou animada ao ver os alunos enfileirados diante do prédio da escola quando ele soou.

As listas de nomes nas portas das salas de aula ela mesma afixou. No escritório, tinha à mão cópias das listas, um resumo dos professores, as disciplinas que lecionavam, os endereços dos alunos, seus responsáveis. Tudo havia sido registrado, recortado, desamassado, substituído ou costurado de volta no lugar. Foi um grande quebra-cabeça reorganizar a rotina escolar. Por fim ela conseguiu. Se os alunos comparecessem em três turnos diferentes, daria certo.

A escola de Nadia tinha meninas do primeiro ano do fundamental ao ensino médio, divididas em turmas de cinquenta alunas cada. Anteriormente, as turmas eram mistas, mas agora os meninos foram transferidos e um bom contingente de meninas chegou de outras escolas. O mesmo valia para os professores: os homens foram para as escolas masculinas, enquanto Nadia teve que contratar mais professoras.

Durante o inverno ela preparou tudo, sem saber ao certo se ou quando, e para quem, as escolas abririam as portas. Nadia queixava-se a Karim, dizendo que queria retomar a rotina de professora. Apenas para poder ir trabalhar, lecionar e depois voltar no dia seguinte. Como diretora, ela sentia o peso da responsabilidade. O sistema era, para dizer o mínimo, lento; era difícil obter respostas para as dúvidas, as mensagens eram vagas, tudo demorava, até que de repente veio um decreto do Talibã anunciando as novas regras.

Em meados de março, uma semana antes da abertura das escolas, o Ministério da Educação convidou todos os diretores de Cabul para uma assembleia. Ao passar pela porta, os homens eram direcionados para os assentos na metade da frente. Depois destes havia uma área isolada e as mulheres só eram autorizadas a ocupar as fileiras de trás.

O chefe da secretaria de educação em Cabul, que se chamava mulá Khitab, subiu ao palco. Seu nome significava "aquele que faz discursos e sermões", e ele parecia à vontade nessa condição.

ECLIPSE SOLAR

Após muito discorrer sobre o Alcorão e sobre as baixas do Talibã ao longo de vinte anos, começaram as admoestações:

— Façam o que fizerem e aonde quer que vão, o Deus Todo-Poderoso os acompanhará! Quando fizerem um trabalho ruim, quando forem relapsos, ele notará. Quando se omitirem, ele perceberá. Quando trapacearem, ele verá. Se aceitarem subornos, ele verá.

Nadia estava furiosa. As escolas abririam as portas em uma semana e ele falando dessa maneira!

— No governo anterior, muitos saíram da escola sem ter adquirido um conhecimento real. Devemos mudar isso. Devemos elevar a qualidade do ensino. As crianças devem ser ensinadas da maneira *correta*! Vocês precisarão trabalhar duro!!

Para atingir o objetivo, a sociedade tinha que ser guiada na direção indicada por Deus.

Um bom trecho do discurso do mulá Khitab era sobre roupas e véus. O que os professores poderiam usar, o que os alunos deveriam ou não vestir. Alunos e professores tinham que cobrir suas cabeças e corpos.

Purdah — a segregação — foi o tópico seguinte. Nas escolas femininas, homens não eram mais admitidos, nem mesmo pais. Suas filhas deveriam ser deixadas do lado de fora do portão; encontrar as professoras também estava proibido.

Seguiu-se uma entediante peroração sobre como zelar pelo patrimônio da escola: cadeiras, mesas, quadros de giz. Que fossem muito bem cuidados, afinal não era propriedade deles!

Anteriormente, uma reunião assim seria realizada em dari, que era o idioma oficial. Agora, as regras eram anunciadas em pachto, língua que, segundo Nadia, apenas um quinto dos presentes usava em casa. Mas era a linguagem do Talibã e agora tinha precedência em reuniões oficiais.

Nadia temia que os talibãs introduzissem um novo currículo substituindo ciências e matemática por puro doutrinamento islâmico. O mulá Khitab não mencionou o assunto, a não ser para informar que um novo currículo estava sendo preparado.

— Vocês veem que os mulás e os talibãs estão no poder agora. Eles nem têm o Ensino Médio, mas são os maiorais — declarou o novo ministro da Educação do país, xeque Noorullah Munir. Nem doutorado nem mestrado tinham mais importância, acrescentou ele.

Uma mulher levantou a mão para fazer uma pergunta e Khitab disse que ela não tinha esse direito e que tampouco seria oportuno questionar o que foi dito.

Nadia ficou arrasada. Antes, nessas ocasiões, as protagonistas femininas eram destaque, tinham papéis proeminentes em painéis e debates. Elas eram aplaudidas. Ela ficou tão orgulhosa quando conseguiu seu primeiro cargo de diretora que se sentiu realizada. Agora ela era vista como uma nódoa.

"23 de março" — Nadia havia marcado a data com um círculo vermelho no calendário. Acordou às 4 horas, animada com o começo das aulas e ansiosa para conferir se tudo estava em ordem.

Maquiou-se discretamente, arrumou o cabelo, prendeu um véu na cabeça e vestiu uma abaya sobre a roupa. O mulá Khitab não mencionou nada sobre cores, mas por segurança ela optou pelo preto, com um bordado em pérolas na mesma cor. Sob a luz gris da manhã, ela abriu a porta e disse a si mesma que hoje a família teria que cuidar do café da manhã sozinha.

A primeira coisa que fazia ao chegar na escola era verificar se o microfone estava funcionando e se os alto-falantes não estavam mudos. Ela faria três discursos, um para cada turno. Alguns alunos leriam poemas, outros recitariam o Alcorão.

As alunas do Ensino Médio seriam as primeiras. Uma hora antes do início das aulas, chegou a primeira aluna. Nadia ouviu o sobe e desce de vozes no pátio da escola e foi ver de perto: vestidos passados, sapatos engraxados, lenços limpos. Elas estavam prontas. Ela estava pronta.

Às 7 horas em ponto, o novo sino tocou. O microfone foi ligado.

— Bem-vindas, queridas alunas!

Nadia correu os olhos pelo mar de lenços brancos e olhos carregados de expectativas e sentiu um nó na garganta. Elas tinham conseguido.

ECLIPSE SOLAR

— Vocês terão que se esforçar muito. Levar a escola a sério. Muito tempo foi perdido, seis meses agora e quase um ano inteiro durante a pandemia. Chegou a hora de fazermos um esforço extra!

As meninas se mantinham sérias e não tiravam os olhos dela.

— Fizemos uma faxina na escola inteira! Procurem manter as salas de aula limpas e arrumadas. Cuidem da escola, ela pertence a vocês. Cuidem como se fosse a sua própria casa. E o melhor: temos novos livros para vocês. Todas receberão novos livros. Tenham cuidado com eles, outras irão usá-los depois de vocês.

Levando em consideração o que o mulá Khitab havia dito, ela pediu que respeitassem os códigos de vestimenta. Apenas vestidos pretos e lenços brancos eram permitidos, nada além disso, nenhum padrão, nenhum brilho, nenhuma estampa no tecido. Se esse era o preço para o Talibã deixá-las estudar, que assim fosse.

Em fila única, as alunas acompanharam as professoras e entraram no prédio. Nadia subiu as escadas para a diretoria e se acomodou na cadeira preta e confortável diante da escrivaninha.

— Sou uma heroína! Consegui! — disse ela para si mesma.

Ela se sentou para desfrutar o momento, reclinando-se no espaldar e balançando um pouco a cadeira. A diretoria ficava no último andar. A parede inteira tinha janelas com vista para Cabul. Telhados marrons, antenas, roupas penduradas para secar se espraiavam até onde a vista alcançava, até o sopé da encosta, onde despontavam os casebres mais pobres, e, atrás deles, erguia-se a cordilheira.

O telefone tocou. Era o diretor da escola masculina com quem ela teve que dividir os alunos. Os dois ficaram próximos ao longo do processo e gostavam de compartilhar rumores, dicas e experiências. Ela o cumprimentou animadamente e desejou-lhe boa sorte no ano letivo.

— Estou tão aliviada — disse Nadia antes que ele a interrompesse.

— Mas vocês já começaram?

— Sim, começamos o primeiro turno às 7 horas, casa cheia, tudo correu muito bem...

— Não está sabendo? — ele a interrompeu novamente.

— Do quê?

— Me disseram que as escolas femininas não abririam de jeito nenhum.

— Não brinque comigo!

Nadia ficou zangada. Que piada de mau gosto naquela situação.

— Está tudo em ordem. As meninas estão aqui e aqui vão ficar. Tenho que me preparar para o próximo turno.

Ela encerrou a conversa e desligou, mas a sensação de alívio havia evaporado. O que ele quis dizer com aquele telefonema?

Os diretores em Cabul tinham um grupo à parte no aplicativo de mensagens WhatsApp. Ela pegou o telefone e se conectou. Mensagens não lidas inundaram a tela. Ela rolou para baixo, clicou nas mensagens. Leu. Releu. Conferiu outras. Era um fio caótico. Muita gente esbravejando. Ninguém sabia ao certo o que tinha acontecido ou iria acontecer. Alguns se referiram a um comunicado que o Ministério da Educação havia postado no Twitter naquela manhã, outros diziam que a mensagem era falsa.

Várias pessoas repassaram um áudio do porta-voz do Ministério da Educação. Nadia clicou nele.

— *Assalam aleikum!* — dizia a voz. — Como vão, queridos diretores? — ele perguntou gentilmente. — Esta mensagem é para as diretoras das escolas femininas. Da sétima série até a décima segunda série, vocês precisam esperar. Nada está definido ainda. Aguardem novas comunicações!

Ela escutou a mensagem outra vez.

— As escolas serão reabertas após novo comunicado. Esta é uma mensagem do Ministério da Educação.

Mais uma vez reproduziu o áudio. Esperar para começar as aulas? A escola já estava aberta.

Ela mal conseguia se mexer na cadeira. A sala ao redor parecia girar, e ela fixou o olhar no chão, onde havia um tapete vermelho. Tudo em volta ficou vermelho. Um desespero profundo tomou conta dela.

A primeira aula tinha acabado de começar. As professoras estavam começando a lecionar, talvez ainda estivessem distribuindo os livros. Talvez estivessem repassando as diretrizes para o ano letivo, explicando o conteúdo que seria ensinado, como fariam para compensar o que foi perdido.

ECLIPSE SOLAR

O que ela deveria fazer?

Ficou sentada, imóvel. Enquanto não fizesse nada, nada mudaria, para elas, para as alunas. Ninguém ainda estava sabendo. Nem as professoras nem as alunas. Ela não podia fazer nada a não ser esperar que tudo não passasse de um mal-entendido. Conferiu o telefone novamente, esperando que alguém escrevesse que era um equívoco, que a mensagem fosse ignorada.

Ela tinha esperança de que... não! No fundo ela sabia. Era verdade. Era isso mesmo. A mensagem estava correta.

O céu estava extraordinariamente azul, não apenas de um azul-claro, ou cinza-claro, como costumava ser. A primavera tinha chegado. As plantas brotavam. A paz reinava. A escola estava tranquila. No telhado alguns pombos arrulhavam, e lá fora, bem ao longe, o tráfego rugia.

Ela ouviu a mensagem mais uma vez.

Então se levantou. Saiu do escritório, caminhou pelo corredor em direção à sala de aula mais próxima. Bateu na porta, abriu e entrou. As alunas se puseram de pé assim que a viram. Ela viu as linhas rabiscadas na lousa. A professora tinha escrito os horários das aulas. As alunas tinham acabado de abrir seus cadernos e pegar suas canetas.

Como ela iria lhes dizer que voltassem para casa?

Não, ela não conseguiria fazer isso. Não estava em condições. E não disse. Apenas ficou ali parada. Então acenou para a professora, puxou-a para o corredor e disse o que precisava ser dito num só fôlego, quase sussurrando.

— Trate de contar às alunas. Preciso avisar às outras salas.

A professora a pegou pelo braço, como se quisesse segurá-la. Nadia se desvencilhou e seguiu em frente.

— Recebemos uma ordem — disse ela na sala ao lado.

— Recebemos uma ordem — disse ela na terceira.

— Recebemos uma ordem — disse à quarta professora.

E assim foi até passar em todas as salas de aula. Só então subiu de volta para o escritório e fechou a porta. Apoiou-se na mesa e cambaleou até a escrivaninha. E desabou na cadeira.

Havia várias chamadas não atendidas no telefone. Ela pegou o aparelho e atendeu a primeira chamada que tocou, de um diretor amigo.

368 OS AFEGÃOS

— O que está acontecendo aí? — ele perguntou.

Nadia queria responder, mas lhe faltavam palavras. Bem que tentou dizer algo, mas só conseguia soluçar.

— Tudo ficará bem — ele tentou consolá-la. Sem parar de falar, demonstrando o mesmo nervosismo. — Eu sinto muito. Estou arrasado com tudo isso. Não consigo acreditar. O que aconteceu conosco?

Assim que desligou, uma professora do turno vespertino lhe telefonou.

— É verdade?

Então ela ouviu a voz das alunas ecoando pelo corredor.

Por quê?

O que aconteceu?

Por que precisamos voltar para casa?

Agora?

Nós acabamos de chegar!!!!!

Por fim, as professoras tiveram que obrigá-las a ir embora. E então foram tirar satisfações. Queriam respostas.

Por quê?

Mas logo agora? No mesmo dia?

Quem tomou essa decisão? Quando decidiram isso?

Já estava tudo pronto, todos os comunicados...

Nadia não sabia mais do que elas. Até fez um esforço de memória e se deu conta de que tinha, sim, recebido um comunicado informando que as escolas femininas estariam fechadas este ano. Não era coisa que tivesse ocupado muito sua cabeça, o mundo já andava de pernas para o ar, e ela andava muito atarefada de qualquer maneira. Mas isso era algo completamente diferente.

Três mulheres entraram na sala com as filhas a tiracolo. Elas estavam furiosas. O que tinha acontecido? As filhas, todas alunas da escola, perfilaram-se atrás das mães aos prantos.

— Teremos que ir embora deste país! — disse uma das mães. — Aqui eles só querem que a gente morra.

— Prefiro morrer a viver assim — disse uma das alunas.

ECLIPSE SOLAR

Duas garotas do décimo ano surgiram em seguida. Ainda não tinham ido para casa e olhavam para ela implorando.

— Querida diretora, a escola reabrirá amanhã?

Nadia limitou-se a encará-las em silêncio e balançar a cabeça. Já não tinha mais forças para falar.

No caminho para casa, sentiu vontade de gritar: Por que fazem isso conosco? Mas não o fez. Como a maioria das mulheres no Afeganistão, ela nunca expressava sua opinião em público. Era algo que mantinha guardado, fermentando dentro de si.

Quando chegou em casa, tudo parecia vazio. Nem lágrimas havia mais. O coração também estava oco. Se é que ela ainda tinha um. Em casa as pessoas já sabiam. As redes sociais em Cabul estavam repletas de imagens de meninas chorando.

À tarde, foi a vez da cunhada, viúva de seu irmão, que morava numa cidadezinha na província de Parwan, telefonar. Desolada, ela contou o que havia acontecido na classe da filha quando os talibãs invadiram a escola.

— Eles invadiram as salas de aula e começaram a bater nas meninas. As professoras, que haviam acabado de receber a ordem de mandar as meninas para casa, imploraram que parassem. "Não façam isso, elas já estão indo embora!", gritaram elas, mas os talibãs continuaram perseguindo, empurrando e espancando as meninas. Eles bateram no braço da minha filha com um pedaço de pau, ela ainda está dolorida!

De repente, um deles começou a gritar: "Tirem as meias! Tirem as meias!"

— E sabe por quê? — continuou a cunhada. — A bandeira do Talibã é branca. As meias eram brancas. E não se pode usar — pisotear — uma cor sagrada. É o mesmo que desonrar o islã, menosprezar o Talibã...

A ligação ficou muda. Não havia mais o que dizer.

Bem distante dali, ao norte do Círculo Polar Ártico, uma mulher estava aos prantos.

Soluçando perto da chaleira. Chorando diante dos saquinhos de chá. Gemendo ao lado das muletas. As lágrimas escorriam quando ela se sentava e quando voltava a se levantar. Acima de tudo, ela chorava ao ligar o computador.

A princípio Jamila nem acreditou que fosse verdade. O tuíte do Ministério da Educação só podia ser falso. Alguém querendo sabotar o início do ano letivo. Durante a semana inteira, o próprio ministro havia confirmado que tudo estava em ordem.

Ao entardecer, depois de ver tantas imagens de sua terra natal, os vídeos das garotas atordoadas a caminho de casa, ela abriu seu próprio perfil e gritou para o mundo:

"Qual é o problema do Talibã com meninas e mulheres??", ela escreveu. "Hoje, quando milhares de meninas chegaram aos portões da escola depois de meses de espera, elas se lembraram do hijab?? Vocês ridicularizaram a religião. Qual é a resposta que têm para todas essas lágrimas? A opressão não pode durar!"

Tudo pelo que ela tanto lutou parecia não dar em nada.

Jamila afundou pesadamente na cadeira de couro. A neve lá fora ainda se acumulava em montes com metros de altura, que reluziam sob o sol como se fossem cristais. A aurora boreal se insinuava no céu além das montanhas. Em Cabul, a noite caía.

Ela tinha que fazer alguma coisa, desistir não era uma opção. Ela abriu o contato de Torpekai no WhatsApp.

— Temos que protestar! — ela disse.

— Sim! — respondeu Torpekai. Ela havia passado o dia confortando a neta, uma das que foram mandadas de volta para casa.

Em Alta, as filhas haviam aprendido a esquiar, iam nadar no Nordlysbadet, em classes mistas, estabeleciam os próprios limites, sabiam ficar sozinhas, sabiam estar com os outros. Para suas próprias filhas, tudo continuava como antes daquele dia terrível. Mas como era ruim ser uma garota no Afeganistão!

Depois das reuniões em Oslo, ela achou que o Talibã tinha aprendido, que tinha captado a mensagem que ela e os outros tinham a dizer. Depois

ECLIPSE SOLAR

das conversas com o ministro das Relações Exteriores, ficou convencida de que ele apostava na educação para todos. Ele chegou até a usar a palavra *zhmena* — promessa.

Ele trapaceou ou simplesmente havia perdido a batalha?

A decisão foi tomada no mais alto nível em Kandahar, na véspera. Uma hora antes da meia-noite, a mensagem foi enviada ao Ministério da Educação em Cabul.

Três dias antes, o *amir al-muminin* havia convocado uma reunião em sua cidade natal. O conselho de liderança baseado em Kandahar estava presente, todo o governo se deslocou desde Cabul, dezenas de eruditos islâmicos, homens próximos ao *emir dos fiéis* também estavam lá. A reunião duraria três dias.

Especulou-se que o líder supremo do Talibã substituiria os ministros ou tomaria outras medidas estratégicas importantes. As disputas internas dividindo as várias facções tinham sido frequentes nos últimos meses.

O emir tinha autoridade absoluta como líder do movimento. As decisões que tomava não admitiam argumentos contrários. Quem quisesse influenciar uma decisão tinha que fazê-lo antes que ele a tomasse. O Talibã era um movimento baseado no *consenso*. Eles tentavam chegar a um acordo capaz de satisfazer ao maior número de pessoas; essa era uma das características que tornavam o movimento tão tenaz e duradouro. Enquanto o governo de Cabul estava encarregado do dia a dia do país, o conselho de liderança — o *rahbari shura* — assessorava o emir sobre os mais variados temas.

Os talibãs vinham debatendo havia meses como as escolas deveriam ser reabertas. As discussões ocorriam isoladamente, em cada uma das facções, e ignoravam o fato de que os demais membros do movimento poderiam não estar de acordo. Para a população, e também para a mídia, o processo continuava obscuro como de costume, mas desta vez eles deixaram transparecer algumas das arestas internas.

O ministro da Educação, Noorullah Munir, tinha agido à revelia do emir quando planejou a abertura total das escolas. O ministro das Relações Exteriores, Amir Khan Muttaqi, havia feito o mesmo ao empenhar sua palavra em Oslo.

Era como se esperassem que o emir cedesse. Uma vez que suas declarações eram públicas, tanto para os afegãos quanto para potenciais financiadores internacionais, e não provocaram nenhuma reação das lideranças, provavelmente tudo correria bem. Ao mesmo tempo, era sabido que o emir era pessoalmente contra a educação de meninas. No entanto, esperava-se que acatasse a visão da maioria e permitisse que as meninas fossem à escola, em todos os níveis. Como o ministro da Educação não ouviu uma só palavra do emir, e este tampouco recebeu comunicado algum do ministério ou do governo, os preparativos continuaram sem o aval da alta hierarquia.

Com uma antecedência de meses, o governo poderia ter levado o assunto ao Conselho de Eruditos Islâmicos de Kandahar, que exercia grande influência sobre o líder supremo. Era possível ter mobilizado os eruditos de todo o país, a fim de criar um movimento capaz de influenciar sua decisão.

Nada disso foi feito.

Nem o emir nem o conselho de liderança foram consultados.

Durante o encontro em Kandahar, os conservadores começaram a argumentar contra a presença de meninas nas escolas, e as forças mais pragmáticas não estavam preparadas para enfrentá-los. Simplesmente, fecharam os olhos e presumiram que estava tudo bem, já que o emir não havia protestado. Até então. A três dias da abertura das escolas.

Um dia se passou.

Dois dias se passaram.

Na véspera da abertura, a reunião ainda estava em curso.

Havia duas frentes: cerca de trinta eruditos influentes queriam emitir uma fátua proibindo meninas em idade escolar de voltar às aulas. Tratava-se de homens que acreditavam que, da puberdade até o casamento, o lugar das meninas era dentro de casa. Para esses eruditos, a simples imagem diária

ECLIPSE SOLAR

de meninas em idade de casar a caminho da escola e de casa, ainda que totalmente cobertas, era uma hipótese tão perturbadora quanto provocativa.

Outros eruditos discordavam. Proibir que ambos os sexos tivessem acesso ao conhecimento era contrário aos princípios do islã.

— Se alguém discordar com base na sharia, estou pronto para o debate! — teria dito o ministro da Educação na reunião.

Seu grupo incluía a maior parte do governo. Antigos falcões, como o ministro do Interior, Sirajuddin Haqqani, o vice-primeiro-ministro, mulá Baradar, e o ministro da Defesa, mulá Yaqub, ele próprio filho do mulá Omar, apoiavam a abertura das escolas para todos, assim como o ministro das Relações Exteriores, que em Oslo implorou ao mundo por reconhecimento.

Mas eles não estavam preparados. Estavam envolvidos em outros assuntos, brigando pelo poder. Havia muitas coisas que precisavam ser debatidas e decididas durante os três dias, e os mais radicais não foram confrontados, não havia uma oposição organizada.

O emir seguiu assim seu coração e sua convicção e confiou no que lhe disse uma influente minoria, um pequeno círculo de imãs ultraconservadores.

Kandahar derrotou Cabul.

Durante a noite, os telefones do Ministério da Educação, onde poucos imaginavam que a tão prometida abertura das escolas estava em perigo, não pararam de tocar. O tuíte fatal, que Jamila inicialmente pensou ser falso, foi enviado no início da manhã, num país em que muitas pessoas não tinham sequer eletricidade, muito menos contas em redes sociais. A mensagem foi postada enquanto as meninas desavisadamente calçavam meias brancas, amarravam o lenço branco e davam uma última olhada no espelho para verificar se os alfinetes o prendiam no lugar.

Três dias depois, o salão da casa de Jamila em Cabul começou a lotar. Um púlpito verde fora instalado sobre o tapete *kilim* em tons de laranja e vermelho. Nele estava colada uma folha que dizia: "Escolas femininas devem abrir AGORA!" "A educação é nosso direito humano!", lia-se em pachto. "Meninas na escola proporcionam um futuro brilhante!", estava escrito em dari.

Jamila e Torpekai planejaram a entrevista coletiva tendo como ponto de partida o islã. A educação feminina não deveria ser interpretada como uma ideia ocidental, pois não era. Para isso, estavam presentes eruditas islâmicas, as ulemás, que argumentavam com o Alcorão em mãos.

Uma delas era Zeynab, que por muito tempo foi o braço direito de Jamila. A mulher, de 30 e poucos anos, vestia um xale bege que lhe cobria a cabeça e a maior parte do tronco.

— Os que possuem o conhecimento acaso estão em pé de igualdade com os que não o possuem? — perguntou ela citando o Alcorão.

Não, Deus acha que não. Ele diz que as "pessoas sábias" devem governar. E, se as meninas não receberem educação, como poderão se tornar sábias? O que o Talibã fez ia de encontro ao Alcorão. O islã era, com efeito, a única religião no mundo que tinha um livro sagrado que começava com a palavra *Iqra!* Lê!

— A importância da leitura universal é enfatizada em nossos textos sagrados — continuou Zeynab. — Quando se revela a Maomé, Gabriel diz nada menos que três vezes: "Lê, lê, lê!"

O xale caía suavemente sobre seu corpo, ondulava cada vez que ela enfatizava um argumento.

Uma dúzia de jornalistas, a maioria mulheres, compareceu. Havia também várias câmeras de TV. Ao longo das fileiras de cadeiras sentavam-se professoras, diretoras, vários eruditos e ativistas. Um forte aroma de perfume recendia no ambiente.

— Tomem como exemplo as mulheres de Maomé. Vejam como Cadija o guiou! E ninguém memorizou e transmitiu mais ensinamentos do profeta do que Aisha! E Salama, que salvou mais de trezentos hádices do esquecimento? E Hafsa, a quem ele constantemente recorria para resolver problemas! No Afeganistão há muitos homens, até mesmo eruditos, que acreditam que as meninas não precisam de educação. Mas de acordo com o islã isso é errado! Como mulher esclarecida que sou, tenho a responsabilidade de lutar pelos direitos das mulheres.

ECLIPSE SOLAR

Zeynab apertou o polegar e o indicador com força e olhou para as pessoas à sua frente.

— Alá diz que é nosso dever buscar o conhecimento. Impedir-nos disso é como impedir um muçulmano de jejuar. Ou como nos impedir de orar!

Várias pessoas falaram na coletiva, até finalmente uma das meninas diretamente prejudicadas pela proibição subir ao palco. Ela deveria ter começado o nono ano.

— Nós esperamos pacientemente. Contamos os dias para a primavera chegar — disse a garota. — Três vezes vocês nos iludiram. A primeira no outono do ano passado, quando disseram que as meninas regressariam à escola na primavera. Depois em Oslo, para onde voaram naquele avião particular em busca de prestígio. E agora tentam nos enganar dizendo para esperar um novo comunicado!

A garota de 14 anos olhou furiosa para as câmeras.

— Não vamos mais esperar. Abram na próxima semana! Não aceitaremos mais desculpas.

Porém a liderança em Kandahar tinha outras coisas em mente. No dia seguinte à coletiva, o Ministério da Promoção da Virtude e Prevenção do Vício anunciou uma nova disposição: as mulheres que não fossem "nem muito jovens nem muito velhas" deveriam cobrir o rosto e todo o corpo ao sair às ruas.

E a melhor burca, dizia o decreto, era ficar em casa.

Quatro vestidos e um telefone celular

As amendoeiras ao redor da casa de Bashir estavam cobertas de florezinhas rosadas. Folhas verdes iridescentes brotavam nas videiras. Suas esposas também estavam prestes a frutificar. Ambas estavam esperando filhos para o verão. Galai estava com a gravidez mais avançada.

Yasamin, que achava que tudo relacionado ao seu corpo era embaraçoso, a princípio nem se atreveu a contar a Bashir que estava grávida. Ela esperava que ele mesmo reparasse. Então, cobriu o rosto com o lenço e riu. Ela raramente o olhava nos olhos. Como fazia a sogra, ela baixava o rosto quando o marido lhe dirigia a palavra.

Ela dera à luz seis filhos, três dos quais sobreviveram. Obaida, nascido no Waziristão, já tinha 10 anos. Era um menino alerta e gentil. Muhammed, de 7 anos, era quase surdo e quase não sabia falar. Um canal auditivo era atrofiado. Através do outro ainda conseguia perceber algum som, mas não o suficiente para que ouvisse com clareza. O que mais gostava era de passar o dia inteiro perto da mãe, mas, como nem sempre podia, ficava no andar de cima com as outras crianças que tinham idade para ler o Alcorão.

Nada preocupava mais Yasamin do que Muhammed. Certa noite, Bashir acordou e a encontrou chorando e, quando perguntou o que era, ela soluçou o nome do menino.

— Ele não ouve, não fala, como vai ser quando ele crescer?

— Vai ficar tudo bem com Muhammed. Alá tem um plano — assegurou Bashir. — Os surdos e os mudos são os mais sagrados. Quando eles leem o Alcorão, a palavra de Deus os transpassa e fica lá.

Muhammed era o filho mais amoroso e sabia onde ficava tudo na casa. Os chinelos da mamãe, seu lenço, sua bolsa. Se algo que pertencia a Galai estivesse no quarto de Yasamin, ele devolvia ao lugar onde deveria estar, e vice-versa.

Galai teve cinco filhos. O mais velho era Mawia, o menino a quem ambas cuidaram e amamentaram juntas no Waziristão. Depois de alguns meses com as duas mulheres o amamentando, Galai o tirou do seio de Yasamin e disse que era o bastante. Ela explicou que, enquanto estivesse amamentando, Yasamin não conseguiria engravidar, e agora era hora de a coesposa ter seu próprio filho. Foi Obaida.

Como indicava a soleira da porta da frente, com tantos sapatos espalhados, a casa estava cheia de crianças. Lá dentro, porém, raramente se ouvia a voz de qualquer uma delas, exceto das pequenas.

Não havia brinquedos em casa. Só serviriam para causar confusão. Eram tantas crianças que os brinquedos seriam pretexto para brigas, nisso as mães concordavam. Então as crianças brincavam com qualquer coisa que encontrassem pela frente: uma sola de sapato virava um carro, uma meia enrolada virava uma bola. As crianças batiam no chão com uma colher e sorriam, abraçavam-se como filhotinhos de leão ou brincavam de esconde-esconde sob as pilhas de roupa suja.

A filha mais nova de Galai era uma criança inventiva. Com 4 anos, desenhava padrões no tapete usando cascas de nozes. Amarrava guarda-napos para fazer bonecas caprichadas, com as quais brincava para depois desatar os nós e fazer novas.

O que Hoda mais gostava era de ficar quieta em seu canto, sozinha. Era para lá que levava todas as coisas que queria e brincava de organizar seu próprio chá. De costas para a sala, ela servia água em taças e tigelas, murmurava, conversava, ria baixinho, voltava a servir, bebia, degustava, sorria para agradar um convidado, cochichava algo mais.

A casa era cheia de cantos e recantos maravilhosos. Ao entrar, sob a proteção da Mashallah, primeiro chegava-se a um enorme salão com um pé-direito de 3 a 4 metros. Dali se abriam várias portas. O primeiro quarto à direita era o de Galai, mobiliado de forma simples, com colchões no chão ao longo das paredes e grandes almofadas. Ela o compartilhava com Bashir em noites alternadas. Nas outras noites, ele dormia com Yasamin.

A divisão era rigorosamente observada, era Bashir quem fazia o controle — que, aliás, não era fácil, pois Yasamin havia ficado mais tempo do que Galai morando em Jalalabad, e gostava de passar dias na casa dos pais

QUATRO VESTIDOS E UM TELEFONE CELULAR   379

em Mussahi, por isso finais de semana e frações de meses tinham que ser computados.

Ao ser libertado depois de esperar três anos pela execução da sentença de morte, Bashir passou a primeira noite com Galai, pois foi com Yasamin que dormira na noite anterior à prisão. E assim passou o tempo dentro de uma cela, sem medir esforços para que a justiça fosse feita para todos.

Yasamin tinha um quarto menor do outro lado do corredor. Ela também não dava grande importância ao quarto, apenas se apossou dele nas condições que o encontrou. Um tapete no chão, colchões, almofadas. Isso era tudo.

O quarto de Sima era diferente. A esposa de Raouf havia decorado o aposento como um harém oriental. Havia uma cama de casal grande e macia com uma tapeçaria de veludo roxo ao fundo. Espalhadas pelas laterais havia enormes almofadas bordadas. Diante das janelas pendiam várias camadas de cortinas douradas e azul-escuras, enquanto um sofá dourado brilhava em frente à cama de casal.

Sima também tinha um armário. Na maioria das vezes, os pertences eram acomodados em caixas de papelão, sacolas, baús, dentro de malas ou amontoados. Era como se eles ainda não tivessem de fato se mudado para lá. Uma cômoda, cabides, o que fariam com isso? Ninguém ficaria ali para sempre. Mas já que Sima tinha um, o armário era abarrotado. Na verdade, o belo móvel com portas de vidro deveria servir-lhe de cômoda, mas agora duas das prateleiras estavam cheias de sapatos. Além disso fazia as vezes de armário de remédios, estante de papéis, cofre, guarda-roupa e local para armazenar *coisas importantes*.

No topo estavam enfileirados os buquês de noivado da família, eram parte das memórias da casa. Os buquês em tecido ou plástico estavam envoltos em celofane para não empoeirar, mas até o invólucro estava coberto de uma leve pátina marrom.

Apenas o último buquê estava brilhante e bonito, as cores das flores ainda estavam frescas. Também era de longe o maior. Exibida, pensava Galai. Nisso as mulheres da casa concordavam.

O buquê pertencia à *intrusa*, a que ainda não dera as caras.

*

380 OS AFEGÃOS

Do corredor, uma escada larga levava a um quarto, no qual os papéis de parede do proprietário anterior revelavam uma propensão ao excesso. Uma estampa imitava troncos de bétula, outra tinha motivos de selva, uma terceira mostrava cachoeiras, enquanto a quarta era um buquê de rosas.

No aposento íntimo que pertencera ao deputado, a luz entrava por janelas dispostas ao longo de duas paredes inteiras. Decorado com poltronas acolchoadas e mesas maciças de madeira escura, o salão, em um recuo da parede, agora dava lugar ao madraçal de Bashir. Assim, seus filhos não precisavam se misturar com as crianças do distrito. Tudo se mantinha dentro da família, inclusive o professor. Hasibullah era filho da irmã mais velha de Bashir, única sobrevivente que tinha lembranças do pai, o mulá Wasir. A irmã tinha 7 anos quando ele foi morto, Bashir tinha 3 meses. Ela estava radiante e não parava de se gabar pelo filho de 19 anos também ter se tornado um mulá. Hasibullah era um menino grandalhão e ligeiramente tímido que havia estudado o Alcorão com um famoso erudito no Paquistão. Era um professor perspicaz, rigoroso e não permitia nenhuma travessura dos primos mais novos.

As crianças sentavam-se no chão com as costas apoiadas na mobília. Na frente de cada uma havia uma almofada. Todas sentavam-se de pernas cruzadas. Ninguém olhava se alguém entrasse, elas sabiam qual era o castigo. Abertos sobre cada almofada estavam os livros que atraíam todas as atenções. Os pequenos se esforçavam, alguns murmuravam, outros cantarolavam. Cada um descobria seu próprio estilo, alguns em voz alta, outros quase inaudíveis. Enquanto recitavam, balançavam a parte superior do corpo, para a frente e para trás, para a frente e para trás. Era mais fácil memorizar assim. Porque esse era o objetivo, tornar-se um *hafiz*, alguém que conhece a palavra de Deus de cor.

Primeiro tinham que aprender o *qaida*, o básico — o alfabeto, a gramática e os pequenos diacríticos que marcavam a pronúncia. Os menores, de 4 e 5 anos, cantavam o alfabeto, sem parar. As pontas dos dedos acompanhavam os caracteres da direita para a esquerda em apostilas estropiadas que haviam sido passadas de geração em geração. Então passariam à *nazira* — a pronúncia correta e as regras da recitação.

QUATRO VESTIDOS E UM TELEFONE CELULAR   381

O fundamental eram o tom e o ritmo. Ainda não era o momento de atentar para o significado das palavras. Só mais tarde iriam aprender os ensinamentos que o livro continha, interpretá-los e, não menos importante, segui-los. Seria mais fácil, pois o subconsciente já estava familiarizado com a mensagem. De certa forma, ela já os havia transpassado, tal como aconteceu quando o arcanjo Gabriel revelou o Alcorão a Maomé.

De tempos em tempos, as crianças se levantavam e iam a Hasibullah perguntar sobre uma pronúncia, ou, eventualmente, o significado de uma palavra. De vez em quando ele os chamava, outras vezes apenas caminhava pela sala com passos lentos e pesados.

Na maior parte do tempo, ele se sentava de pernas cruzadas ao fundo da sala, encostado num sofá, e os acompanhava. À sua frente havia uma caixa de madeira cheia de objetos assustadores: um arame, alguns gravetos, uma bengala, uns cabos, um chicote. Quem não aprendesse rápido o suficiente, ou não estivesse concentrado, sentiria um gostinho do que havia dentro da caixa.

Os métodos eram muitos. O mais comum eram palmadas nas mãos, mas bordoadas de bastão ou de mangueira de borracha dura sob a sola dos pés também eram ótimas para a memória. Um dos métodos a que Hasibullah recorria sempre era entrelaçar uma caneta entre os dedos de quem não estava aprendendo rápido o suficiente, um dedo por cima, um por baixo, um por cima, um por baixo, e então apertar o mais forte que pudesse. Eles aprendiam então. Às vezes, ele os debruçava sobre uma cadeira e lhes dava chicotadas na bunda.

Para tudo isso contava com o apoio de Bashir. A violência despertava o cérebro. Bashir usava a palavra *tortura* para descrever o que tinha sofrido para aprender o Alcorão quando menino. "A tortura funciona para qualquer coisa", dizia ele. Em todo o mundo, aliás, por isso que é tão difundida.

Para cada novo versículo aprendido, as crianças repetiam o anterior, e o anterior novamente, e assim memorizavam frase após frase. Era isso que Bashir queria. Como ele mesmo havia aprendido. Para então, com a mente límpida, recitar de cor. Uma vez que o Alcorão era a língua de Deus, a voz de Deus, parte do significado continuaria fluindo e exercendo seus efeitos.

Durante toda a infância, eles receberiam apenas educação religiosa. Se os meninos quisessem então, já adultos, ser médicos ou engenheiros, tudo bem. Para as meninas, a religião era o suficiente.

As crianças passavam a maior parte do dia na sala do deputado fugitivo. Antes que o dia amanhecesse, todos eram despertados para orar. Depois, bebiam chá com pão e sentavam-se no meio das almofadas para ler. Às 8 horas tomavam o café da manhã com ovos e iogurte, e continuavam a ler até às 11. Então podiam descansar algumas horas, os meninos em colchões na sala de estar no andar de cima com o mulá Hasibullah, as meninas num quarto no térreo. Depois disso, almoçavam e retomavam a rotina de estudos.

Das 4 às 5h30 da tarde podiam fazer o que quisessem. Os meninos preferiam jogar críquete na planície à beira do povoado. As meninas também podiam brincar livremente lá fora, até os 8 ou 9 anos de idade. Era uma visão e tanto a daquele bando de crianças disparando pelo portão da casa, de cabeça erguida e olhar fixo no horizonte. Sem olhar nem para a direita nem para a esquerda, com medo de que alguém os parasse e pedisse ajuda para levar um monte de roupas para lavar ou a carregar um barril. Aquele tempo pertencia só a eles! Às 6 horas eles deveriam estar de volta em seu lugar diante da almofada. Quem adormecesse recebia uma sova e tanto, para jamais tornar a pegar no sono durante a aula.

A récita avançava até as 9 horas, quando era servido o jantar e feita a oração noturna, e só então podiam fechar os olhos e sonhar. Com o que bem quisessem.

Apenas as crianças pequenas permaneciam no térreo durante o dia.

— Quer subir? — perguntou Galai à filha de 4 anos que estava sentada no canto entretida com seu chá.

Hoda balançou a cabeça freneticamente, sem se virar.

As mulheres riram. No início da manhã, Galai baixou as calças de Hoda e mostrou a todos as listras vermelhas. A garotinha tinha ferimentos longos e purulentos no traseiro decorrentes das punições de Hasibullah.

QUATRO VESTIDOS E UM TELEFONE CELULAR 383

— Eu a mandei para o madraçal ontem e, como ela se recusou a sentar, ele pegou o chicote.

Todos riram e balançaram a cabeça. Era para ser assim.

— Quer subir de novo? — provocou Galai.

Hoda tinha parado de brincar. Estava sentada com as costas eretas, paralisada.

— Quer que eu vá com você? — continuou a mãe.

Então Hoda correu e se escondeu atrás das cortinas, para as gargalhadas das mulheres. Além das esposas de Bashir, Sima e algumas das filhas adolescentes de Hassan e Yaqub estavam sentadas ao redor. As adolescentes eram mães agora. Elas davam o peito a seus recém-nascidos ou os alimentavam com pedaços de pão ou biscoitos embebidos em chá. As mães comiam fatias de um bolo dourado.

Hoda permanecia completamente imóvel atrás das cortinas por onde entrava a luz da manhã. Se ficasse assim, paralisada, acabariam deixando-a em paz.

A mãe não desistiu.

— Quer subir?

Hoda então gritou de volta.

— Não quero, não quero! *Wallah*, juro por Deus! Não quero!

As mulheres riram e continuaram a tagarelar.

Por fim, Hoda saiu do esconderijo. Esgueirou-se pelo chão, como se pudesse ficar menos visível, e aconchegou-se perto da mãe. Ficou em silêncio escutando o que os adultos diziam, para então estender cuidadosamente a mão na direção de uma fatia de bolo. Galai estalou a língua imediatamente. Um claro não. Hoda recolheu a mão em concha. Abaixou a cabeça, envergonhada por ter sido flagrada querendo algo que não lhe pertencia, e voltou resignada para seu cantinho.

O bolo era somente para os adultos, assim como a conversa.

— Ela tem limites? — perguntou Galai. — Parece tão teimosa.

Quando o inverno estava no auge do frio e o único lugar quente era debaixo do cobertor, ela percebeu que algo estava acontecendo. Sentiu em si mesma.

— Você tem outra? — perguntou ela a Bashir.

— Você tem outra? — perguntou ela na noite seguinte. E na noite seguinte em que dormiram juntos. E na manhã depois. — Você tem outra?

Só um mês após o noivado ele decidiu contar.

— Depois do Ramadã eu vou me casar.

Galai estava aflita de tanta ansiedade, e mesmo assim não estava preparada para ouvir. Ela era o tipo de mulher acostumada a dar ordens e organizar a casa, resolver as coisas, ter uma visão geral e exercer um controle. A única coisa sobre a qual não tinha controle eram as decisões de Bashir. O tom de voz dela era áspero, e Bashir até cedia a Galai, isto é, ele fazia o que bem quisesse, mas tinha receio de dizer algo que ela pudesse não gostar.

— Se isso faz você feliz eu fico feliz — disse ela a contragosto.

E então chorou durante um mês.

Porque ela não era suficiente, porque Bashir estava alheio, porque ela o veria com menos frequência. Era uma derrota, um motivo de tristeza, independentemente de ser um direito natural do homem ter quatro esposas. Mas nenhuma reclamação jamais saiu de sua boca. Pelo menos não até Bashir lhe mostrar uma foto da nova escolhida e perguntar se Galai não achava a garota de 16 anos bonita.

Galai estudou a foto no celular. A garota tinha um rosto doce de boneca, um queixo pequeno e pontudo com uma papada considerável e olhos profundos com longos cílios pretos.

— Até um sapato preto fica bonito se estiver maquiado assim!

Bashir não conseguiu segurar o riso, Galai também não. Se ele conseguiria de fato a garota, Galai tinha dúvidas. Como ela era exigente!

O que mais Bashir ainda podia lhe dar? O que ela queria?

Num país em que elas eram definidas por esse fator mais do que por qualquer outro, o casamento era de longe um dos assuntos mais importantes nas conversas entre as mulheres.

Estão pedindo um milhão de afeganes!

Joias e ouro e tecidos.

Telefone celular.

QUATRO VESTIDOS E UM TELEFONE CELULAR   385

Para Mariam, entretanto, havia principalmente a seguinte condição: não morar com as outras esposas.

Não era uma exigência qualquer. Ele teria que sustentar mais uma casa. Bashir era dos que recebiam uma espécie de salário mensal do Talibã, recebia meio milhão de afeganes, cerca de 25 mil reais. Deveria ser o bastante para manter casas, carros, guardas e mártires. Na primavera de 2022, ele começou a comprar e vender imóveis e carros, do contrário não teria como sustentar uma nova esposa.

O plano era conseguir um apartamento para Mariam. As duas esposas mais velhas — Yasamin tinha acabado de fazer 30 anos, Galai completaria a mesma idade no verão — continuariam vivendo na mansão como antes. O marido viveria entre um lar e outro. Na verdade, queria ter todas sob o mesmo teto, seria bem mais fácil, mas concordou com a exigência. Ele cogitava algo no distrito de Mikrorayon, onde ainda havia prédios ordinários de blocos pré-fabricados construídos pelos soviéticos na década de 1960. Esses prédios em concreto, chamados *khrushchevkas*, foram erigidos em toda a União Soviética e países aliados e deixaram sua marca em Cabul. Dispunham de água encanada, eletricidade e aquecimento central. O problema era que Mariam e Bashir não podiam morar lá sozinhos, do contrário como faria quando ele se ausentasse? O ex-comandante jamais permitiria que ela ficasse sozinha, nem mesmo no próprio apartamento, não era uma conduta bem-vista. Assim, uma de suas cunhadas teria que se mudar para o local, a esposa de Hassan, ou a de Yaqub, com os respectivos filhos. Bashir passaria muito tempo ausente, especialmente durante as temporadas de combates. Quer dizer, ele *poderia* ter que se ausentar por muito tempo durante a temporada de combates.

A premissa para ter várias esposas era a de que todas fossem tratadas com equidade. O profeta Maomé foi muito claro em relação a isso. Para Bashir, isso significava dormir a cada três noites com uma.

Essa rotina, segundo Mariam, teria que ser mudada. A jovem de 16 anos disse à irmã que achava que ele deveria passar mais tempo com ela, já que havia ficado tantos anos ao lado das outras duas. A nova noiva tinha alguma experiência com a poligamia, pois crescera como filha de uma segunda esposa, e agora preferia não dividir o marido com ninguém.

Mariam vivia uma vida muito protegida em seu próprio quintal, nunca foi à escola, nunca aprendeu a ler ou escrever. Ao contrário de sua irmã mais nova, de 15 anos, que sentia muita inveja das meninas que iam à escola, Mariam nunca se interessou por nada relacionado a livros. "Mulheres não precisam disso", ela dizia.

Ela ainda não conhecia Bashir pessoalmente quando ele lhe deu o melhor presente que uma adolescente poderia ganhar: um telefone celular. Um smartphone novinho em folha com uma capa de borracha lilás. Embora ela não entendesse as letras, podia ver as fotos, e Bashir não parava de enviar fotos. De si mesmo.

Um nome e um número estavam armazenados na memória do telefone. O de Bashir.

Ela andava com o celular sob o vestido. Ou amarrado numa fita na cintura. Estava lá quando acordava, quando ia para a cama, quando se sentava com a irmã esperando o sol cair e a noite chegar, enquanto mais e mais fotos iam chegando. A tela tinha se tornado o centro de sua vida.

Enfim, ela também aprendeu a usar, ficou fã da câmera e lotou o aparelho com fotos de si mesma. Centenas de fotos, quase mil ao todo. Ninguém mais, nem mesmo a irmã, tinha permissão para visualizar as imagens do celular. Só ela e o noivo. Então começou a enviar a Bashir fotos suas com bastante maquiagem e vestida com as roupas que ele a havia presenteado. De perfil, no modo selfie, de frente, de costas com o rosto voltado para a câmera, de perto, de corpo inteiro, sentada, em pé — ela posava de todos os ângulos.

Mariam pediu quatro vestidos e ganhou três, um verde, um amarelo e um rosa. O quarto, cor de vinho tinto, Galai ainda estava costurando. Ela mesma se ofereceu para costurar e bordar um vestido para a nova esposa.

Hala fez um escândalo quando Bashir finalmente lhe disse que estava noivo mais uma vez. Depois disso, ficou sem comer por cinco dias. Mas a tradição a obrigava a comparecer à festa de noivado da moça, em Mussahi. Os pais de Mariam convidaram as mulheres da família e da aldeia para a festa.

QUATRO VESTIDOS E UM TELEFONE CELULAR

A casa de Mariam era paupérrima. Várias vidraças estavam quebradas e tinham sido coladas com fita adesiva novamente dentro da moldura. Era tão escura que em alguns cantos o gelo do inverno ainda não havia derretido. Nos outros lugares, o pátio estava coberto de lama. Assim que passaram pelo portão, Hala e suas noras tiveram que caminhar de pedra em pedra para evitar escorregar.

Havia roupas penduradas para secar em todas as árvores ao longo do caminho de pedra que formava uma trilha pela lama. Ao todo, Mariam tinha 19 irmãos e meios-irmãos. Calças pequenas e grandes, blusões e suéteres pequenos enfeitavam o quintal. Na frente da casa havia uma ampla varanda que rapidamente se aquecia quando o sol raiava, e boa parte da comida estava sendo preparada ali; a água provinha de um poço.

Além dos cumprimentos obrigatórios, Hala não dirigiu uma só palavra à nova nora durante toda a festa. Yasamin não estava para conversas. Tampouco Galai. Elas estavam presentes. Era o que bastava.

Se Hala já tinha chegado à festa de má vontade, não demorou para que ficasse furiosa. Tocavam música na festa — *haram*. Batucavam-se tambores, pessoas dançavam. Hala também não gostou nada de ver Mariam embonecada com um vestido decotado. O pior de tudo era a mensagem que transmitia: a norma de recato e discrição estava rompida. Mariam brincava e ria, gritava bem alto e requebrava, rodopiando sem parar.

As três foram embora o mais rápido que puderam. Tudo estava errado, disse Hala.

Mas se o pilar da família assim desejava, assim seria.

O noivado não alterou o cotidiano na casa cor-de-rosa. O casamento só seria realizado após o Ramadã, que terminava em maio, então não era preciso pensar no assunto ainda.

A paz reinava, ao menos por ora. Todos podiam relaxar. Haviam passado por tanta coisa juntos, a guerra, a prisão, as crianças mortas.

O sofrimento tinha chegado ao fim. Mas antes era mais excitante, acreditava Galai. Antes a cozinha estava sempre cheia de baterias, fios e latas de óleo, e a recompensa no céu aumentava, pois eles sabiam que galgariam mais degraus na escada do paraíso a cada bomba que fabricassem. Agora, a recompensa a receber era pouca, havia mais mulheres na casa do que trabalho para fazer. Passavam o tempo perseguindo umas às outras, como que sem um propósito. Era até difícil se acostumar com tanta tranquilidade. Não que Galai e Yasamin nunca tivessem conflitos. Costumavam aliviar a irritação esbofeteando os filhos uma da outra.

— Ela bate nos meus, eu bato nos dela! — Galai ria.

Após desentendimentos sucessivos as duas ficaram de mal por um tempo — até fazerem as pazes e a harmonia tornar a imperar dentro de casa.

Galai era uma espécie de banco de informações das mulheres. Ela tinha um smartphone, sabia ler com rapidez, e seu plano de celular tinha conexão à internet. Acompanhava os novos decretos, sabia que as escolas femininas continuariam fechadas, estava a par da ordem de cobrir o corpo e da proibição de viajar para longe desacompanhada de um parente do sexo masculino.

— Não nos afeta em nada — disse ela às outras mulheres. Ninguém ali mandaria os filhos para a escola de todo modo. — Mas fico triste pelas meninas que realmente querem ir para a escola e não conseguem se formar.

— E como teremos médicas se elas não podem continuar depois da sexta série? — perguntou Yasamin, a integrante da família que mais tinha contato com médicos do sexo masculino.

Os homens costumavam pôr a culpa na mãe se as crianças pequenas adoecessem, tal como fez o médico do Waziristão, para quem o leite dela teria feito o menino evacuar sangue e morrer em seguida. Ou como o médico em Cabul, para quem o filho de 7 anos tinha problemas de audição porque ela o amamentou com a orelha encostada no colo. Uma criança deve ser amamentada com o corpo num ângulo de 90 graus, ele ensinou.

Ah, como seria bom poder consultar-se com uma médica!, achava Yasamin.

Até Bashir era um talibã moderado neste aspecto. Para ele, era perfeitamente normal que outras crianças frequentassem a escola, desde que não fosse obrigado a mandar as suas. Ele não se importava tanto com o que os outros faziam. Sua casa, sua fortaleza. Seus filhos, sua lei.

QUATRO VESTIDOS E UM TELEFONE CELULAR

Enquanto estavam assim, sentadas e conversando, Galai gostava de manter as mãos ocupadas com algum trabalho. Ela era a costureira da família, cerzia almofadas, colchões, cortinas e algumas roupas. Agora ela estava costurando o vestido roxo da noiva do marido, conforme o molde extravagante da modelo. Tratava-se de uma garota baixa e ligeiramente gordinha — o padrão de beleza talibã.

Numa almofada à sua frente, Galai havia colocado uma tigela de contas brancas, azul-claras, cor-de-rosa e prateadas. Uma por uma, ela as enfiava na agulha fazendo camadas sinuosas ao longo da bainha. Elas brilhavam intensamente em contraste com a cor de vinho do tecido. A agulha com as contas de Galai entrava e saía, acompanhando o caimento da saia.

Na barra, ela bordou estrelinhas rosas e azul-claras. Do centro de cada estrela pendiam filigranas de prata com duas pequenas ovais presas a elas. De longe pareciam pequenas algemas.

O decote. O colete. A saia. A cintura.

Não haveria uma só parte do corpo de Mariam que não tivesse sido antes tocada pelas mãos de Galai.

A fugitiva

Certo dia, uma fugitiva apareceu na casa.

Ela foi levada pelo comandante Abdul Jalil, do 15º Distrito Policial, um dos aliados mais leais de Bashir. Idealmente, o comandante preferia interrogar apoiadores do Estado Islâmico, logo, quando lhe caía uma fugitiva no colo, a melhor maneira de se livrar dela era ligar para Bashir. A questão desaparecia da frente e ele podia se concentrar em assuntos mais importantes. A criminalidade em Cabul, tanto de casos pequenos quanto maiores, estava aumentando. Depois que se deram conta de que os talibãs não impuseram a lei e a ordem decepando mãos e pés, como era temido incialmente, as gangues continuaram agindo como no regime anterior. Havia quadrilhas especializadas em roubos de carros, extorsão e sequestros. A grande ameaça era o EI, que a cada semana mandava pelos ares um alvo em Cabul. As vítimas eram quase sempre a minoria hazara, e a cena do crime costumava ser as mesquitas que frequentavam. Para o Estado Islâmico, os xiitas eram infiéis.

A própria fugitiva parecia ser hazara, pensou Abdul Jalil. A cabeça, o pescoço e o peito estavam cobertos por um xale preto. Ela vestia uma abaya, e não uma burca.

Omar, sobrinho de Bashir, abriu o portão quando bateram. A garota era tão pequenina e frágil que quase desaparecia entre os homens que a trouxeram. O sobrinho disse-lhes que esperassem no pátio até que ele informasse às mulheres da casa. Elas cederam o quarto de Galai para que Bashir pudesse receber a fugitiva em paz. As mulheres reuniram-se com as crianças pequenas no quarto adjacente, que pertencia a Sima.

A menina tomou assento num colchão e rapidamente cobriu os pés, deixando visíveis apenas os dedos. Tinha sobrancelhas lindamente desenhadas que terminavam onde começava o xale, olhos amendoados e maçãs do rosto salientes. A pele ao redor dos olhos, única parte do rosto livre de espinhas vermelhas, era muito alva.

Seu nome era Rawda e ela tinha 18 anos. Mal se ouviu sua voz quando ela respondeu à pergunta inicial de Bashir.

— Por favor, não me mande de volta para a casa dos meus pais — ela implorou. — Eles vão me cortar em pedaços.

Lentamente, um dedo de cada vez, depois o braço inteiro, depois os dedos dos pés, de pedacinho em pedacinho. Esse, ela contou mais tarde a Galai, era o castigo do pai por ela ter fugido do casamento arranjado. É assim que ela morreria, agonizando, até que não restasse nenhuma parte viva em seu corpo. Em sua família, as pessoas já haviam matado antes. Um lindo funeral era sempre organizado em seguida, no qual a família enlutada chorava pela adolescente que, de maneira tão trágica e inesperada, havia tropeçado e se afogado no poço.

Bashir disse-lhe para ficar calma, que não seria mandada a lugar nenhum.

— Diga-me o que aconteceu ou não poderei ajudar.

Cabisbaixa, ela começou a contar. Enquanto falava, acariciava os dedos dos pés descalços, ritmicamente.

Quase um ano atrás, seus pais quiseram casá-la com um primo. Ela estava terminando o Ensino Médio, enquanto o primo, filho do irmão de sua mãe, morava na zona rural e nunca havia frequentado a escola. Após o casamento, ela teria que se mudar para a casa do tio, notório espancador tanto da esposa quanto dos filhos. Seus acessos de ira eram conhecidos por todos. Uma nora ocuparia a base dessa estrutura familiar. Além disso, o primo com quem queriam casá-la não era "puro". Corria atrás de meninas e as assediava pelas ruas.

Ela falava num tom baixo e monocórdio, sem nenhum indício de expressão facial, como se estivesse num interrogatório. Em suas palavras, preferia morrer a se casar com ele. E até já havia tentado essa alternativa, conforme revelou.

O noivado havia sido firmado dez meses antes, sem seu consentimento. No dia seguinte, ela bebeu um frasco inteiro de Whitex, um potente

A FUGITIVA 393

alvejante que havia em casa, na esperança de sumir deste mundo. Ao chegar em casa, seu irmão sentiu o cheiro forte no ambiente e a fez vomitar. Ela perdeu a consciência e acordou no hospital. Nunca sentira dores tão violentas. Seu corpo inteiro ardia em brasa por dentro. Ela não conseguia engolir, cada respiração doía, ela não tinha voz.

Após algumas semanas, ela teve alta do hospital, mas ainda não conseguia comer. Só bebia leite, que amenizava um pouco a dor lancinante.

Mas o noivado não foi desfeito, e, depois de algum tempo, a mãe e a irmã do primo chegaram trazendo doces e um lenço para selar o acordo nupcial. No dia seguinte, ela trancou a porta de casa e fugiu enquanto os outros estavam ausentes, determinada a nunca mais pôr os pés ali. Sem ter um plano, vagou dos arredores de Cabul para o centro. A pé. Depois de horas de jornada, deixou a região pobre de onde vinha e chegou a uma das áreas mais nobres da cidade. Uma rua abrigava salões de beleza e butiques finas em cujas vitrines suntuosos vestidos de noiva eram exibidos. Ela entrou num salão de cabeleireiros, não um dos maiores ou mais sofisticados, mas um pequeno e simples, que já estava cerrando as portas. Ela rapidamente disse que havia fugido de casa, que seu pai queria matá-la e pediu para pernoitar ali.

As mulheres que trabalhavam lá concordaram, mas de repente Rawda teve um mau pressentimento. E se não fosse um salão de cabeleireiros, mas um bordel? E se quisessem vendê-la? Ela saiu correndo pela porta. Só desacelerou quando chegou ao parque, em Shahr-e-Now. Olhou ao redor, passou por trás da cerca, sentou-se num banco e começou a chorar.

Não demorou muito para que um jovem se aproximasse.

— Por que está chorando, irmã? — ele perguntou gentilmente.

Ela contou que tinha fugido de casa. O homem manteve uma distância respeitosa e disse que ela poderia ficar na casa da mãe. Disse que tinha uma mãe idosa e uma irmã mais velha, e lá ela poderia viver em segurança. A mãe iria tratá-la como filha. Ela tinha um bom coração.

À medida que escurecia, a frequência no parque passava a ser outra, as mulheres desapareciam das ruas, os homens começavam a se reunir. Ela decidiu acompanhar o gentil rapaz.

Chegando no apartamento, ele lhe deu um ultimato.

— Ou se casa comigo ou entrego você à polícia. Digo que você é uma prostituta — disse o homem.

Ser entregue à polícia, no regime anterior, frisou Rawda, era estar à mercê de carrascos. Bashir assentiu enquanto o colar de oração corria por entre seus dedos, uma conta de cada vez.

Por meio ano, Rawda coabitou com seu novo marido. Então um dia ele se foi para o Irã, deixando-a na companhia da mãe e da irmã. Sem o marido, ela se tornou uma escrava; as mulheres saíam e a trancavam em casa. Diziam que ela era feia, por isso não tinha conseguido manter o marido, e que nunca deveriam ter se misturado com uma hazara. Um dia a sogra lhe disse:

— Vá embora! Estou farta de você!

Rawda não tinha para onde ir e pediu para ficar só mais uma noite. Quando raiou o dia, começou a trabalhar como de costume, esperando que a sogra tivesse esquecido a ameaça do dia anterior, mas, assim que terminou de se assear, a velha se aproximou brandindo uma faca nas mãos:

— Fora! Fora! Ou então vou enfiar isso em você!

Isso foi há dez dias.

Ela saiu correndo e encontrou um hospital. Passou pela porta, mas ninguém parecia dar por ela. Às noites, dormia em lugares diferentes do prédio. Assim foi por cinco noites, até os guardas avisarem que ela não poderia mais ficar lá.

— Não tenho para onde ir — implorou ela. — Posso fazer faxina, faço qualquer coisa.

Os guardas ligaram para a delegacia e os policiais foram pegá-la. Ela ligou para a sogra e implorou para voltar, mas ao entregar o telefone a um talibã, a velha disse para não acreditarem no que ela estava dizendo. Seu filho havia se divorciado justamente porque ela havia sido infiel.

Era uma acusação grave. Da última vez que o Talibã governou, a punição por adultério era o açoitamento se a ré fosse solteira; se fosse casada, a pena era morte por lapidação. Uma acusação falsa, por seu turno, também era severamente punida.

A FUGITIVA

A polícia a levou de volta para a sogra.

— Meu filho a flagrou cinco vezes! Portanto, ela não é mais bem-vinda em minha casa! — vociferou a mulher.

Um vizinho apareceu e disse que Rawda nunca saía de casa, portanto a acusação era infundada. Ela foi autorizada a voltar para a delegacia e lá passou mais três noites.

Nesse ínterim, a sogra deu entrada nos papéis do divórcio em nome do filho no Irã. Ele também gravou um vídeo que ela exibiu aos talibãs no 15º DP. No vídeo, ele se apresentava com seu nome completo e declarava de quem era filho.

— Quero me separar da minha esposa Rawda. Quero o divórcio porque já a vi com outros homens em três ocasiões. Em duas ocasiões eu já perdoei, mas não nessa última.

Então ele pronunciou as palavras que devem ser repetidas três vezes para formalizar o divórcio: *Talaq. Talaq. Talaq*. Eu me divorcio. Eu me divorcio. Eu me divorcio.

Isso foi na noite anterior, quando ela ouviu dizerem o nome do comandante Bashir pela primeira vez.

— Ele decidirá o que será feito de você — disseram os policiais.

Bashir refletiu um instante e disse:

— Não compartilhe sua história com ninguém. Vou encontrar um bom marido para você. Um dos meus soldados.

Rawda ficou sentada olhando para o tapete. Ela tentou puxar o vestido que usava sobre a calça ainda mais para baixo, de modo a lhe cobrir os joelhos.

— Diga apenas que você fugiu da casa dos pais porque eles queriam casar você com um homem violento, que não respeitava o islã. Não diga que já você foi casada e é divorciada!

Ela assentiu em silêncio.

— Apenas seu novo marido pode saber toda a história. Com ele você não terá segredos. Mas ninguém mais pode saber de nada.

Ele a deixou ficar na casa até que lhe encontrasse um marido. Mesmo assim, o casamento deveria esperar três meses, período ordenado pelo

Alcorão, para que pudessem ter certeza de que ela não esperava um filho do ex-marido.

Bashir disse que pediria às esposas que tomassem conta dela, mas enfatizou que ela não deveria lhes contar sua história.

Vários soldados de Bashir queriam uma esposa, mas casar-se era muito dispendioso. Os pais exigiam o dinheiro do dote e, além disso, a noiva deveria receber roupas e utensílios, de preferência também ouro e joias. Os soldados geralmente vinham de famílias pobres e, como o Talibã não pagava seus combatentes, muitos jovens vitoriosos apenas sonhavam com uma noiva.

Bashir agora dispunha de uma noiva em suas mãos. O assunto pedia ponderação. Quem a merecia mais? A quem ele devia um favor? Um de seus amigos mais próximos havia passado nove anos na prisão, três anos com Bashir, e ainda não tinha um filho homem. Já era casado, é verdade, mas sua esposa só teve tempo de lhe dar uma filha antes que ele fosse preso, e depois disso não tiveram mais filhos. Ela estava envelhecendo, portanto o homem precisava recuperar o tempo perdido.

Bashir queria lhe oferecer a fugitiva.

Naquela mesma noite, Galai conseguiu descobrir toda a verdade sobre a recém-chegada. Claro, mediante a promessa de *não contar a ninguém*.

Entre as mulheres, Galai era a única que falava dari fluentemente, mesmo idioma de Rawda, que por sua vez não entendia pachto, língua falada pelo restante das pessoas da casa; logo, Galai a única intérprete com quem Rawda podia contar.

Logo depois de fazer a garota dar com a língua nos dentes, Galai soube por Omar a quem Bashir pretendia oferecê-la. O homem havia concordado imediatamente.

No dia seguinte, enquanto Bashir estava fora de casa, Galai telefonou para a esposa do homem, que ainda ignorava que seu marido estava destinado a se tornar noivo.

— Ela fugiu de dois maridos... — Galai revelou tudo o que sabia. — Achei melhor lhe contar. Ela já dormiu ao relento, num banco de um

A FUGITIVA

hospital, dentro de uma delegacia de polícia. Você não há de querer gente assim dentro de casa...

Não, a esposa do homem não queria.

Galai tinha uma sugestão. Rawda havia mencionado que preferia morar em Cabul. Galai supôs que uma das razões pelas quais ela não queria se casar com o primo era porque se tratava de um fazendeiro, mesmo motivo para a recusa da maioria das noivas nessas circunstâncias, e ela não estava disposta a levar uma vida ordenhando vacas, cuidando do celeiro, coisas assim.

— Exatamente, ela não vai ser de nenhuma valia para você — Galai enfatizou. — Conte tudo isso ao seu marido, faça uma grande cena e ele simplesmente vai recusá-la, não vai suportar isso.

Galai não teve êxito em impedir o terceiro noivado do próprio marido, mas, quando podia ajudar uma irmã — *uma das suas* —, ela não perdia tempo.

Do outro lado da linha, a esposa do fazendeiro a abençoou e agradeceu por avisá-la.

— Não há de quê, temos que evitar isso.

O homem escolhido ligou para Bashir naquela noite e cancelou tudo.

— Ofereça ela a outro — disse ele.

Melhor então tentar achar alguém que não fosse casado.

A escolha recaiu sobre Enayat. Ele passou sete anos na prisão, não tinha dinheiro nem esposa e morava nos arredores de Cabul. Enayat era um belo jovem. Uma pena que ainda fosse solteiro.

Ele gostaria de ver a garota.

Na noite seguinte, ele estava parado diante do portão. Eram quase 11 horas, a casa estava em silêncio. As crianças com idade para frequentar a escola corânica estavam dormindo, precisavam ser despertadas antes que os primeiros raios do sol despontassem. Até os menores, que não costumavam adormecer antes das mães, estavam quietos. Enayat chegou sozinho, sem mãe ou irmã, mas esse era um noivado extraordinário.

398   OS AFEGÃOS

Bashir pediu que Rawda mudasse um pouco sua história, ou melhor, a resumisse.

— Se concordarem, eu posso noivá-los já esta noite.

O status de Bashir como *mawlawi* o autorizava a dar o primeiro passo para o casamento.

Ele pediu que ela dissesse que havia se casado contra sua vontade, que o marido era viciado em drogas e havia emigrado para o Irã. Então ela retornou para a casa dos pais, que a obrigaram a se casar com seu hediondo primo, e por isso ela havia fugido para o 15º DP.

Rawda assentiu. Era exatamente isso que ela iria dizer. Galai a seguiu até o quarto de Sifat, o sobrinho com quem Bashir havia sido aprisionado, e a orientou a se sentar ali e esperar até que o jovem chegasse. As mulheres da casa se reuniram novamente no quarto de Sima, enquanto Enayat era acompanhado até o primeiro andar por Bashir, que trancou a porta após entrarem. Rawda e Enayat se cumprimentaram com a mão no coração e um discreto meneio de cabeça. Cada um se sentou em seu próprio colchão, distantes vários metros um do outro.

Ninguém ouviu os passos pela escada.

Era Galai.

O andar superior era cercado por uma varanda estreita. Na primavera, as janelas costumavam ficar abertas, como estavam no quarto de Sifat. A esposa de Bashir esgueirou-se pelo exterior da casa e se agachou sob a janela.

— Eu conheço sua história — ela ouviu Enayat dizer. — Bashir me contou tudo. Não precisa me dizer mais nada. Não me importo com sua vida pregressa.

Bashir fez questão que a mulher contasse tudo. Como casamenteiro, para ele era importante saber a versão que ela contava ao jovem, a fim de que não houvesse mal-entendidos depois.

Enayat era alto e esguio, tinha cabelos castanhos ondulados e pele pálida. Rawda o achava bonito assim, com traços delicados e harmoniosos.

Depois que ouviu a jovem lhe contar a nova versão da sua vida, foi a vez de Enayat dizer algumas palavras sobre si mesmo.

— Não sou rico. Tenho dívidas.

A FUGITIVA

— Não tem importância — disse Rawda. — Sou feia. E sou divorciada.

— Você não é feia! — protestou Enayat.

— Sinta-se à vontade para encontrar outra. Eu entendo se você não me quiser — disse ela corajosamente.

— Bashir é como um pai para mim — retrucou o jovem. — Se ele escolheu você para mim, ninguém saberá escolher melhor.

Galai apoiou-se na grade verde-menta, envolta na escuridão, e apurou os ouvidos.

Enayat perguntou se ela mantinha algum contato com a família. Ela confirmou que não. Ele disse também que mesmo que aceitasse seu passado, seus pais jamais a aceitariam dessa maneira. O casal teria que criar uma versão da história para ser contada à família. Ele até já tinha uma sugestão.

— Posso dizer à minha família que seu marido era um mujahed que foi martirizado. Eles não aprovariam meu casamento com uma mulher divorciada.

Rawda confirmou com um aceno de cabeça. Ela bem que gostaria que sua história fosse essa.

Mas o que diriam sobre os pais da noiva, por que ela afinal não mantinha contato com eles?

— Posso dizer que estão mortos — sugeriu Rawda.

Agora foi a vez de Enayat concordar. Rawda veio com um relato que poderia contar sem dificuldades, pois os fatos tinham ocorrido de verdade, mas com outra pessoa.

— Tive um tio e uma tia que morreram num acidente de carro quando a filha deles tinha 5 anos. Ela ficou órfã e teve que morar com outro tio. Posso dizer que *eu* sou essa menina, porque sei muitos detalhes da história, então é fácil para mim falar sobre o assunto. E depois podemos dizer que meu tio tentou me casar com alguém de quem eu não gostava e por isso fugi?

— Convincente — respondeu Enayat. — Vou dizer à minha mãe. E por falar nisso, por acaso eu disse que não temos casa própria, que moramos de aluguel? Tudo bem?

Trato feito!

OS AFEGÃOS

Então uma sensação bem familiar, que lhe dava calafrios, tornou a assombrar Rawda. Ela era, sim, feia. Ela pensou nas espinhas, aquelas que lhe diziam que desapareceriam sozinhas quando ela fizesse 18 anos, mas não desapareceram. Ela pensou no nariz, quebrado quando sua mãe a jogou escada abaixo. Ela olhou para as mãos, cheias de marcas de queimaduras porque a mãe lhe batia com colheres em brasa. Claro que a mãe e a irmã do noivo não a aceitariam.

Isso a deixou abatida. O julgamento que Rawda mais temia era a condenação de uma mãe. Da sua própria ela jamais havia recebido amor. A mãe do primo de quem estava noiva era um terror. E a mãe do marido que foi para o Irã encarnou o demônio depois que o filho partiu.

Por que motivo as mães se tornavam tão más?

Seus devaneios foram interrompidos por Bashir, que continuava a conversar com Enayat. Ele anunciou que faria uma prece, depois recitaria alguns versículos do Alcorão, e ali, no quarto de Sifat no primeiro andar, Rawda e Enayat estavam prometidos um ao outro.

Era preciso apenas que o acordo fosse confirmado pela mãe e pela irmã.

Em silêncio, Galai se afastou da janela e desceu lentamente as escadas. Não tardou para que todas as mulheres da casa fossem informadas do que havia acontecido no quarto de Sifat.

Naquela noite, Rawda começou a comer novamente.

Ao se deitar, pensou em Enayat. O rosto dele estava gravado nos seus olhos, bem atrás das pálpebras. Com um sorriso.

Os garotos estão chegando!

Ingressar no Judiciário requeria o domínio de várias disciplinas. No último semestre, a legislação islâmica era o assunto predominante. A turma de Ariana havia aprendido sobre a sharia, o Alcorão enquanto texto legal e como o livro substituiu as leis tribais dos tempos pré-islâmicos. Elas se debruçaram sobre o Maomé legislador e aprenderam a identificar se suas declarações eram históricas, isto é, autênticas. Os critérios a serem seguidos eram muitos, e diziam respeito a quem havia repassado essas informações bem como à credibilidade dessas várias fontes. Ariana pesquisou bastante sobre julgamentos islâmicos, procedimentos e legislação criminal, sobre vingança de sangue e dinheiro de sangue. Esmiuçou a legislação civil islâmica sobre casamento e sua dissolução, filhos, herança e partilha. As amigas aprenderam a diferenciar *hudud* e *tazir*. Crimes passíveis de punição de acordo com o princípio hudud eram descritos no Alcorão. Adultério, mas também falso testemunho de adultério, consumo de álcool, incesto e vários outros crimes graves estavam englobados nesse conjunto. No grupo tazir, a punição era aplicada pelo próprio tribunal, e os juízes poderiam ser mais interpretativos.

Ariana achava tudo muito instigante. Era parte de sua história, de sua sociedade, e ela admirava a lógica do sistema. Além disso, era uma sensação libertadora poder aprofundar-se nos estudos depois de tantos meses de ansiedade.

No final do semestre, havia, como sempre, uma enxurrada de exames. Desta vez seriam nove, um para cada tema principal. No dia das provas sobre herança, um grande tópico da sharia, as amigas ficaram na escada esperando que todas terminassem para voltar juntas para o dormitório estudantil, na outra extremidade do campus da universidade, onde continuariam estudando até o dia seguinte.

— O que você respondeu sobre um pai ser herdeiro do filho?

Eram cinco amigas da faculdade de Direito comentando sobre as questões.

— Ele é o primeiro a herdar se o filho não for casado, depois a mãe — respondeu uma.

— Ah, não, então essa eu errei!

— Essa prova estava muito difícil...

Era assim que elas estavam, nervosas, o coração quase saindo pela boca.

— Se ele não tiver filhos e ambos os pais estiverem vivos — explicou Ariana —, o pai herda dois terços e a mãe um terço. E, inversamente, se ele tiver filhos e a mãe estiver morta, o pai herdará um sexto dos bens.

— E quanto à questão de como a herança é distribuída se o filho tiver várias esposas vivas? — continuou uma delas.

Um sentimento antigo que Ariana quase esquecera estava de volta: a ambição de ser a melhor. O formigamento em seu corpo no instante em que pensou ter respondido errado, o alívio ao perceber que sua resposta estava certa. O sonho de uma entregar uma prova impecável, o inatingível sempre era a meta.

Dois guardas se aproximaram.

— Saiam daí!

Será que elas tinham se estendido além do horário? Uma das amigas conferiu o relógio no celular. Sim, elas ainda tinham o *direito* de estar no campus, ainda não era hora do turno masculino.

Os talibãs, com seus fuzis sobre os ombros, continuaram a ameaçá-las.

— Vão embora da universidade!

Como se elas não estudassem ali! E não morassem ali. As cinco garotas fincaram o pé. As acadêmicas de Direito sabiam que tinham o direito de estar ali. Aquele era o período delas. Ali elas estudavam a lei islâmica e a justiça, não seriam aqueles desqualificados que lhes diriam onde ou não poderiam estar. Era humilhante. Elas detinham o conhecimento, mas *eles* detinham o poder.

Quando os guardas já estavam bem próximos do grupo de garotas, Ariana viu algumas pessoas se aglomerando em frente ao prédio principal. Talvez fosse mais uma reunião com informações? Mais anúncios?

OS GAROTOS ESTÃO CHEGANDO!

Ela vislumbrou o reitor Barba-Ruiva e vários outros membros da administração. Um cortejo de carros entrou na área da universidade.

— Saiam daí! Os garotos estão chegando! — gritaram os talibãs. Sem que as moças identificassem o quê, eles gritaram algo mais, sobre mais pessoas a caminho, e quando já estavam bem perto, os guardas rosnaram:

— Desapareçam, o governador está chegando!

De fato foi o governador quem desceu de um dos carros, um talibã alto, de pernas grossas, com um turbante preto e uma enorme pança. Os alunos na entrada tinham flores nas mãos.

O que ele estaria fazendo ali?

As amigas de Ariana disseram aos guardas que teriam que atravessar o prédio principal, onde todos os homens estavam reunidos, para chegar ao dormitório. Então os guardas as encurralaram num canto e disseram que ficassem ali, escondidas, até que a *cerimônia* terminasse.

Cerimônia?

— É a cerimônia de formatura! — arriscou uma das amigas. — Dos homens!

Ariana congelou. A festa de graduação!

Ela se lembrou das festividades do ano anterior. Flores, fitas, bandeiras. Conversas, suco, bolos. Ah, como elas estavam ansiosas pela hora da própria cerimônia. Nesse semestre, nem tiveram tempo de pensar nisso, assim como tinham deixado de lado tantas coisas que não se concretizaram. E então tinham notícia da cerimônia por meio de guardas que as expulsavam gritando "Os garotos estão chegando!".

Em silêncio, rente à parede, elas ficaram esperando a autorização para sair. Era como se seus pés estivessem chumbados no chão. Ninguém dizia uma só palavra, elas simplesmente ficaram paradas observando o que acontecia na praça. Todos tinham aprendido os mesmos conteúdos, mas apenas os esforços dos meninos podiam ser comemorados.

Os garotos tinham sobre a cabeça barretes de formatura quadrados e pretos. Tiravam fotos uns dos outros, sorriam, se amontoavam e faziam selfies.

Ariana fechou os olhos. A única coisa que queria era usar um chapéu assim e ser fotografada.

Ela era uma das melhores da turma. Havia estudado para nove provas ao mesmo tempo. Mas agora só tinha vontade de chorar. Trabalhou tanto, esforçou-se para entender os textos mais antigos, tomando nota diligentemente, sublinhando o texto com marcadores de cores diferentes, e então os talibãs vinham e lhe tiravam todo o mérito! Embora ela soubesse que não havia espaço para mulheres educadas no Afeganistão naquele momento, ela queria ser a melhor. Além disso, queria receber seu diploma com pompa e circunstância — e selfies.

Então elas eram lembradas de que seus estudos não passavam de uma espécie de indulgência.

— É uma das piores experiências que já tive na vida — disse Ariana às amigas encostadas na parede.

Isso a afetou mais profundamente do que qualquer outra situação desde que o Talibã assumiu o poder.

A universidade tinha sido a coisa mais importante de sua vida, e a mais bela. Uma amiga estava com os olhos marejados.

— Você sabe que deu tudo de si e ninguém dá a mínima para isso — disse ela.

As outras assentiram.

— E você não sabe o que vai acontecer com você — completou Ariana.

As cinco garotas que estavam ali tinham pouco mais de 20 anos. Eram as melhores alunas de Direito. Ainda estavam na metade da série de exames, mas o fim já havia chegado. Ninguém, absolutamente nenhuma delas, e disso elas sabiam muito bem, jamais se tornaria o que um dia sonharam ser: juízas, promotoras, defensoras públicas, advogadas.

Depois, Ariana registrou em seu diário:

Não temos valor. Ninguém aprecia nossos esforços. Não somos nada.

Batatas com pão. Purê de batata assada no pão. Arroz com pão. Às vezes cenoura, às vezes nabo ou couve, outras vezes iogurte, conforme a época ou a oferta. Sem a renda de Karim e com o salário de Nadia atrasado, o aperto só aumentava.

OS GAROTOS ESTÃO CHEGANDO!

Ariana tentava encontrar receitas, ela que sempre gostou de cozinhar. Se não tivesse escolhido o direito, gostaria de ser chef de cozinha, ela sempre cogitou essa a possibilidade. Agora seu trabalho era encontrar receitas com poucos ingredientes e a preços acessíveis.

O humor do pai havia melhorado um pouco. Ele passava as noites conversando ao telefone. Era algo curioso, na maioria das vezes ele ia para a cama logo após a refeição e mal saía de lá até a hora de dormir. As conversas eram demoradas. Ele parecia animado, sua voz havia recuperado um pouco do antigo tom.

Ariana perguntou à mãe com quem ele estava falando.

— Ah, é só um antigo colega — ela respondeu.

Certa noite, depois de terem devorado as batatas com pão e algumas cebolinhas, seu pai disse que queriam falar com ela sobre um assunto.

Ela conhecia aquele olhar. Significava que queriam alguma coisa. Significava que iriam lhe pedir compreensão e obediência.

— Você tem um novo pretendente.

Ela murchou instantaneamente e olhou para o pai sem dizer nada.

— É alguém do escritório. Um colega. Quer dizer, o sobrinho dele.

Então era isso que o deixara animado, a ideia de casá-la. O colega estava um pouco acima na hierarquia. Finalmente, o pai estava sendo *cortejado*. E era ela, sua filha, quem poderia conduzi-lo de volta à vida perdida.

Esse jovem também havia trabalhado com questões militares, pelo que transpareceu. Ela não quis ouvir detalhes sobre assunto, mas teria sido no governo local de uma cidadezinha em alguma província, e ele havia perdido o emprego quando o Talibã chegou ao poder. Ele estava desempregado, mas era temporário, segundo o pai. Ou tão eterno quanto sua própria ociosidade, pensou Ariana.

Um destino miserável que ele partilhava com milhões de outros afegãos.

— Que formação ele tem? — Ariana quis saber.

O pai hesitou. Pelo menos, havia concluído o Ensino Médio, disse ele. Ariana suspirou. Isso nunca iria funcionar, nunca iria acontecer.

Para sua surpresa, eles continuaram falando desse sobrinho. Qual a explicação para tudo isso? Ela suspeitava que tinha a ver com o pai. De

406 OS AFEGÃOS

repente, algo aconteceu na vida dele. Ele estava sendo procurado. Ele discutia. Ele negociava.

Ela se esquivava do assunto. Sempre que seus pais mencionavam a palavra *marido*, ela se recusava a comentar.

— Não, não quero me casar!

Eles insistiam. Ela recusava.

Quem resistiria por mais tempo?

Eles não podiam obrigá-la. Era ela quem teria que pronunciar a frase "Sim, eu aceito".

Isso jamais faria. Mostraram para ela uma foto do rapaz.

— Não é meu tipo — limitou-se a dizer à mãe.

— Não seja grosseira! — retrucou a mãe.

Eles continuavam pressionando. Primeiro usando o medo.

— Você estará mais segura casada, com o Talibã não sabemos o que pode acontecer.

Em seguida, com o tempo.

— Você acabou de se formar. Por mais desejável que você seja agora, essas coisas não são eternas. Em mais um ano você não será tão interessante.

Depois com a responsabilidade.

— Já pensou no que será das suas irmãs se você não se casar? As pessoas vão se perguntar: "O que há de errado com essa família?"

Por fim, com a desconfiança.

— Existe alguém na sua vida? Alguém que não conhecemos?

— Não estou preparada para ninguém! — protestava Ariana.

E nessa toada eles continuaram à medida que maio chegava clareando os dias.

No final do mês, o pai começou a mencionar o noivado como se fosse fato consumado. Falava ao telefone sem se importar com a presença dela ao lado, ouvindo a conversa.

— Ela pode morar conosco na aldeia primeiro — disse a voz do outro lado da linha. — No primeiro mês, pelo menos, e mais tarde podemos comprar uma casa em Cabul, ou talvez não comprar, mas alugar.

OS GAROTOS ESTÃO CHEGANDO!

Como era possível? Alugar uma casa em Cabul quando não se tinha renda? Viver com eles na aldeia primeiro era obviamente uma armadilha: dali ela jamais escaparia.

Karim disse que o casamento teria que ser realizado num bom hotel da cidade, pelo menos.

Enquanto o pai ficava em casa, a mãe passava os dias na escola, porque os jardins de infância continuavam funcionando como antes. Suas responsabilidades eram maiores que os recursos. As professoras do Ensino médio, que já não tinham alunas, a visitavam frequentemente em seu gabinete. Elas receberiam o salário agora que não estavam mais lecionando? Ela não sabia. Bem que tentou se inteirar com o Ministério da Educação, mas era impossível obter uma resposta clara da parte deles, ou qualquer resposta que fosse.

— Aguarde um comunicado — era só o que diziam quando ela telefonava.

Todos os dias aquelas professoras assinavam a folha de ponto, quem sabe as do Ensino Médio devessem fazer o mesmo? Depois que o Talibã assumiu, o pagamento dos salários dos professores ficou ainda mais incerto do que na época de Ghani. Os setores de educação e saúde no país eram financiados pelo Banco Mundial, que agora intervinha para forçar o Talibã a respeitar os direitos humanos e incluir mais mulheres e grupos minoritários no governo e, não menos importante, permitir que todas as meninas fossem à escola. Mas o regime de sanções prejudicava também as pessoas comuns, espremidas entre o regime do Talibã e a comunidade internacional, determinada a dar uma dura lição aos islâmicos.

Nadia havia sido nomeada diretora em janeiro de 2020, mas em seguida veio a pandemia e depois veio o Talibã. Portanto, ela não teve a oportunidade de tomar posse no cargo como deveria. O prazo já estava acabando e, depois disso, ela passaria a ocupar a função sem a devida permissão. Neste caso, eles poderiam substituí-la por quem quisessem.

O Talibã havia se tornado um verdadeiro império de permissões, ou demissões diante da ausência dessas licenças. Ela precisava da assinatura do mulá Khitab, o homem que havia pregado aos diretores uma semana antes da abertura das escolas. Era urgente conseguir aquele documento.

Ao chegar ao Ministério da Educação, ela foi abordada por um talibã na portaria.

— Espere ali — disse ele, apontando para o outro lado da rua.

Ela que ficasse lá fora, como se fosse uma mendiga. Não lhe deram autorização nem para esperar na calçada do mesmo lado da rua do ministério. Na primeira vez, ela deu as costas e achou que poderia regressar no dia seguinte, e assim fez, mas então percebeu que não havia alternativa a não ser esperar, era necessário obter a *permissão de diretoria*, então nada lhe restava a fazer. Ela, uma senhora firme e madura no comando de centenas de alunos; ele, um camponês simplório armado com um fuzil, era assim que ela enxergava a situação. No final do dia, quando ela voltou a abordá-lo, ele simplesmente disse "Deixe ali" e apontou para um balcão.

Por que não tinha dito isso logo? Se bem que, pensando melhor, ela se deu conta de que durante o dia inteiro não havia um só ser humano atrás daquele balcão. Não iria deixar seus documentos ao léu.

Na terceira tarde, ela e as demais pessoas aglomeradas ali esperando o mulá finalmente foram conduzidas ao interior do prédio. Várias estavam na mesma situação. Nada caminhava sem a assinatura do mulá Khitab — o sagrado dínamo do sistema — a quem tudo cabia aprovar ou desaprovar.

Todos foram conduzidos ao enorme gabinete do mulá, com sofás e mesinhas ao longo das paredes. Ela já havia estado naquela sala antes, sob o regime anterior, e não percebeu nenhuma mudança além da placa na porta — e da obrigação de tirar os sapatos antes de entrar.

O mulá estava sentado atrás de uma grande mesa e aproveitou a oportunidade para repreender os funcionários das escolas.

Todos eles, na verdade todos os docentes, foram acusados de estimular um clima de ódio entre a população e o Talibã.

— Posso ver em seus olhos que vocês não gostam de mim — disse ele. — Aqui em Cabul, percebo isso até nos olhos dos estudantes. Vocês têm responsabilidade por isso! Vocês são responsáveis pela conduta das crianças! Vocês não fizeram o seu trabalho. Vocês precisam ensinar as crianças a amar o Talibã. Vocês precisam também amar o Talibã. Estão ouvindo?

Todos assentiram. Todos precisavam de uma assinatura.

OS GAROTOS ESTÃO CHEGANDO!

— Além disso, de agora em diante, o pachto será o único idioma usado na escola — disse ele cofiando a barba. — Não mais o dari. Todos precisam aprender a língua do Talibã — disse ele. Eles assentiram novamente. Todos estavam *desesperados* por aquela assinatura.

E todos conseguiram. O mulá fez um meneio de cabeça, primeiro para os homens, depois para as mulheres. Na saída, Nadia ainda ouvia a voz do mulá ecoando em seus ouvidos, mas dentro da bolsa ela levava a assinatura do homem no papel. Tudo estava em ordem, até novo aviso. Ela respirou fundo, levantou a cabeça, aprumou os ombros. Era hora de voltar para casa, unir-se ao marido e aos sete filhos, todos mal-humorados. O lar de uma família deprimida.

O clima na casa se alternava em ondas. A relação entre Nadia e Ariana foi cortada depois que o Talibã proibiu as meninas de cursar o Ensino Médio. Até então, a filha mais velha era a única da família que conseguia confortá-la e evitar que a mãe sucumbisse. Agora, com o novo pretendente, era como se os laços tivessem novamente sido rompidos, mãe e filha se afastaram, transformando-se em duas estranhas, ou pior, comportando--se de maneira hostil.

Por fim, Ariana concordou em conhecer o sobrinho do colega de seu pai. A família tinha uma boa reputação. Nada havia de *desabonador* em relação a eles. Ele era um sujeito legal, aparentemente.

Ariana seguia convencida de que comprar uma casa em Cabul não passava de uma ilusão para alguém desempregado, mas talvez a família tivesse alguma poupança. Normalmente, a família do noivo custeava as despesas do casamento — tudo, desde o vestido da noiva até o bufê dos convidados, deveria ser pago por eles. O pai e o colega não paravam de trocar ideias. Não estavam dispostos a gastar muito dinheiro com o casamento, disse o pai do noivo. Muito bem, o pai da noiva concordou.

Que espécie de poder aquele homem exercia sobre seu pai, afinal? E quanto ela *valia*?

Ariana nunca foi de sonhar com uma grande festa de casamento, mas uma vez que a família do pretendente era tão muquirana, teve a impressão

410   OS AFEGÃOS

de que estava sendo oferecida a preço de banana. Ainda assim, achou que deveria falar pessoalmente com esse sobrinho; era preciso descobrir como ele era, então permitiu que os pais lhe dessem seu número de telefone.

No dia seguinte ela esperou em vão. Nenhum telefonema. Um dia depois, idem. Ele não ligou. Nem no terceiro dia. Uma semana se passou. Isso era o pior de tudo, ele tinha o número, os pais haviam permitido que conversassem em particular e mesmo assim ele não ligava. Não tinha coragem? Não queria? Ele, um adulto, só se manifestava por intermédio dos pais! A mãe comunicou que ele preferia, em vez de falar pelo telefone, encontrá-la pessoalmente primeiro. Sem que ela pudesse decidir, acordaram que ele a visitaria no fim de semana, na companhia da mãe e das irmãs. Mas então a mãe adoeceu e a visita foi adiada.

Por que ele mesmo não telefonava?

Ah, não era assim que a vida deveria ser!

Um dia, ao voltar da casa de uma amiga que morava na vizinhança, ela encontrou os pais desconcertados.

— Tivemos visitas — disse Karim.

O sobrinho do amigo teria estado por lá sem que lhe avisassem?

Quando a campainha soou, o pai era o único em casa, além das meninas que não estavam na escola. Ele desceu. Lá estavam três mulheres. Elas se apresentaram. Ele pediu que subissem e telefonou para Nadia. Ela tinha que voltar do trabalho, ele não podia entreter aquelas mulheres sozinho. Elas esperaram na sala de visitas até que Nadia retornasse. E então foram direto ao ponto.

— Estamos aqui por sua filha — disse a mais velha. — Meu filho é professor de informática. Na universidade. Foi lá que conseguimos o endereço de vocês.

Ela contou sobre o filho e depois pediu Ariana em casamento em seu nome.

Nadia não sabia bem o que dizer. Afinal, havia um outro pretendente.

— Gostaríamos que acontecesse o mais rápido possível. E, se não houver interesse, também gostaríamos de saber o mais rápido possível.

OS GAROTOS ESTÃO CHEGANDO!

Elas combinaram de voltar no dia seguinte, para estar frente a frente com Ariana.

— Eu sei quem é — disse Ariana.

Ela se lembrou do professor que ligou para elogiar o seu inglês e perguntou às colegas sobre seu paradeiro quando ela não apareceu na universidade no retorno das aulas. Só podia ser ele.

— Mas mãe, o que você quer que eu faça? Vocês me prometeram para um, e de repente aparece outro aqui? O que vocês querem afinal?

— Não tínhamos como saber que elas viriam aqui. Foi muito melhor assim.

— Não quero nenhum dos dois!

— Você deve ao menos recebê-las, agora que eu concordei — disse a mãe.

Na tarde seguinte, as mulheres voltaram para encontrar Ariana. A mãe pediu que se aprontasse, mas ela se recusou e continuou vestida com as roupas surradas de casa. A mãe, a irmã e a tia do professor de informática eram bem simpáticas. Até pareciam um pouco sua própria família, ela pensou.

Elas pareciam muito entusiasmadas, falando quase em uníssono, como se esperassem conquistá-la de imediato. Ao mesmo tempo, acompanhavam com os olhos cada movimento que Ariana fazia. A irmã era parteira, a tia e outra irmã eram professoras. As mulheres rapidamente encontraram o tom certo com Nadia. A filha ficou ali por uns quinze minutos, as visitantes se demoraram até o cair da noite.

Depois que foram embora, Nadia foi direto para o quarto.

— O que você acha? — perguntou ela. — Ele ou o outro?

A mãe parecia satisfeita e repetiu a pergunta antes que Ariana pudesse responder.

— Ele tem um mestrado em informática na Índia!

— Acho que prefiro ele — respondeu Ariana. — Não sei, não o conheço. Talvez ele seja melhor, quem pode saber?

— Vou falar com seu pai — disse Nadia.

O sobrinho do colega provavelmente seria preterido, mas isso seria um problema para Karim resolver.

412 OS AFEGÃOS

— Ele trabalha, e é melhor estar com alguém que tem um emprego do que com alguém que não tem — Ariana argumentou com a irmã depois. — Ele pode até não ser maravilhoso, mas é melhor.

As mulheres retornaram na tarde seguinte e logo quiseram saber:

— O que nos dizem? Aceitam?

Nadia argumentou que Ariana teria que encontrá-lo primeiro. Cabia a ela ter a última palavra. Um encontro foi marcado para o dia seguinte, numa churrascaria no centro da cidade.

Mahmoud era baixinho e alegre, um pouco mais alto que ela, e tinha ombros estreitos e mãos delicadas. O rosto jovial era ligeiramente ovalado, tinha traços suaves e bastante elegantes. A maior parte do cabelo, infelizmente, já tinha caído.

Nadia não tinha tempo a perder com mesuras diante do possível genro.

— Quais são seus objetivos? O que quer conquistar na vida?

O objetivo era estudar mais, disse ele. Antes de mais nada, porém, queria apoiar Ariana, não importa o que ela escolhesse fazer.

— Qualquer um pode conseguir um diploma de bacharel — disse ele —, é melhor ter um mestrado.

Ele poderia ajudá-la com isso.

Ariana deixou claro que queria morar em Cabul.

— Vamos morar onde você quiser! — disse ele. — Vou fazer tudo para lhe proporcionar uma vida boa. Se quiser, pode trabalhar. Vou conseguir uma bela casa. Podemos fazer isso juntos. Você decide como será.

Este é um bom homem, Ariana logo pensou. Para quem nunca teve namorado nem mesmo passeou de mãos dadas, a noção de romance chegava através de filmes norte-americanos, novelas turcas e letras de músicas pop. Experiência real ela não tinha.

Os três conversaram mais do que comeram. O clima era leve, ele falou a maior parte do tempo, na verdade o tempo todo.

— E quanto ao casamento, isso Ariana também pode decidir. Ela pode escolher o salão do casamento, o local do noivado... Ariana vai decidir tudo — ele disse.

OS GAROTOS ESTÃO CHEGANDO! 413

— Ariana é muito especial para nós — disse a mãe — por isso...

— Claro que sim! Ela é muito talentosa, eu sei!

— Como sabe? — perguntou uma Ariana um tanto coquete.

— Sei tudo sobre você — ele sorriu. Era a primeira vez que se dirigia diretamente a ela, fora isso falava quase exclusivamente com a mãe. Ariana achou que era assim que deveria ser. Mas o que sabia a respeito de tudo aquilo, afinal? — Quero fazer tudo por ela, qualquer coisa que ela quiser — prometeu ele a Nadia.

Mahmoud esperava uma confirmação para o dia seguinte.

Nadia perguntou a Karim se ele concordava.

— Você decide — disse ele.

Apesar de ter que transmitir a triste notícia ao colega e esperar uma severa reprimenda por tê-lo iludido, o pai logo percebeu que este era um candidato melhor.

Ariana concordava.

Eles cumpriram o prazo. No dia seguinte, os pais formalizaram o noivado, quatro dias depois de as três mulheres terem batido à porta sem avisar.

O vestido de noivado foi entregue na casa da família um dia depois. Era verde-menta com detalhes prateados, tinha mangas curtas e um lindo decote. A embalagem continha ainda um suntuoso conjunto de colar, brincos e tiara, com pequenas pérolas em forma de lágrimas reluzindo sobre a testa. Mahmoud entregaria o anel pessoalmente naquela noite. Ele vestia um terno risca de giz azul-marinho, com uma gravata estampada e um lenço da mesma cor na lapela. Com ele, vieram os homens da família, pai, tios, irmãos, que foram recebidos por Karim num quarto, enquanto Nadia recebia as mulheres ao lado, no quarto do casal.

Os noivos se encontraram pela segunda vez.

Cinco dias transcorreram desde que as três mulheres tocaram a campainha do prédio. Eles logo se tornariam uma família, e a química entre os pais era promissora.

Ariana e Mahmoud finalmente tinham algum tempo para conversar a sós.

414 OS AFEGÃOS

— Você não faz ideia do quanto eu queria que isso acontecesse! Não faz ideia de quantas vezes fiquei sentado diante da janela esperando por você. Quando a vi passar por mim na universidade pela primeira vez... sabe, fiquei completamente apaixonado. Mais tarde, fiquei procurando você da janela do meu gabinete. Tentei descobrir seus horários, sabia quando você ia passar do dormitório para a faculdade.

— Ah, eu nem desconfiava... Como é possível? Nunca nem esbarrei em você.

— Não, eu estava no meu gabinete, como poderia? Eu nem sabia o seu nome. Deus permitiu que isso acontecesse! Foi o que pensei quando você subiu naquele palanque para dar sua palestra, porque aí disseram seu nome. Foi assim que eu descobri, e aí tive a certeza de que queria conhecer você, e por isso telefonei.

Ele emendava uma frase na outra, dizendo as mesmas coisas de maneiras ligeiramente diferentes. Explicando que ficava no gabinete, observando, aguardando, esperando, ansiando, sem nem mesmo saber quem ela era. E agora!

— Eu quero mostrar o mundo a você — disse ele. — Eu quero...

Eu quero...

Eu quero...

Eu quero...

Emergindo das sombras

Num dia de primavera, Bashir recebeu uma importante visita do Paquistão. O convidado, que chegara ao segundo andar pela escada externa, era o chefe do governo paralelo do Waziristão. A exemplo do Talibã enquanto os traidores estavam no poder em Cabul, o governo paralelo do Waziristão mantinha conselhos de liderança, tribunais e forças militares. Eles espelhavam o governo distrital oficial, mas operavam *nas sombras*, em segredo e na clandestinidade.

O próprio Bashir fez parte do conselho de nomeações do governo paralelo, cujo objetivo de longo prazo era derrubar o governo paquistanês. A organização Tehrik-e-Taliban Pakistan (TTP) reunia jihadistas de todos os matizes, incluindo o Estado Islâmico.

O governador, cujo nome era Gohar Wazir, acabara de ser nomeado. Ele foi agradecer a Bashir pelo apoio e traçar planos de ação. Era um homem bastante magro, vestia um uniforme de campo verde e tinha um rosto estreito e enrugado. Na cabeça, assim como todos os seus homens, usava um chapéu de feltro achatado no topo, que mais parecia uma forminha de bolo invertida, com abas de feltro que lhe cobriam orelhas e pescoço. O chapéu era comum no Waziristão, mas nenhum outro grupo paramilitar o usava.

Gohar Wazir era um homem de poucas palavras. Enquanto Bashir tentava ser simpático contando anedotas e histórias, o chefe do governo paralelo se mantinha discreto. Nem mesmo seus outros compromissos em Cabul eram conhecidos. Sirajuddin Haqqani tinha sido um notório apoiador do TTP, mas agora que se tornara ministro do Interior, as circunstâncias eram outras.

O grupo, maior organização de combate ao Estado paquistanês, saiu fortalecido com a vitória do Talibã no Afeganistão, consolidando posições em toda a área tribal, em ambos os lados da fronteira. Ocorre que o TTP não se contentava com o poder local apenas, queria controlar o país inteiro. Depois que o Talibã assinou o acordo de paz com os Estados Unidos, em fevereiro de 2020, eles incorporaram combatentes de dez organizações, incluindo três grupos apoiados pela Al-Qaeda. Ao mesmo tempo, vários homens migraram para o EI-K. Os extremistas transitavam entre os diversos grupos, e as razões para isso nem sempre eram claras. Na maioria das vezes, tratava-se de diferenças pessoais, de partilha do poder e até de orientação ideológica.

Bashir estava animado. Um novo jihad então. Com o objetivo de longo prazo de instalar um governo talibã no Paquistão.

Quando começariam a agir? De quem receberiam apoio? Com quantos homens podiam contar? E, sobretudo, como se comportaria a liderança do Talibã?

A relação com Sirajuddin era delicada. O ministro do Interior precisava saber sobre o papel que Bashir continuava a desempenhar no TTP. Ao mesmo tempo, não queria arrumar problemas com o poderoso vizinho do leste, as dificuldades com o resto do mundo já lhe bastavam.

Até então, nada estava definido.

A neve ainda cobria as montanhas. O plano era lançar o ataque no mais sagrado de todos os meses, pois durante o Ramadã eles poderiam contar com as maiores graças de Alá. Quem quer que fosse morto no jihad durante o Ramadã receberia uma redobrada recompensa no paraíso.

Bashir teve a honra de escolher o nome da ofensiva:

Al-Badr. Lua Cheia. Em alusão à primeira vitória dos muçulmanos contra os coraixitas em Medina, ponto de inflexão do profeta Maomé no campo de batalha. Também naquela época, no século VII, os conflitos ocorreram durante o Ramadã.

Bashir não precisava de um Exército inteiro, apenas de bons homens. E os requisitos eram os de sempre: precisavam ser inteligentes, corajosos, fortes.

Seu nome já era bastante conhecido, agora só precisavam saber que ele estava recrutando. E mal tinha começado.

EMERGINDO DAS SOMBRAS

Do seu celular, ele repassava as mensagens para Gohar e seus comandados. Um companheiro escreveu: "Estou pronto. Me ligue, somos muitos." Um outro: "Tentei ligar. Resumindo: consigo cinquenta homens. Estamos prontos."

Fosse ou não verdade, era mais fácil recrutar agora do que vinte anos atrás, quando a Otan chegou com sua força avassaladora e o Talibã via seus combatentes sendo ceifados como trigo no campo, sob o impacto de sucessivas ondas de bombardeios.

— Mas não desistimos e, com a ajuda de Alá, triunfamos! — disse Bashir. Ele pegou o Krinkov. — Isto foi fabricado por um infiel! — disse. — Em algum lugar na União Soviética. Foi trazido aqui para nos matar. Agora é meu. O que vale não são as armas, mas quem as empunha. E aqui nós, mujahedins afegãos, somos imbatíveis.

— Conte a eles sobre o seu Krinkov — provocou Farid.

— Ora, você quer me ver morto? — perguntou Bashir.

A história que ele às vezes contava, às vezes não, era que o fuzil pertencera a Osama bin Laden. O saudita liderava uma ofensiva na região de Zazi, na província de Paktia, quando os combatentes árabes tomaram a arma de um soldado soviético morto e lhe entregaram.

Osama usou o Krinkov até ordenar o ataque terrorista contra os Estados Unidos. Pouco tempo depois, presenteou com o fuzil um guerreiro afegão. O guerreiro foi morto e o Krinkov novamente mudou de mãos.

— E aí eu o peguei — contou Bashir.

— De quem? — alguém perguntou.

— Por quê? — quis saber outro.

— Um amigo me presenteou, só isso.

Eles estavam reunidos no último andar, cada um com sua taça de chá. Da grande varanda do lado de fora tinha-se uma vista panorâmica do vasto jardim. A casa de hóspedes que tomava forma, tijolo após tijolo. A amendoeira em flor.

No fundo da casa, as roupas estavam penduradas para secar: vestidos, calças, casacos, cobertores. Bem no final da propriedade havia uma piscina, cheia de água da chuva. Os azulejos ao longo da borda estavam rachados, a pintura azul das paredes estava descascando. Na superfície boiavam uma câmara de ar, pedaços de mangueira, alguns gravetos e roupas que deviam ter se desprendido do varal ao lado. O ar remanescente nos pneus de uma bicicleta que havia caído na piscina a impedia de afundar de vez.

A visibilidade da água marrom-acinzentada piorava gradualmente desde a superfície até o fundo lamacento.

Do segundo andar não era possível ver o que a água escondia, o que estaria oculto lá embaixo. Do alto até se podia ter uma noção, mas para saber mesmo o que havia ali era necessário mergulhar nas profundezas.

Como fazia Bashir. Era preciso remexer na lama, disso ele tinha certeza. Voltar à guerra.

As mulheres e o Califa

Os dias tornaram-se mais longos e claros. A partir de meados de maio, o sol nunca se punha. Mas nem isso era capaz de reconfortar Jamila. Em junho, ela precisou recorrer a cortinas black-out para conseguir dormir.

Ao mesmo tempo, no Afeganistão a escuridão era cada vez maior. Essa escuridão também a alcançava, pois era *lá*, em sua terra natal, que seu coração estava. Era para *lá* que sua atenção estava voltada, era por notícias de *lá* que ela ansiava.

As batalhas iam sendo perdidas uma após a outra. As escolas não foram reabertas para as meninas mais velhas. As restrições de viagem foram mantidas. As mulheres não podiam transitar além de 72 quilômetros sem um guardião. O governo impôs um código de vestuário e a segregação nos locais públicos, as mulheres foram proibidas de trabalhar. A administração pública favorecia a incompetência diante da experiência. Em alguns ministérios, para que as famílias não perdessem totalmente a renda, um parente do sexo masculino podia substituir as mulheres demitidas. *Qualquer parente do sexo masculino.* Exilada em Alta, Jamila praguejava contra aquilo tudo.

Ao mesmo tempo, sentia muito remorso por ter abandonado seu país. Talvez ela pudesse ter feito diferente. Talvez fosse possível persuadi-los. Eram os seus compatriotas que estavam em apuros, e por isso seu arrependimento era enorme. As temidas prisões em massa de ativistas e políticos não ocorreram. A anistia do Talibã foi estendida também a esse grupo. Mulheres que protestaram brandindo cartazes e gritando palavras de ordem foram presas e relataram maus-tratos e assédio na prisão, mas acabaram sendo libertadas; ainda assim, não eram muitas.

De qualquer forma, a militância pública nunca foi o forte de atuação de Jamila. Seu trabalho era de bastidores e envolvia principalmente diálogo, colaboração e compromisso. Tudo muito difícil de administrar remotamente desde Alta.

Exilar-se numa cidadezinha congelada ao norte do Círculo Polar Ártico complicava demais a vida. Jamila sentia alívio a cada vez que evitava lidar com a Noruega, um país que tanto lhe cobrava — aprender norueguês, colocar-se profissionalmente, envolver-se no processo de integração — e não era capaz de lhe oferecer aquilo que ela de fato estava procurando: as imagens perdidas da radiografia do ombro. A dor havia se espalhado por todo o corpo, mas ela não suportava mais perder tempo com a incontornável burocracia que afetava os refugiados.

Em vez disso, preferia passar o tempo na companhia do *filho* — o computador. Tantos e-mails e declarações para escrever, tantas reuniões online, discussões e webinars para participar. O cenário era especialmente complexo, uma vez que os ativistas, os especialistas e os políticos afegãos escanteados só conversavam com suas próprias bolhas, uns com os outros, mas nunca com os que detinham o poder de fato.

Como poderiam fazer algo que representasse uma mudança? Incomodava-a o fato de que o Talibã sempre estava disponível quando era convidado para conversas, fosse no exterior, em Oslo, Abu Dhabi ou Doha, ou em reuniões com diplomatas e delegados da ONU no Afeganistão.

Os estrangeiros sorriam educadamente para os homens de turbante, alguns até tiravam selfies e postavam no Twitter, manifestando sua preocupação com o progresso do país e enfatizando que os direitos humanos haviam sido mencionados nas conversas.

Os talibãs retribuíam os sorrisos e apertavam ainda mais o cerco.

Jamila decidiu então escrever uma carta para a delegação da ONU em Cabul. Ela achava que a pressão que faziam sobre o Talibã não era suficiente. Eram eles quem estavam ali, lado a lado com quem tinha o poder nas mãos. Diariamente os delegados encontravam-se com membros do governo, que mantinha suas políticas desumanas, sem oferecer contrapartidas ou acenar com uma perspectiva de mudança. Para ela, a comunidade internacional se deixava iludir pelos talibãs, que se recusavam a reunir-se com quem de fato importava: as mulheres afegãs.

AS MULHERES E O CALIFA   421

Jamila pediu ajuda para marcar um encontro com os detentores do poder. O encontro teria que ser pessoalmente, as próprias mulheres definiriam a pauta e teriam voz. Por que a ONU e os diplomatas ocidentais precisam falar pelas mulheres afegãs se elas próprias têm vozes suficientemente fortes?, perguntava-se ela, exortando todas as mulheres do escritório a enviar mensagens semelhantes à delegação da ONU.

Algumas semanas depois, Jamila recebeu um telefonema de Cabul.

— Onde está Torpekai? Não estamos conseguindo falar com ela.

A vice de Jamila tinha viajado ao Irã e não estava disponível. Era urgente entrar em contato com alguém do escritório. A liderança do Talibã havia concordado em receber cinco mulheres. Três já estavam designadas, Jamila poderia escolher mais duas.

O encontro seria realizado no dia seguinte. Não havia tempo para esperar por Torpekai. Ah, se a própria Jamila pudesse estar presente!

Ela logo pensou em indicar Zeynab, a professora universitária que fez um discurso inflamado contra o Talibã na entrevista coletiva sobre o fechamento das escolas recorrendo apenas a argumentos religiosos. Extremamente devota, sua vida consistia apenas em orar e lecionar. O tema era a libertação feminina. Ela pertencia a um grupo de mulheres eruditas que eram muito mais duras do que seus colegas homens ao erguer a voz contra os talibãs.

Além dela, Jamila queria convidar uma ativista veterana. Soraya cresceu nos anos 1960 e referia-se à juventude, com minissaias e sem véu, como os melhores anos de sua vida. Naquela época, o Afeganistão era um bom lugar, ela se recordava. Durante a maior parte de sua vida profissional, ela trabalhou como professora e tinha uma boa formação religiosa, o que era uma vantagem diante dos talibãs. Ela se sobressaía como uma mulher pachto tradicional e maternal, uma escolha perfeita para o encontro, pois também era pragmática e não tinha papas na língua.

Ambas responderam imediatamente que sim.

Jamila, em Alta, Zeynab e Soraya, em Cabul, fizeram uma videoconferência para discutir os detalhes. Decidiram enfatizar a participação da mulher na sociedade, tanto no trabalho quanto na governança do país, e exigir que as escolas fossem abertas a todos. Ainda assim, não sabiam com quem iriam se encontrar. Jamila suspeitava que fosse o ministro da Educação ou seu secretário. Também poderia ser Muttaqi, o ministro das Relações Exteriores que havia liderado a delegação do Talibã a Oslo.

— Não tenham medo! — disse Jamila.

— Não estou com medo — disse Zeynab. — Tenho Deus comigo.

— Eu também — repetiu Soraya.

— Ótimo. Sejam confiantes, mas amistosas. Usem expressões tradicionais ao falar e, por favor, evitem tanto palavras em inglês como os jargões empregados pelas organizações humanitárias internacionais! Este é um encontro de afegãos com afegãos. Ouçam o que eles têm a dizer, contra-argumentem e lembrem-se de fornecer evidências para cada afirmação que fizerem, e fiquem à vontade para fazer uma cortesia aqui e outra ali...

A reunião estava marcada para as 9 horas da manhã seguinte, e as mulheres chegaram com bastante antecedência. Foram levadas para uma recepção num dos ministérios do Talibã e instruídas a esperar. Além de Soraya e Zeynab, havia uma ex-vice-ministra e duas ativistas. Soraya percebeu que seu corpo tremia discretamente. Ela nunca havia falado com ninguém na liderança do Talibã antes e fez uma prece silenciosa pedindo proteção.

Um homem recolheu seus telefones e os colocou numa caixa, enquanto dirigia as mulheres a seus lugares. Elas se acomodaram nas confortáveis cadeiras e se certificaram que estavam bem cobertas com o véu e o lenço sobre a cabeça. Soraya até quis enviar uma mensagem para Jamila dizendo que até ali tudo corria bem e estavam só esperando a reunião começar, mas se deu conta de que haviam confiscado seu celular.

Então ouviram-se passos pelo corredor. A porta se abriu, e um grupo de homens paramentados com esvoaçantes túnicas brancas de luxo e turbantes pretos entrou na sala. Um homem corpulento abria o caminho. A barba cobria-lhe a maior parte do rosto, e os cabelos, pretos como breu, desciam encaracolados até as orelhas. O séquito de homens que o acompanhavam se dispersou quando ele se aproximou das mulheres.

AS MULHERES E O CALIFA 423

Seus olhos eram profundos, quase uma sombra nas órbitas, encimados por um par de sobrancelhas espessas. Ele não as encarou diretamente, em vez disso abancou-se numa cadeira. Ainda sem lhes dirigir o olhar, dali proferiu as saudações islâmicas e foi respondido de acordo, para só então anunciar com a voz mansa:

— Vim aqui para escutá-las.

Era Sirajuddin Haqqani.

Poucas pessoas haviam derramado mais sangue do que ele. O homem por trás da maioria dos ataques terroristas em Cabul, que instituiu a produção em massa de bombas caseiras, que fundou sua própria academia de mártires, que manipulou, motivou, sequestrou, chantageou e matou.

Poucas pessoas dominavam como ele a arte da conquista e manutenção do poder. Meses depois de ter sido empossado ministro do Interior, Sirajuddin Haqqani presidiu uma cerimônia fúnebre para os parentes dos homens-bomba no Intercontinental de Cabul, hotel que, anos antes, havia sido alvo de um ataque ordenado por ele. Na grande celebração aos mártires, ele fez um agradecimento especial a seus pais, que voltaram para casa com roupas novas, 10 mil afeganes no bolso e promessas de um pedaço de terra.

Seus seguidores devem se sentir vistos e reconhecidos.

Só em março ele se deixou fotografar em público, ao passar em revista a turma de formandos da academia de polícia. Já não estava mais se escondendo das autoridades, ele *era* as autoridades.

A ex-vice-ministra, que era médica, foi a primeira a falar. Com objetividade e domínio do assunto, ela expôs a situação caótica do sistema de saúde. Muitos fiéis muçulmanos esperavam que o Talibã tivesse aprendido, disse ela ao homem que ainda desviava o olhar enquanto ela falava. Muitos esperavam que o Talibã trouxesse melhorias após anos de corrupção e desgoverno, continuou ela, mas a política enveredou pela direção errada, a escassez de trabalhadores da saúde, sobretudo mulheres, era enorme devido às restrições de viagens, segregação e salários baixos. Além disso, faltavam equipamentos, medicamentos e vacinas. A experiente médica enfatizou

424 OS AFEGÃOS

que as atitudes hostis dos talibãs em relação às mulheres representavam também uma hostilidade à metade da população do país.

— Por que vocês nos tratam como se fôssemos párias? — questionou ela.

O ministro do Interior permanecia em silêncio. Ele confirmou a carência de clínicas e de médicos no interior. Em linhas gerais, prometeu melhorias, mas reclamou da falta de recursos, culpando os fundos que o Ocidente havia congelado.

A próxima a falar criticou a exclusão das mulheres da vida profissional.

Haqqani continuava desviando o olhar. Sentado ao lado, um homem tomava notas.

A terceira concentrou-se nas estruturas de poder patriarcais. Por que não havia mulheres no governo ou em posições superiores?

Exceto pelos olhos, Zeynab tinha o rosto inteiro coberto por um véu. Sobre a abaya ela usava um hijab bege. A maneira como ela o amarrou e sua postura não deixavam dúvidas de que se tratava de uma muçulmana conservadora. Ao contrário das outras mulheres, que encaravam o ministro do Interior enquanto ele falava, ela seguia seu exemplo e não fitava o interlocutor. Sua voz era nítida e clara.

— Digo sem medo. Pois o que falo é a verdade. Estou preparada para arcar com todas as consequências. Esta é a voz das mulheres.

Exatamente como Jamila havia aconselhado: seja confiante!

— Vocês estão cometendo um grande erro ao nos repelir, um perigo sobretudo para vocês mesmos. Esse erro levará à sua derrocada. O que estão fazendo vai de encontro aos mandamentos de Deus, vai de encontro ao profeta, que a paz esteja com ele, vai de encontro ao islã. A culpa repousa sobre seus ombros e por ela vocês responderão a Alá no Dia do Juízo.

Haqqani ficou visivelmente irritado com as acusações. Virou-se na direção dos homens, que discretamente arquearam as sobrancelhas, mas permaneceram mudos. Zeynab não percebeu nada disso, pois encarava a mesa enquanto falava.

— É do seu pleno conhecimento o que está escrito no primeiro versículo do Alcorão — disse ela dirigindo-se a Haqqani enquanto ambos

AS MULHERES E O CALIFA

mantinham os olhos postos na mesa. — O primeiro mandamento de Deus é: Lê! *Iqra!*

A maneira como recitava o Alcorão e as referências que trazia não deixavam dúvidas de que se tratava de uma erudita.

— Por que *Iqra!* vem primeiro? Por que, para Deus, o aprendizado vem em primeiro lugar! Mas para vocês primeiro vem o hijab, depois a leitura. A ordem está errada. Deus só revelou o versículo sobre o uso do véu *dezoito anos* depois que nos disse a todos para ler! Só então pediu a homens e mulheres que se vestissem com modéstia e guardassem o olhar!

Sirajuddin guardava o seu.

Na sura intitulada *A luz*, o Alcorão exorta os homens a adotar um comportamento virtuoso. *Dize aos crentes, Muhammad, que baixem suas vistas e custodiem seu sexo. Isso lhes é mais digno. Por certo, Allah é Conhecedor do que fazem.*

Às mulheres é dito o mesmo no versículo seguinte, *que estendam seus cendais sobre seus decotes. E não mostrem seus ornamentos senão a seus maridos.* Apesar de Deus igualar homens e mulheres e exigir de todos modéstia e recato, os talibãs impuseram na prática restrições apenas às mulheres, resultando em demissões, expulsões e evasão escolar.

— Vamos prosseguir examinando o que diz o Alcorão — continuou Zeynab. — Somente no quinto ano após o profeta, que a paz esteja com ele, viajar de Meca para Medina, vem a recomendação sobre o uso do véu, no versículo 33 da *Sura dos Partidos*. Que vale para homens e mulheres. Mas é um conselho, não um mandamento. Deus não obriga ninguém. Como acham então que vocês podem nos obrigar?

Ela respirou fundo.

— O que estão fazendo não é apenas errado de acordo com o islã, o que estão fazendo é uma monumental atrocidade contra o islã. É por sua causa que as pessoas passam a odiar o islã. Vocês afastam os muçulmanos da religião, pois eles a associam a vocês.

Isso finalmente fez com que Sirajuddin Haqqani a encarasse. Para ele, foi como se aquelas as palavras duras a tornassem uma igual.

— *Wallahi*, por Deus, não fazia ideia de que as mulheres deste país eram tão fortes — interrompeu o ministro do Interior, voltando-se para seus homens. — Não fazia ideia de que existiam mulheres tão sábias em nosso país. Estou impressionado!

— Vamos falar de coisas concretas — prosseguiu Zeynab. — Não podemos discordar sobre o primeiro mandamento de Deus. Mas vocês o desobedecem. Fecharam as escolas para meninas a partir do Ensino Médio. Dificultaram o acesso das mulheres ao estudo e a exercerem a formação que já tinham. Estudantes do sexo feminino estão sendo assediadas por seus soldados de patrulha em pleno campus. Vocês negam educação às mulheres e exigem que elas cubram seus corpos? Não, esse não é um bom caminho.

— *Bismillahi rahmani rahim*, em nome de Deus, o Misericordioso, o Misericordiador — Haqqani a interrompeu novamente —, cometemos um grande erro ao não as incluir antes, ao não levar em conta suas opiniões.

Zeynab não tinha terminado ainda.

— Sim, porque o que estão fazendo é cruel. E Alá não permite que líderes cruéis sobrevivam no longo prazo. Se falharem agora, conduzirão o país a uma guerra civil que durará um século, com a qual todos seremos obrigados a conviver por mais cem anos. Abram as escolas para todos. Deixe-nos trabalhar. Deixe-nos viajar — disse ela com o olhar cabisbaixo.

Haqqani levantou a cabeça. Ele queria se defender.

— Eu era a favor de abrir as escolas, eu queria — disse ele. — Mas forças poderosas estavam contra. Houve ameaças. Alguns dos nossos ameaçaram atacar as escolas se fossem abertas às meninas mais velhas. Escolhemos não as abrir para que nenhuma vida seja perdida. Fizemos isso pelo bem e pela segurança das meninas.

— Esse argumento também foi usado na última vez que vocês governaram — disse uma das mulheres. — O bem e a segurança das meninas. — Ela objetou que eles sempre apresentavam uma nova justificativa. As salas de aula não estavam prontas, havia resistência da população, faltavam professores, e agora, novamente, a clássica questão da segurança. — A diferença entre o Talibã dos anos 1990 e o Talibã de hoje é que agora vocês estão descumprindo suas promessas. Da primeira vez, vocês não tinham prometido nada.

AS MULHERES E O CALIFA

— Ouçam-me. Eu tentei... — retorquiu Haqqani.

Se antes estava sentado com as mãos pousadas no colo, ele agora gesticulava agitado. Os homens ao seu redor também pareciam mais inquietos em suas cadeiras.

Soraya tomou a palavra:

— Outro mal-entendido de acordo com o Alcorão — pontuou ela — é que vocês confundem conselhos com coerção. A cobertura do corpo era recomendada na época do profeta por motivos de segurança. Se as mulheres assim desejassem. O mesmo valia para o hádice que estabelecia um limite para a distância que as mulheres podiam viajar sozinhas naquela época, novamente uma recomendação para sua própria segurança. Na época, o trecho de 72 quilômetros exigia três dias de viagem no lombo de camelos. Vocês basicamente mantiveram essa distância.

— Vou enviar um comunicado ao aeroporto informando que as mulheres poderão viajar sem a companhia de um tutor, não se preocupe — disse Haqqani abruptamente.

As mulheres se entreolharam. A reunião tomava um rumo inesperado. Um homem entrou trazendo chá e doces. Soraya começou a se irritar com o véu que lhe cobria o rosto, nunca o usava, e nem os talibãs o exigiam para mulheres da sua idade. Resolutamente, ela o retirou e o colocou na bolsa. De que outra maneira conseguiria beber o chá?

As três outras seguiram seu exemplo. Apenas Zeynab manteve o véu.

Haqqani passou a falar dos problemas internos do Talibã; entre outras coisas, chamou o titular do Ministério da Promoção da Virtude e Prevenção do Vício de *louco*. — Ele é... meio amalucado. Mas temos que tentar cooperar com ele também. Estou tentando, juro, tenham paciência.

— Por quanto tempo mais teremos que ser pacientes? — Soraya indagou.

— Precisamos de tempo para fazer mudanças. Vocês nos dão força para governar, vocês são estudiosas, vocês são médicas. Nós escutamos. Agora confiem em nós. E há uma coisa que quero lhes pedir: digam às irmãs que estão protestando que parem com isso. Não é decente. Por que não impedem que suas irmãs saiam às ruas assim?

Soraya vestiu a carapuça.

Por que ele está apontando para mim?, pensou ela. Os talibãs nunca perceberam as mulheres como iguais na sociedade, nunca as respeitaram, por que elas deveriam lhes dar esse voto de confiança agora?

— Está no Alcorão — disse Soraya. — Se seus direitos forem violados é correto e lícito protestar. Estamos protestando porque vocês estão violando nossos direitos. Ajam como irmãos, mostrem-nos respeito, e as pessoas vão parar de protestar. Escutem-nos, conversem conosco, porque temos algo a lhes dizer. Mas se não nos ouvirem, continuaremos a sair às ruas e a gritar.

Sirajuddin Haqqani parecia tenso.

— Vocês abriram meus olhos. Abriram minha mente. Quero que mais pessoas experimentem o que eu vivenciei hoje. Sinto-me mal por termos negligenciado pessoas tão sábias. Vamos realizar uma *loya jirga* de eruditos no mês que vem. Vamos garantir que as mulheres também participem. Mulheres eruditas sabem explicar as coisas melhor que os homens! Vocês são nossas irmãs. Precisamos uns dos outros. Foi um grande erro não termos permitido que falassem conosco.

E continuou a cobri-las de elogios.

Vocês são tão sábias.

Vocês são tão inteligentes.

Não imaginava que as mulheres pudessem ter tanto conhecimento.

Mas então teve que ir. Pediu que continuassem a conversa com sua equipe para que propostas mais concretas fossem formuladas. O restante permaneceu reunido por mais algumas horas, o almoço foi servido e, após a refeição, Haqqani retornou. Atrás dele vieram homens carregando cinco caixas grandes.

— Artesanato afegão — disse ele.

Um dos carregadores abriu as tampas.

Soraya espiou para dentro da caixa. Nela havia um vestido de veludo preto, com fitas largas de renda branca bordadas no comprimento e uma estreita faixa rosa, verde e azul-escura na barra da saia. O busto trazia um arabesco em amarelo e laranja, bordado com fileiras de finas moedas de latão e pequenas contas de prata, algumas redondas, outras em forma de gota.

AS MULHERES E O CALIFA

Ela logo percebeu que o vestido era pequeno demais para ela. Vai servir para minha filha, pensou antes de fechar a caixa.

Depois que deixaram a sala e recuperaram seus celulares, Soraya viu que havia várias ligações perdidas de Jamila, em Alta. Ela se apressou para ligar de volta.

Do outro lado da linha, Jamila estava estupefata.

— Estava tão preocupada! Vocês passaram o dia sumidas!

As cinco mulheres se entreolharam. Estavam fartas das palavras e promessas daquele homem poderoso. Carregavam os presentes que receberam dele — reféns dos seus elogios reiterados e do seu poder de persuasão.

O manipulador. O motivador. Tão manso, tão gentil. O mesmo homem que havia instigado os jovens a ir pelos ares por uma causa em que *ele* acreditava. O homem que fez chover explosivos em soldados ocidentais. O homem que, com sua astúcia, seu carisma e sua retórica envolvente, durante vinte anos havia travado uma guerra contra a democracia, contra a participação feminina, contra a liberdade e a igualdade.

Sejam pacientes.

Aguardem um comunicado.

Fiquem tranquilas.

E então serão ouvidas.

E então, quem sabe, nos encontremos novamente.

Elas se dispersaram e seguiram para direções opostas de Cabul, algumas no banco de trás de um carro, outras num ônibus. Cada uma levando um mimo no colo. Bem embrulhados, com uma faixa em volta da cintura, os preciosos vestidos jaziam no escuro da caixa. Lá dentro, tilintavam as contas de prata em forma de lágrimas.

Morro acima

Tudo começou com Ariana se entediando um pouco.

Mahmoud falava o tempo inteiro. Incessantemente. Só monólogos. Como seria o apartamento, como seria a mobília. Cortinas ou persianas? Quais cores ela preferia? Claras ou escuras?

— Vamos encontrar uma casa perto de seus pais, não vai ser bom? Eles são tão bacanas que acho que os conheço há mais tempo, acho que gostaria de comprar um presente para eles. O que você acha? Talvez um par de sandálias para o seu pai. Você acha que ele gostaria? Que tipo de sandálias? Bem, vou encontrar algo. E quanto à sua mãe, o que ela gostaria de ganhar? Talvez um xale, ela tem uma cor preferida? E nós precisamos comprar louças e talheres, toalhas e roupas de cama, do que você mais gosta? Algodão? Seda? Branco é melhor?

Ele telefonava todas as noites. Ela começou a se esquivar das conversas.

— Estou cansada, preciso dormir.

— Cansada, já? São só 9 horas!

— Vou levantar cedo.

— Não pode ficar acordada um pouco mais? Estou tentando encontrar um apartamento numa área bacana. Não está fácil. Que andar você prefere? Seria muito bom se tivesse uma varanda...

Se ao menos Ariana estivesse interessada em fazer um ninho! Tudo seria perfeito. Ele era um bom homem, não era?

Ela se obrigava a ficar em silêncio e ouvir. Com o passar do tempo, flagrou-se fazendo outras coisas enquanto ele tagarelava. Procurando um documento no computador. Colocando o telefone no viva-voz para poder conferir mensagens ou o Instagram enquanto ele verbalizava o que se passava em sua mente. Ela se levantava, arrumava o quarto, pendurava e dobrava roupas. Uma inquietação se apoderava dela. Não era para ser assim, era?

432 OS AFEGÃOS

Numa espécie de competição interna, tentava encontrar traços positivos nele. Objetivamente, ele tinha muitos pontos a favor, mas as características de que *ela* gostava eram, infelizmente, poucas. Uma coisa era se obrigar a ouvir, outra era dizer sim a ele e ao destino. *Compartilhar o resto da vida com ele.* Pouco menos de uma semana após o noivado, ela sentia palpitações no coração só de pensar.

— Acho que você deveria encontrar alguém de quem goste — disse ela à irmãzinha.

A estudante de Biologia era a única de seus irmãos com quem ela se sentia inteiramente à vontade. Zohal concordou com a cabeça, sim, seria melhor assim.

— Não é bom gostar de alguém à força... — Sua voz embargou. Pela primeira vez após o noivado, Ariana chorava.

Ela guardava dentro de si essa inquietação crescente, era a superfilha que sabia de tudo, que queria ser sempre a mais esperta. Mesmo agora, ela aceitou e disse:

— Vai dar certo. Vai ficar tudo bem, vai ficar tudo bem.

Zohal até tentou dizer algo, mas não sabia o quê.

— Ele é tão devagar. Tudo precisa ser analisado minuciosamente e discutido sem parar — continuou Ariana. — Gosto de pessoas que simplesmente fazem as coisas e depois dizem: "Venha ver." Por outro lado, para que tanta pressa em relação àquele apartamento... Por que isso? Não podemos ficar noivos por um tempo morando em casas separadas? Se ele encontrar um apartamento agora, dirá: "O aluguel está caro, precisamos nos casar imediatamente!" Ele não está dizendo isso, mas sinto que esse é o plano, que vai acontecer logo, e que o apartamento é a desculpa para apressar o casamento.

Os pais de Ariana, por sua vez, estavam encantados com o futuro genro.

— Dizem que ele é um anjo, ah, eles gostam muito mais dele do que eu! Eu sei por quê, a mente deles pertence à mesma geração. São tão parecidos. Ele pode ser mais jovem, mas pensa igualzinho a eles. Quando o viu com aquele anel de ouro, mamãe falou assim: "Olha, um anel de ouro, ele é um bom homem! Essas pessoas são decentes!" A família trouxe frutas secas e

MORRO ACIMA

biscoitos: "Ah, que bom, olha só o que trouxeram, são gente boa." Quando ela soube que ele tinha cinco irmãos: "Ah, que pessoas maravilhosas!"

Mahmoud ligava todas as noites. Ariana queria esganá-lo. Ele a sufocava com tantos assuntos. Com tanta insistência, com tantos detalhes. Seu refrão era:

— Farei isso por você, diga o que quiser, farei qualquer coisa que você pedir, vou fazer... vou fazer... vou fazer...

— Ele não para de falar, mesmo que eu diga que estou ocupada. E depois de falar sozinho durante horas, ele finalmente pergunta: "O que você acha?" Não é assim que duas pessoas conversam, é?

Zohal balançou a cabeça. O que mais poderia dizer? Talvez o que se passava na cabeça de ambas: que isso não iria terminar bem.

Ele telefonava.

Ela respondia:

— Preciso dormir.

— Ah, converse um pouquinho comigo — insistia ele.

Por que conversas desse tipo eram tão difíceis de suportar?

Nesse ínterim, felizmente, havia coisas importantes a fazer. Ela precisava pegar o diploma.

As últimas semanas na universidade foram ficando cada vez mais sinistras. Se quisessem se sentar num banco, eram enxotadas. Se mostrassem uma mecha do cabelo, os guardas as ameaçavam. A área da universidade, antes fervilhando de vida, transformou-se num deserto de pedra. O desleixo e a falta de cuidado estavam cada vez mais aparentes. O vazio revelava-se no lixo esparramado, nas ervas daninhas crescendo entre os blocos de concreto. Os alunos estavam apavorados depois que um menino foi espancado com cassetetes porque parou para conversar com duas colegas mais novas. Em seguida, foi jogado num carro e levado para a prisão que o reitor Barba-Ruiva havia mencionado.

Ela queria que seus pais alugassem um salão num hotel para que ela, a brilhante neta de Baba Musa, brilhasse. Ela posaria com o barrete para as fotos, e então o mundo lhe abriria as portas: estudos no exterior, carreira, concursos, conferências. Em vez disso, ela estava a caminho do Ministério da Educação para retirar o diploma.

Não conseguiu nem passar do balcão.

— Ninguém receberá diploma nenhum.

— Mas avisaram para pegá-lo aqui.

— Não vamos entregar diploma para ninguém, está decidido.

— Por que não?

— Quando o mundo nos reconhecer e devolver nosso dinheiro, você receberá seu diploma!

Os países ocidentais ainda guardavam 9 bilhões de dólares que pertenciam ao Afeganistão, 7 dos quais estavam congelados nos Estados Unidos. O presidente Biden havia dito que metade dos fundos poderia ir para as vítimas norte-americanas dos ataques terroristas de 11 de setembro, numa provocação não apenas ao Talibã, mas à maioria dos afegãos. Por que eles teriam que arcar com a culpa e o ônus dos ataques terroristas de Bin Laden cometidos vinte anos antes?

O Afeganistão era um pária, e ela uma pária em seu próprio país. O Talibã fazia questão de punir pessoas que consideravam merecedoras de castigo. Entre os jovens altamente educados, o movimento tinha pouco apoio. Para os talibãs, a lógica era clara: o bloqueio do dinheiro significava que as pessoas passariam fome, as escolas precisavam ser fechadas e o Ministério da Educação não tinha recursos sequer para comprar tinta de impressora.

— O mundo reconhecia a república, o regime mais corrupto, mas não o nosso emirado — disse o falante homem atrás do balcão. — Você terá que esperar isso acontecer se quiser pegar seu diploma.

A relação com a mãe oscilava entre irritação e mágoa, hostilidade e reconciliação. Muitas coisas as uniam, e uma coisa acima de tudo: a arte de ensinar.

Mãe e filha conversaram muito sobre as meninas do Ensino Médio proibidas de ir às aulas enquanto o Talibã pedia paciência. Esperar por novos comunicados, "boas notícias que serão anunciadas em breve", segundo

MORRO ACIMA

dizia o ministro da Educação, soava como uma promessa cada vez mais remota. As desculpas mudavam o tempo todo: primeiro era a questão da cultura, depois era o espaço inexistente para dividir as turmas, depois era a falta de professores, depois era a justificativa de que as coisas não estavam prontas ainda. O governo deixaria as meninas do Ensino Médio perder o ano letivo, elas tinham que se conformar com isso.

Nadia era a diretora da maior escola do bairro, várias meninas moravam na vizinhança. Mas ela não as via mais. Às vezes, até encontrava os pais, que trabalhavam nas lojas, no mercado, puxavam carroças, varriam as ruas, gente de todas as profissões morava por ali.

— Vamos dar aulas aqui — Ariana sugeriu um dia. — Podemos começar uma escola em casa!

O prédio de apartamentos em que moravam tinha um depósito no porão compartilhado por todos os moradores. Raramente era usado, exceto quando alguns dos vizinhos reuniam as crianças para recitar o Alcorão às sextas-feiras. Ariana sugeriu ocupá-lo.

A mãe olhou para ela. Ficou em pé, pensou por um momento e disse confiante:

— Ótima ideia!

Zohal as ajudaria, Diwa também. Algumas das professoras mandadas para casa se uniram a elas. O marido de uma delas trabalhava numa oficina de pintura e forneceria tinta a preço de custo. Compraram tinta rosa-claro e começaram a colorir com pincéis largos as paredes e as pesadas vigas de sustentação do prédio. Penduraram cortinas de renda branca nas janelinhas do porão e o decoraram com tapetes que tinham sobrando em casa. Nadia trouxe da escola um quadro branco e um marcador.

As aulas seriam realizadas todos os dias da semana, entre 2 e 5 horas da tarde. Ariana se encarregaria de inglês e dari. Nadia lecionaria geografia. Zohal e Diwa ensinariam ciências às meninas, e as professoras da escola ensinariam matemática e pachto.

Elas só não esperavam que fosse Karim quem tentaria impedi-las.

— Estão loucas? Querem os talibãs batendo na nossa porta?

— Os talibãs não proibiram a educação de meninas — argumentou Ariana —, desde que seja por conta própria. E os homens não são permitidos aqui!

— É muito perigoso — advertiu o pai. — Para *mim*. Quando os talibãs aparecem não é você que eles pegam, eles perguntam: "Onde está seu pai? Onde está seu irmão?" Eles não vêm atrás das mulheres que desobedecem às regras, eles vêm atrás dos maridos. Vocês estão me colocando em perigo.

— E as meninas obrigadas a ficar em casa? Já pensou *nelas*? O futuro de todas elas está em risco se não aprenderem alguma coisa.

O pai estava sempre apavorado. Sempre sopesava o risco da situação e priorizava a segurança acima de tudo. O ano passado fez com que Ariana o visse com mais clareza. Seu pai era incapaz de avaliar as coisas em perspectiva, ela achava. Ele reclamava, mas não agia. Ela o considerava sábio, seguro e gentil, mas agora — numa percepção quase perigosa —, ele se mostrou um homem pequeno diante das coisas que verdadeiramente importavam.

O pai odiava o Talibã, mas não entendia que isso era parte da resistência! Ariana não andava pelas ruas segurando cartazes, ela estava fundando uma escola. A mãe não ficava sentada na cadeira de diretora com medo, ela providenciava uma lousa. Ninguém sabia o que estava em risco de fato, mas, uma vez lançada a ideia, era impossível não a colocar em prática.

Desta vez, elas não obedeceram ao patriarca. Terminaram de pintar. Quando tudo estava pronto, foi preciso encontrar uma maneira de reunir as alunas. Como poderiam ser avisadas? Repassando a notícia boca a boca?

A expectativa era de que o status de Nadia como diretora do bairro desse segurança às famílias, para que pelo menos algumas ousassem enviar suas filhas. Nadia disse que poderia comunicar a novidade às alunas do Ensino Fundamental.

— Alguma de vocês têm irmãs mais velhas que estão em casa e não têm mais aulas? — ela perguntou às meninas reunidas no pátio da escola na manhã seguinte.

Várias ergueram a mão.

— Estamos abrindo uma escolinha na nossa casa. Começaremos já amanhã.

MORRO ACIMA

Ela lhes deu o endereço.

Será que alguém iria? Os pais permitiriam?

Cem meninas compareceram.

Elas tiveram que recusar alunas. Não tinham capacidade de absorver tantas.

Era como se o bairro consistisse apenas em meninas de 13, 14, 15 e 16 anos. Finalmente chegava a primavera, finalmente elas saíam de suas cavernas.

As meninas declaravam orgulhosamente seu nome e endereço, idade, que ano deveriam estar cursando e eram solenemente matriculadas. Estavam confusas, agitadas, muitas não se viam desde aquele dia de março em que suas vidas desabaram.

Ariana teve quer reunir meninas de anos diferentes numa só classe, do contrário as aulas de inglês não ocorreriam. Para ter uma visão geral do nível da turma, perguntou às interessadas quem gostaria de contar um pouco sobre si mesma. Um mar de mãos se ergueu no ar. A cada vez, as garotas se levantavam, louvavam a Alá e começavam a falar. A maioria fazia pausas antes de prosseguir.

Era a primeira vez que expressavam seu trauma com palavras.

Não estavam preparadas para a reação que teriam ao ouvir a própria voz.

Todas haviam aprendido desde cedo que a escola era uma espécie de porta dourada, filhas de pais que eram varredores de rua ou vendedores de pão, de mães que não sabiam ler uma receita.

Elas certamente teriam um futuro melhor.

Agora, tinham perdido todo o controle sobre suas vidas.

— São meninas demais! — espantou-se Karim. Ele não conseguiu impedir a escola, mas insistia em limitá-la.

— Quem vamos ter que mandar para casa, então?

— Metade já está bom — disse Karim. — Ou no máximo umas trinta. O restante pode voltar para casa!

— Quando vejo aqueles rostinhos — disse Ariana. — Quando vejo aquele brilho no olhar. Como vou dizer a elas que não temos vaga? Papai, eu não posso!

Os dias se passavam. Nada aconteceu. Os talibãs nunca apareceram. Tampouco em outros lugares onde mães ou professoras desempregadas começaram escolas domiciliares.

Este era o novo Talibã. Deixava brechas.

Além disso, era uma nova população. Disposta a resistir. Essa foi a diferença que vinte anos de educação fizeram em comparação com o governo Talibã anterior.

Nadia ficou feliz por ter trazido três professoras da escola. Professoras daquelas mesmas meninas. O reencontro foi regado a lágrimas. Ninguém recebia salário, ninguém tinha dinheiro, elas faziam isso pelas meninas, faziam isso pela autoestima de todas, faziam isso por seu país.

Dificilmente alguma jovem em Cabul com a educação de Ariana esconderia o rosto, embora a regra dissesse que era preciso. Muitas usavam maquiagem ou deixavam mechas de cabelo à mostra, embora fosse recomendado que não o fizessem. Elas até vestiam uma abaya, mas não a abotoavam até o fim. Se fossem expulsas de algum lugar, voltavam no dia seguinte. Se não tinham permissão de estudar, encontravam outra maneira de aprender.

Resumindo, era assim que agiam. Se não encontrassem essas brechas no sistema e se acomodassem, estariam perdidas.

Quando as aulas terminavam, as meninas eram liberadas em grupos de dez, para que cem alunas não saíssem em disparada do prédio ao mesmo tempo. As horas que Ariana passava lecionando no porão cor-de-rosa, de pé-direito baixo, eram lampejos de felicidade. Eram instantes de relaxamento em que conseguia esquecer o que a atormentava. O novo homem em sua vida.

Ele estava apaixonado. Ela estava aborrecida. Ele queria comprometimento. Ela queria liberdade.

Não era possível. Não daria certo.

MORRO ACIMA

Ela havia dito que sim, porque por um momento pensou que ele pudesse ser um cara legal. Era decerto melhor que o outro. Mas agora a voz de Mahmoud estava impregnada em seus canais auditivos, intrometia-se em sua mente. Ela queria tirá-lo dali.

Romper um noivado não era uma tarefa fácil, embora fosse mais comum em Cabul do que na zona rural, onde o noivado era como um casamento em miniatura. Ariana repetia para si mesma que o noivado deveria ser um estágio para descobrir se o parceiro era ou não o ideal. Era um período de experiência. Ou então qual seria o objetivo de um noivado? Ela se deu conta de que ainda era possível desistir do maior equívoco de sua vida.

Depois que estivesse casada, seria tarde demais. Se já era bastante difícil no regime anterior, divorciar-se sob o Talibã era impossível. Esse era um assunto que ela dominava bem, havia estudado muito a respeito. Das mil separações homologadas pouco antes da queda da república, devido a abuso e violência doméstica, todas foram anuladas pelo Talibã. As mulheres foram obrigadas a voltar para seus cônjuges. Os juízes do país foram substituídos por homens sem educação formal, e os tribunais não julgam mais casos de divórcio nem acusações de violência doméstica. O Ministério dos Assuntos Femininos foi substituído pelo Ministério da Promoção da Virtude e Prevenção do Vício. A Comissão Afegã de Direitos Humanos foi dissolvida. A Comissão Especial da Mulher foi fechada. Não havia sequer onde formalizar uma reclamação. Seu marido era seu guardião. Qualquer casamento era uma prisão.

Mas um noivado não era legalmente vinculante, era um acordo verbal entre as famílias. Somente depois de emitida a certidão de casamento — *nikah* — é que mãos e pés estariam atados.

A questão era a quem ela deveria contar primeiro. Aos pais ou ao noivo? Como foram os pais que fizeram o acordo, seriam eles que teriam que rompê-lo.

Ela estava apreensiva. Os dias foram passando.

A Netflix havia acabado de lançar a quarta temporada de *Stranger Things*. Como ela adorava aquela série, havia devorado todas as temporadas anteriores enquanto estava na universidade. Suas colegas de quarto

440 OS AFEGÃOS

se aconchegavam em sua cama enquanto ela ia traduzindo os diálogos. A temporada final de Hawkins e o Mundo Invertido estava disponível. Felizmente, Ariana ainda podia usar a conta da Netflix da amiga. Por segurança, baixou todos os sete episódios no celular.

Ela apagou a luz, acomodou-se com os travesseiros na cama e assistiu ao primeiro. O mundo estava finalmente reduzido à telinha luminosa e ao som dos fones de ouvido. Ela precisava ver mais um, e assistiu vorazmente ao segundo episódio. O terceiro foi assistido quase num transe.

Então levantou-se, determinada. Guardaria o resto para depois. Faltavam só mais quatro. Antes disso, ainda tinha que romper o noivado.

Ela não ligou, mandou mensagem para ele:

— Precisamos conversar! Não posso continuar assim.

— O que foi?

— Não quero me casar com você.

— Não jogue essa sombra sobre a minha vida!

— Não suporto mais. Quero terminar.

— Faço qualquer coisa por você. Só me dizer o quê.

— Quero que você termine o noivado.

— Eu te amo. Pode me pedir o que quiser. Faço qualquer coisa por você.

— Então lhe peço: termine o noivado.

— Não destrua a minha vida.

— Não destrua a *minha*!!!

Ela sugeriu que eles se encontrassem no dia seguinte na Cafeteria, no centro da cidade, uma lanchonete segura para grupos de amigas e casais.

— Acho que não posso — disse ele. — Acho que tenho que trabalhar!

Deus do céu, ele passava horas matraqueando no telefone e não tinha tempo para encontrá-la e ter uma conversa séria?

Na manhã seguinte, ela insistiu:

— Precisamos nos ver e conversar!

Não, a essa altura ele já havia descoberto que tinha que trabalhar.

Ela achou que seria melhor lhe dar mais tempo. Ele não parecia tão bruto e era um sujeito decente, então provavelmente não insistiria em se

MORRO ACIMA

casar com se ela não o queria. Ele também merecia alguém melhor, uma mulher mais receptiva a tantas perorações e preocupações com a casa.

Enquanto isso, ela teria que falar com os pais. Primeiro a mãe.

— Mamãe, não estou preparada!

— Tudo vai correr bem. É só uma transição, fique tranquila.

Depois o pai. Ele explodiu.

— Nem ouse pensar nisso! Quer manchar o nosso nome? Quer destruir a vida das suas irmãs? As pessoas vão rir de nós! Ele é um homem brilhante, o melhor que você pode conseguir.

O pai também precisava de um tempo, pensou Ariana. Muitas vezes ele era teimoso, depois desistia. Tinha se recusado a deixar que ela voltasse para a universidade, mas duas semanas depois cedeu, assim como tinha sido contrário à abertura da escola em casa, mas depois mudou de ideia.

Ela voltou para a cama, cogitou assistir a *Stranger Things*, mas resolveu guardar os episódios para depois. Como a Max da série, achava melhor ficar ouvindo "Running Up That Hill", de Kate Bush, no repeat.

O dia seguinte ela passou inteiro trancada no quarto, ouvindo música nos fones de ouvido. Nem percebeu quando mãe entrou e lhe deu um tapinha no ombro oferecendo um chá.

A contragosto, ela se levantou e a acompanhou.

Mahmoud estava na sala de estar.

Ela se recompôs do choque e disse *salam* como uma adolescente petulante.

— Mahmoud encontrou um apartamento — disse Karim. — Aqui pertinho. Ele quer que você vá lá ver.

Depois do que ela tinha escrito para ele na noite anterior! Depois de ele ter dito que tinha que trabalhar! Ele havia encontrado um apartamento e não contou a ela, mas aos seus pais.

Ela não suportava nem olhar para ele. Ela olhou para o chão e sentiu-se tomada por um silencioso e congelante *ódio*.

— Mahmoud quer lhe mostrar o apartamento — repetiu o pai.

442 OS AFEGÃOS

— Não estou interessada — disse Ariana. — Não quero ver coisa nenhuma!

Ela deu meia-volta e foi para o quarto, afundou em si mesma, deitou-se na cama e chorou.

Depois que Mahmoud foi embora, o pai entrou.

— Você está agindo como uma criança, isso é embaraçoso demais para nós.

— Eu não quero me casar. Eu não quero que isso aconteça!

— Você não vai cancelar coisa nenhuma. Você se comprometeu com ele dizendo sim ao noivado, não tem saída. Quer arruinar o nosso nome, por acaso, é isso que você quer? Eu disse a ele para organizar tudo o que precisa ser organizado.

Então a mãe entrou.

— Como você ousa ser tão desavergonhada! Quer nos cobrir de vergonha, arruinar nossa vida? Isso não é brincadeira, não é um jogo, não é diversão. Você precisa aceitar. Não tem escolha.

— Eu não quero me casar com ele! — Ariana chorou.

— Não chore! — repreendeu a mãe.

— Por que vocês não me ouvem?

— Porque você não diz coisa com coisa! Eu também não queria me casar com seu pai. Mas me casei. Eu me casei! E você também vai se casar! Haverá um casamento dentro de um mês. Então enxugue essas lágrimas!

— Mas eu odeio ele. Não posso viver com ele. — Ela estava sentada na cama e encarava a mãe. — Minha felicidade não importa nada para você?

— Não — respondeu a mãe categoricamente. — Sua felicidade não significa nada para mim.

Ariana engasgou.

Parecia o fim. *Era* o fim. *Eles não se importavam com ela*. Toda a vida, toda a infância, tudo veio abaixo. Nesse caso, ela não tinha mais nada a dizer. Então verbalizou o único castigo que poderia infligir à mãe.

— Se me forçarem a isso, nunca mais falarei com vocês. Nunca! Vocês decidem. Podem destruir minha vida ou me libertar.

A mãe a fuzilou com o olhar:

MORRO ACIMA 443

— Ninguém age assim na nossa família.

Se ao menos ela pudesse acordar desse pesadelo!

Na noite seguinte, quando ia do quarto para a cozinha para fazer chá, ela flagrou o pai falando ao telefone. Ficou parada, ouvindo. Percebeu que ele conversava com Mahmoud, reconheceu aquele tom de voz, mais jovial, de homem conversando com homem, ombro a ombro.

A conversa estava terminando. Ela ficou paralisada no corredor.

— Sim, sim, pode comprar tudo que vocês precisarem. Não há por que esperar. Da nossa parte, tudo confirmado!

O pai parecia animado. Até pediu ao noivo que encontrasse um salão de festas para o casamento.

Depois que o pai desligou, ela foi para a sala.

— O contrato de aluguel está assinado — disse ele, olhando-a desafiadoramente. — Tudo está combinado. O casamento será dentro de algumas semanas.

Ambos estavam desesperados. Ariana queria escapar. Mahmoud queria prendê-la.

No diário, ela escreveu:

Ele não me ouve. Faz uma semana que eu disse que não o queria. Ele nunca me ouviu. Percebo que quando conversamos ou trocamos mensagens ele apenas finge que está ouvindo, e depois responde algo completamente diferente. Da mesma maneira que fez na primeira vez que nos encontramos. Ele também não se importa com o que eu digo. Agora, ele só fala com meus pais. O problema é: eu não quero ele!!! Ah, todo mundo me pressiona. Mamãe e papai são cruéis por dentro, eles apenas fingem ser gentis. Não são! Eu não tenho valor nenhum para eles. Eles não se importam se eu estou feliz!

Depois de um tempo, Mahmoud voltou a ligar. Normalmente ela não atendia. Uma vez, quando ela apertou o botão para atender, ele disse apenas uma única frase:

— Venha escolher uma cama!

Ariana desligou.

Ela nunca havia chorado tanto quanto chorou depois daquele telefonema.

Depois disso, ela não respondeu mais, mas ele continuou a mandar mensagens.

A vida parecia ainda mais mesquinha e sombria, como se Mahmoud já a estivesse prendendo pelos pés e pelas mãos. Suas mensagens de texto pareciam ameaças. No diário ela registrou o que ele escrevia.

Ele diz
Se não for o seu desejo
Você não pode decidir
Seu pai concorda, e isso é mais importante do que o que você diz
Como eu pude achar que ele era gentil?
Ele diz: Nem pense em cancelar
Você só tem uma escolha
E é casar-se comigo
Ele me ameaça
Eu não posso fazer isso
Agora eu entendo
Isso vai ser horrível
Agora eu entendo
Eu não posso fazer nada.

Ariana decidiu ler as mensagens para os pais. Eles tomaram incondicionalmente o partido do noivo.

— Você escreveu um monte de grosserias para ele — disse a mãe. — Ele está magoado. É ele quem merece um pedido de desculpas.

Ela foi para o quarto. Assistir ao quarto episódio de *Stranger Things* era só o que lhe restava. E agora só faltavam três para terminar. Ela se conteve. Em breve seria o fim. Em breve seria o fim de tudo.

MORRO ACIMA

Todo o resto foi decidido sem que ela fosse ouvida, pelo menos sobre isso ela tinha algum controle.

Olhou ao redor, observou bem o quarto. Todos os cadernos que havia guardado. O diploma do concurso Jessup, quando chegara às semifinais. Todos os cursos que tinha feito. Seus livros, roupas. Ela trancou-se para o mundo lá fora e mergulhou em seu próprio universo. Os fones de ouvido eram seu meio de escape. Ela descobriu que Beyoncé havia lançado um novo disco. De repente, a estrela pop global tinha algo a lhe dizer, numa nova canção que ela nunca tinha ouvido.

I'm 'bout to explode, take off this load
Spin it, bust it open, won't ya make it go

Ela foi capturada pela música. Via-se refletida nela:

You won't break my soul
You won't break my soul
You won't break my soul
You won't break my soul

Levantou-se e pegou a melhor coisa que o dinheiro recebido na rádio estudantil lhe proporcionou. A mãe ficou furiosa quando soube quanto custou a peça.

— Como você pôde gastar tanto dinheiro em algo assim?

Ela passou as mãos sobre ele, cheirou-o, sentiu o tecido macio em contato com o rosto. O agasalho cinza da Adidas com listras verdes nas laterais pertencia a outra época. Todas as manhãs, ela costumava correr pelo campus vestida nele. Meia hora para despertar, às vezes uma hora inteira, ela adorava aquele momento matinal. Depois, subia correndo as escadas para acordar as colegas de quarto que ainda estavam dormindo em seus beliches e ia para o chuveiro antes que elas se levantassem. Então fritava ovos e preparava chá para todas. Essa animação no início do dia durava até que uma delas gritasse "Socorro! Vamos nos atrasar!", e isso um dia fez parte da sua rotina. Até agora, a vida tinha girado em torno de amigas, família, Justin Bieber e Netflix. Ela nunca teve um namorado. Nunca tinha sequer segurado a mão de alguém. Agora estava destinada a coabitar com um estranho que parecia uma ameaça cada vez maior. Ela não compartilhava a miséria que sentia com suas amigas, nem mesmo agora suportava a ideia de se mostrar fraca. O abismo era enorme, ela era a que sempre teve tudo, que não desperdiçava as oportunidades, que reinava soberana. Então, registrou em seu diário:

Eu gosto que a noite venha para o meu quarto
Escuridão
Ninguém vem me perturbar.
Não quero pessoas ao meu redor
Tanta coisa na minha cabeça
E toda hora eu me pergunto:
Como posso dormir com ele?!!! É horrível
Estou com medo

Pouco antes de adormecer, uma mensagem chegou no celular. Era uma foto. Melhor abri-la ou não? Ela abriu.

Era uma cama. A cabeceira era forrada de um tecido brilhoso cor de cobre. Sobre a colcha estavam espalhadas várias almofadas douradas. Na extremidade oposta havia um banco anexo à estrutura, também estofado em cobre.

Ele escreveu uma legenda para a foto:

"Minha escolha de cama."

Uma nova vida

Hala já estava pronta quando Bashir voltou para casa. Vestida de branco. Todos devem parecer iguais perante Deus.

Carregava apenas uma bolsinha. Peregrinos viajam sem muita bagagem.

A mãe de Bashir parecia enrolada num lençol. Na cabeça, tinha amarrado um lenço branco com uma tiara para que não escorregasse.

Ela seria purificada de todos os pecados. Nasceria de novo.

Ela estava a caminho de Meca!

Aqueles que vão em peregrinação pela causa de Deus regressarão como eram no dia em que nasceram, disse o profeta.

Bashir havia acabado de receber a mensagem: "O avião está pronto. Parte esta noite!"

Ele ligou imediatamente para Hala.

Por vinte anos, os talibãs viveram nas sombras, em montanhas e vales profundos, em desfiladeiros e florestas densas. Não podiam viajar, seus nomes figuravam em listas de passageiros banidos, eram procurados. Para eles, os aeroportos não passavam de possíveis alvos de ataques terroristas.

Agora, eles eram os senhores do Afeganistão, e, neste mesmo ano, hordas de talibãs queriam ir a Meca agradecer a Deus e pedir a purificação dos pecados.

Mas não havia lugares suficientes para tanta gente. Claro que não. Os voos estavam lotados de peregrinos com esse mesmíssimo objetivo, e era preciso antes solicitar uma senha ao Ministério de Peregrinação. O pretendente ficava numa lista, recebia um número, e seu lugar na fila era designado por sorteio. A Arábia Saudita havia anunciado que 13 mil afegãos receberiam vistos durante o período de peregrinação, na primeira quinzena de julho.

Quando seu número foi sorteado e ele finalmente foi autorizado a ir para Meca, Bashir começou a repensar a viagem. Era muito caro, o sorteio garantia a vaga, mas não a passagem nem a hospedagem. Ele fez as contas. Tudo ultrapassava os 100 mil afeganes!

Ele teria condições de pagar?

Era dever de todo muçulmano conhecer a Meca, dissera o profeta. Era um dos cinco pilares do islã, ao lado da fé, das orações, do jejum e da esmola.

Mas ele não estava precisando de um milhão para pagar pela esposa número três? E também de uma nova casa? Aliás, a construção da casa de hóspedes não saiu nada em conta.

Motivos para dar graças a Deus não lhe faltavam, mas também havia outro tanto para agradecer aos demais.

Quem lhe ensinou a fé? Quem o ensinou a rezar? Quando ele jejuava, quem garantia que ele tomasse um pouco de iogurte antes do nascer do sol e fizesse uma boa refeição quando ele se punha? Quem o ensinou a ser generoso para com aqueles que têm menos? Quem o apoiou mais do que qualquer um no jihad?

Exatamente. Era a vez dela. Ela merecia vivenciar o quinto pilar do islã depois de uma vida inteira dedicada a cumprir os outros quatro.

— Mamãe, quer ir para Meca? — ele tinha perguntado.

Hala limitou-se a lhe dar uma bofetada com a ponta do xale.

— Pois você irá — disse ele. — Temos só um lugar na fila. É o seu.

Hala riu em meio às lágrimas. Ela empertigou-se, estendeu os braços para o céu e agradeceu a Deus pela vida, pela felicidade e por Bashir.

E então pensou melhor.

— Você quer me mandar para Meca para depois não termos dinheiro nem para a farinha!

De fato, a família às vezes não tinha dinheiro. O país inteiro carecia dele. Mas Bashir tinha a quem pedir emprestado.

Sendo assim, era só arrumar as malas. Ninguém sabia com antecedência em qual avião seria alocado; era preciso estar em Cabul e esperar pelo aviso.

UMA NOVA VIDA

Hala prometeu a todos na casa que retornaria trazendo água do poço de Zamzam. Dinheiro para os gastos na viagem a família não poderia lhe dar, mas um pouco da fonte da Caaba, a sagrada pedra negra que estaria lavada e decorada, a água que curava e fortalecia, era absolutamente grátis.

Ela traria para casa quantas garrafas pudesse carregar, anunciou Hala quando a família saiu para se despedir.

E então partiu no Land Cruiser branco.

Hala. Órfã de pai e mãe. Deu à luz quatro filhos, dois dos quais ainda estavam na terra. E um deles lhe deu um lugar na fila para Meca. Ele, que sempre citava o profeta: o paraíso está debaixo dos pés da mãe.

Bashir ainda não havia levantado o milhão de que precisava para pagar por Mariam.

Na primavera!

Mas então ficou para depois do Ramadã.

E agora o casamento seria para quando a mãe regressasse de Meca.

O verão logo traria o calor, e seu melhor amigo sussurrou em seu ouvido:

— Por que o estresse? Você não pode aproveitar um pouco a vida agora? — perguntou Farid. A época era para desfrutar.

O noivado, antes da seriedade do casamento, antes das obrigações familiares com as três esposas, mais bebês, mais fraldas.

Ele mal teve condições de construir a casa de hóspedes, e isso na própria casa em que vivia. Mas finalmente a obra estava pronta. Havia dois quartos retangulares dispostos em ângulo, acarpetados e com colchões ao longo das paredes. Ele se deixou encantar por uma nova tendência, um estilo mais simples e discreto. O carpete era bege, sem desenhos. Os colchões eram de um branco cremoso com estreitas listras marrons. As almofadas eram de cores cruas, os cortinados, no mesmo tom, com detalhes em marrom e branco.

Apenas o teto tinha um quê mais ousado: luzes fluorescentes roxas e cor-de-rosa giravam como numa discoteca.

É mesmo, ele deveria aproveitar. Com o noivado, ele havia firmado um *nikah* — podia visitar a jovem de 16 anos sempre que quisesse. Passar

450 OS AFEGÃOS

a noite com ela agora era *halal*. Ao mesmo tempo, afastava-se um pouco dos *afazeres domésticos*.

A guerra pela qual ele ansiava, o jihad no Paquistão, tinha sido cancelada ou, na melhor das hipóteses, adiada. Em meados de junho, um cessar-fogo foi assinado entre o Paquistão e o TTP. As negociações tiveram lugar em Cabul, com o ministro do Interior atuando como mediador.

Sirajuddin Haqqani tinha as chaves do acordo, íntimo que era de ambas as partes depois de duas décadas no Waziristão. Ele destravou negociações, resolveu impasses e, finalmente, o TTP suspendeu seu jihad.

Com isso, Bashir não tinha como extravasar sua inquietação:

— É um pouco como *naswar* — confidenciou ele a Farid.

Naswar é um pó verde que costuma ser colocado sob o lábio inferior ou sob a língua. Durante a guerra, Bashir viciou-se na substância, mas quando chegou a Bagram, acabou. Na prisão ele não tinha acesso a ela.

— Com o jihad é a mesma coisa — ponderou ele. — O desejo vem em ondas, eu sei que preciso daquilo!

Farid riu.

— Os tempos virão — limitou-se a dizer o fiel amigo. Ele sabia o tempo inteiro. Bashir nunca se insurgiria contra o Califa. Ele era corajoso, mas nem tanto. Por isso sobreviveu enquanto outros tombavam. Com uma boa dose de sorte, é claro.

Não, era melhor aproveitar a vida.

E era preciso ter um pouco de sorte. Pouco depois da visita a Bashir, dois dos homens do governo paralelo foram mortos por um drone nos arredores de Jalalabad. O governo paquistanês confirmou que estava por trás da execução. Duas novas vidas para vingar na ação da lua cheia, Bashir pensou inicialmente, mas então toda operação foi cancelada.

Algumas noites depois, já que o clima estava tão ameno, ele acomodou as crianças na laje de casa e dispôs o tapete de orações em direção a Meca, onde sua mãe se encontrava. Ali, tendo apenas o firmamento como proteção, um sentimento de pura felicidade atravessou seu corpo.

UMA NOVA VIDA

Bashir sentava-se à frente e conduzia a oração.

Quando terminaram, ele ouviu. Um zumbido cortando o silêncio ao redor.

Jamal ergueu os olhos e foi o primeiro a avistar.

— Um drone!

Dias depois da visita do chefe do governo paralelo, ele continuava a sobrevoar a casa. *The eye in the sky* continuava acompanhando tudo de perto.

Não muito tempo depois, o líder da Al-Qaeda e médico de Osama bin Laden, Ayman al-Zawahiri, foi morto na varanda de casa, em Cabul, por um míssil Hellfire disparado por um drone. A casa pertencia ao genro de Sirajuddin Haqqani, mas o Talibã disse ao mundo que não fazia sequer ideia de que al-Zawahiri estava no país. A questão era: quem havia entregado sua cabeça? O ministro do Interior o teria rifado em troca do desbloqueio dos bilhões congelados?

De qualquer forma, os novos tempos recomendavam manter a discrição. Apenas desfrutar a vida.

Jamila aguardava no aeroporto de Alta. De calças jeans e tênis. Com ela estavam Kakar e as crianças. A viagem havia sido adiada várias vezes, sempre pelo mesmo motivo, faltavam documentos. Quanta burocracia uma vida no exílio implicava!

Ela tinha escolhido uma nova pátria.

As crianças choravam. Os amigos das crianças choravam. Os vizinhos estavam lá, representantes do município compareceram. O sol estava brilhando, como brilharia ao longo de todo aquele dia e em todos os outros dias do verão. E eles estavam de partida.

Jamila andava deprimida nos últimos dias. Por que estou tão triste agora, depois de ter conseguido o que tanto queria?, ela se perguntava.

Meses antes, havia recebido um e-mail das autoridades de imigração do Canadá informando que o prazo para a oferta de residência no país estava prestes a expirar. Ela ficou admirada. Nunca havia se candidatado a emigrar para o Canadá. Mas então se lembrou. Em Cabul, durante os terríveis dias de agosto do ano anterior, ela recebeu ofertas de asilo de vários países. A Noruega foi escolhida porque ela acreditava que seria mais fácil se mudar para um lugar menor, faria bem às crianças, o país contava com um bom sistema de saúde e ela gostava dos noruegueses que conhecia. Com isso, achou que estava recusando as demais ofertas. Mas não era verdade. Depois de passar três trimestres na Noruega ela recebeu a mensagem do Canadá no início do verão.

— Não — disse Fatima.

— Não! — protestou Khadija.

— Estou bem aqui — disse Salahuddin.

As crianças adoravam Alta. Tinham feito muitos amigos. Aprenderam o que é viver ao ar livre, o que é liberdade, o que é segurança.

Jamila explicou por que ela queria ir embora. A Noruega exigia uma permanência de pelo menos sete anos para autorizar viagens de retorno ao país de origem. As regras no Canadá eram menos rígidas. Seria possível ter um porto seguro lá e, ao mesmo tempo, visitar Cabul e continuar trabalhando, pelo menos era assim que ela tinha entendido. Se permanecesse na Noruega e pusesse os pés no país de origem antes de adquirir a nova cidadania, perderia todos os direitos. O Canadá era um atalho para casa.

— Vocês estão todos felizes aqui, mas eu não — explicou ela.

Assim como as crianças, Kakar também gostava da vida em Alta. Ele ia muito bem no curso de norueguês, e adorava a proximidade da natureza. Mas seu marido podia ser feliz em qualquer lugar, observou Jamila. Ele era como água. Kakar se adaptava ao lugar, onde quer que estivesse.

Ao dar entrada na documentação, o agente do setor de Imigração olhou para ela sem entender direito o que estava acontecendo.

— Mas você não tem paz e segurança aqui? — ele questionou.

— Proteção não basta para viver — observou Jamila.

No geral, ela estava resignada e abatida. Não havia luz no horizonte do Afeganistão, e era lá que sua cabeça estava. Ela esperava que o Canadá lhe restituísse as forças.

Ainda assim, a ideia de viajar a deixava exausta. Mais uma vez teria que recomeçar do zero. Depois de um ano na escuridão. Em meio ao gelo e ao frio.

UMA NOVA VIDA 453

Para ela, o ano havia sido desperdiçado, tanto mais porque a expectativa era de que as coisas melhorassem em seu país natal. Como isso não aconteceu, a decepção de Jamila era ainda maior.

Alguns dias depois do encontro das mulheres com o Califa, surgiu no Twitter uma mensagem dando conta de que as escolas para as adolescentes seriam abertas. Em casa, Jamila comemorou. Estavam muito otimistas depois do encontro com o ministro do Interior, depois de tantos elogios, depois de toda aquela jactância, *imagine, ele realmente disse isso, que nunca havia conversado com mulheres tão inteligentes.* As mulheres ficaram com a impressão de que ele tinha sido sincero e avaliaram que a reabertura das escolas tinha sido um resultado da reunião.

Mas era *fake news.*

A mensagem foi logo negada.

E pensar que ela ainda disse que telefonaria para o administrador do aeroporto! A proibição de mulheres viajarem sozinhas, sem um guardião, ainda estava em vigor.

Ele empenhou a palavra e garantiu que as mulheres seriam convidadas para a grande *loya jirga* do Talibã em julho. Elas telefonaram insistindo, falaram com seu secretário, que tão generosamente lhes deu seu número de telefone depois do encontro, mas ele respondeu que este ano, infelizmente, não havia espaço para mulheres. Havia tanta coisa importante a tratar, temas como economia, segurança, reformas do sistema legal, de forma que a pauta não comportava questões femininas. Talvez ano que vem.

Tenha paciência, mulher.

Espere.

Cubra-se.

E lembre-se: a melhor burca é ficar em casa.

Três mil homens foram convidados para a grande reunião em Cabul pelo amir al-muminin, o líder supremo, que numa rara ocasião havia deixado Kandahar.

— Nunca nos permitiremos ser comandados pelos infiéis! Mesmo que joguem bombas nucleares sobre nós — disse o homem que mantinha as adolescentes presas em casa. — Somos muitos. Não temos medo da morte. Agimos como bem entendemos.

Quanta treva.

Talvez as coisas melhorassem no Canadá.

Talvez a voz dela pudesse ser melhor ouvida de lá.

Ariana tinha ido para a cama. O quarto estava completamente escuro quando ela ouviu passos do lado de fora da porta. A maçaneta girou e alguém entrou.

Era o pai.

Ele ficou a poucos metros de sua cama. Sem dizer nada. Ela tampouco disse alguma coisa.

O pai pigarreou, queria dizer algo. Então caiu em prantos.

— Ariana — ele conseguiu dizer. — Você sabe, eu amo você. É tão ruim, é horrível, quando...!

Ela nunca havia visto o pai chorar. Uma ternura se espalhou pelo corpo.

— Não faça isso com nossa família, Ariana! Não macule o nosso bom nome!

Ela estava mais condescendente, teve tempo de refletir: é por minha culpa que meu papai está chorando!

Mas neste caso as lágrimas não eram derramadas por ela, ele chorava por sua própria causa!

— Não entendo, papai, não se trata de um divórcio. É só um noivado que não deu certo. Qual é exatamente o problema? Nada aconteceu. Eu apenas o encontrei, na companhia de vocês. Por favor, papai, não estrague minha vida, não me deixe casar com ele!

— Você é muito jovem para entender — respondeu Karim. — Mais tarde você vai entender. Ele é um bom menino. Ele é um bom homem. Com ele você estará segura.

Então o pai se foi.

Ela lembrou-se do que sua irmãzinha havia lhe dito na noite anterior.

Zohal ouviu uma conversa entre os pais pouco antes de dormir e foi contar a Ariana imediatamente.

Eles haviam conversado sobre falar com um xamã.

UMA NOVA VIDA

— Não podemos encontrar alguém para tentar amolecê-la? — a mãe havia sugerido. — Alguém que segure o ímpeto dela por algumas semanas?

O pai resmungou algo que Zohal não ouviu. A voz da mãe estava mais audível. Ela iria consultar um conhecido. Ou o xamã os visitaria em casa, ou talvez houvesse algo que pudessem dar a ela, água benta, uma poção, um soro?

Um elixir de subordinação!

Ariana não tinha mais lágrimas.

— Mamãe nunca tentou descobrir o que há dentro de mim — disse ela a Zohal no dia seguinte. — Papai pelo menos veio aqui e chorou.

Uma vez, quando Ariana estava deitada na cama chorando, sua mãe disse:

— Ninguém tem *vontade* de se casar, você simplesmente passa por isso. Suas lágrimas não mudam nada. O que será, será.

E agora essa mesma pessoa queria drogá-la para que fosse obediente. Ou permitir que um xamã lhe impusesse suas mãos. Ela não reconhecia mais a própria família.

Também não era verdade que ninguém tinha *vontade* de se casar. Muita gente tinha. Ela não teve coragem de se abrir com as amigas e dizer como se sentia, então continuavam enviando-lhe fotos. De noivas maravilhosas. De penteados de cabelos. Véus. Decorações e buquês. Um vestido mais lindo que o outro. Um bolo cor-de-rosa com várias camadas de creme.

Elas eram exatamente como Mahmoud!

You won't break my soul já não ajudava. Não havia mais esperança.

No início de agosto, o pai lhe disse:

— A família dele já reservou o hotel. O casamento será em uma semana.

Ela escreveu no diário:

Eu nunca irei perdoá-los. Eles vão se arrepender.

Certa vez, ela escreveu que via a própria vida como um livro. Era preciso se adaptar e acompanhar o enredo, para não ser passada para trás enquanto a ação continuava.

Então escreveu:

Esse é THE END.

Já não tinha forças para lutar. Mas decidiu envolver a mãe no que chamou de *parte horrível*.

— Mãe, você sabe, sobre o casamento, você pode me dizer... — Ela criou coragem: — O que devo fazer na primeira noite?

Uma sombra de pesar recaiu sobre o rosto da mãe.

— Você não sabe?

— Como eu poderia saber?

— Vou explicar a você na véspera do casamento — disse Nadia.

A mãe não conseguia nem tocar no assunto! Sua própria mãe queria distância do que estava para acontecer.

Ariana saiu do quarto e disse para a mãe ao chegar na porta:

— Na véspera, é mesmo?

Ela se sentiu autorizada a descontar a raiva que sentia no homem em questão. No dia seguinte, em casa, Mahmoud ligou. Ela não atendeu. Somente depois da décima chamada ela apertou o botão.

— Só queria saber sua opinião sobre como podemos decorar o palco — ele disse.

— Que diabos de pergunta é essa???? *Gap nako!* Cale a boca e foda-se!

Em seguida, deitou-se e caiu no choro.

Ele lhe enviou uma foto. Um homem adentrando num salão onírico, inteiramente branco. Um palco branco estava armado para a entrada dos noivos. As mesas estavam decoradas com lindos castiçais de vidro, as cadeiras eram estofadas em tecido branco com detalhes prateados brilhantes. Era uma foto promocional do salão do hotel que a família havia reservado.

Era como se ele vivesse o romance sozinho. *Eu sou o homem mais sortudo do mundo*, ele escreveu.

E você será minha rainha

O hotel é excelente

Ariana, em breve você verá como vou te cobrir de amor e carinho

A vida é mais feliz com amor!

Você é minha vida, vou te chamar de minha vida.

UMA NOVA VIDA

Espero que goste do hotel
Vou te enviar um vídeo. Veja agora.

Ela abriu o link que ele havia anexado. Era russo, de um estúdio de dança de Rostov. O vídeo mostrava um casal dançando. A mulher usava um vestido de noiva floreado, branco e decotado, o homem vestia um terno. Eles dançavam juntos, olhando-se nos olhos como se estivessem apaixonados. Era tão piegas. Ela mal conseguia respirar. A música que tocava era "Love Me Like You Do", do filme *Cinquenta tons de cinza*.

You're the light, you're the night
You're the color of my blood
You're the cure, you're the pain
You're the only thing I wanna touch

Por que ele continuava a mandar mensagens de texto se ela não respondia?

Que coisa mais irritante!

Ele era surdo, cego e feliz.

— Serei cuidadoso — escreveu ele. — Tudo será como você desejar. Não vou fazer nada de que você não vá gostar.

Sete dias não é muito.

Ariana estava deitada na cama na qual havia passado a última semana. O casamento seria no dia seguinte. Ela se sentia mal. Nauseada. Chegou a tomar uns comprimidos. Quanto mais pensava no dia seguinte, mais se abatia.

A algazarra de pessoas dançando e rindo na sala era intensa. Era noite de hena. A mãe da noiva reunia familiares e amigos para comer bem, dançar, relembrar a vida que chegava ao fim e sonhar com o que estava por vir. Mas o mais importante: a noiva deve ter as mãos e pés decorados com hena.

Ela se recusava.

— Você não pode sair da casa da sua mãe sem hena — disse a tia mais velha, que era casada com o irmão de Karim. Ela dissolvia o pó na água.

O quarto de Ariana estava vazio. A família de Mahmoud já tinha levado malas, livros e roupas para o novo apartamento. Na mesma ocasião, trouxeram os três vestidos que ela usaria no dia seguinte. Um vestido tradicional afegão, com desenhos coloridos e miçangas bordadas. Um vestido rosa ajustado na cintura e uma enorme anágua plissada. E finalmente um vestido de noiva branco em renda e tule com um longo véu.

Suas duas tias mais velhas entraram pela porta.

— Não quero! — disse ela.

— Você precisa.

Elas levantaram as mangas do suéter. Puxaram a calça larga.

Ela lhes estendeu as mãos. Ela lhes esticou os pés.

Com mãos habilidosas, as tias pintaram os lindos desenhos no corpo de Ariana. Em seguida, cobriram a pele com plástico. Quando fosse se aprontar no dia seguinte, a massa verde e lamacenta teria ficado vermelha.

Intricadas gavinhas floridas agora subiam por seus membros. Como tentáculos.

No meio da noite veio a primeira contração. Galai achava que ainda lhe restava um mês. Bashir dormia tranquilamente ao lado. O calor do verão deixava o ambiente abafado. Ela se levantou, atravessou o corredor e subiu a larga escadaria. Lá fora, inspirou profundamente o ar noturno e perambulou pelo pátio até as videiras. Já estavam bem carregadas. Era Galai quem cuidava delas. Sentou-se num banco.

Em volta de seu olho, uma mancha preto-azulada descia até a bochecha. Parecia que alguém tinha lhe acertado em cheio uma bofetada, mas foi só uma das vigas que segurava as videiras que havia caído sobre ela. Ela estava parada embaixo da viga, exatamente ali, quando ela se soltou.

Ela recobrou as forças e com dificuldade fez o caminho de volta pelo pátio.

— Deus Todo-Poderoso, tenha misericórdia de mim — sussurrou, estancando mais uma vez rente à escada para retomar o fôlego e voltar para a cama.

UMA NOVA VIDA

Dormir era impossível. Ela estava impaciente. Por que não vinha logo? Mais uma contração.

Bashir ressonava tranquilamente a seu lado.

Mais uma. Ela deixou escapar um gemido.

O marido dormia.

Ela sofria. As contrações aumentavam.

Bashir continuava dormindo.

Ela deixou escapar um grito de dor.

Ele grunhiu.

Ao soar dos chamados de oração dos minaretes ao amanhecer ele acordou num sobressalto.

Quando percebeu que o trabalho de parto estava em andamento, quis levá-la à clínica. Galai se recusou. A última vez que deu à luz, saiu do hospital carregando um bebê morto.

Seu último filho morreu durante o parto. Não havia a mais remota possibilidade de pôr os pés num hospital novamente; as crianças que viram a luz do mundo em casa estavam saudáveis e bem.

Ela ficou deitada. Bashir disse que iria para a casa de hóspedes rezar com os homens que haviam pernoitado lá.

Galai se sentia sozinha. Hala estava em Meca. Yasamin estava em Mussahi. Ela ouviu Raouf sair do quarto vizinho para rezar com os homens do outro lado do pátio.

A hora havia chegado. Ela caminhou em direção à saleta no canto do corredor. Em frente à porta pendia uma fina cortina vermelha. Ela puxou-a para o lado e entrou. A sala tinha de 3 a 4 m². No canto, havia uma superfície de alvenaria com um buraco no meio. Era a privada. Junto à parede havia uma pia, um balde de água e um banquinho. Ela desabou ali.

— Oh, Deus Todo-Poderoso, tenha misericórdia! — sussurrou ela novamente. Ela fez força, contou até três e fez força de novo.

Lá fora, Sima chamou por ela.

— Precisa de ajuda?

— Não!

Ela voltou a fazer força, trincando os dentes.

— Eu consigo!

Com as mãos em concha, estava pronta para quando a cabeça despontasse. Ela respirou fundo, fez força — e lá estava! A coroa de uma cabeça. Seu olhar estava fixo no cabelo preto à medida que empurrava com mais força e então... o bebê nasceu.

Era uma menina.

Sima ouviu o choro. De pé no corredor, do lado de fora do banheiro, ela ficou a postos caso Galai precisasse de ajuda, mas agora já tinha voltado às pressas para o quarto pegar a tesoura grande que estava na penúltima prateleira de cima.

Era uma criança bem formada com uma farta cabeleira preta. Sima cortou o cordão umbilical, levantou-a dos braços da mãe e lavou-a. Embrulhou a criança num pano branco e o rasgou, deixando a bebê diante dela como um pacotinho. Se as crianças estivessem bem enroladas, dormiam melhor e cresciam mais eretas. Sima amarrou um xale branco em volta da cabecinha para deixá-la bem modelada.

O parto tinha terminado antes da oração da manhã. A recém-nascida estava mamando no peito de Galai quando Bashir surgiu no quarto.

Seu rosto se abriu num largo sorriso assim que a viu.

— Ela é mais feia que as outras! — comentou Galai. — Olhe para o nariz, tão pequeno que mal se vê no rosto dela.

Bashir era só felicidade.

— Fazila — disse ele. — Ela vai se chamar Fazila, a brilhante. — Ele riu. Estava tão feliz!

Como sempre fazia depois da oração matinal, deitou-se novamente. Enquanto dormia, a alma de Fazila procurava desesperadamente um lar.

Quando uma criança vinha ao mundo, não sabia a que religião pertencia, Galai ouvira dizer. Recém-nascidos não sabiam da existência de Deus. A alma se revirava, olhava em volta e perguntava: "Quem sou eu? Qual é o meu lugar?"

UMA NOVA VIDA

Quando o sol estava no auge, Bashir acordou. Fazila estava vestida com a roupinha que Galai havia costurado para ela. A pele era vermelha, os olhos grandes, o olhar atento. Sima havia delineado os olhos com kajal e marcado as sobrancelhas finas com um delineador preto e grosso. Na cabeça, por cima do pano branco, Galai tinha fixado com uma fita um medalhão de tecido, com contas de vidro e purpurina.

Bashir caminhou até a criança e se agachou.

— Minha bebê brilhante — murmurou ele.

Com a boca rente ao ouvido dela, começou a sussurrar, chamando a bebê como o muezim chamava para a oração. Ele convocava sua alma, guiando-a pelo caminho certo, para encontrar Deus. Em seu ouvido direito, ele sussurrou o *azan* — o chamamento à fé.

Deus é o Todo-Poderoso. Testemunho que Deus é o único Deus. Testemunho que Maomé é o Seu profeta...

Então encostou o rosto na outra orelha. Nela, sussurrou o *iqama* — e com isso incorporou a criança às fileiras dos fiéis: *La ilaha illa Allah wa Muhammad rasul Allah... Vem para o tempo da prece! Vem para a alegria!*

Segurou-a nos braços.

Agora ela sabia quem era. Agora sabia qual seu lugar.

Islã significa submissão, render-se ao Todo-Poderoso.

Os pais sorriram. A vida da pequena estava nas mãos de Deus. Que Sua vontade seja feita.

Assim nasceu este livro

Este é um livro sobre os afegãos — três deles — e sobre como seu país os moldou, mas também sobre como eles próprios tentaram moldá-lo do modo como desejavam.

É um retrato de três pessoas, um recorte temporal.

Os afegãos é, principalmente, as histórias de Jamila, Bashir e Ariana.

Eles aparecem no livro na ordem em que nasceram, cada um num período histórico diferente. Jamila nasceu em 1976, poucos anos antes da invasão pela União Soviética. Bashir nasceu em 1987, quando a guerra se encaminhava para o fim, enquanto Ariana nasceu na virada do milênio, um ano antes dos ataques terroristas aos Estados Unidos, em 11 de setembro de 2001.

O primeiro contato que tive com Jamila foi através de uma tela. No início de setembro de 2021, o Comitê do Afeganistão na Noruega realizou uma reunião aberta com ativistas femininas afegãs. Jamila Afghani me impressionou com análises interessantes e declarações destemidas. Depois de algumas reuniões via Zoom, constantemente interrompidas devido à má conexão à internet do asilo de refugiados de Kristiansand, fui conhecê-la.

Perguntei então a Jamila se ela não gostaria de figurar num livro sobre o Afeganistão, que eu mal havia começado a escrever na época, e expliquei o que isso implicava em termos de entrevistas e reuniões. Ela imediatamente respondeu que sim. O mesmo respondeu seu marido Kakar.

Houve vários encontros com Jamila, Kakar e seus filhos, tanto em Alta, para onde foram enviados no final do outono, quanto em Oslo.

Jamila é a fonte principal em seus capítulos. É também ela quem conta a história dos pais. A mãe já tinha morrido havia alguns anos e o pai estava muito doente para ser entrevistado. Portanto, os relatos de sua criação e início de vida em Ghazni, e mais tarde em Cabul, são baseados no que Jamila me contou. O que a mãe e o pai fizeram e pensaram nas diversas situações descritas no livro são, portanto, palavras de Jamila, e parte da história familiar como ela a percebe. Também entrevistei um dos irmãos, referido como "o terceiro irmão".

Jamila também já havia falado sobre a família, tanto num livro quanto numa coleção de artigos, respectivamente *Contested Terrain: Reflections with Afghan Women Leaders*, de Sally L. Kitch, de 2014, e *Peacemakers in action: Profiles in Religious Peacebuilding*, organizado por Joyce S. Dubensky e publicado em 2016. Algumas das histórias que constam em *Os afegãos*, portanto, já foram contadas antes. Às vezes, as narrativas são confusamente semelhantes, outras vezes os detalhes são um pouco diferentes. Confrontei Jamila com essas diferenças.

Jamila também me enviou rascunhos de discursos que fez e outras fontes escritas sobre sua vida. O discurso que ela proferiu em Doha foi noticiado pela Al-Jazeera e pode ser facilmente consultado na internet.

Também estive nos endereços de Jamila em Cabul. No prédio de sua propriedade, as organizações NECDO e WILPF ocupam cada uma seu pavimento, e lá também está a biblioteca que ela e Kakar criaram, bem como seu apartamento. Também conheci várias das estudiosas islâmicas que ela ajudou a mobilizar.

De janeiro a julho de 2022, fiz três viagens mais demoradas ao Afeganistão. Meu objetivo era compreender melhor o Talibã e sua forma de governar hoje em dia. O que é igual, o que mudou? O que querem alcançar no Afeganistão?

No primeiro dia no país, minha credencial de imprensa teve que ser aprovada pelas novas autoridades. Para tanto, tive uma audiência com o porta-voz do Ministério das Relações Exteriores, Abdul Qahar Balkhi, que me disse que eu poderia simplesmente esquecer as histórias pessoais dos talibãs: eles não falavam.

Mais uma razão para tentar.

ASSIM NASCEU ESTE LIVRO

Viajei do distrito policial para os centros provinciais, visitei pessoas em casa e me misturei à multidão; os soldados de patrulha não tinham experiência suficiente, e o escalão superior não estava disponível.

Em pouco tempo encontrei vários personagens que me chamaram a atenção. São muitas as características que me interessam. Em primeiro lugar, deve ser alguém disposto a se abrir. Também deve ser forte e estável o suficiente para me acompanhar ao longo de todo o processo de escrita.

Percebi que havia encontrado essa pessoa assim que conheci Bashir. Ele também foi o primeiro a me questionar antes mesmo de me revelar qualquer coisa.

Por que eu queria escrever um livro sobre o Afeganistão? Por que eu estava interessada no Talibã? Que tipo de história eu estava procurando? Por que todas as guerras que cobri foram em países muçulmanos?

Minha principal motivação era apresentar uma nova compreensão sobre os talibãs, sempre descritos como um grupo, mas nunca individualmente. Portanto, eu estava atrás de alguém disposto a contar a própria história. Queria entender o que os motivava, que tipo de gente formava o movimento.

— A razão pela qual não disponho de relatos assim é óbvia — acrescentei. — Se eu estivesse aqui no ano passado, você teria me sequestrado, não é?

Ele deu uma boa gargalhada. Sim, claro que teria.

Todas as entrevistas com as personagens do livro foram gravadas e depois transcritas. Algumas foram transcritas por mim, outras usando programas de transcrição. Para alcançar o significado mais preciso do pachto, enviei a maioria delas para tradutores profissionais, para que fossem as mais exatas possíveis, na hipótese de ter me escapado algo enquanto eram realizadas ou, ainda, caso eu quisesse conferir a versão oferecida pelo intérprete. A infância de Bashir, sua criação e ascensão na hierarquia do Talibã baseiam-se em relatos seus e de familiares. Foram poucas as ocasiões em que conversei com pessoas do outro lado, ou seja, inimigos de Bashir — que trabalhavam para os norte-americanos. Encontrei, inclusive, uma pessoa que trabalhava como intérprete para as forças norte-americanas durante o ataque de Qalam à base de Tillman. Esta fonte se lembrava com detalhes do que ocorreu na base quando o comandante foi morto e seu corpo foi armazenado na câmara refrigerada.

As batalhas que por fim decidi incluir no livro contêm muitos detalhes. Como Bashir poderia se lembrar de todos eles em meio a uma situação tão caótica?

Esse foi meu método de trabalho: depois de definir as batalhas ou histórias que queria usar no livro, pedia novamente a Bashir que recontasse essas histórias com exatidão. Bashir e seus homens costumavam se irritar diante da minha insistência em esmiuçar detalhes espinhosos, que consideravam irrelevantes, mas minha experiência ensina que muitas vezes o essencial reside justamente naquilo cuja importância aparentemente não se percebe. Vários homens de Bashir também diziam que eu fazia perguntas estúpidas. Outros ainda suspeitavam que eu fosse uma espiã a serviço do Ocidente.

O refrão dos repórteres esportivos — "Como você estava se sentindo?" — é a melhor pergunta do mundo. A todo instante, lembro ao entrevistado não apenas de recontar, mas também de dizer o que ele estava sentindo quando aquilo aconteceu. O que passou por sua cabeça naquele instante?

Dessa forma, é possível reconstruir cenas que têm conteúdo factual e, ao mesmo tempo, vida e empatia. Procuro saber o que as pessoas pensam e sentem em diferentes situações, assim como aquilo que as motiva, para poder conhecê-las melhor.

Bashir e seus homens achavam que eu era desnecessariamente detalhista ao me deter em questões como a aparência de algo ou a maneira como se sentavam — sobre almofadas, cobertores ou colchões? Ah, não, então quer dizer que era sobre o chão nu?

Outro método é perguntar a mesma coisa várias vezes, em diferentes situações. Talvez para extrair mais nuances, mas também para verificar a consistência das respostas. Como tinha à mão as gravações, podia recordar com exatidão o que havia sido dito cinco meses antes, repetir a pergunta e conferir se a resposta permanecia a mesma. Bashir tinha uma memória muito boa e era rápido em apontar que já havia me contado isso ou aquilo antes. Será que eu não havia entendido?

ASSIM NASCEU ESTE LIVRO

Minha impressão sobre Bashir era de que ele resguardava sua franqueza, a controlava.

Ele sabia muito bem o que queria e o que não queria falar. O Talibã é um movimento coletivo que não deseja a defecção de membros que estiveram à frente de sequestros, assassinatos, massacres, torturas ou ataques contra alvos civis como hospitais e instituições de ensino — acusações essas, aliás, imputadas no julgamento de Bashir, que à época se dizia inocente. Sob diferentes regimes, o que pode ser punido não é o indivíduo, mas o coletivo que o representa — o Talibã.

Os atos de guerra em si, por outro lado, eram assuntos sobre os quais **não havia** reservas.

É provável que o trabalho mais facilitado no Afeganistão atual seja o de uma estrangeira em visita, com acesso franqueado tanto a homens quanto a mulheres. Ao mesmo tempo em que existe a liberdade — enquanto dure — de viajar, também se tem a garantia de poder ir embora. Isso evita a pressão a que os jornalistas afegãos estão expostos.

A maioria das pessoas associa o Talibã a homens. Pouco se escreveu sobre as militantes que quase não saem de casa. As histórias das esposas e familiares mais próximos dos talibãs estão, literalmente, cobertas por um véu. Existem muitas razões para isso, a mais importante delas é o ideal de uma vida reclusa. Desde o início eu disse a Bashir que queria conhecer sua família, sua mãe, suas duas esposas e filhos. Para minha grande surpresa, ele respondeu:

— Claro, quando você quer vir?

Só que antes ele teria que consultá-las.

Fui recebida com uma amistosa desconfiança. Por que eu queria saber exatamente as histórias delas? O que eu queria com isso? E, finalmente: como fui parar no Afeganistão *sozinha*?!

Nessas visitas eu tinha a companhia de uma intérprete. Ela era cuidadosa e corajosa, e seu jeito simpático conquistou todos os membros da família. Muito do que as mulheres falavam causava estranheza tanto nela quanto em mim: dizer que não se deve prantear uma criança morta, por exemplo.

As protagonistas mulheres são Hala, Galai e Yasamin, a mãe e as duas esposas de Bashir. Rapidamente, descobri que a melhor maneira de entrevistá-las era individual e objetivamente, embora a maioria das conversas fosse interrompida pelo caos da casa cor-de-rosa e verde-menta, com crianças entrando e saindo, refeições sendo preparadas, bebês mamando, chá sendo servido, roupas sendo costuradas. As grávidas adormeciam ao meu lado, pintavam meus dedos com hena ou queriam que eu as ajudasse a assar pão. Claro que também tentaram me converter. Muitos na casa tentaram, inclusive o professor do Alcorão, pois seria para o meu próprio bem. Passei muitas horas com as crianças na escola corânica, onde Hasibullah caminhava de um lado para outro de chicote em punho corrigindo a pronúncia.

A história da ativa participação e colaboração das mulheres na guerra era, até aqui, pouco conhecida. As esposas de Bashir discorriam em detalhes sobre a fabricação da arma mais letal do Talibã — as bombas caseiras — com a mesma naturalidade que sovavam a massa de pão.

Também conheci a noiva de Bashir, Mariam, e seus pais. Precisei de dois intérpretes, uma mulher que primeiro traduzia a história dela para mim e depois ia para a sala adjacente, onde um homem traduzia tudo para o pai. Eu tinha livre acesso aos dois ambientes, sem restrições.

O livro é construído sobre as cenas baseadas naquilo que as personagens contaram. Os diálogos são recriados a partir do que narraram sobre suas vidas. Foi assim que Jamila contou sobre seus pais, e que Hala contou a história do falecido marido, as circunstâncias de sua morte e a vida que tiveram juntos.

De outras cenas eu fui testemunha. Bashir levou a sério a tarefa de ter uma biógrafa a tiracolo e prevenia todas as pessoas que encontrávamos pela frente:

— O que você me disser agora, também estará dizendo a ela.

Isso inclui personagens como a fugitiva, o chefe do governo paralelo e os familiares dos mártires.

*

ASSIM NASCEU ESTE LIVRO

A mesma franqueza controlada que identifiquei em Bashir encontrei nas mulheres. Elas foram surpreendentemente sinceras sobre a vida cotidiana e familiar, incluindo a maneira como reagiam à poligamia de Bashir. O que não encontrei nelas, contudo, foi o menor indício de desejo de ter uma vida mais independente. Não sei dizer se não tinham mesmo esse desejo, se um estilo de vida diferente de fato não as atraía.

Depois de um tempo de convivência, minha impressão é que a vontade dessas mulheres é conformada tão lentamente que sua capacidade de resistir também diminui com o passar do tempo. Hoda, de 4 anos, era igual a tantas outras crianças de 4 anos que conheci em minha vida. Agitada, destemida, brincalhona, criativa. As meninas de 8 anos da casa já andavam cobertas, baixavam a cabeça, tinham medo de dizer alguma coisa errada. Tudo o que queriam, segundo elas, era memorizar o Alcorão. Quando perguntadas se desejavam algo mais, qualquer coisa, elas apenas negavam com a cabeça.

As mulheres de Bashir preferiram manter seus nomes em sigilo. Perguntei se queriam escolher pseudônimos para figurar no livro, mas responderam que não e pediram que eu escolhesse sozinha.

Era importante para mim definir estritamente o papel da jornalista, para que não houvesse mal-entendidos sobre o que estaria ou não sendo gravado. Meu gravador sempre estava ou no centro do ambiente ou próximo do interlocutor. Além disso, fiz anotações ao longo do processo com base no que os intérpretes traduziam e naquilo que eu observava. Jamais houve, para ninguém, dúvidas de que eu estava ali a trabalho.

A exemplo de Bashir, as mulheres também ficavam intrigadas com minha insistência em pormenores, e às vezes era difícil obter os detalhes necessários para construir uma cena. Por exemplo, quando Yasamin me contou da morte do primeiro filho, eu lhe pedi que me respondesse o seguinte:

— Você olhou para Bashir? Ele olhou para você? Estava sentada? Ele estava de pé? Por que você olhava para o chão? O que estava sentindo?

Mas é assim que se escreve um livro.

*

Por muito tempo acreditei que este livro teria dois protagonistas.

Até conhecer Ariana.

A primeira impressão foi de uma jovem nervosa e de tez muito pálida. Parecia muito estressada, não parava de revirar os olhos durante o curso sobre gerenciamento de estresse no escritório de Jamila, em Cabul. Era a mais nova das participantes e deu o testemunho de uma vida que não consistia em nada.

Eu a encontrei novamente e me dei conta do que se tratava: jovens como ela, que acreditavam que poderiam conseguir qualquer coisa se se esforçassem o suficiente, mas tiveram seus sonhos destruídos. No final das contas, são essas pessoas as que mais pagam o preço pelas diferenças que separam indivíduos como Bashir e Jamila. Os três nunca se conheceram, mas contei a Bashir sobre Ariana ter se formado em Direito com méritos.

— Lamento, mas não há lugar para mulheres educadas no Afeganistão. Os pais deveriam encontrar um bom marido para ela — foi sua reação.

A primeira coisa que Ariana quis saber quando eu ainda tinha dúvidas se ela deveria constar no livro foi: poderia permanecer anônima?

Poderia, e ela está.

Assim como Jamila, Ariana fala inglês fluentemente, por isso suas entrevistas foram mais fáceis de conduzir. Houve vários encontros pessoais, tanto em sua casa, onde eu estava hospedada, quanto em cafés em Cabul. Por longos períodos, também mantivemos contato diário pela internet.

Ariana também é escritora. Ela mantinha dois diários, um em dari e outro em inglês. Nos últimos anos, ela atualizou o diário em seu computador e enviou trechos dele para mim. Na última vez que trabalhamos juntas, o mais importante para ela era transmitir seus pensamentos sobre o casamento tão desejado por seus pais.

Os pais também foram entrevistados várias vezes, principalmente antes da escalada do conflito com a filha. Como a filha fazia as vezes de intérprete nas entrevistas com os pais, que jamais aceitaram um intérprete

ASSIM NASCEU ESTE LIVRO

externo presenciando as situações mais recentes, não disponho da sua versão dos eventos.

O que eles disseram a Ariana em várias situações, e como se comportaram, baseia-se apenas no que ela me disse. Assim como as traduções das mensagens enviadas pelo noivo, a quem chamei de Mahmoud, que não conheci nem entrevistei.

Com exceção dos políticos no livro, de Jamila e sua representante no escritório, Torpekai, todas as mulheres afegãs foram anonimizadas e receberam pseudônimos.

Tanto Jamila quanto Ariana leram os capítulos sobre si mesmas, traduzidos para o inglês, e tiveram a oportunidade de fazer suas contribuições e correções.

Bashir, que não fala inglês e recusou a oferta de ler essa mesma tradução, comunicou por meio do intérprete que gostaria de ler seus capítulos antes que o livro fosse publicado em pachto.

As passagens históricas do livro são em sua maioria extraídas de *Afghanistan – A New History*, de Martin Ewans, livro que adquiri na Shah M Book em Cabul, em 2001. Fiz referência a citações e diálogos específicos das seguintes obras:

Os diálogos entre Osama bin Laden e Suleiman Abu Ghaith no 11 de setembro de 2001 foram extraídos do livro *The Exile: The Stunning Inside Story of Osama bin Laden and Al Qaeda in Flight*, de Cathy Scott-Clark e Adrian Levy.

A citação "Senti que havia pecado desde que dei ouvidos aos que me aconselharam a não ir", foi retirada de *O vulto das torres — A Al-Qaeda e o Caminho até o 11/9*, de Lawrence Wright, assim como fatos sobre o cotidiano de Pexauar durante a ocupação soviética. Para esse capítulo, também recorri ao livro de Thomas Hegghammer, *The Caravan: Abdallah Azzam and the Rise of Global Jihad*.

A comunicação entre George Bush e Deus veio do *The Guardian*, em que ele é citado recebendo uma mensagem divina: "George, vá e lute contra esses terroristas".

As citações das negociações de Doha foram extraídas do artigo publicado na *The New Yorker*, "The Secret History of the US Diplomatic Failure in Afeghanistan", escrito por Steve Coll e Adam Entous. Detalhes sobre o conselheiro de segurança de Ashraf Ghani, Hamdullah Mohib, foram retirados do artigo "Inside the Fall of Kabul", publicado pela *New York Times Magazine*, de autoria de Matthieu Aikins. O mesmo jornalista também escreveu "The Taliban's Dangerous Collision Course With the West", em que alguns antecedentes do fechamento das escolas são revelados. A principal fonte da reunião em Kandahar, quando se decidiu pelo fechamento das escolas para meninas adolescentes, é o relatório de Ashley Jackson na *Afghanistan Analysts Network*, "The Ban on Older Girls' Education: Taleban Conservatives Ascendant and a Leadership in Disarray".

Em relação à rede Haqqani, é fundamental o livro *Fountainhead of Jihad: The Haqqani Nexus 1973-2012*, de Vahid Brown e Don Rassler. A descrição da relação entre o Talibã e a Al-Qaeda foi extraída do livro *An Enemy We Created: The Myth of the Taliban — Al Qaeda Merger in Afghanistan*, de Alex Strick van Linschoten e Felix Kuehn.

A descrição do uso de drones no Afeganistão é retirada principalmente do artigo "Drone Warfare in Waziristan and the New Military Humanism", publicado por *The University of Chicago Press Journals*. A forma como a dor dos pais de soldados caídos na União Soviética foi calada está no artigo "Dedovshchina: From Military to Society", no *Journal of Power Institutions in Post-Soviet Societies*.

Outros livros nos quais baseei meu trabalho são *The Afghanistan Papers: A Secret History of the War*, de Craig Whitlock; *The Taliban at War: 2001–2021*, de Antonio Giustozzi; *No Good Men Among the Living* de Anand Gopal; e *The Performance of Emotion among Paxtun Women*, de Benedicte Grima. Um livro que me inspirou, e que dei a Ariana quando parti, é uma coletânea de pequenos poemas transmitidos oralmente por mulheres afegãs: *I am the Beggar of the World: Landays from Contemporary Afghanistan*, traduzido e apresentado por Eliza Griswold.

*

ASSIM NASCEU ESTE LIVRO

Recebi a ajuda de vários especialistas para escrever este livro.

Arne Strand, pesquisador sênior do Instituto Christian Michelsen especializado em Afeganistão, acompanhou o processo de escrita e ofereceu boas contribuições e comentários. Também leu o manuscrito final e generosamente compartilhou seu conhecimento quando discutimos vários dos temas abordados.

Amund Bjorsnes, linguista especializado em filologia clássica e oriental, me ajudou a entender os princípios por trás da recitação do Alcorão e revisou as referências religiosas. Juntos, selecionamos as traduções do Alcorão e recorremos principalmente à tradução norueguesa, organizada por Einar Berg, e à tradução dinamarquesa, de Ellen Wulff. Às vezes, tomamos a liberdade de combinar ambas, às vezes Bjorsnes fez ele mesmo a tradução dos trechos. Também foi o responsável por revisar a transliteração de palavras em dari, pachto e árabe, para que a ortografia fosse a mais consistente possível. Priorizamos a legibilidade diante de notações científicas.

A arabista e professora universitária de árabe na Universidade de Bergen, Pernille Myrvold, também revisou a transliteração de palavras em árabe e foi uma importante leitora de primeira mão. Para a edição, ela pediu, e foi atendida, a inclusão de um mapa, lindamente desenhado por Audun Skjervøy.

Abdul Sayed, do Carnegie Endowment for International Peace, analisou as passagens de Bashir no Waziristão. Ele ouviu as gravações em pachto e me ajudou a entender melhor o papel de Bashir na rede Haqqani e, em particular, sua relação com o Tehrik-e-Taliban Pakistan. Também discuti a importância de Bashir com o escritor Anand Gopal, que tem uma vasta experiência com a rede Haqqani e o Talibã.

Ayesha Wolasmal trabalha como conselheira humanitária no Afeganistão. Ela me ajudou a compreender vários aspectos da vida afegã tradicional e moderna. Também me explicou vários dos termos afegãos usados pelos protagonistas e contribuiu com sólidos comentários ao longo do processo.

474 OS AFEGÃOS

Em Cabul, muito aprendi com as agradáveis conversas com Terje Watterdal, diretor do Comitê do Afeganistão. Também gostaria de agradecer ao secretário-geral Liv Kjølseth por ter me apresentado a Jamila.

Tive uma enorme contribuição do historiador Tore Marius Løiten na pesquisa de vários temas principais do livro. O ex-comandante do comando especial das Forças Armadas da Noruega, Frode Kristoffersen, que serviu no Afeganistão, corrigiu termos militares e leu alguns trechos, enquanto o diplomata Andreas Løvold, que representou a Noruega e a ONU no Afeganistão, me ajudou a compreender o período sob Ashraf Ghani e a história afegã em geral. Duas outras leitoras que forneceram informações valiosas sobre forma e conteúdo são Ingrid Olava Brænd Eriksen e Marte Heian-Engdal.

Meus pais Frøydis Guldahl e Dag Seierstad foram, como sempre, meus leitores mais fiéis, lendo e comentando diferentes versões durante o processo de escrita. A leitora mais jovem do manuscrito, Katja Sira Myhre, deu contribuições importantes para que a nova geração possa aprender mais sobre a história e o jogo político envolvendo o Afeganistão. Assim, a faixa etária de leitores que leram este livro antes de ele vir ao mundo variou de Katja, com 17 anos, a Dag, com 86.

A editora compareceu com um bom grupo de leitores, como Erling Kagge, Tuva Ørbeck Sørheim e Ivar Iversen, que fizeram importantes considerações e contribuições, enquanto Charlotte Sabella traduziu os capítulos que foram enviados para Jamila e Ariana.

A foto de capa da edição norueguesa, o Krinkov de Bashir largado sobre uma mesa, é de minha autoria, mas a capa em si foi desenhada por Terese Moe Leiner.

Tive na editora Cathrine Sandnes uma fenomenal parceira, do início ao fim, alguém que sempre me deixou nas melhores mãos.

Eu não teria sido capaz de concluir este trabalho sem a colaboração de todos vocês, que participaram de demoradas discussões sobre como o livro deveria ser intitulado. Foi difícil encontrar um título abrangente, uma vez que os três personagens principais seguem com tanta firmeza e

ASSIM NASCEU ESTE LIVRO

determinação suas próprias convicções, e a única coisa que os une é uma enorme força de vontade — e um país.

O título provisório *Os afegãos* acabou prevalecendo.

Agradeço a Jamila, Bashir e Ariana por compartilharem suas histórias comigo — e com você, leitor.

Åsne Seierstad
Oslo, 20 de setembro de 2022.

Este livro foi composto na tipografia Minion Pro,
em corpo 11/15, e impresso em
papel off-white no Sistema Cameron da
Divisão Gráfica da Distribuidora Record.